ニール・マコーミック
判決理由の法理論

亀本 洋　角田 猛之
井上 匡子　石前 禎幸
濱 真一郎

［共訳］

成文堂

"© Oxford University Press 1978"

"This translation of LEGAL REASONING & LEGAL THEORY
*originally published in English in 1978
is published by arrangement with Oxford University Press."*

初版へのはしがき

　本書で私は次のようなことを試みている。つまり、判決の正当化や、判決を求めて裁判所に提示される主張や抗弁の正当化において展開される法的議論の諸要素を記述し説明すること、また、この作業を法の一般理論に関係づけること、さらには、デヴィッド・ヒュームに多くを負っている、実践理性の一般理論の枠組のなかでこれら両方の作業を行うこと、以上である。私のこれらの試みが、法律家や法学者、そして哲学者にとって興味ある事柄であることを期待している。したがって私は、哲学を事としない法律家にも、また法律家ではない哲学者にも、いずれにもわかる仕方で叙述しようと努めた。それらいずれのグループも、それぞれの専門的な観点からすればかなり初歩的で明々白々と思われる多くの事柄を見出すであろう。この点については、あらかじめお断りしておきたい。しかし逆に、いずれのグループも、あまりなじみのない本書の論点についても、過度の難解さを感じないことを期待している。

　本書は、1966年と1967年に、I. D. ウィロック（Willock）教授の指示の下で行った、ダンディーのクイーンズ・カレッジ（現在のダンディー大学）での私の一連の講義を基礎にしている。また、本書のさまざまな部分は、1967年から1972年にかけてのオクスフォード大学での講義、および、1972年から現在にいたるまでのエディンバラ大学での講義において、さまざまなかたちで試験的に話してきたものである。私は、もっと早く本書を完成させるつもりであったが、私自身の怠慢と大学行政上の責務のゆえに遅れてしまった。もっとも、それはおそらくはよい結果を生み出しているであろうが。

　当然ながら私は、本書で論じた話題に関する私の考えの練り上げの過程に辛抱強くつきあってくれ、あらゆる有益な批判をしてくれた数えきれない学生諸君に、多くを負っている。さらに多くを、有益な討論や批判をしていただいた多くの同僚に負っている。とりわけ、J. ブジャルプ（Bjarup）、Z. K. バンコウスキー（Bankowski）、A. A. M. アーヴィン（Irvine）、H. L. A. ハー

ト（Hart）、D. R. ハリス（Harris）、N. R. ハットン（Hutton）、Ch. ペレルマン（Perelman）、G. マーハー（Maher）、R. M. J. キンゼイ（Kinsey）、M. J. マチャン（Machan）、D. スモール（Small）、I. D. ウィロック（Willock）、W. A. J. ワトソン（Watson）、そして A. ツカーマン（Zukerman）に多くを負っている。さらに、カレン・マコーミック（Karen MacCormick）は、最初の講義案をわかりやすく書き直すための最初の段階での私の努力をあたたかく見守り、本書を最終的に完成させるように勇気づけてくれた。また、イザベル・ロバーツ（Isabel Roberts）はあらゆる助力を惜しまなかった。彼女たちに対して心からお礼申し上げたい。当然ながら、本書に残っている欠陥に対する責任は、すべて私にある。

エディンバラ　1977年5月2日
ニール・マコーミック

はしがき

　本書の目的は、法的推論を説明することである。選択を行わねばならないような状況において、どのように行為するのが正しいのかを決定するために、人間がみずからの理性を用いるという意味での実践的推論の一部門として、本書においては法的推論を説明している。また本書は、広範囲にわたって否定されてはきたが、単純明解で本質的に正当な一つの思想を表明している。それは、ルール適用のプロセスは法にかかわる活動の中心であり、また、このプロセスの合理的な構造の研究は、同じく実践的推論の一部門たる法的推論の性質を説明することにとってその中心に位置している、という考え方である。演繹的推論あるいは論理そのものの、法における活動の余地の存在が学識ある人々によって繰り返し否定されてきた。しかしそれにもかかわらず、本書では、演繹的推論という形式が法的推論の中心に位置するという観念に確固として立脚している。もちろん、この点は、法的推論が完全にあるいは単に演繹的であるとか、また演繹の一種として完全に説明し尽くされるということとはまったく異なっている。本書の第3章から最終章にいたるまですべて、演繹的ではない法的推論の諸要素を再構成するという、困難であるがゆえにまた魅惑的でもある課題にあてられているのである。

　これらの諸要素は、演繹的な部分に先行したり演繹の後に現れるのであるが、最終的にはつねに演繹に焦点が合わされ、また演繹と関係づけることによって理解されるのである。それらはきわめて興味深い事柄である。それらは、法的推論に対して法に固有の性格を付与している。それらはまた、道徳的推論との類似性をも示している。それらはきわめて重要である。しかしながら、それらがすべてというわけではない。また、それらによって話が尽きるわけでもない。それらのみで十分というわけではないし、また自足しうるものでもないのである。

　法的推論が有している演繹的ではない諸要素を説明することによって、それらがいかに興味深く、しかも難解で非常に捉えにくいものであるかが明ら

かになる。そしてまた、これまでになぜあれほど多くの人々が、次のような誘惑にさらされてきたのかも容易に理解されるであろう。すなわち、これら特定の諸要素のうちの一、二の要素を——完全に非演繹的で反演繹主義的ですらあるような——法と法的推論の性質の説明における礎石にまで高めようとする誘惑である。しかしこれは、人を誤りへとおとしめる致命的な誘惑である。実定法の体系とくに近代国家の法は次の二つの企図から成り立っている。すなわち、一つは、行為の広範囲にわたる諸原理を、比較的安定し明確化され、詳述された、客観的に理解可能なルールというかたちで具体化すること、そしてもう一つは、これらのルールを有効たらしめる、相互に信頼するにたる受容可能なプロセスを提供すること、この二つである。そして、このようなプロセスはとくに、個人どうしの間に何らかの争いが存在する場合や、治安を維持しルールの遵守を強制するための——それが存在しなければ自発的にはルールが従われないような——公的機関を社会の秩序や正義が求めている場合に、目に見えて重要なものとなる。これらの状況においては、不平を訴える私人や公的なルールの執行者は、現に生じている事実状態に関してなにがしかの主張を提示しなければならないし、またそのような事実状態からして、申し立てられた事実に適用される何らかのルールに依拠しつつ、いかなる介入が必要とされるかを示そうと試みなければならない。したがって、「法の支配」に基づく法的合理性という近代的パラダイムにおいては、ルール適用のための論理が法の論理の核心をなしているのである。

　おそらくは、大理論家にとっては期待はずれであろうが、この論理は比較的単純明快である。"$R+F=C$"、すなわち「ルール（R）と事実（F）によって結論（C）が導かれる」という、単純ではあるがしばしば批判されてきた定式はその本質において真理である。ルールは仮言的な規範的命題であって、それは一定の状況（以後は一定の「法律要件」とする）が得られたならばある一定の帰結が生ずる、あるいは満たされるはず（あるいは「ねばならない」もしくは「べきである」）ということを規定している。法律要件はとくに普遍的なかたちで、すなわち「Fという事実が生じたならばつねに」という表現に変換可能なかたちで述べられている。また同じく帰結についても、通常は「Cという性質を有する帰結が引き続いて生じるはずである」というように述べ

ることができる。このことを、「Fという事実が生じたならばつねに、その事実に関連してCがもたらされるはずである」というように定式化してみよう。このモデルに依拠して定式化されうるルールに焦点を合わせる法的プロセスは、その目的として、次の二つの目的をもっている。すなわち、まず第一に、Fという事実が生じた（"F"という普遍的なカテゴリーの個別的具体化である）と信じる、あるいは主張する何らかの根拠が存在するのか否かを検討すること。第二に、ある請求や要求と合わせて——当該の事例のためにも、Cを具体化するというやり方で——ある行動がとられねばならない、あるいはある結論に到達しなければならないと主張することである。それに対して、その主張の相手方は、このような主張やその主張と連動する要求が有しているいくつかの要素に対して、いかなるかたちにおいてであれ異議申し立てをしたり反論したり、ともかくそれらの要素を否認しようとするかもしれない。裁決者は、これらの対立する二つの立場の間で決定をなさねばならず、またその決定に先だって存在する法秩序の枠組のなかで、それらの決定を正当化するために何らかの説明をしなければならない。

　先に示したように、これらのルールは、抽象度の高い諸原理を比較的具体的なかたちで定式化したものとして存在している。少なくとも、それが望ましい特性である。秩序ある、多少なりとも民主的な社会であれば（あるいはまた、秩序ある純粋に恩恵主義的な専制主義や貴族主義的な統治においてすら）、人々が協調するための、受容可能な原理に従って公的な事柄を処理しなければならない。

　しかし、原理そのものが争いの余地を多くはらんでいる。またさらに、受容可能な原理をそれなりにバランスのとれたやり方で、通常生じるような状況を処理するためのより個別化された定式にしようとする際には、争いの余地がさらに大きくなる。そこで、原理についての対立する立場や、特定の文脈では適切であるような原理のバランスや優先性などをめぐって相互に矛盾する見方が存在することなどから、明確な状況類型に的を絞った明白な立場を言明するルールの定立が促されるのである。

　政治過程は、原理の適切なバランスや原理の決定に関する争い、また、個人や階級の利害に対してそのような決定がもつ影響などに関する争いによっ

て占められている。また立法過程は、政治的な争いから生じる暫定的な帰結に対して、次のようなやり方である明確な形態を与える過程である。すなわち、原理によって正当化される、与えられた領域でのものごとの秩序に対する特定の見方を具体化するルールを定立することによってである。定立されたこれらのルールは、とくに尊重に値する。もちろん、それらだけではあらゆる紛争を解決するには十分ではない。しかし、少なくともそれらは、個々の事例の争点の的を絞ることができるし、また、ルールの解釈を通じた紛争解決は、ルールの背後に控えている原理に関する議論を、政治過程そのものにおいて生じるのとは異なった仕方で生き続けさせておくのである。先例を用いる際にも、原理からの同様な推論が含まれている。それは、人間にかかわる事柄を処理するための、比較的詳細なルールを確定する方法、あるいはその一つの要素としてである。

　このように、公表された一連のルールを基礎として法秩序を組織するということは、自由の程度が最も低い統治においてさえも望まれるような、あらゆる国家に課せられた課題である。18世紀以来、支配的なイデオロギーの大部分はこのような法と国家の見方を推奨してきたし、また多くの国家は、その課題の実現に成功したという主張を基礎としてみずからの正統性を主張しているのである。「法の支配」や法治国家というまさにその観念は、明確な──前もって確定された──ルールが、権力行使を支配し制約し、また市民に関する事柄を規制するという国家の理念にほかならない。まさにこの理念が、近代的なそしてポスト・モダンの諸国家の正統性において中心的な役割を果たしている。理念そのものに対して真の忠誠心を抱いているか否かがきわめて疑わしいような政府によって、この理念が安易に援用されているという事実があるとしても、その理念自身が無意味となるわけではまったくない。

　その理念は、統治権力によってしばしば濫用されてはいるが、それ自身は健全で尊重に値する理念である。その理念を正当化するに際して、二つの側面がある。一方において、人間は、みずからの行為について熟慮することのできる、自律的で実践的に合理的な動物であるとともに、その合理的な熟慮が、主として相互間の議論において展開されるという意味での社会的な動物

でもある。推論の手順を注意深く検討すれば、行為と、その行為の正当化および非難とのための合理的な原理の成立の可能性について、多くの事柄が明らかになる。しかし同時に、その検討によって次の点も明らかとなる。すなわち、個人的で自律的なレベルの純粋な合理性のみでは、はたして何が、実現可能な社会的共存に必要な意見や行為であるのかについての十分なコンセンサスと協同を保証することはできない、ということである。さらにまた、自己抑制が必要だということを合理的に承認する能力をもっているとしても、われわれの固有の傲慢さや暴力性、そして自己を不当に優先させるといった傾向性を抑えることはできない。したがって、共通のルールを定立する権威とそのルールの遵守を保証する権限とをともに有する、政治的組織が存在していなければならないのである。これらのルールは、合理的な熟慮によっては当事者間で解決のつかない領域において、はたしていかなる行為が求められているのかを確定する。レベルの高いルールがレベルの低いルールの強制のプロセスを組織だてている。したがって、法が存在するということを（その概要においては）——法が自律的個人に向けられているときでも——制度的で、明確で、権威的で、かつ他律的なものとして正当化することができる。

　他方において、法の名宛人である諸個人は、個人として尊重に値する自律的な行為者でもある。この尊重ということから、彼らが、何が権威的に確定された公的ルールなのかを知る十分な機会をもつこと、および、自分の選択によってそれらのルールに従う——それが自分の選好や熟慮の上での判断に反する場合でも——十分な機会をもつこと、これら二つのことが求められる。選好や判断との乖離があまりにも大きい場合、法の内容を知っている個人は、それに従わないことを選択することもできる。ただしその場合には、前もって定立されれたルールの違反に対して強制可能な制裁について、あらかじめフェアなかたちで知らされていなければならない。

　この理論は、法的推論を実践的推論の一種として提示している。この理論は、選択状況で、何を選択するのが正しいかを決めるものとしての理由にかかわっている。その意味での正当化にかかわっている。それゆえ、ルールに訴えること自体がどうして正当化されるのか、これを理解することが重要と

なる。概要だけ述べれば、それは、原理的に、合理的な実践的討議に関する基本原理に依拠することによって正当化される（この点は、本書第3章での「下支え理由」に関する私の議論の再評価にかかわるものである。私は、1978年に初版が出版されたロベルト・アレクシー（Robert Alexy）の『法的議論の理論』（*Teorie der juristischen Argumentation*）で展開された諸々の考えに照らして、その論点を考えてみたいと今は思っている）。したがって、ルールに依拠する討議を限定したり論破したり、またそれを乗り越えさえするための、ルールの背景をなす原理がつねに存在する。ルールの適用過程に固有のさまざまな問題（本書では「関連性」、「解釈」、および「分類」の問題と呼んでいる）は、ルール自身とその適切な解釈や適用に関する困難な問題の解決のために、原理の議論に立ち戻ること（および向かうこと）をもわれわれに求めているのである。

　このことは、ルールからの演繹的推論がなぜ、自足的で自己充足的な法的正当化の様式たりえないのかを示している。それはつねに、原理や価値からの先行的で潜在的な推論の網の目のなかに組み込まれている。この点は、かりに、純粋にプラグマティックな見解によって、実践的な目的にとってはルールの背後に踏み込むだけの労をとる価値があるとはだれも考えないような、多くの状況や事例の存在が明らかにされたとしてもそうなのである。だが、法に依拠することを正当化する原理は、法の支配という理念の内部においてのみ、法への依拠を正当化するのである。したがって、ロン・L. フラーのような思想家たちがわれわれの注意を喚起した、まさに形式的な特徴を有するルールというかたちで表された法にのみ、依拠することが正当化されるのである。したがって、ルールからの推論に対して、本書で付与されたあの重要な核心性を与えることは適切なことなのである。

　その話のもう一つの側面が、本書の大半を占めている話題である。私自身かなり強調しているように、ルールからの推論は、ある一定の地点までしかわれわれを導くことはできない。そして、ルールがしばしば、所与の実践的なコンテクストに対して内容が不明確であるために、法が固有にもつべき本質的価値を欠くことがありうるということ、このことがまさに法の特性の一つとして存在しているのである。固定された言語的定式としてのルールの解釈には、争いの余地がある。また、生じた事実を、定式化されたルールに規

定されている法律要件に該当するものとして分類するのか、それとも該当しないものとして分類するのか、そのいずれが適切であるかについても、争いの余地がある。さらには、求められた救済や刑罰を、申し立てられた事実によって正当化しうるように何らかのルールが定式化されうるか否かについても、争いの余地がある。繰り返せば、解釈、分類、および関連性の問題は、法的思考と法的過程に固有のものである。そのような諸問題を解決するために展開されうる実践的推論の様式がどのようなものかということは、きわめて複雑な法的推論の解明のためのいかなる試みにおいても、最も綿密な研究を必要とする論点である。

　可能なかぎり現象に密着するというのが、私が採用する手法である。現象とは、本書にとって、裁判所、とくにイングランドとスコットランドの裁判所の実際の判決理由である。私は自分の研究を、実践的推論と人間の本性とに関するある見方のなかで展開している。それは、不可避なことだが。しかし私は、純粋にアプリオリな方法ではみずからの見解を提示しないよう努めている。現実の事件や具体的な実践的問題とからんで行われている、裁判官の実際の理由づけに言及することによって、つねに私の見解を展開し説明している。そこでとられた方法は、今なら、「合理的再構成」という名で呼ぶべき方法である。それは、観察された「事実」の単なる記述ではなく、むしろ、論じられている現象を、本書で提示された理性と推論に関する包括的な理論によって明らかにされる、合理的に理解可能な思考と行為の体系に属するものとして提示する試みである。同じく、その理論自身も、現実の事件で述べられた裁判官の実際の理由づけという証拠に照らすことによって、その適切さがテストされるのである。

　しかし、英語版にしろ（新たな）フランス語版にしろ、1978年に出版された初版を無修正で再版するということは無遠慮に思われるかもしれない。本書の初版出版以来、法的推論に関して多くの論稿が書かれてきた。本書の中心をなす諸々の考え方がなお注目に値するとしても、その大半は多くの批判——ほとんどが建設的な批判であったが——を引き起こしてきた。したがって、それらの考え方は、批判に答えつつ、修正を加えた上で新版のかたちで提示されるべきではなかったのだろうか。さらに、本書に対する直接的な批

判とは別に、1978年以来さまざまな言語や多くの哲学的あるいは法的な伝統のなかで、法的推論に関するきわめて多くの著述が存在している。こういったことすべてを十分考慮に入れたとすれば、初版をまったく根本的に書き直すことになったであろう。

　もちろん、本書の各章に含まれている大半の論点については、私は学会その他の学問的な討論や議論の場に提出された論文というかたちで、相当多くのさらに詳細な考察を発表してきた。これらはいずれ、本書の続編をなす法的推論についての一冊の論文集として、手を加えた上でまとめる予定である。ここでは私は、私の議論の何らかの部分に向けられたいくつかの批判を引用することで、そしてまた、その批判への私自身の応答や私自身がさらに発展させた、当該各章での見解などを参照することによって、各章と関連する留意点を補足しておこう。私の見解の全容（かりにそのようものを望むとすればであるが）については、本書と合わせて、以下に引用されているすべての資料を検討することが必要であろう。

　1978年の初版は、それが有する欠点にもかかわらず、法と法的推論に関する思想史のなかで固有の位置を占めている、とおそらく言えるであろう。卓越性については比ぶべくもないが、それは、H. L. A. ハートの古典たる『法の概念』の姉妹編のようなものである。本書での法的推論の説明は、本質的にハート的なもの、すなわちハートの法の概念の法実証主義的な分析に依拠する、あるいは少なくともそれと完全に両立するものとして提示されている。ハートが支持した法理論への分析的な法実証主義的アプローチは、法的推論とりわけ裁決における理由づけに対して、満足のゆく説明をなしえないという立場から異議を申し立てることができ、また、現に異議申し立てがなされてきた。本書ではそのような異議申し立てを取り上げている。本書は、時代、場所、知的文脈の点でとくに、あるいはまったくハート的ではない、哲学的伝統の諸潮流に依拠しているが、それにもかかわらず、ハート的な法理学を支持する法的推論の理論として提示されたのである。また、ハートが編集しているクラレンドン・シリーズの一つとして本書は出版されたが、本書は、ハートの勧めによって著わされたものであり、また、ハートからの鋭い批判に答えるというかたちで原稿の段階で手が加えられている。本書は、

ルールベースの推論を中心にすえているが、それはハートが法理学において「第一次的ルールと第二次的ルールの結合」を中心にすえていることと符合するものである。

　学者としてのキャリアを積んでいくなかで、個人的に私は、ハーバート・ハートから多大の知的な導きと指導を受けただけでなく、私事にわたる多大の好意と支えをも受けている。それにもかかわらず、私の最近のいくつかの論稿が示しているように、私はもはや、法に関するハートの諸テーゼについて、1978年時点で受容していたのとほとんど同じ数だけ受容しているわけではない。法的推論やそれに関連する諸問題をめぐる討論を通じて、1978年の段階では支持していた、その時点においてすでに相当弱いものになっていた法実証主義さえ、現時点では私は乗り越えてしまっているのである。ポスト法実証主義的な法の制度理論と呼びうるような現在の立場に私を導いたものは、まさに『判決理由の法理論』に対する批判への私自身の応答であった、とおそらくは言うことができるであろう。その意味では、古いぶどう酒をこの新しい革袋に入れるのではなくて、むしろ、ハートの主要な業績にそって読みとることができ、また、1970年代のロナルド・ドゥオーキンによる批判に対抗するハート的立場の擁護論として、本書をそのまま再版するほうがフェアであるように思われる。

　どのような点で1978年に提出した諸テーゼを、部分的には、早急に再考しなければならないと今私が考えているかを、ここで結論としてごく簡単に指摘しておきたい。第一に、本書第2章でルールの適用の演繹論理を私は単純に説明しているが、それは単純化しすぎだというパトリシア・ホワイト（Patricia White）の見解に同意したい。命題論理よりも述語論理を使うほうが、そこでの目的にとってはよかったであろう。第二に、普遍性と普遍化可能性に関する第4章での私の主張は、実践的判断が有する本質的な固有性と考えられるものに関するさまざまな対立する見方に対して、より注意深く対処する必要があろう。第三に、第5章と第6章での帰結主義をめぐる議論は、いわゆる「帰結」が有している複雑さをより深く認識する必要があるとともに、そこで採用されているアプローチを、哲学の文献において通常「帰結主義」とみられているものからより明確に区別する必要がある。

さらに第四として、原理と一貫性に関する第7章での議論は、私見によれば、現在においてもなお、類推的推論と関連づけてみるならば、原理に基づいた法における推論の説明として有効である。しかし現在では私自身、この点に加えうる多くの事柄を認識している。第五に——制定法と先例の解釈に関する本書第8章の議論から大幅に離れるつもりはないが——これら二つのタイプの解釈が有する類似性とともにその相違をも明らかにするために、さらに多くのことが言及される必要があるというロバート・サマーズ（Robert Summers）やその他の人々の見解に同意する。しかし——「解釈的概念」としての法というロナルド・ドゥオーキンの理論との対抗において——解釈の問題は、法律家の実践的推論の単なる一つの要素にすぎないのであって、したがってそれは、すべての議論を包括するために拡大されるべきではない、と私は現在においても述べておきたい。ただし現在では、第9章におけるドゥオーキンへの反論の多くは誇張しすぎだ、という印象を私自身もっている。とりわけ、実践的な意見の不一致という観点からなされた議論は、クヌード・ハーコンセン（Knud Haakonssen）とセバスティアン・ウルビナ（Sebastian Urbina）の二人によって提示された論点に照らして、根本的に考察し直されなければならい。

　そして最後に、最終章でのウルトラ合理主義に関してなされた主張は、現在では、その言い方が若干不適切であったように思われる。本書のはしがきの冒頭で示唆したように、私はロベルト・アレクシー（と、派生的には、ユルゲン・ハーバーマス）によってなされた主張から、次のように確信している。すなわち、法的な制度や法的推論の正当化理由を一般的な実践理性の要請として導き出し、また、法的推論を実践的合理性の一般原理に徹頭徹尾服させる、そのような合理的な実践的討議の説明を構築することは可能である、と。ただしこの点は、法はつねに完全に確定的であるとか、確定的たりうるということも、あるいはまた、実践的理性は、法が一つの答えを確定することができない場合につねに、確定的な答えを提示することができるということも、意味しているわけでも含意しているわけでもない。しかしながら、このことは、本書の最終章で採用されたヒューム的立場が根本的に再考される必要がある、ということを意味している。さらにまた、本書全体にわ

たる、正当化の強調ということは見直される必要があろう。ブルース・アンダーソン (Bruce Anderson) が示しているように、合理的発見の過程は、合理的な正当化の過程と同じくらい反省的な思考を必要としているのである。この点はとくに、類推による議論（第7章）との関連で有用であり、また本書での議論を、スティーヴン・バートン (Steven Burton) によって提示された論点とかみあわせることが可能だ、と私は確信している。

　これらの論点は、全体として相当多くの再検討を必要としよう。それらの点に関する私の考察をさらに進めるためには、以下の「補足文献表」に掲げた諸論文を検討することが必要である。だが、より踏み込んだ考察が必要だということは認めるが、以前の私の考えが私のものではないと言うつもりはない。本書は、難解で複雑な事柄に関する明確で直截な探求であったし、また現在でもそうである。そのようなものとして、著者自身の考えが変わったとしても、本書はそれをこえて生き延びるという、それ自身の価値をもっているのである。

エディンバラ　1994年3月
ニール・マコーミック

補足文献表

第 1 章

批判：

D. Lyons: 'Justification and Judicial Responsibility', *California Law Review* 72 (1985) 178-99 at 196-9.

B. Anderson: *Discovery in Judicial Decision-Making* (Edinburgh, Ph.D. Thesis University of Edinburgh, 1992).

応答：

MacCormick: 'Why Cases have *Rationes* and What these are', in L. Goldstein (ed) *Precedent in Law* (Oxford, Clarendon Press, 1987) pp. 155-82 (ch 6).

MacCormick: 'Reconstruction after Deconstruction: A Response to CLS', *Oxford Journal of Legal Studies* 10 (1990), pp. 539-558.

第 2 および第 3 章

批判：

P. White: Review, *Michigan Law Review* 78 (1979-80) 737-42.

A. Wilson: 'The Nature of Legal Reasoning: A Commentary with respect to Professor MacCormick's Theory', *Legal Studies* 2 (1982) 269-85.

B. S. Jackson: *Law, Fact, and Narrative Coherence* (Merseyside, Deborah Charles Publications, 1988) esp ch 2.

応答：

MacCormick: 'The Nature of Legal Reasoning: a brief Reply to Dr Wilson' *Legal Studies*, (1982) 286-290.

MacCormick: 'Notes on Narrativity and the Normative Syllogism', *International Journal for the Semiotics of Law* 4 (1991) 163-174.

MacCormick:' Legal Deduction, Legal Predicates, and Expert Systems', *International Journal for the Semiotics of Law* 5 (1992) 181-202; and see id 203-14 (Jackson) and 215-24 (MacCormick).

第4および第5章

批判：

M. J. Detmold: *The Unity of Law and Morality* (London, Routledge, 1988).
Steven J. Burton: 'Professor MacCormick's Claim regarding Universalization in Law' in C. Faralli, E. Pattaro (ed) *Reason in Law*, Vol. II (Milan, Dott A Giuffrē, 1988) 155-66.

応答：

MacCormick: 'Universalization and Induction in Law' in C. Faralli, E. Pattaro (ed) *Reason in Law* (Milan, Dott A Giuffrē, 1987) 155-66.
MacCormick, 'Why Cases gave Rationes. . .', cit. supra.

第6章

批判：

B. Rudden: 'Consequences', *Juridical Review* 24 (1979) 193-205.

応答：

MacCormick: 'On Legal Decisions and Their Consequences: From Dewey to Dworkin', *N.Y.U. Law Rev.* 58 (1983) 239-258.
MacCormick: '*Donoghue* v. *Stephenson* and Legal Reasoning' in T. Burns & S. I. Lyons (ed), *Donoghue v. Stevenson and the Modern Law of Negligence* (Vancouver, B.C., Continuing Legal Education of British Columbia, 1991) 191-213.

第7章

批判：

Jackson: *Law, Fact and Narrative Coherence,* cit supra.
B. B. Levenbook: 'The Role of Coherence in Legal Reasoning', *Law and Philosophy* 3 (1984) 355-74.
P. Nerhot (ed): *Legal Knowledge and Analogy* (Dordrecht, Kluwer Academic Publishers, 1991).

応答：

MacCormick: 'Coherence in Legal Justification' in W. Krawietz et al (ed), *Theorie der Normen* (Berlin, Duncker & Humblot, 1984) 37-54.

MacCormick, 'The Coherence of a Case and the Reasonableness of Doubt', *Liverpool Law Review* 2 (1980) 45-40.

第8章

その後の私見：

MacCormick: 'Argumentation and Interpretation', *Ratio Juris* 6 (1993) 16-29.
MacCormick: 'Why Cases have Rationes...', cit supra.

第9章

その後の私見：

MacCormick: 'Discretion and Rights', *Law and PhilosoPhy* 8 (1989) 23-36.
MacCormick, 'On Open Texture in Law' in D. N. MacCormick & P. Amselek (ed): *Controversies about Law's Ontology* (Edinburgh, Edinburgh University Press, 1991) 72-83.

第10章

批判：

K. Haakonssen: 'The Limits of Reason and the Infinity of Argument', *Archiv für Rechts-und Sozialphilosophie* 67 (1981) 491-503.

応答：

MacCormick: 'The Limits of Reason: A Reply to Dr Knud Haakonssen', *A.R.S.P.* 67 (1981) 504-9.
MacCormick: 'Legal Reasoning and Practical Reason', in P. A. French et al (ed), *Midwest Studies in Philosophy VII* (Minneapolis, 1982) 271-286.

その他の参考文献：

R. Alexy: *Theory of Legal Argumentation* (trans. R. Adler & N. MacCormick, Oxford, Clarendon Press, 1988).
D. N. MacCormick and R. S. Summers (ed): *Interpreting Statutes: A Comparative Study* (Aldershot, Dartmouth Publishing Co, 1991).

制定法一覧

害意損害法（1861年）Malicious Damage Act 1861 ……………*196-8*
外国補償法（1950年）Foreign Compensation Act 1950
　………………………………………*154-5, 212-3, 216, 253*
買取選択権付賃貸借法（1964年）Hire Purchase Act 1964 …………………*224*
国王称号法（1953年）Royal Style and Titles Act 1953 ………………*141*
最高法院法（1925年）Supreme Court of Judicature Act 1925 …………*199*
殺人（死刑廃止）法（1965年）Murder（Abolition of Death Penalty）
　Act 1965 ……………………………………………*226-8*
車両免許・運転免許法（1969年）Vehicle and Driving Licences Act 1969
　………………………………………………………………*198-9*
人種関係法（1965年）Race Relations Act 1965 ……………*166-7, 229, 256*
人種関係法（1968年）Race Relations Act 1968
　………………………………*72-3, 84-5, 159-60, 166-7, 229-31, 256*
人種関係法（1976年）Race Relation Act 1976 ……………………*72*
性別不適格（免職）法（1919年）Sex Disqualification（Removal Act）1919…*259*
占有者の責任（スコットランド）法（1960年）Occupiers' Liability〔Scotland〕
　Act 1960 …………………………………………………*236*
動産供給（黙示の条項）法（1973年）Supply of Goods（Implied Terms）
　Act 1973 ……………………………………………………*28*
動産売買法（1893年）Sale of Goods Act 1893…*22-4, 30-1, 33-5, 79-80, 215*
人に対する犯罪法（1861年）Offences against the Person Act 1861………*196-7*
夫婦居住住宅法（1967年）Matrimonial Homes Act 1967……………*223*
薬物（誤用防止）法（1964年）Drug（Prevention of Misuse）Act 1964 …*56-7*
家賃およびモーゲッジ利息の増額（制限）法（1920年）Increase of
　Rent and Mortagage Interest（Restriction）Act 1920 ……*218-22, 232, 253*
家賃法（1968年）Rent Act 1968 ……………………………*223*
離婚（スコットランド）法（1964年）Divorce（Scotland）Act 1964 ………*105*
連合法（1707年）Acts of Union, 1707 ………………………*140-1*

先例一覧

アール対ルボック事件
 Earl v. *Lubbock* [1905] 1 K.B. 253 ································ *136*

アプマン対エルカン事件
 Upmann v. *Elkan* (1871) L.R. 12 Eq. 140 ····················· *200*

アニスミニック対外国補償委員会事件
 Anisminic v. *Foreign Compensation Commission* [1969] 2 A.C. 197
 ························· *154-5, 210, 212-3, 215, 216, 229, 238, 243, 253*

アルフレッド・クロムプトン娯楽機械有限会社対関税・間接税局長官事件
 Alfred Crompton Amusement Machines Ltd. v. *Commissioners of Customs and Excise* (1972) 2 Q.B. 106A-116G ···································· *200*

アレン対フラッド事件
 Allen v. *Flood* [1898] A.C. 1 ·· *44*

イーリング・ロンドン自治区議会対人種関係局事件
 Ealing London Borough Council v. *Race Relations Board* [1972] A.C. 342
 ································ *72-4, 83-5, 159-60, 229-31*

ウィアー川委員対アダムソン事件
 River Wear Commissioners v. *Adamson* (1887) 2 App. Cas. 743 ········· *163*

ウィンターボトム対ライト事件
 Winterbottom v. *Wright* (1842) 10 M.& W. 109 ················· *121, 136*

ウェッブ対バード事件
 Webb v. *Bird* (1861) 13 C.B. (N.S.) 841 ····························· *206*

英国運輸委員会対ゴーリー事件
 B.T.C. v. *Gourley* [1956] A.C. 185 ······················· *190-4, 236-8, 279*

英国国有鉄道理事会対ピキン事件
 British Railways Board v. *Pickin* [1974] A.C. 765 ···················· *142*

エリオット対ホール・オア・ネイルストン炭鉱事件
 Elliott v. *Hall or Nailstone Colliery Co.* (1885) 15 Q.B.D. 315 ·········· *136*

エルダー・デンプスター商会有限会社対パターソン=ゾコニス商会有限会社事件
 Elder Dempster & Co. Ltd. v. *Paterson, Zochonis & Co. Ltd.* [1924] A.C. 552
 ··· *162-3*

オア対ダイアパー事件
 Orr v. *Diaper* (1876) 4 Ch. D. 92 ·································· *200-2*

カー対オークニー伯事件
 Kerr v. *The Earl of Orkney* (1857) 20 D. 298 ························ *209*

カルカスト（ウォルヴァバーハンプトン）有限会社対ヘインズ事件

先例一覧　xix

　　Qualcast (Wolverhampton) Ltd. v. Haynes [1959] A.C. 743 ……………*103-4*
騎士対教皇事件
　　Cavalier v. Pope [1906] A.C. 428 …………………………………………*129*
キャメロン対ヤング事件
　　Cameron v. Young [1908] A.C. 176 ; 1908 S.C. (H.L..) 7 ………………*129*
ギャリー対リー事件
　　Gallie v. Lee [1969] 1 All E.R. 1062 ……………………………………*234*
クィン対レザム事件
　　Quinn v. Leathem [1901] A.C. 495 …………………………………………*45*
グラント対オーストラリア・ニット製造事件
　　Grant v. Australian Knitting Mills [1936] A.C. 85 ………*24, 28, 33, 244-5*
グレンダーロック事件
　　Glendarrock, The [1894] P. 264 ……………………………………………*156*
グロート対チェスター・アンド・ホリヘッド鉄道事件
　　Grote v. Chester & Holyhead Rail Co. (1848) 2 Exch. 251 ……………*136*
ゴードン対マーディ事件
　　Gordon v. M'Hardy (1903) 6 F. 210…………………………………………*117-8*
国王対アーサー事件
　　R. v. Arthur [1968] 1 Q.B. 810 ………………………*196-8, 202-3, 210*
国王対ヴォイジン事件
　　R. v. Voisin [1918] 1 K.B. 531………………………………………………*95-6*
コンウェイ対リマー事件
　　Conway v. Rimmer [1968] A.C. 910 ………………*144-5, 147, 199, 279*
ジョージ対スキヴィントン事件
　　George v. Skivington (1869) L.R. 5 Exch. 1 ……………………………*136-7*
ジョセフ・コンスタンティン汽船航路有限会社対インペリアル・
　　スメルティング・コーポレーション有限会社事件
　　Joseph Constantine Steamship Line Ltd. v. Imperial Smelting Corporation Ltd.
　　[1942] A.C. 154 ……………………………………………………………*155-7*
スカラ舞踏場（ウルヴァーハンプトン）有限会社対ラトクリフ事件
　　Scala Ballroom (Wolverhampton) Ltd. v. Ratcliffe [1958] 3 All E.R. 220
　　……………………………………………………………………………………*258*
スクラットンズ有限会社対ミッドランド・シリコン有限会社事件
　　Scruttons Ltd. v. Midland Silicones Ltd. [1962] A.C. 446 ……………*162-3*
スティール対グラスゴー製鉄有限会社事件
　　Steel v. Glasgow Iron & Steel Co. Ltd. 1944 S.C. 237 …*174-7, 202, 239-42*
スミス対イースト・エロー英国海軍本土防衛隊事件
　　Smith v. East Elloe R.D.C. [1956] A.C. 736 …………………*216, 217-8, 229*

セント・ジョン海運会社対ジョセフ・ランク有限会社事件
 St. John Shipping Corpn v. *Joseph Rank Ltd.* [1957] 1 Q.B. 267 ………*157-9*
相互生命対エヴァット事件
 Mutual Life etc. Co. v. *Evatt* [1971] A.C. 793 ………………………*244*
ダイナムコ有限会社対ホランド＝ハネン＝キュビッツ（スコットランド）
有限会社事件
 Dynamco Ltd. v. *Holland & Hannen & Cubitts（Scotland）Ltd.* 1971 S.C. 257
 ………………………………………………………………………*151-2*
ダニエルズとダニエルズ対 R. ホワイトと息子たちならびにターバード事件
 Daniels & Daniels v. *R. White & Sons & Tarbard* [1938] 4 All E.R. 258
 ………………*21-36, 40-2, 46-51, 71, 80, 215, 217, 235-6, 293-4*
ダンカン対キャメル・レアド事件
 Duncan v. *Cammel Laird & Co. Ltd.* [1942] A.C. 624 ………………*144*
ディクソン対ベル事件
 Dixon v. *Bell* (1816) 5.M. & S. 198 ……………………………………*136*
チャーター対人種関係局事件
 Charter v. *Race Relations Board* [1973] A.C. 868 ……………*166-7, 256*
チャプマン対サドラー商会事件
 Chapman v. *Sadler & Co.* [1929] A.C. 584 ………………………*136*
チャプリン対ボイズ事件
 Chaplin v. *Boys* [1971] A.C. 356 ………………………………………*89*
デリー対ピーク事件
 Derry v. *Peek* (1889) 14 App. Cas. 337 …………………………*243-4*
テンプル対ミッチェル事件
 Temple v. *Mitchell* 1956 S.C. 267………*218-24, 229, 232-3, 243, 253*
ドナヒュー対スティーヴンソン事件
 Donoghue v. *Stevenson* [1932] A.C. 562 ; 1932 S.C. (H.L..) 31
 ………………………*47, 76-6, 86-88, 91-2, 115-38, 150, 160,*
   169-70, 172-3, 202, 215, 217, 235, 244-5, 256, 275-8, 281
ドラモンド家の J.F. 対上級弁護士 H.M. 事件
 Drummond's J.F. v. *H.M. Adovocate* 1944 S.C. 298 …………………*179*
ドルトン対アンガス事件
 Dalton v. *Angus* (1881) 6 App. Cas. 740 ……………………*206, 239*
トンプソン対グラスゴー・コーポレーション事件
 Thompson v. *Glasgow Corporation* 1962 S.C. (H.L.) 36 …………*54-5, 128*
内務省対ドーセット・ヨット有限会社事件
 Home Office v. *Royal Dorset Yacht Co. Ltd.* [1970] A.C. 1004
 ………………………………………………………………*171-4, 181, 194*

先例一覧　xxi

ネーグル対フィールデン事件
　　Nagle v. *Fielden* [1966] 2 Q.B. 633 ·· *258-9*
ノーウィッチ・ファーマコール有限会社対関税・間接税局長官事件
　　Norwich Pharmacal Ltd. v. *Commissioners of Customs & Excise* [1972] Ch.
　　566 ; [1974] A.C. 133 ·· *198-203, 210*
バーウィック対ブリティッシュ・ジョイント・ストック・バンク事件
　　Barwick v. *British Joint Stock Bank* (1886) L.R. 2 Ex. 259 ················ *245-6*
バーカー対ベル事件
　　Barker v. *Bell* [1971] 2 All E.R. 867 ··· *224*
ハーセルディン対ドー事件
　　Haseldine v. *C.A. Daw & Co. Ltd.* [1941] 2 K.B. 343 ·················· *92, 245*
ハスキンズ対ルイス事件
　　Haskins v. *Lewis* [1931] 2 K.B. 1 ·· *221-2, 257*
ハンブレトン対キャリナン事件
　　Hambleton v. *Callinan* [1968] 2 All E.R. 943 ································· *56-7*
ヒューズ対メトロポリタン鉄道事件
　　Hughes v. *The Metropolitan Railway* (1887) 2 App. Cas. 439 ············ *210*
フィップス対ピアーズ事件
　　Phipps v. *Pears* [1964] 2 All E.R. 35 ·· *205-8, 238-9*
ブラッカー対レイク・アンド・エリオット事件
　　Blacker v. *Lake & Elliott* (1912) 106 L.T. 533 ·································· *136*
ブラックバーン対法務総裁事件
　　Blackburn v. *Att. Gen.* [1971] 2 All E.R. 1380 ······························ *142-3*
ブランド対モーズリー事件
　　Bland v. *Moseley* (1587) 9 Co. Rep. 58a ·· *206*
ベイスの受託者対ベイス事件
　　Beith's Trustees v. *Beith* 1950 S.C. 66 ··································· *147-8, 210*
ベイツ対ベイティ有限会社事件
　　Bates & anor v. *Batey & Co. Ltd.* [1913] 3 K.B. 351 ······················ *136*
ヘインズ対ハーウッド事件
　　Haynes v. *Harwood* [1935] 1 K.B. 146 ·· *175*
ヘヴン対ペンダー事件
　　Heaven v. *Pender* (1883) 11 Q.B.D. 503 ································ *134, 137*
ヘドリー・バイン商会対ヘラー商会事件
　　Hedley Byrne & Co. Ltd. v. *Heller & Partners* [1964] A.C. 465 ········ *243-4*
ヘンダーソン対ジョン・ステュアート（農場）有限会社事件
　　Henderson v. *John Stuart (Farms) Ltd.* 1963 S.C. 245 ···················· *152-4*
ホーキンズ対スミス事件

xxii　先例一覧

　　Hawkins v. *Smith*（1896）12 T.L.R. 532 ……………………………*136*
ホワイト・アンド・カーター（カウンシルズ）有限会社対マクグレゴー事件
　　White & Carter (Councils) Ltd. v. *McGregor* [1962] A.C. 413; 1962 S.C.(H.L.) 1 …………………………………………………*184-8, 242, 279*
マーベリー対マディソン事件
　　Marbury v. *Madison*（1803）1 Cranch 137 ……………………*139-40*
マイヤーズ対 D.P.P. 事件
　　Myers v. *D.P.P.* [1965] A.C. 1001 ………………………………*178-9*
マクドナルド対グラスゴー西病院事件
　　Macdonald v. *Glasgow Western Hospitals* 1954 S.C. 453 …………*147*
マクドナルド対デヴィッド・マクブレーン有限会社事件
　　Macdonald v. *David MacBrayne Ltd.* 1915 S.C. 716 ……………*240-2*
マクレナン対マクレナン事件
　　Mackennan v. *Maclennan* 1958 S.C. 105 ………………*100-1, 159, 215*
マグローン対英国国有鉄道理事会事件
　　M'Glone v. *British Railways Board* 1966 S.C.(H.L.) 1 ……………*236*
マコーミック対法務総裁事件
　　MacCormick v. *Lord Advocate* 1953 S.C. 396……………………*140-2*
マロック対アバディーン・コーポレーション事件
　　Malloch v. *Aberdeen Corporation* 1971 S.C.(H.L.) 85; [1971] 2 All E.R. 1278 ………………………………………………*194, 210, 243*
ミュレン対バー商会事件、マクガワン対バー商会事件
　　Mullen v. *Barr & Co., McGowan* v. *Barr & Co.* 1929 S.C. 461………*121*
メンジーズ対マーレイ事件
　　Menzies v. *Murray*（1875）2 R. 507 ……………………………*147-8*
モスティン事件
　　The Mostyn [1928] A.C. 57 …………………………………………*163*
モレリ対フィッチ・アンド・ギボンズ事件
　　Morelli v. *Fitch & Gibbons* [1928] 2 K.B. 636 ……………*22-3, 33, 80*
ライランズ対フレッチャー事件
　　Rylands v. *Fletcher*（1868）L.R. 3 H.L. 330 ……………*182-4, 209, 246-7*
ラングフォード対ダッチ事件
　　Langford v. *Dutch* 1952 S.C. 15 …………………………………*242*
ラングリッジ対リーヴィ事件
　　Langridge v. *Levy*（1838）4 M. & W. 337 ………………………*136*
リーヴィス対クラン航路汽船事件
　　Reavis v. *Clan Line Steamers* 1925 S.C. 725 ……………………*151*
リー対ブードおよびトリントン鉄道会社事件

先例一覧 *xxiii*

Lee v. *Bude & Torrington Rly Co. Ltd.* (1871) L.R.6C.P. 576 ············· *142*
リード対J.ライアンズ商会有限会社事件
 Read v. *J. Lyons & Co. Ltd.* [1947] A.C. 156 ········ *181-4, 195, 246-7, 253*
リードフォード対アバディーンの治安判事事件
 Reidford v. *Magistrates of Aberdeen* 1935 S.C. 276 ··············· *147*
リッジ対ボードウィン事件
 Ridge v. *Baldwin* [1964] A.C. 40 ··································· *194, 243*
リンデール・ファッション製造有限会社対リッチ事件
 Lyndale Fashion Mfrs Ltd. v. *Rich* [1973] 1 All E.R. 33 ············ *237-8*
ル・リーヴル対グールド事件
 Le Lievre v. *Gould* [1893] 1 Q.B. 491 ································ *134*
ロイド対グレース・スミス商会事件
 Lloyd v. *Grace Smith & Co.* [1912] A.C. 716 ························ *246*
ロングメイド対ホリデー事件
 Longmeid v. *Holliday* (1851) 6 Exch. 761 ···························· *136*
ロンデル対ワーズリー事件
 Rondel v. *Worsley* [1969] 1 A.C. 191 ······················ *170-1, 174, 205*
ロンドン路面軌道対ロンドン市議会事件
 London Street Tramways v. *L.C.C.* [1898] A.C. 375 ········ *123, 143-4, 147*
以下日本語名のない事件
 Att. Gen. v. *Wilts United Dairies* (1921) 37T.L.R. 884 ················ *193*
 Avery v. *Bowden* (1885) 5 El. Bl. 714 ································ *188*
 Borland v. *Borland* 1947 S.C. 432 ·································· *105*
 Bourhill v. *Young* 1942 S.C. (H.L.) 78 ······························ *177*
 Brandon v. *Osborne Garret and Co.* [1942] 1 K.B. 548. ··············· *175*
 Cassell & Co. Ltd. v. *Broome* [1972] A.C. 1027 ······················· *195*
 Culter v. *United Dairies (London) Ldt.* [1933] 2 K.B. 297 ············ *175*
 Esso Petroleum Co. Ltd. v. *Mardon* [1975] Q.B. 819; [1976] Q.B. 801 (C.A.)
 ·· *244*
 Glasgow Corporation v. *Central Land Board* 1956 S.C. (H.L.) 1 ········· *145*
 Hotel & Catering Industry Training Board v. *Automobile Proprietary Ltd.*
 [1969] 2 All E.R. 582 ·· *193*
 Miliangos v. *George Frank (Textiles) Ltd.* [1976] A.C. 443 ··········· *148*
 Moore v. *D.E.L. Ltd.* [1971] 3 All E.R. 517 ························· *189*
 R. v. *Pardoe* (1897) 17 Cox C.C. 715 ································ *196*
 Wilkinson v. *Kinneil Cannel & Coking Co. Ltd.* (1897) 24 R. 1001 ····· *175*
 Woods v. *Caledonian Rly.* (1886) 13 R. 1118 ························ *175*
 Yetton v. *Eastwoods Froy Ltd.* [1966] 3 All E.R. 353 ··············· *189*

目　次

初版へのはしがき …………………………………………………… *i*
はしがき ……………………………………………………………… *iii*
補足文献表 …………………………………………………………… *xiv*
制定法一覧 …………………………………………………………… *xvii*
先例一覧 ……………………………………………………………… *xviii*

第 1 章　はじめに ………………………………………………… 1
　(a)　探求の視座 ………………………………………………… 1
　(b)　探求の対象 ………………………………………………… 9
　(c)　法的議論の正当化機能 …………………………………… 15
第 2 章　演繹的正当化 …………………………………………… 21
第 3 章　演繹的正当化——その前提と限界 …………………… 58
　(a)　妥当性テーゼ ……………………………………………… 58
　(b)　法実証主義にとっての一つの問題 ……………………… 68
　(c)　演繹的正当化の限界 ……………………………………… 72
第 4 章　形式的正義の制約 ……………………………………… 79
　(a)　正義と正当化 ……………………………………………… 79
　(b)　「事実についての決定」 …………………………………… 93
　（ⅰ）　証明の問題 ……………………………………………… 93
　（ⅱ）　「二次的事実」問題 …………………………………… 100
　(c)　最後の反論：「衡平」 …………………………………… 104
第 5 章　第二段階の正当化 …………………………………… 107
　(a)　第二段階の正当化 ……………………………………… 108
　(b)　帰結主義論法例解 ……………………………………… 115
　(c)　一貫性と整合性の論法：説明と例解 ………………… 128
第 6 章　帰結主義論法 ………………………………………… 138
　(a)　憲法問題 ………………………………………………… 139

(b)　判例から無作為に選んだ帰結主義の諸事例 ……………… *150*
第7章　「一貫性」の要請：原理と類推 ……………… *164*
第8章　整合性の要請と解釈の問題：
　　　　クリア・ケースとハード・ケース …………… *212*
　(a)　クリア・ケースとハード・ケース ……………………… *212*
　(b)　解釈と分類の問題：制定法解釈 ………………………… *221*
　(c)　判例法解釈の問題 ………………………………………… *232*
　　(ⅰ)　先例の適用 …………………………………………… *235*
　　(ⅱ)　先例の区別と説明 …………………………………… *238*
　　(ⅲ)　判例法上のルールの拡張と展開 …………………… *244*
第9章　法的推論と法理論 ……………………………………… *249*
　(a)　原理と法実証主義 ………………………………………… *249*
　(b)　裁量、権利、複数の正しい答え ………………………… *269*
　(c)　権利と複数の正しい答え ………………………………… *280*
　　第9章の補論 …………………………………………………… *284*
第10章　法、道徳、実践理性の限界 …………………………… *291*

補遺　規範の「内的側面」について ……………………………… *303*

訳者あとがき ………………………………………………………… *323*
索　引 ………………………………………………………………… *331*

第1章　はじめに

（a）　探求の視座

　人間にかかわる事柄を規律する際に、理性がある一定の役割を果たしているという思想には長い歴史がある。この思想は、人間にとって「自然本性上」正しいものと、単に慣習や立法によって正しいとされるにすぎないものとがあるという見方と結びついている。たとえば、殺人を禁じる強制的な法があろうがなかろうが、人間どうしがお互いの命を気のむくままに奪いあうとすれば、それは不正なことであろう。その一方で、ある特定の道路に駐車することが、計画的に採用された規制の枠組が存在しないにもかかわらず、それ自体として不正な行為であると考えるのはばかげているように思われる。

　人間の本性——より一般的には「事物の本性」——上つねに不正であるような行為が存在するとすれば、理性を行使しさえすればどの行為が自然本性上正しくまた正しくないのかが明らかになるはずだと考えられるようになろう。また、駐車の規則や度量衡に関する規則といった、明らかに便宜性がより強い事柄に関する場合でも、共通の標準としてなにがしかのルールが必要だということを理性が示してくれる、と論じることもできよう。

　多くの自家用車やトラックなどで混み合っているにもかかわらず、駐車規制がまったく行われないとしたら、どうしようもない混雑に陥るであろう。そのような場合、各人が理性的に自制しようとしてもなんら問題の解決にはならない。そこで、そのような状況では、駐車規制に関する何らかの公的な立法がなされ、駐車規制から生じる不便さと道がひどく混雑することから生じる不便さとを比較考量することで、全体的な公的便宜をはかろうとするのである。それと同様に、商品の流通市場が存在するならば、そこには、最

も頻繁に取引されるある幅をもった量をはかるのに適した、何らかの共通の度量衡の制度が存在することになろう。

ステア卿が次のようなかたちで表明した思想、すなわち「法とは、あらゆる合理的な存在に対して、その本性に適合的でかつ有用な事柄をなすように決意させる理性の命令である」[1] という考えは、少なくともプラトンやアリストテレスの著作と同じくらい古い。したがって、もちろんこの思想は、西洋法思想の発展に非常な影響を及ぼし、またさまざまなかたちで繰り返し言及されてきている。基礎づけが十分になされているか否かにかかわらず、この思想は、ヨーロッパで発展し世界中に広められてきた（さまざまな「法族」に属する）法体系の形式と実体に対して深い影響を及ぼしてきた信条である。

しかし、その信条がまったく挑戦を受けなかったというわけではないし、また挑戦を受けてもびくともしなかったというわけでもない。実践的な事柄に対する理性の限界について、最も根本的な懐疑を提起したという功績——もしそれが功績であるとすればではあるが——は、おそらくは他のだれにもましてデヴィッド・ヒュームに帰せられるであろう[2]。彼の議論は、つまるところ、所与の前提に依拠してはじめてわれわれの推論能力は機能しうる、というものにほかならない。つまり、一定の前提が存在すると仮定した場合にかぎって、われわれはそれらの前提から導かれた結論を理性によって確認することができる、ということである。事実に関する主張や存在命題一般を検証したり反証したりする際、理性がわれわれを導くことができるというのは事実である。しかし、この場合には推論の役割は二次的である。というのは、さまざまな感覚印象のなかであらかじめ与えられた証拠が存在してはじ

---

1 初代ステア子爵ジェームズ（James, 1st Viscount Stair）『スコットランド法提要』（*Institutions of the Law of Scotland*）（2nd edn., Edinburgh, 1893, あるいは、同じくエディンバラ版のその後の版）I. i. 1.

2 とくに、デヴィッド・ヒューム（David Hume）『人性論』（*A Treatise of Human Nature*）（版多数あり）第2巻第3部第3節、第3巻第1部第1および第2節、ならびに第3部第1および第2節（Book II, Part III, § III ; and Book III, Part I, §§ I and II, and Part III, §§ I and II）参照。この点についての説明と部分的な見解の撤回については、Hume, *Enquiry Concerning the Principles of Morals*（版多数あり）, Appendix I 参照。ヒューム自身は、*Enquiry* をこの問題に関する最良にして最終的な言明と考えている。

めて、推論は機能できるからである。

　実践的な事柄についても同様である。たとえば、私には水曜日に果たさねばならない面会約束があって、今日が水曜日であるとすれば、まさに今日がその約束を果たさねばならない日である。この結論が必然的であることは、推論によって決まってくる。しかし、その結論は、いくつかの前提が成立する場合にかぎって、私にとって**実践的な力**（私は面会約束を果たそうとしているのか？）をもっているにすぎない。私は面会約束を果たさなければならないということは、実際このような前提の一つである。そして、それは明らかに、「すべての人は面会約束を果たさねばならない」という前提から実際に導き出され、また導き出されることが可能な前提である。しかし、はたして後者の前提を導く合理的な論証はどこに存在するのであろうか。

　さまざまな発話形態を用いて互いに「面会約束する」ことが、人々が事に対処する際に大きな便宜を提供するのは、人々が自分のした面会約束（またはその他のタイプの約束）を、拘束力あるものとして実際に扱う場合に限られる。このことは正しいであろう。しかし、上のような一般的な便宜を、もう一つの選択肢、すなわち、用件のある人といつ会うかを偶然に任せることから生じる不便さよりもよしとするということは、「理性」の問題なのであろうか。むしろそれは、前者の事態に対してわれわれが感じる選好とか是認といった単純な感情に基づく、意志の傾向性の問題ではないだろうか。そのような感情を、われわれは「便利だ、便宜にかなう」と言う際に表明しているのである。

　より単純な事例においても同様であろう。たとえば、理性はわれわれに、お互いに殺しあってはならないと命じると言われているが、どうしてなのだろう。むしろ、人間が人間に向かって暴力行為を働くことに対して、人間は通常の状況では、単純で直接的な嫌悪感を抱くというほうが真実ではないだろうか。そうでないとしたら、われわれが暴力行為に対して何かを**する**ということが理解できない。われわれが現実に、面会約束を守るように、同胞への暴力的対応を控えるようにするということが理解できない。さらには、面会約束を破った人を非難するための処置、あるいは、他者に対して人々が暴力をふるわないようにするための処置をわれわれが講じるということが理解

できない。

　大略以上がヒュームのよく知られた見解、すなわち「理性」は「情念の奴隷」[3]であるとか、「当為言明」は「存在言明」からは導き出されえない[4]といった見解を正当化するために彼が展開した議論である。

　ヒュームの議論への有効な応答はただ一つしかないが、それは、彼より年下の同時代人、トマス・リード[5]（グラスゴー大学道徳哲学講座のアダム・スミスの後継者）によって最初に提供された。リードが述べたのは次のことである。すなわち、究極的な道徳的諸前提に対してその理由を与えることはできない、道徳的議論における究極的前提を支える「純粋な事実」の言明なるものは存在しない、と主張した点でヒュームは正当であったということである。さらには、究極的な道徳的諸前提は、感情および意志の傾向性と必然的に結びついているということもヒュームの主張するとおり真実である。しかし、それらの諸前提は理性によっては把握されない、その意味で合理的ではない、と言うとすればそれは真実ではない。状況に対する単に衝動的で動物的な反応とは対照的に、われわれが一般原理――たとえば、正当化事由や免責事由が存在しないかぎり、人間に対して暴力行為を加えてはならないという原理――に従うということは、われわれが合理的であることの一つの現れである。リードにとって理性は、情念の奴隷ではないし、また間違いなく奴隷であってはならないのである。（ただし、これは――リードにありがちなことであるが――、ヒュームに対してフェアな応答とはいえない面がある。ヒュームは、（たとえば）より沈着な「静かな情念」と、状況に対するより暴力的で衝動的な反応との違いを明確に認識している。行為に対する冷静で一貫した態度はすべて、われわれの「理性」の側面であるのか否かという問題については、ヒュームとリードの間に重要な意見の相違がある。）

　アダム・スミス[6]、アダム・ファーガソン[7]、ジョン・ミラー[8]、カール・

---

[3] Hume, *Treatise*, Book II, Part III, §III, 5th paragraph.

[4] Hume, *Treatise* Book III, Part I, §I, final paragraph.

[5] Thomas Reid, *Essays on the Powers of the Human Mind* (Edinburgh, 1819) vol. iii, Essay V, esp. ch. 7 (i. e. Essay V of the *Essays on the Active Powers*) 参照。「存在と当為」の問題については、p. 578 of vol. iii of the 1819 edition of the Essays 参照。

[6] Adam Smith, *Lectures on Justice, Police, Revenue and Arms*, ed. E. Cannan (Oxford,

マルクス[9]といった思想家たちの作品は、人間が現に是認している道徳的意見や法的規範と、変転する社会・経済生活の諸形態との間に強い相関があることをかなりの説得力をもって論証している、ということはここで付言するに値する。たとえば、人々は、いったん締結されたならば公権力によって厳格かつ公平に強行されるべき自発的な契約によって、できるかぎり自由に自分のことは自分で処するに任せるべきであるということは、スミスが「商業的」とよび、マルクスが「ブルジョア的」とよんだ社会的組織化の様式に特徴的であるとともに、特有な意見である。

このことが、ヒュームの線にそって、われわれの感情および意志の傾向性は、われわれが身をおく社会環境によって単純かつ不可避的に形成されるということを意味するというふうに解釈されるべきなのか、それとも、リード（あるいはスミスやマルクス）により近い線にそって、限られた状況においてのみ理性は完全なる展開を見ることができるということを意味するというふうに解釈されるべきなのか、それは、さしあたってここではかかわる必要のない問題である。ここでは、われわれの問題の主要点を素描すればそれで十分である。その問題とは、人間にかかわる事柄における秩序の決定が、はたしてどこまで理性の問題なのかということである。以下でみるように、いずれの側にも多くの擁護論が存在し、両方の側の議論が重要な諸側面において影響力をもってきたのである。

以下の各章で私は、ヒュームとリードの共通点に従い、次のように仮定する。すなわち、いかなる評価的推論様式も、さらなる理由によって証明したり論証したり確証したりすることのできない、何らかの究極的な前提を必ず

1896). P. G. スタイン（Stein）と R. ミーク（Meek）の編集による新しい版が1977年か1978年にオックスフォードで出版されることになっている。この点に関するスミスの見解についての啓発的な説明については、Andrew Skinner, 'Adam Smith: Society and Government' *in Perspectives in Jurisprudence*, ed. Elspeth Attwooll (Glasgow, 1977) 参照。

7 Adam Ferguson, *Essays on the History of Civil Society* (1st edn., Edinburgh, 1767. ダンカン・フォーブズ（Duncan Forbes）による新版は Edinburgh, 1977).

8 John Millar, *The Origin of the Distinction of Ranks* (Edinburgh, 1806). 他の著作からの抜粋をも加えた新版としては、W. C. Lehmann, *John Millar of Glasgow* (Cambridge, 1960).

9 E. Kamenka, *Marxism and Ethics* (London, 1969) 参照。

包む、あるいはそれに依拠し、またはそれを前提する、と。その意味で、われわれの究極的な規範的前提は、理性によって理由づけられたものではない。論理的推論の連鎖の産物ではない。

やがてわかるように、このことは、行為や判断の根拠となるような究極的な規範的前提――「原理」――に従う理由がまったく与えられえない、ということと同じではない。しかし、そこで与えられうる理由は、その本性上、決定的なものではないし、すべての人々にとって等しく説得力のあるものでもない。誠実で道理をわきまえた人々の間でも、原理に関する究極的な問題について意見を異にすることがありうるし、また実際に異にしている。各人は、その人が支持する観点からみてよいとされる理由をそれぞれもっているのである。

そのかぎりで私は、ヒュームに従う。つまり、どの規範的原理に賛成するかを決める決定的な要素は、われわれの情緒的性質、感情、情念、意志の傾向性――どの呼び方が適切であれ――のなかにあると考える。そうだとすれば、人々がさまざまな情緒的性質をもっているということ、あるいは、感情、情念、傾向性を異にしているということを、道徳上の意見の根本的な不一致についての説明として挙げることができる。さらに、われわれの情緒的性質が――その全部が社会的に決定されているわけではないとしても――重要な諸側面において社会的にかたちづくられており、したがって、われわれ個々人の態度が、その社会の経済的形態によって決まってくる物質的条件についての反省というよりもむしろ、そうした物質的条件の反映であるようなものを多く含んでいるということもまた、真実であるように思われる。

にもかかわらず、リードと、リードの後にはカント[10]が「実践理性」の意義に関して主張した重要な点を見逃すことはできない。すなわち、評価的で規範的な領域でわれわれが究極的な原理を支持するということが、世界に関するさらなる事実的・科学的知識からの推論によっては、導出もされないし、正当化もされえないからといって、そのような原理への支持が、われわ

---

[10] カントの *Groundwork of the Metaphysic of Morals* の注釈と翻訳である H. J. Paton, *The Moral Law* (London, 1948)、また Jeffrie G. Murphy, *Kant : the Philosophy of Right* (London, 1970) 参照。

れの合理的性質の現れ以外のものであるということにはならない。

　人間は、環境のなかで生じた刺激に対する単なる反応によって動く有機体ではない。われわれは、人間の行為を説明するための理由を、潮の満ち引きを説明する場合と同様の仕方で与えることができるだけではない。人間は**理由のゆえに行為する**、ということもまた真実である。したがって、その主観的な理由に言及しないような人間行動の「説明」は、十分なものではありえない。この点を明示的にしろ黙示的にしろ否定するさまざまな種類の行動主義に対しては、単純で破壊的な一つの決定的応答が存在する。すなわち、人間に関しては、人間に模して考えることが誤りであることはありえない、というものである。

　究極的だとわれわれが認める行為原理をわれわれが支持するということの基礎がどのようなものであれ、人間にとってそれらの原理は、行為の理由および、他人の行為について判断し、それに対して批判的あるいは是認的な対応をとるための理由というカテゴリーに属している。さらに、それらの原理は、個々の状況や人に応じて異なるものではなく、その本質上、また人間一般、あるいは人間というカテゴリーにかかわる点で普遍的であるから、（リードとカントが強調したように）それらの原理を、直接的環境に対する単純な情緒的または動物的反応と区別し、「静かな情念」とヒュームが呼んだものとさえ区別するための十分な根拠がある。それらの原理は、われわれの行為に合理的なパターンを課そうとする試みを表している——それは、科学的営為が、観察された事象を合理的かつ組織だてて説明しようとする際に、それらの事象に対して一般的な図式を課すのと少し似ている。少なくとも形式的なレベルでは、「実践」理性と「純粋」理性の間に注目に値する類似性がある。

　行為原理を明確にしようとする試みは、実践的な事柄に関する推論の領域に属している。それは、決定、判断、評価等々の指針にかかわっている。だからといって、行為の理由がすべて原理に基づいていると言っているわけではないし、人々がしばしば衝動のみで行為するということを否定しているわけでもない。しかし、われわれが少なくともときには、アド・ホックな理由のゆえにではなく、原理に基づいて行為し判断するかぎりにおいて、それ

は、われわれの行為のなかに現れた情緒的であるとともに合理的でもあるわれわれの性質なのである。どの原理を支持するかということに、少なくとも合理性と同じくらい情緒性がかかわっているということが認められねばならないとしても、そうである[11]。

　これまで述べてきたことが、抽象的で純化された内容であったことはやむをえない。また、それらの内容が理解されうるとしても、現在のところ、証明されているわけでも、正当化されているわけでも決してない。それは要するに、実践的活動の一特殊領域、すなわち、法における決定とその正当化という領域に関連させつつ、本書で提出される意見の綱領的宣言なのである。

　したがって、本書は二つの目的をもっている。一つは、実践的推論に関してすでに抽象的なかたちで述べたテーゼを説明し具体化し、そして正当化することである。もう一つは、争いのある法律問題に関する訴訟および裁判の公的プロセスに現れる、法的議論の性質について、一つの説明を提出することである。法学者として、私はとりわけ、しばしば「司法過程」と呼ばれるもののよりよき理解に貢献したいと思う。部分的にでもそれに成功すれば、本書は、役に立ったと言えるであろう。しかし私は、以上で概観したようなより広い哲学的視座なしに、司法過程の合理性について、それを照らし出す多くの事柄を述べることができるとは思わない。したがって私は、そのような視座を練り上げることによって、実践哲学にも貢献したいと思っている。公的でかつ公表されるたぶん独特の推論形態であり、したがって哲学者の潜在的な関心を大いに引くであろうもの、すなわち、判例集に掲載された判決と判決理由の意見のなかに現れる若干の基本的要素に、法律家ではない哲学者も近づけるようにする点では少なくとも、ささやかな貢献をなすであろう。

---

[11] ヒュームが認めたよりももっと積極的な役割を「理性」に認める主張のもとでは、この見解は、*Enquiry* の Appendix I で述べられている見解とまったく異ならない。ただし、本書第10章も参照のこと。

(b) 探求の対象

　私の探求の対象は、公刊された裁判所の判決というかたちでわれわれがみることのできる推論過程である。私自身がよく知っている法体系としては、イングランド法とスコットランド法という二つの法体系があり、私が参照する事例の大半はその二つからとられている。だが、アメリカ合衆国を含むその他の法体系や英連邦所属のそれ以外の「コモン・ロー」諸国の法体系、さらには、私自身の乏しい知識が許すかぎりで、ローマ法や近代ローマ法系の法体系、とくにフランスの法体系の諸側面にも、折に触れて言及するつもりである。

　私の到達する結論が特定の証拠に基づいているかぎりで、その妥当範囲は限られている。したがって私は、あらゆるところで行われている法的推論に関する必然的真理を論証していると言うつもりはない。にもかかわらず私は、扱っている特定の事例をより一般的な哲学的前提によって説明することができるかぎりで、他の法体系に関しても説明上の価値をもっているかどうかをテストしてみるに値する、有望な諸仮説を提示することを狙っている。もっともそれは、本書の射程を超えた比較研究を必要とする仕事ではあるが。このようなアプローチによってどこかの法体系が解明されるとすれば、それはまず現代イギリスの法体系でなければならない。したがって、イングランドやスコットランドの法体系が十分に解明されないとしたら、本書はまったく価値がない。十分に解明されるとすれば、本書は、より一般的な価値をもち、より一般的な関心を引くことになろう。

　少なくとも過去3世紀にわたって、イングランドとウェールズ、そしてスコットランドでは、上級裁判所の判決を判例集に掲載するという慣行が発展してきた。他の西洋諸国においても同様である。判決を判例集に掲載するという慣行が生じた理由の一つが、イギリスの法体系（歴史的には、スコットランド法よりもイングランド法に、よりあてはまるのではあるが）において、形式的法源としての先例が占める重要な地位にあった、ということは疑いない。しかし、フランス法など他の法域でも、判決を判例集に掲載するという

同様な慣行が発展してきた。もっともそこでは、同様の先例拘束法理は存在しない——少なくとも、厳格で形式的な意味でのそれは存在しない。

　そのような判例集は、事件の争点に関連する事実の陳述をつねに載せており、またしばしば、弁護士が提出した議論の概要を載せている。さらには、訴訟当事者に対して下された個別決定の陳述を（昔から変わらず）載せているだけでなく、（後になっては）裁判官が自分の決定を正当化するために述べた意見の報告も含んでいる。

　「コモン・ロー」の法体系の大半にみられる、イギリス法体系の一つの特徴は、民事および刑事の大部分の裁判が、第一審では単独裁判官のもとで行われるということである。その裁判官は、陪審によって補佐される場合もあるし、されない場合もある。陪審は、事実関係に争いがある場合、事実問題を決定する責任をもつ。2名以上の裁判官で構成される裁判所のもとに争いがもちこまれるのは、普通、事件の当事者の一方が上訴という手段で第一審判決に異議申し立てをすることを選んだ場合に限られる。

　これとは対照的に、ローマ法系に属する大半の法体系では、重要度のきわめて低いものを除いて、すべての事件が2名以上の専門裁判官を擁する合議体の法廷によって扱われるというのが通常のルールである。法自体が単一の判断を下し、何が適切な判決かをめぐる裁判官の間の意見の不一致を一切開示しないという、普通従われているもう一つのルールも存在する。このルール——あるいは慣習——は、ローマ法系諸国の裁判所制度のあらゆるレベルで行われており、（たとえば）フランスの破毀院でさえ民事および刑事の最終審として、最も重要な決定に関しても単一の陳述を——しかもそれはきわめて概略的なものである——公表するにすぎない。

　これに対して、スコットランド法やイングランド法では、上訴裁判所はまったく逆のパターンに従っている。そこでは、ほぼ例外なく複数——3名以上——の裁判官が審理し、通常は各々の裁判官がそれぞれ、事件で提起された争点に関して自分の意見を論拠を挙げつつ述べるのである。したがって、上訴裁判所の判決は、裁判官の間での単純多数決に基づいている。裁判官たちが、自分がよしとする判決を支える議論を行うなかで、他の裁判官とまったく異なる、場合によってはまったく逆の見方を詳述することもある。

このような判決のスタイルは、大陸流のスタイルよりもはるかに、次の点をはっきりと目に見えるものにする。すなわち、争いのある多くの法律問題において、複数の見方が可能であり、また、「法」に準拠して、複数の解答が与えられうるし、支えられる、ということである。この点を否定する大陸の法律家は、ほとんどいないであろう。しかし、彼らの多くは、正しい答えと間違った答えをめぐって裁判官たちが提出する議論を隠すという慣行を強く支持するであろう。彼らは、最終的に提示される裁判所の判決が、法の相対的不確実性の暴露に貢献するよりも、むしろ法の相対的確実性への信頼に貢献するほうをよしとするのである[12]。

　法体系をいかに組み立てるかという法的・政治的な技術的問題である、この問題への代替的アプローチのそれぞれがもつ長所・短所をめぐる論争に立ち入ることなく、ここでは、本書の目的にとって利点と思われる、イギリスの伝統の特色に言及しておこう。それは、おのおのの裁判官が自分の意見を公に言明することを許すという慣行に由来する。裁判官たちは、同僚の間での公の議論に結局のところ参加するのである。困難な事件では、それぞれの裁判官が、判決を下す一つのやり方に対して、自分が最善と考える理由を述べ、また、それと反対の方向を示すいかなる理由に対しても反論を加える。そのような反対論拠を明確に提示するのはなぜかといえば、その一つの有力な理由は、多数意見に反対する裁判官がその理由をすでに強力なかたちで明確に提示しており、多数意見の正当化が成立するためには、それに反論する必要があることがある、という点にある。

　合議体の裁判制度において密室で進行する意見の不一致のタイプやその根拠が、イギリスの裁判制度の下でオープンなかたちで展開される意見の不一致のタイプや根拠と根本的に異なっていると考えられないかぎり、イギリスの制度のほうが合議体制度よりも、法的議論の諸側面をより公然と示すと考えてよかろう。

12　フランスの判例集に掲載される裁判官の議論の相対的な非明示性に関する興味深い論争と、反対意見も載せることを含む改革提案とについては、A. Touffait and A. Tunc, 'Pour une motivation plus explicite des décisions de justice', *Revue trimestrielle de droit civil* (Paris, 1974) p. 487 参照。

特徴的なことを一つ挙げれば、イギリスの上訴裁判所の判決には、大陸の制度に比べてより十全な議論の展開がみられる。これはたしかに、前者が有する対話的な舞台装置の一つの結果である。大陸の制度では結局、多数の支持を得た決定にすぎないものにとって十分と思われる正当化理由が表明されるのみで、対立する議論を詳しく述べたり、反討論拠に反論したりする必要がない。

　私が主として取り上げる法体系を大陸の法体系から区別するもう一つの特徴は、職業裁判官の不在ということである。「ローマ法系の」伝統——ただし、スコットランド法のような「混合」法体系は別にして——においては、若くて試験で優秀な成績を収めた人々が基礎的な法的訓練（通常は、イギリスにおいて一般的であるよりも長期にわたる）を完了した後ただちに国家の司法の職務につくということが普通である。これに対して、連合王国や「コモン・ロー」諸国の伝統では、裁判官は有能な法実務家として身を立てた者のなかから、とりわけ彼らのうちでも、全員がそうだというわけではないが、主として法廷弁論の職務にたけた者のなかから選ばれるのである。人生のなかばにして裁判官にまで登りつめるのは、成功をおさめた古参のイングランドおよびウェールズのバリスター（法廷弁護士）、またはスコットランドの上級弁護士である。

　したがって、そのような司法伝統における裁判官の議論のスタイルが、法廷弁論での議論のスタイルをかなりの程度反映しているとしても驚くべきことではない。実際、その各々がある程度の影響を相互に及ぼしあうことが期待されよう。有能な弁護士であれば、裁判所が重視すると思われる議論を自分の側に有利なように組みたてる。つまり、自己の側に有利な判決を支持する強力で同意せざるをえない理由として——もちろん、一定の修正の上ででもあるが——採用するに足る十分な根拠があると裁判所が考えるような議論である。それぞれの利益のためにそのような議論が提示された、その両当事者のいずれか一方を選択することを迫られている単独もしくは複数の裁判官は、どちらか一方の側に有利な判決を下さねばならない。しかも、（大陸ヨーロッパにおけるように法律上ではないにしても）慣習上、なぜそのような判決を下すのかという理由を述べなければならない。彼ら裁判官が提示する理

(b) 探求の対象　　*13*

由が、法廷で弁護士が展開した推論に多くを負っているとしても驚くにはあたらない。また、弁護士の議論を否定する場合であっても、裁判官は通常、なぜその議論を受け容れないのかという理由を示すことで弁護士に礼儀を尽くしている。

　所与の時点・地点でどのような議論が関連性をもちかつ受け容れ可能な法的議論かということについて、ある程度共通する規範的期待が裁判官と弁護士によって抱かれているということを示す社会学的証拠がないとしても（実際には存在するのではあるが[13]）、すでに述べた事実から次のように推論することができるであろう。すなわち、いかなるタイプの議論が訴訟で争われている問題において重みをもち、またもつべきであるのかを決定する、裁判官どうしの間や裁判官と弁護士の間で共通して抱かれている規範が存在する、と。実際、あらゆる法体系の内部に、また、時代を異にする同一の法体系の内部に、観察可能な共通の議論スタイルが存在している。そして、場所や時代を異にするに応じて多かれ少なかれ認識可能な、スタイルの相違やスタイルの幅の相違が存在する。

　議論スタイルの地域的または、時代的な変化について、本書は主たる関心を抱くものではない。もっともそれは、たとえば裁判官や弁護士の役割についての定義がいかに変化したかを示すものとして興味深いのではあるが。本書での試みは、より不変的であると思われる法的議論の諸要素を明らかにすることである（またそれと関連して、それらの諸要素が現に不変であり、不変であるべきだと私が考える根拠を示したい）。

　議論のスタイルという問題に私が言及するのは、むしろ、それが、よく考えてみれば明らかに真実と思われる次の事柄を明確にするからである。つまり、少なくとも公的な議論という意味での推論は、多かれ少なかれ、漠然としていたり明確であったり、また黙示的であったり明示的であったりするような規範的な規準の枠内で行われる一つの活動だということである。われわ

13　この点については、Dr. A. A. Paterson の未公刊の博士論文 'A Sociological Investigation of the Creative Role-Performance of English Appellate Judges in Hard Cases' (Oxford, 1976) に完全に依拠している。私は幸運にもこの論文を、パターソン博士の研究の最終段階において指導教授として読むことができた。

れは、所与の争点をめぐる哲学的、経済的、社会学的、またとりわけ法的な論争との関連で、よい議論と悪い議論、より健全な議論とより健全でない議論、関連性をもつ議論と関連性をもたない議論、受け容れることのできる議論と受け容れることのできない議論とを区別する。このような区別が可能であるのは、よいか悪いか、健全さ、関連性、受容可能性などに関する何らかの基準（しばしば曖昧で不明確な基準）が与えられているからである。最も表面的なレベルでは、議論提示のいかなる様式が受容可能かということに関する基準もまた働いており、そうした基準の遵守が、ある程度まで議論スタイルを規定する。（最も基礎的なレベルでは、形式論理のルールが、自己矛盾を含んでいるがゆえに不健全な議論と、自己矛盾せずに否定することができないがゆえに妥当な議論とを区別する基準として働いていることも観察されるであろう。われわれは非論理的な議論を拒否すべきだという結論が出てくるのは、自己矛盾を避けることにはよき理由があるとわれわれが認める場合に限られる、あるいは、そのようにわれわれが認めるからである。）

　したがって、法的推論の研究はすべて、何が法においてよいあるいは悪い議論のタイプなのか、また何が受容可能あるいは受容不可能な議論のタイプなのかということに関する基準を探求し、説明する試みにほかならない。

　その際、われわれが手がける探求のタイプについて、一つの疑問がただちに提起されるであろう。すなわち、はたしてその探求は規範**についての**探求なのか、それともその探求自身が規範的なものなのかという疑問である。私は単に、現に活動している裁判所の可能なかぎり包括的な研究によって、裁判官や弁護士の間で現実に働いている諸規範を余すところなく記述することをめざすべきなのか。それとも、現に法的議論を行っている人々がどのように法的に議論するべきかについて、私自身の見解を提示するべきなのか。

　これら二つの道の間には一つの中間の道があり、それこそが私が進む道である。私は、裁判所で具体的に追求され、判例集に現れた法的推論がもちうるあらゆる要素を、余すところなく記述することをめざしてはいないし、またそのような記述を提供すると主張しているわけでもない。同様に、私は、裁判官や弁護士がいかに議論するべきかに関して、現実の法体系から遊離して、いわば高みから私自身の布告を発するというわけでもない。そうではな

くて、むしろ私は、判例集のなかに現実に示されている法的議論が有する一定の特徴を説明し、そして、なぜそれらの特徴が、法的議論の機能を所与とした場合、その基本的な特徴であるべきと私が考えるのか、その諸理由を説明する。それらの理由を私は、なぜそのような諸特徴が法的議論の実践において実際に相当に共通にみられる——それを示す例はいくらでもある——のか、ということを説明する理由としても提示する。したがって、私の結論は二つの側面をもっている。つまり、それらの結論自身が規範的であるとともに、私の信じるところでは、それらの結論は同時に、われわれが研究している法体系のなかで現に機能している規範を記述するものなのである。後者の側面では、私は、明らかに反証可能な仮説を提示している。それらの仮説が何らかの法体系の議論のプロセスを誤って説明していると言えるためには、誤りを立証する多くの証拠が存在しなければならない。もちろん、単一のあるいは一、二の反対例のみでは、その仮説は必ずしも反証されないであろう。というのは、反証例の数が少ない場合、私には、私が現に機能している規範を誤って述べたというのではなくて、それらの事例こそが、現実に機能している規範から逸脱した事例である、とする余地が明らかにあるからである。私はそのような事例を、単に誤った議論の実例として扱うことができるのである。

(c) 法的議論の正当化機能

さきに私は、「法的議論の機能を所与とした場合、その基本的な特徴であるべき」と私が考えている法的議論の諸特徴ということに言及した。それでは、はたしてその機能とは何であろうか。本書の探求全体は、素朴な機能主義に基づいているのか。

実践的な文脈では、議論は通常、説得のために提出される。議論は、その聞き手が何かを行うよう説得するという狙いをもって、特定の聞き手に向けられている。したがって、議論は、聞き手とトピックの双方に多少なりとも相関している。これは、記録に残っているものとしてはアリストテレスの『トピカ』と『弁論術』ではじめて主張されたものであり、また Ch. ペレル

マン教授によって「新レトリック」[14]への多くの貢献を通じて巧みに復活させられた主張である。陪審裁判と貴族院における上訴審とでは、それにふさわしい議論のスタイルやトリックさえもが異なる、ということは周知の事柄である。しかし、いずれの状況でも弁護士は、自己の側に有利な判決を下すように法廷を説得しようとしているのである。

　説得という実践的目的の基底には、**正当化**——少なくとも表面的な正当化——の機能がある。一人の市民がたとえば、他人によって加えられた損害に対する賠償を求めて訴えを提起した場合、その請求が認められる論理的な条件は、それが正当な請求であると示すことができることである。相手方が責任を否認する場合、今度はその相手方が、賠償請求は正当ではないということ、したがって、責任を免れているという自分の側の主張が正当な主張であるということを論証しなければならない。訴えを審理する裁判官または法廷は——何が実際に起こったかについて争いがあるかぎり——実際に起こったことに関する証拠に基づいて、事実認定を行わなければならない。また、その事実認定に照らして、原告の請求が正しいのか、それとも被告の上に述べたような抗弁が正しいのかを決定しなければならない。裁判官の意見のなかで述べられた推論は、それが、判決での命令——それが請求された損害賠償を全面的または部分的に認容する命令であれ、被告の責任を免除する命令であれ——がなぜ認定事実、関連する法規範、およびその他の諸考慮を前提として正当化されるのか、その理由を示しているかぎりで、その判決を実際に支えているのである。

　以上のようなプロセスのあらゆる点において、不誠実ということが当然考えられる。熟練した弁護士であれば、自分がよい請求とは考えない請求であっても、法律上は正当であると裁判官を説得して認めさせることができることもあろう。裁判官は（われわれが耳が痛くなるほど聞かされているように）、次のような理由から、好ましい外見や特定の階級的背景をもっている原告に

14　たとえば、Ch. Perelman and L. Olbrechts-Tyteca, *La Nouvelle Rétorique : Traité de l'argumentation* (1st edn., Paris, 1958 ; English translation, Notre Dame, Indiana, and London, 1969) ; Ch. Perelman, *Logique juridique : nouvelle rhétorique* (Paris, Dalloz, 1976) 参照。

(c) 法的議論の正当化機能　*17*

有利に判決を下すこともあろう。すなわち、本当は、その裁判官が原告の外見や階級を好んでいる（より潜在的には、その外見や階級を好ましく思うという無意識の先入観）からなのに、表面上は、判決理由はかくかくしかじか……（判決を支持する注意深く述べられた、表面上不備のない法律上の理由の連鎖が後に続く）であると言って。このようなこともあるかもしれない。したがってときには、ほとんど確実にそうであるにちがいない。

　しかし、不誠実さは、誠実さよりもよりもはるかに多く真相を明らかにする。本当に正しいと信じているからではなく、報酬を確実に手にするために勝訴したいと思っている弁護士はなぜ、そのことを口に出して言わないのであろうか。魅惑的な形の良いつんとした鼻をもっているというただそれだけの理由で、マクタヴィッシュ夫人に離婚を認めた裁判官はなぜ、その理由をはっきりと述べないのであろうか。そのような事由は、請求を認容したり離婚を認めたりすることに対するよい理由として、当該法システム内で受け容れられていないからである。誠実に提出されようがされまいが、x がなぜなされるべきかを示す議論のみが、x がなされるべしと請求すること、または x をすることを支持する理由である。そのようなシステムの内部で仕事をする人々は、x がなされる**べき**であるという、圧倒的な重みをもつ理由があるということを、関係する聞き手に確信させることによって説得を行うのである。あるいは少なくとも——口に出しては言われない先入観や人々の傾向に訴える場合にみられる諸要素に加えて——表面上は正当化となるよき理由が存在する、ということを示すことによって説得するのである。

　したがって、本質的な観念は、請求、抗弁、または決定を正当化するよき理由（として理解され、提示されたもの）という観念である。研究に値するプロセスは、正当化のプロセスとしての議論のプロセスである。正当化のプロセスと発見のプロセスの相違について、従来からしばしば言われてきた主張に度をこしてかかずらわる必要はない[15]。アルキメデスは、彼が風呂に浸かったために湯が風呂からあふれたことから、一瞬の閃きによって、彼の名前が冠せられた有名な原理を実際発見したのかもしれない（彼は我を忘れて

---

[15] R. A. Wasserstrom, *The Judicial Decision* (Stanford and London, 1961) esp. cc. 1 and 2 ; D. H. Hodgson, *Consequences of Utilitarianism* (Oxford, 1967) esp. p. 83-5 参照。

「ユリーカ」という喜びの叫びとともにシラクサイの通りに駆け出していった、ということでさえあるかもしれない)。しかし、洞察の閃光の多くは、きちんとテストされたあかつきには、大地の底に荒々しく追い込まれてきた。液体のなかに浸された物体は、それが押しのけた液体の重量に等しい浮力を受けるということをアルキメデス——や他のだれであれ——が信じることを正当化したものは、その事実が実験によって証明されうるということである（K. ポパー卿の見解に従う者にとっては、これは、実験によって確かめられた多くの事例がそれを確証し、かつ、それを反証する事例が一つもないということを意味する[16]——ただし、科学的「証明」の性質に関する諸理論は目下の関心事ではない)。

これと同様に、一方の当事者が勝ちだと裁判官が思いつくきっかけや原因は、その当事者に有利なよき正当化理由が熟慮の結果存在するかどうかという問題とはかなり異なる事柄である。

もちろん、法的な正当化理由は、その本性上曖昧で決め手に欠けるがゆえに、いずれの側を勝たせる現実の判決とも両立する、ということも原理的には真実でありうるであろう。その場合には、実践的な目的にとっては「発見のプロセス」がつねに「正当化のプロセス」に優位することになろう——これは、ジェーローム・フランクがときとして、危険にもほとんど主張しかけた見解である[17]。しかし、それが真実だと証明できるのは、法的な諸決定に与えられた表面的な正当化理由のタイプを、まずはまじめに研究した場合に限られる——これは、それらの諸理由が単に開かれた構造をもっているだけでなく、それをこえて、いわばボロボロに引き裂かれているということを論証するための必要条件であろう。したがって、あらゆる法的な正当化理由が——判決がつねに他の根拠によって動機づけられているということをおおい隠すために働く——表面的な正当化理由として以外には決して機能していないとしても、それを証明する唯一可能な方法は、どのような立場からみて

16　K. R. Popper, *The Logic of Scientific Discovery* (revised edn., London, 1968); また、P. D. Medawar, *Induction and Intuition in Scientific Thought* (London, 1969), M. J. Lessnoff, *The Structure of Social Science* (London, 1974) ch. 1.

17　Jerome Frank, *Law and the Modern Mind* (New York, 1936), pp. 100, 128 参照。

も、少なくとも**表面的な**正当化理由であるものをかなり包括的に研究し分析することである。したがって本書も、そのような方針で分析を続け、結果をみて行きたい。

　以上に述べたことが、「当該のシステム」内部で何が求められているかについての信念に基づいているかぎり、それは素朴な機能主義の一例だという非難を招く危険性がある。

　それがある意味では機能主義的だとしても、素朴な機能主義ではないし、ましてや誤った機能主義ではない。裁判官はみずからを、市民間の争い、または公機関によって提起される告発を公平に決定する者と考えている。彼らがそのような自己理解をするのは、少なくとも、当該の支配的な政治的伝統の内部でそれが彼らに期待された役割であるからである。彼らは「法に従って正義」を行うために任命されている。そして、公益の厳格な番人たちは、裁判官がそれ以外のことを行っていると見える場合にはただちに、きびしく非難しようとつねに待ちうけているのである。

　したがって最低限、裁判官には、期待されている者と見せるようにさせる強い圧力——それは見たところ、きわめて実効的な圧力である——がかかっている。それゆえ、裁判官が公に述べる判決理由は（まじめに受けとられるかぎり）、彼ら裁判官を、人々によって望まれているような裁判官と見せる理由でなければならない。要するに、彼らの決定が「法に従った正義」を達成していると見せる理由、そして、少なくともその意味で正当化理由であるような理由でなければならないのである。

　したがって同様に、裁判に勝ちたい弁護士は、上のような求められる外観と整合すると同時に、裁判官に気に入られるような理由を、依頼人のために提示するべきである、ということを知っている。要するに、提示するべきは、正当化理由なのである。

　このような観察が真実であると認めることから、外見がすべてであって、それ以外に真相はないという結論に飛躍するといった、必ずしもまれではないある種の愚行が存在する。それは真実でもありうるが、しかしそのためには、まだ提示されていない種類の証拠が提示される必要がある。よい証拠があまり存在しない場合、裁判官や弁護士も——他のすべての人間と同じよう

に——ごまかしや偽善の発作に時々おそわれることも、あるいはまた、根深い先入観を真実と解釈することもありうる、と考えても無理はないように思われる。しかしその一方で、彼らはもっと普通には、正直で尊敬に値する人々であり、公平さと客観性を完全にとまではいえないにしても、それなりに達成するために現実に努力することができるのである。その上、実務を通して裁判官たちは——彼らを最も声高に非難する多くの人々以上に——公平の習慣を培ってきているのである。

　彼らが運用しているシステムが、体系全体として不公平すなわち不正義であるかどうかは、事実問題ではまったくない。ヒュームが、「存在」から「当為」への移行を十分なる注意をもってみるならば、「あらゆる通俗的な道徳体系は崩壊する」であろう[18]と述べたとき、彼はみずから述べていることの真理の半分しか知っていなかった。18世紀の進歩への信仰のために、来るべき俗悪さを予測することができなかったのである。

---

[18] 前掲注4。

第2章　演繹的正当化

　第1章では、法的推論に関して「研究に値するプロセスは、正当化のプロセスとしての議論のプロセスである」と述べた。この言明は価値判断であるから、疑いなく論争の余地のあるものである。しかし、その言明によって本書の主要な研究領域が定まる。一つの社会に属する市民は、あらゆる種類の行為や活動、主張や抗弁との関係で、みずからのすることを法的に正当化するよう求められることがある。とりわけ裁判官は、法律に従って正当化される決定のみを下すよう要求されているから、裁判官は、事件で両当事者が裁判官に求める判決のうち、どちらが法的に正当化されるかという問題を考えなければならない。裁判官は、判決の理由を陳述するよう要求されているから、判決の正当化理由を頭のなかで考えるだけでなく、それを公に開陳し、詳しく説明しなければならない。結果的に、その研究が著しく容易になるのである。

　後ほど手短に触れるように、法的推論が厳密な意味で演繹的であることを否定する人々がいる。もしこの否定が、法的推論が純粋に演繹的な形式を決してとらない、あるいはとりえないということを暗に意味して、最も厳格な意味で言われているなら、それはまったく明らかに偽である。判決が純粋に演繹的な議論によって法的に正当化されていることを決定的に示すことができる場合がある。純粋に演繹的な正当化が**可能であること**を実証するためには、そのような正当化の実例を一つ挙げれば十分である。したがって、前置きはこれくらいにして、以下、そのような一例の提示に向かいたい。その分析は、「演繹的推論」という概念の解明に役立つであろう。

　私が取り上げる例は、**ダニエルズとダニエルズ対R. ホワイトと息子たちならびにターバード事件**（[1938] 4 All E. R. 258）である。問題となった事実は、以下のようなものであった。ダニエルズ氏はパブへ行き、レモネード（R. ホワイト社製）1瓶とジョッキ1杯のビールを買った。ダニエルズ氏は、

これらを家にもち帰り、自分はレモネードを少し飲み、妻にはコップ1杯のレモネードを与えた。妻はそれを飲んだ。両者とも焼け付くような感覚を覚え、具合が悪くなった。後に、病気の原因は、彼らが買って飲んだレモネードが石炭酸でひどく汚染されていたという事実にあると証明された。瓶に残っていたレモネード成分の検査により、石炭酸混合物が大量に含まれていたことがわかった。

原告であるダニエルズ夫妻は、その後、レモネードの製造者とそれを売ったパブの店主を、病気、治療費、および逸失所得に対する損害賠償を求めて訴えた。被告である製造者は、(やがて明らかになるように)責任を免除されたが、被告であるパブの店主は有責とされ、賠償の支払いを命じられた。この結果は、どのようにして正当化されたのであろうか。

後で論理構造の分析を行うために、まずは、ルイス裁判官の意見の関連部分を全文引用しよう。

　彼女[第二被告であるパブの店主]は、もちろん、問題となった事柄については完全に善意で非難の余地もない。彼女は、瓶を第一被告から3日前に受け取り、それをカウンター越しに夫のほうのダニエルズに売った。もちろん、この夫は、彼女に対して契約上および瑕疵担保責任上の権利をもつ唯一の人である。ダニエルズ氏とターバード夫人との間に、事実についての争いはない。彼らは何が起きたかについては完全に一致している。すなわち、ダニエルズ氏は、パブの免許を交付された店舗に入り、「R. ホワイトのレモネードを1本」と注文した。そして、R. ホワイトのレモネードを彼女は彼に渡した。ここでの問題は、その瓶に実際に石炭酸が混入しており、したがって、そのレモネードは商品性を欠いているという事実のもとで、第二被告が責任を負うかどうかということである。

　彼女が法第14条第1項のもとでの責任を負わないことは、私にはまったく明らかである。なぜなら、ダニエルズ氏は彼女の技能と判断を全然信頼したわけではないからである。彼は自分がほしいものを頼み、手に入れたにすぎない。人がR. ホワイトのレモネードや特定のブランドのビールを注文する場合、その人は自分に手渡してくれた人の技能と判断を信頼しているわけではない。しかし、第二被告側弁護士が提出した議論にもかかわらず、本件が動産売買法(1893年)第14条第2項に含まれる説明による売買になぜ該当しないのか——とりわけ、引用して私に示された諸判例、なかでも**モレリ対フィッチ・アンド・ギボンズ事件**

([1928] 2 K.B. 636) にかんがみて——私はその理由を見出すのにいささかの困難を覚える。もしそれが、説明つき商品を扱う売主によって、説明によって売られた動産のケースであれば、その動産は商品性を備えるべきであるという黙示の条件が存在する。ターバード夫人には何ら落ち度がなかったから、彼女にとっては不運だったが、その動産には商品性がなかった。ブロック氏［ターバード夫人の弁護士］は、検査の機会があったから、本件は法第14条第2項但し書きの適用を受けると主張し、先例を引用しているが、その先例の射程は彼の望む範囲までは及ばないと私は考える。したがって、私は本件を説明による売買であったと認定する。その上で私は、問題となった事柄に関しては完全に善意のターバード夫人には酷な結論で遺憾を禁じえないが、彼女は、ダニエルズ氏がそのレモネードを飲んで被った損害に対して責任を負うと判断する。しかしながら、これが私の理解する法であり、したがって、ターバード夫人に対して損害の回復を求めることのできる唯一の人であるダニエルズ氏勝訴の判決とならざるをえないと考える。

　第二被告に21ポンド15シリングの支払いを命じる、男性原告勝訴の判決。両原告に対して第一被告勝訴の判決。訴訟費用は高等法院の基準による。

　ルイス裁判官の意見から引用した上の文章は、第二被告であるパブ経営者に対する夫ダニエルズ氏からの請求との関係で判例集に現れたものの全部である（ただし、意見の前の方で与えられている「事実」関係のより詳しい説明は、上記引用で要約してあることもあり、省略した）。この文章は簡潔なので、その諸要素を適度に少ない紙幅で分析する仕事が容易になる。短いからといって、目下の関心に関連する実例としての資格を失うわけではない。

　上で引用した議論が、結論を導く力をもつものであることは一見して明らかである。この学識ある裁判官は、ターバード夫人は「問題となった事柄については完全に善意で非難の余地もない」という事実にもかかわらず、ターバード夫人敗訴の「判決とならざるをえない」という遺憾の表明からもわかるように、たしかにそう考えたのである。ここで今論じるべき問題は、この表面的な結論導出力が本物なのか、それとも見かけ倒しなのか、ということである。ルイス裁判官によって提示された議論が、論理的に結論を導くことを示すことができるであろうか。私が取り組んでいる課題は、法的決定が演繹的議論によって正当化されることが可能であることを実証することであるから、以下では、ルイス裁判官の判決から引用した文章が妥当な演繹的議論

の一例であることを示すことによって、今提起した問いに答えることにしよう。

　演繹的議論とは、議論の結論たる一つの命題が、議論の前提たる他の一つまたは複数の命題によって含意されることを示す議論である。演繹的議論は、前提や結論の内容がどのようなものであれ、前提が結論を実際に含意（または随伴）するという形式をもつならば妥当である。これによって意味されていることは、すべての前提を主張し、同時に結論を否定することは自己矛盾となるだろうということである。

　例証と説明のため、上で引用したルイス裁判官の意見から、次の一節を取り上げよう。すなわち、「その瓶に実際に石炭酸が混入しており、したがって、そのレモネードは商品性を欠いている」。結局のところ、ルイス裁判官は次の二つの命題を主張している。

　ダニエルズ氏が買ったレモネードの瓶には石炭酸が入っていた。
　したがって、ダニエルズ氏が買った瓶入りレモネードには商品性がなかった。

　第一の命題が第二の命題を含意するとそれほど自信をもって言えるのはどうしてか。その答えはもちろん、ルイス裁判官が、「商品性」という文言が動産売買法（1893年）第14条第2項の文脈で法的目的のために担っている意味を当然のものと考えているから、ということである。その文言の法的意味の説明が、**グラント対オーストラリア・ニット製造事件**（[1936] A.C. 85 at 100）の1936年判決におけるライト卿の便利な意見によって与えられている。それは、**ダニエルズ判決**の時点でも有効であったと考えてよい。すなわち、ある物は「それをその本来の用途には適合しないものにする欠陥であって、通常の検査では明らかにならない欠陥をもつならば……商品性がない」。これを同値の命題で言い換えよう。

　　（A）すべての場合において、ある人から別の人に売られた動産が、それをその本来の用途には適合しないものにする欠陥であって、通常の検査では明らかにならない欠陥をもつならば、売られた動産には商品性がない。

　ここで、**ダニエルズ事件**の瓶入りレモネードが石炭酸を含んでいたという

ルイス裁判官の主張が次のように言い換えられるとしよう。

　　　(B) 本件において、ある人から別の人に売られた動産が、それをその本来の用途には適合しないものにする欠陥であって、通常の検査では明らかにならない欠陥をもっていた。

　上記の命題 (A) と命題 (B) がともに真であると主張し、同時に、以下の命題 (C) が真であると認めないことが不可能であることは明らかであろう。(A) と (B) をともに主張し、同時に (C) を否定することは、明白な自己矛盾であろう。

　　　(C) したがって、本件において、売られた動産には、商品性がない。

　すぐに付言させてもらいたいことだが、(A) と (B) を主張しつつ (C) を否定することの自己矛盾性は、(A) や (B) が**現実**に真であることには依存していない。(A)、(B) のいずれか、または両方が現実には偽であったとしても、両者を真と（その場合は、誤ってであるが）主張した人は、自己矛盾なしに (C) を否定することはできないだろう。(A) かつ (B) が (C) を含意するということは、必然的に真であり、(A)、(B) のいずれかまたは両方が現実に真であろうがなかろうが、真である。

　これを認めるには、議論が**形式的に妥当**である、ということを理解しなければならない。今みたような議論と同じ形式をもつどのような議論も、その前提の内容が何であれ、妥当である。議論がもつ形式を明らかにするためには、非常に単純な記号を用いることが助けになる。上記の命題 (A) の代わりに、次のような部分的に記号化された表現を用いよう。

　　　どのような場合でも、p ならば q である。

　p が、(A) の前件（「ある人から別の人に売られた動産が、それをその本来の用途には適合しないものにする欠陥であって、通常の検査では明らかにならない欠陥をもつ」）に含まれる命題の代わりをしていることがわかるだろう。同様に、q は、後件（「売られた動産には商品性がない」）に含まれる命題の代わりをする。以下の点も、同様にわかるだろう。すなわち、われわれが今「どのような場合でも、p ならば q である」という記号的命題形式によって表現している複合命題の主張は、p（または q）によって指示される事態が、過去に生じた、現在生じている、あるいは、将来生じるであろうという主張を決

して含まない。(今取り上げている具体例に即して言うなら、それをその用途に適合しないものにする隠れた欠陥をもつ商品がある人から別の人へ売られるということが皆無である世界を、われわれは少なくとも想像することができる。)「どのような場合でも、p ならば q である」という命題が言っているのは、p が真であるときはつねに q もまた真である、ということだけである。帰結において q もまた真であることなしに、p が真である、ことはありえない。連合王国の法制度は(たとえば立法によって)、売られた動産が、それをその本来の用途には適合しないものにする隠れた欠陥をもつことは、帰結において、その動産がその法体系内でその文言に帰属させられた特殊な意味で「商品性を欠く」ことなしにはありえない、ということを真にすることができる。立法者が、そのような動産が売られることはありそうもないと考えたのに、わざわざ立法するようなことはないだろう。しかし、前者の命題が後者の命題を含意することを真にすることは、そのような動産が一度ならず売られていることを真にすることとは別のことである。そのような立法によって、そのような動産が売られる確率が低くなる可能性さえある。

　だからこそ、命題(B)は、命題(A)には含まれていない情報をわれわれに与える。ある特定のケースで命題(B)が成立すると言うことは、だれかが一度そのような隠れた欠陥をもつ動産を売ったと言うことである。したがって、**そのケースについては、命題(C)**もまた真であった。(B)と(C)は、「……ならば……」でつながれて、それぞれ(A)の前件と後件を構成する単純命題の主張である。したがって、議論全体は、記号を使って次のように表現されよう。

　　(A) どのような場合でも、p ならば q
　　(B) 本件では p
　　(C) ゆえに、本件では q

　これらの記号「p」および「q」は、上述の議論における特定の命題の代わりをする記号として導入された。今や、法の命題であれ、科学の命題であれ、社会学の命題であれ、どのような命題であっても、それを p や q に置き換えることができることは明白である。命題の内容のいかんにかかわらず、上の形式をもつ議論は妥当な議論である。p や q がどのような命題であ

っても、「どのような場合でも p ならば q であり、この場合は p であるが、q ではない」と主張することは、自己矛盾でなければならない。

　知の一部門としての論理学に固有の課題は、妥当な議論の形式の研究である。遅くともアリストテレスの時代以降、「p ならば q、p、ゆえに q」という形式の議論は、妥当な演繹的議論であることが認められてきた。アリストテレスの後に登場するストア派の論理学者たちは、その形式の妥当な推論に「肯定式」という名を与えた。しかし、20世紀に、ラッセルやホワイトヘッドその他が「命題計算」に関する体系的な説明を完成させるまでは、「命題論理学」の完全な理解は達成されていなかった[1]。基本的な定義および公理を所与として、上に取り上げた形式の議論が必然的に妥当であることを命題計算の内部で示すことが可能である。

　しかしながら、ここでの関心は、論理的真理の証明ではなく、その適用にある。つまり、論理的に妥当な議論形式を法的文脈で応用することにある。したがって、以下の点を強調することが肝要である。すなわち、第一に、議論の論理的妥当性は、その結論の真を保証しない。第二に、議論が妥当であるということは、すべての前提が真であれば、結論も真でなければならないことを含意するが、論理自体は前提の真を証明することも保証することもできない。それらが真であるかどうか（あるいは、もっと弱く言って、真でありうるかどうか）は、経験的な問題である。したがって、以下では、先の議論を再び取り上げ、どのような根拠で、前提が真であるとされることがあるのかを確認したい。

　　(A) すべての場合において、ある人から別の人に売られた動産が、それをその本来の用途には適合しないものにする欠陥であって、通常の検査では明らかにならない欠陥をもつならば、その売られた動産には商品性がない。
　　(B) 本件において、ある人から別の人に売られた動産が、それをそ

1　Russell and Whitehead, *Principia Mathematica* (London, 1910), and L. Wittgenstein, *Tracttus Logico Philosophicus* (tr. C. K. Ogden and I. A. Richards, London, 1992), and cf. Anthony Kenny, Wittgenstein (London, 1973), cc. 2 and 3 参照。命題論理学一般に関しては、現代論理学の入門書、たとえば David Mitchell, *An Introduction to Logic* (London, 1962) 参照。

の本来の用途には適合しないものにする欠陥であって、通常の検査では明らかにならない欠陥をもっていた。

ゆえに（C）本件において、売られた動産には、商品性がない。

この議論の「大前提」（A）は、前にみたように、ライト卿が**グラント**事件（[1936] A.C. 85）において、「商品性」という用語が法的目的のためにもつ意味についての権威的説明として述べたのと同じ命題を別の言葉で言い換えたものである。ライト卿は、その用語の権威的説明を与えることによって、それに特定の意味を**帰属させた**。ところで、その用語に意味を帰属させるライト卿の行為自体は、真でも偽でもないことは確かである[2]。しかし、枢密院の判決ではあっても、上級審の裁判官によるそのような論点についての裁定が権威的性格をもつということが所与だとすれば、その用語に**彼が**特定の意味を帰属させたということが、法的目的のために、それがその文言の**意味である**ということを、少なくとも下級裁判所や法律解説書を書く人々にとっては、**真にする**。したがって、前提（A）は少なくとも1938年においては[3]、真なる法命題であったと言ってよい。

小前提（B）については、どうだろう。これは、上級裁判官の言明や議会による立法といった権威ある発言によって真と「され」うる種類の命題ではない。それは、特定の歴史的時点に関係する命題である。したがって、関連する特定の証拠によって証明——することがともかくもできるならば——されなければならない命題である。しかし、そうだとしても、命題（B）が、この事件の証拠によって**直接**証明されたと言うことはほとんどできない。証明されたこと、あるいは、両当事者が意見を異にしなかったために証明され

---

2 一人の女性が船を進水させ、「私はこの船を**トロイのヘレン**と命名する……」と言う場合と比べてみよう。船の命名行為は、真でも偽でもない。それは、行われるだけである。しかし、その行為が「有効に」、すなわち、船にあらかじめ同意された名前を与える資格のある人によって、行われた**とすれば**、このことによって、（以後）その船の名前が**トロイのヘレン**であることは、真**とされる**。Cf. J. L. Austin, *How to Do Things with Words* (Oxford, 1962). 彼の論文 'Performative Utterances' in *Philosophical Papers* (Oxford, 1961, ed. J. O. Urmson and G. J. Warnock) pp. 220-9, esp. at. 222-7も参照。

3 時期への言及は重要である。法的ルールや法的裁定は、変更されうるからである。たとえば、1973年に議会は、動産供給（黙示の条項）法（1973年）において、商品性の新しい定義を与えた。同法第7条第2項参照。

たとみなされたことは、ターバード夫人がレモネード1瓶をダニエルズ氏に売ったということ、そして、瓶のなかのレモネードが石炭酸で汚染されていたということである。石炭酸は無色の液体であるから、それが含まれていることは肉眼による検査では発見されなかったであろう。レモネードの「本来の用途」が清涼飲料として飲まれることにあるということは争えない真実であるとみなされた[4]。ダニエルズ夫妻がレモネードを飲んだ結果、病気になったことは証明されていた。他の根拠があれば別だが、レモネードに石炭酸が含まれ、したがって、「本来の用途」に適合しなかった、ということは真であるように思われる。したがって、本件においては、われわれの命題(B)は、以下のことがすべて真である場合にかぎり真であったと思われる。(i) 瓶入りレモネードは「動産」のカテゴリーに含まれる。(ii) その瓶入りレモネードが一方当事者から他方当事者へ売られた。(iii) 石炭酸混合物を含む瓶入りレモネードは、それをその本来の用途には適合しないものにする欠陥をもっている。(iv) それは通常の検査では明らかにならない種類の欠陥である。

　探求の出発点として非常に単純な例を選んだことには、いくつかの利点があるが、その一つは、これら四つの命題のおのおのが、一見してわかるように疑いなく真であるという点である。しかし、付言に値する点であるから、後で立ち戻るが、**ダニエルズ**事件で起こった出来事は、周辺的なところでは、実際に起こったこととは違うものであったかもしれない。レモネードのなかに含まれていた毒が、レモネードを少し脱色させるようなものだったとしたら、どうなのだろう。その場合、本件の諸々の「間接事実」が、前提(A)として述べられた法命題の「法律要件」に本当に該当するのかどうかという問題が生じる可能性があった。したがって、本件に関する主張としての命題(B)の真も疑わしくなっただろう。

　そうであるかもしれないが、われわれは、証明された事実が、命題(B)で用いられている諸カテゴリーに明確に該当し、したがって、本件について主張されたものとしての命題(B)は真であったと言ってよい。たぶん、

---

[4] これは、裁判官が「裁判所に顕著なものと認める」──すなわち、公知の事実であるという理由で、証拠によらずに仮定する──と言ってよい種類の事実である。

(B) は法的目的のために真であるものとして受け容れられた、と言うべきであろう。あえてこのような言い方をすることの眼目は、次のような点にある。すなわち、「証明」の法的手続とは結局、権限を付与されたある個人（裁判官または陪審）が、提出された証拠または裁判当事者の自白に基づいて、「事実認定」を行うということである。その場合、「認定された」「事実」は、訴訟の目的のために、真であると確定されたものとして扱われ、上訴において上級の権限をもつ機関によって破棄されるまで、そのようなものとして受け容れられなければならない。「証明」の手続とは、一定の諸命題が法的目的のために、具体的には、当該訴訟のために、真とみなされることを確定するプロセスである。

したがって、ここで考察された議論は、「p ならば q、p、ゆえに q」という形式の論理的に妥当な議論であるとともに、法的目的のために採用された諸基準を所与とすれば、両前提がともに真である議論であると結論づけてよい。したがって、それらの基準を所与とすれば、結論もまた真でなければならないことになる。

しかし、これまで検討してきた議論は、本件でルイス裁判官が行った推論における小さな一要素にすぎない。その上、他の議論から孤立させて取り上げたので、その議論は、一定の法的結論——たとえば、その瓶入りレモネードがある人から別の人に「売られ」た——をすでに確定されたものとして前提している。議論全体が妥当な演繹的議論であることを示すためには、議論のすべての段階を提示する必要があろう。以下では、単純化のため、議論は、これまで論じてきたのと同じ形式で一貫して提示されるが、ただし、一つの改良が加わる。それについて述べなければならない。その改良は、ある特定の法規定が、二つ（または、たぶんそれ以上の）のあわせて十分条件となる条件の充足にかかっている可能性にかかわる。動産売買法（1893年）第14条第2項を取り上げよう。

　動産が、説明の付された動産を扱う売主から説明によって買われた場合、……その動産が商品性をもっているべきであるという黙示の条件が存在する。

この条項が働くためには、動産が説明によって買われたことを証明するだけでは十分ではないし、当該動産の売主がその種類の動産を（習慣的に）扱

っている人であることを証明するだけでも十分ではない。明らかなことだが、これらの命題が両方とも証明されなければならない。したがって、第14条第2項を、もう少し論理的にきちんと述べれば、次のようになろう。

「動産が、ある人によって別の人から説明によって買われるならば、かつ、その売主が、その説明の付された動産を扱う人であるならば、その動産が商品性をもっているべきであるという黙示の条件（これは売主によってみたされなければならない）が存在する。」

これまでの慣例に従って、これを記号で表すと、次のようになる。

どのような場合でも、(p かつ q) ならば r。

論理学的には、(p かつ q) は、複合命題であり、p と q のそれぞれが真であるならば、そしてそのときにかぎり、真となる。したがって、法的目的のために、p と q のおのおのが当該事件で証明されたと判断されるなら、議論は次のようなかたちで完成される。

本件では、p かつ q。

∴本件では、r。

確立された論理学的慣用を一つ導入するにすぎないにしても、役に立つかもしれない最後の準備作業は、もう一組の記号的省略を説明することであろう。「どのような場合でも、……ならば……」と書く代わりに、記号「⊃」を採用することができる。この記号は標準的には、二つの命題 p と q の間の「実質含意」の関係を表すために使われる[5]。すると、「どのような場合でも、p ならば q」と書く代わりに、「$p \supset q$」という定式を使うことができる。また、記号「.」を、連言を表すために用いることができる。したがって、われわれは、「p かつ q」と書く代わりに、「$p.q$」と書く。混乱を避けるため、より複雑な定式にはかっこが導入される。たとえば、「p かつ q ならば、

---

[5] 命題論理学で定義される実質含意記号「⊃」は、法的な慣用も含め、英語〔この点に関しては日本語でも同じ〕の慣用における「……ならば……」よりも広い意味をもっていることが正しくも指摘されてきたが、ここでの目的にとっては、それはまったく関係がない。David Mitchell, *An Introduction to Logic*, (2nd edn., Oxford, 1964), pp. 61-8 参照。「p ならば q」という形式の法規範は、厳密に言うなら、「開かれた仮言命題」というカテゴリーに属し、したがって厳密には、命題論理学には含まれない。しかし、目下の文脈では、その点は無視してよい。

r」は、記号を用いて「(p. q)⊃r」と表現される。これは、「p. (q⊃r)」と区別されうるし、区別しなければならない。後者は、「p、かつ、qならばr」を意味する。記号「∴」はこれまでどおり、「ゆえに」を表すために用いる。

準備作業が終わったので、次のことができる段階に到達した。すなわち、原告Ｄ氏とパブ店主Ｔ夫人との間の訴訟に関するかぎりで、**ダニエルズ事件でルイス裁判官が行った議論の全体が、全く感情を差し挟まない演繹的な形式で言い換えることができることを示すこと、そして、議論の各段階および全体が論理的に妥当であることを示すこと、である。その議論に含まれる大前提のすべては――そのすべてが明示的に述べられているわけではないが――、その根拠となるその時代の典拠を引用することができる、法のルールである。小前提は、証明された「一次的事実」についての言明か、法のルールである何らかの大前提を経由して演繹によってその一次的事実の言明から引き出される「二次的事実」についての結論かのいずれかである。ルイス裁判官の意見から引用した文章を再検討すると、一次的事実に関する三つの主張があることが明らかになる。議論の全体は、表向き、それらの上に建てられている。

(i) Ｄ氏は、パブに入ってきて……、「R. ホワイトのレモネードを１本」と言った。そして、[Ｔ夫人] R. ホワイトのレモネードを彼に渡した。
(ii) その瓶には実際に石炭酸が混入していた。
(iii) [Ｔ夫人は] その説明の付された動産[すなわち瓶入りレモネード]を扱う売主である。

これらに加えて、暗黙の事実認定を一つ挙げなければならない。それは、あまりにも自明であるため、ルイス裁判官の明示的な陳述からは省略されていてもほとんど驚くにあたらない。すなわち、上記 (i) で述べられた取引が、Ｄ氏によるＴ夫人からの購入であり、彼女による彼への販売であると、各当事者によって意図されていた、ということである。厳密な用語で表現すれば、

(iv) Ｔ夫人は、その瓶入りレモネードというかたちの財産をＤ氏に、金銭対価と引き換えに譲渡した。

第 2 章　演繹的正当化　33

　これらの命題のおのおのが、以下の議論の言明において、論理的形式で表されて登場する。また、議論の各段階の左側に、それが妥当な形式をとっていることを示すために、三段論法の記号表現を付した。法のルールである大前提には、その法源を付記した。

(1) ある人が動産のかたちの財産を別の人に金銭対価と引き換えに譲渡するならば、それらの動産の売買契約が、それぞれ「売主」、「買主」と呼ばれる、当事者の間に存在する。(動産売買法第 1 条第 1 項参照。)

$p \supset q$
p
$\therefore q$

(2) 本件では、ある人 [T 夫人] が動産のかたちの財産 [瓶入りレモネード 1 本] を別の人 [D 氏] に金銭対価と引き換えに譲渡した。(上記「事実 (iv)」参照。)

(3) ∴本件では、それらの動産 [瓶入りレモネード 1 本] の売買契約が、当事者、すなわち「売主」[T 夫人] と「買主」[D 氏] の間に存在する。

(4) ある動産の売買契約が売主と買主の間に存在しており、かつ、その動産が瓶入り飲料であり、かつ、買主が瓶入り飲料を購入するにあたり、一定の名前の飲料の瓶を頼んだならば、その動産は説明によって売買されている。(**モレリ対フィッチ・アンド・ギボンズ**事件 [1928] 2 K.B. 636 参照[6]。)

$[(q.r).s] \supset t$
$(q.r).s$
$\therefore t$

(3) 本件では、それらの動産 [瓶入りレモネード 1 本] の売買契約が、当事者、すなわち「売主」[T 夫人] と「買主」[D 氏] の間に存在する。
　　かつ

(5) その動産は、瓶入り飲料 [すなわち、瓶入りレモネード 1 本] である。(上記「事実 (i)」参照。)
　　かつ

---

[6] 上記の一般命題は、この判例に暗に含まれているが、明示的に述べられているわけではない。より一般的な命題については、*Grant* v. *Australian Knitting Mills* [1936] A.C. 85 at 100 のライト卿の次の意見参照。すなわち、「物は、それが特定 [物] であっても、それが特定物としてだけではなく、説明に対応する物として売られているかぎり、説明によって売られている」。

34　第2章　演繹的正当化

(6) 買主は、飲み物を購入するにあたり、一定の名前の飲料の瓶［「D氏は、……『R. ホワイトのレモネードを1本』と言った」］を1本頼んだ。（上記「事実（i）」参照。）

(7) ∴本件では、その動産［レモネード1本］は、説明によって売買された。

(8) 動産が説明によって売買され、かつ、その動産の売主がその説明の付された動産を扱う人であるならば、その動産が商品性をもっているべきであるという（売主によってみたされなければならない）黙示の条件が存在する。（動産売買法第4条第2項参照。）

(7) 本件では、動産［レモネード1本］は、説明によって売買された。

かつ

(9) その動産の売主［T夫人］は、その説明の付された動産［すなわち瓶入りレモネード］を扱う人である。（上記「事実（iii）」参照。）

$(t.u) \supset v$
$t.u$
$\therefore v$

(10) ∴本件では、その動産が商品性をもっているべきであるという（売主によってみたされなければならない）黙示の条件が存在する。

(11) ある人から別の人へ売られた動産が、それをその本来の用途には適合しないものにする欠陥であって、通常の検査では明らかにならない欠陥をもつならば、その売られた動産には商品性がない。

(12) 本件において、ある人から別の人へ売られた動産［レモネード1本］には欠陥［石炭酸による汚染］があり、それは、それをその本来の用途には適合しないものにする欠陥であって、通常の検査では明らかにならない欠陥である。（上記「事実（ii）」および本書前述29頁の論述参照）

$w \supset x$
w
$\therefore x$

(13) ∴本件では、売られた動産には商品性がなかった。

(14) 二当事者間に動産の売買契約が存在し、かつ、その動産

が商品性をもっているべきであるという（売主によってみたされなければならない）黙示の条件があり、かつ、その売られた動産が商品性をもっていないならば、売主は、みたすよう要求されている契約条件に違反している。（「条件」の法的概念によれば、同語反復的である。）

(3) 本件では、動産の売買契約が、二当事者［T夫人とD氏］間に存在する。

かつ

(10) その動産が商品性をもっているべきであるという（売主によってみたされなければならない）黙示の条件が存在する。

$[(q.v).x] \supset y$ かつ

$(q.v).x$ (13) その売られた商品は商品性をもっていない。

$\therefore y$ (15) ∴本件では、売主は、みたすよう要求されている契約条件に違反している。

(16) 売主が、みたすよう要求されている契約条件に違反したならば、買主には、売主の条件違反の結果、買主に直接かつ当然に生じた損失と等価な賠償を売主から回復する権利がある。（動産売買法第11条第1項a号ならびに第53条第1項および第2項参照。買主には別の権利もあるが、それは、ここでの関心の対象ではない。）

(15) 本件では、売主は、みたすよう要求されている契約条件に違反している。

$y \supset z$ (17) ∴本件では、買主には、売主の条件違反の結果、買主に
y 直接かつ当然に生じた損失と等価な賠償を売主から回復
$\therefore z$ する権利がある。

命題17の転換命題——したがって、それからじかに導かれる——は、次のようなものである。すなわち、「売主は、みずからの条件違反から直接かつ当然に生じた損失と等価な賠償を買主に支払う責任を負う」。そして、これは、ルイス裁判官が、「私は……それゆえ、［ターバード夫人は、］D氏がそのレモネードを飲んで被った被害に対して責任を負う……と判断する」と述

べたとき、彼が表明した結論とまさに同じである。

　上記の議論分析において、議論の各段階は妥当な仮言的議論であり、その前提は、法的目的のために当時真であった法命題、同様に法的目的のために真とされた事実認定、それらの前提から導かれた中間的結論、これら三者のいずれかである。議論の各段階は妥当であるから、議論全体も妥当である。また、各前提は（関連する法的な基準を所与とすれば）、（それは、真なる法命題、事実認定、または、それらの前提から導出された結論であるがゆえに）真であるから、引き出された最終的な結論は、演繹的な推論により妥当に証明されていることに加え、上で触れたのと同一の基準によって真でなければならない。

　もちろん、究極の結論は単に、T夫人がD氏に対して責任を負うということではなく、ルイス裁判官が述べたとおり、「ダニエルズ氏勝訴の判決とならざるをえない」ということである、と言われるかもしれない。この点についてはどうであろうか。その答えは、その結論を導く大前提を主張するのは難しいことではない、というものである。裁判官は法に従って裁判を行わなければならないという、平凡な命題から出発しよう。また、それから出てくる一つの命題が次のようなものだとしよう。すなわち、「どのような場合でも、訴訟当事者の一方が、自分に生じた損害について相手方が法的責任を負うことを証明したならば、裁判官は、それに成功した当事者勝訴の判決を下さなければならない」。また、それに、後で述べる議論に依拠して、「本件では、訴訟当事者の一方は、自分に生じた損害について相手方が法的責任を負うことを証明した」という小前提をつけ加えることができる。そうすると、前と同様の推論形式によって、「本件では、裁判官は証明に成功した当事者［D氏］勝訴の判決を下さなければならない」が出てくる。

　しかし、次の点に注意されたい。その「なければならい」は、因果的必然性や論理的必然性を意味する「なければならない」ではない。それは、義務づけを意味する「なければならない」である。裁判官は、そのような判決を下す**義務**をもっている。裁判官がそのようにして判決を下す義務をもっているということが、彼がそのような判決を下す、下すであろう、または下した、ということを意味しないということは簡単にわかることである。個人

が、そうするべきようには行為しないこと、つまり、義務に従って行為しないことは、物理的にも心理的にも論理的にも不可能ではない。これらすべてから厳密に引き出されるのは、裁判官がそのようにして判決を下さなかったならば、彼は正当化されえない仕方で行為したことになる、ということだけである。

　このような留意が大事なことは明らかである。その事件で裁判官が下した現実の判決が——それが、その裁判官によって被告に出された、原告へ賠償を支払えという命令を意味するとすれば——、諸前提から論理的に引き出されると言うのは、間違いであろう。被告が賠償の責任を負うということは、先に取り上げた議論によって確定されている。裁判官の義務は、彼女にそのような賠償を支払えと命令することであるということも、先に述べた補助的議論によって（その小前提が受け容れられているならば）確証されている。しかし、裁判官がそのような命令を下すということは、いかなる議論からも導出されない。裁判官が命令を出すということは、彼が行うことも、行わないこともある行為であり、そのような行為を通じて裁判官は、みずからの義務を果たしたり、果たさなかったりする。行為は、論理によって決まるのではなく、行為者の選択や、何であれそれらの選択の規定要因によって決まる。行為者により遂行された、あるいはされようとしている行為の規範的な性質（よい・悪い、正しい・不正な、正当な・不当な）は、上で見たような種類の法命題といった、適当な規範的前提が与えられれば、論理的に確証されうる。しかし、論理は、行為を「確証」しない。

　訴訟において裁判官に提案された代替的決定のそれぞれがもつ規範的な性質についての裁判官の意見が、いかなる判決を下すべきか、つまりいかなる命令を出すべきかを決断する上で、彼の動機づけの要素とならない、というのは変だろう。裁判官は最終的には、公開の法廷で公に判決理由を述べなければならない。法曹の意見や上訴の可能性など、法システム内部の制度的な圧力と、反対の報道や議会からの注文など、外部からの圧力とがあるとすれば、裁判官が法的目的のために真とされた法的前提および事実認定からの論理的議論によって、ある決定の正当性を確証したのに、それとは正反対の命令を出すべきであると彼が考えるというようなことは、あまりに奇妙で、ほ

とんど想像もできない。裁判官がそのように行動することは、制度的および心理的にはほとんどありそうにないが、不可能ではない。不可能であったとしても、その不可能性は、論理的な不可能性ではないであろう。裁判所の命令は、それを正当化する議論の論理的産物ではない。

　このこと、そして、それに先立って縷々説明したことは、明白なことの繰り返しと思われる向きもあるかもしれない。実際、そのとおりである。しかし、驚くべきことに、明白であるにもかかわらず、それは誤解されたり、間違って説明されたりしてきたのである。たとえば、ゴットリーブ博士はその著書『選択の論理』[7]において、次のような一組の言明を取り上げている。

　　「XがAをした」（事実）
　　「Aをする者はすべて、Bの罪につき有罪である」（ルール）
　　「評決：XはBの罪につき有罪である」（決定）

そして、「［この］一組の言明における結論は、二つの前提からは出てこない」と主張している。これは、まったくのナンセンスか、よくても、真理への非常に不明瞭ではっきりしないアプローチか、そのいずれかである。いやしくも思考における整合性の最低限の基礎的能力をもっている人が、はじめの二つをきっぱりと主張し、かつ、結論「Xは、Bの罪につき有罪である」を否定するということはありえないであろう。その結論——それが命題と考えられるとして——は、それらの前提が真であるなら、必然的に真である。

　もちろん、ゴットリーブ博士はここでは、「有罪」または「無罪」の評決を報告する陪審が、事実審理の法的結果の権威的決定という行為を遂行しているということを、少しわかりにくい仕方でではあるが、強調しているのだ、と理解されるかもしれない。そのような行為を通じて、陪審は、法の目的のために、Xが有罪または無罪であることを真とする。したがって、裁判官はその後、Xに刑を言い渡すか、さもなければ、無罪放免にしなければならない。法は陪審に、証拠と法に基づき被告人が有罪とされるか無罪と

---

[7] Gottlieb, *Logic of Choice* (London, 1968). 引用したくだりは、70頁からのものであるが、出版された原文では2行目が、「Xをする者はすべて、Bの罪につき有罪である」となっており、明らかな誤植であるので修正した。66頁から77頁の議論全体は、私にはまったく理解しがたい。

されるかを決定する役割を付与している。それゆえ、評決という陪審による発言は、被告人がすぐ前で述べたのとは別の法の目的からして有罪または無罪であるということを真にする効果をもっている。(その意味で、評決の宣告は、J. L. オースティンが「遂行的発語」と呼ぶものに相当する。つまり、それは、言語の使用を通じた、制度的に定義される行為の遂行の一事例であって、事実について(真または偽なる)言明をするための言語使用の例ではない。)

すでに述べたように、「行為は論理によって決まるのではなく、行為者の選択によって決まる」。そして、このことは、裁判官が請求について決定したり、刑を宣告したりする行為について当てはまるのと同様に、陪審が評決を宣告する行為についても当てはまる。しかし、どのような評決を宣告すれば陪審は**正当化される**のか。 X が A をしたことと、**法に従えば**、A をした者すべては B の罪につき有罪であること、この二つが充足されているとすれば、陪審が「有罪」以外の評決を下すことは、**法においては**、ほとんど正当化できない。

しかし、陪審は評決の理由を公に述べる必要はないし、実際述べないであろうから、陪審が内輪では、X が現実に A をしたこと、および、A が犯罪であることを信じているときでさえ、表面上は矛盾なく「無罪」の評決をしうる場合があることは確かである。彼らがそのような状況においてしたことは、法において正当化されない。もっとも、道徳的理由から十分に正当化されることもあるかもしないが(問題となっている法が不当に過酷または抑圧的であるとか、訴追が単なる報復にすぎない等の場合)。陪審が正義に反する法や不公正な訴追を事実上無効にするために、まさにそのような仕方で仕事を行うことができ、また時には行うということが、陪審に特有の美徳であると言われることがある[8]。

私の意見を言えば、それは歓迎するべきことだと思う。しかし、だからといって、演繹的推論の論理が、裁判官の判決におけるのと同様、陪審評決における法的な正当化にとっても、たしかに重要な関連性をもっているというわれわれの理解を曖昧にしないでいただきたい。また、評決を宣告するとい

---

8 たとえば、Patrick Devlin, *Trial by Jury* (revised edn., London, 1966), esp. ch. 6 参照。

う行為は、他の行為と同様、論理必然的なものではありえず、単に遂行されるかされないかなのだというすぐにわかる真理に惑わされて、上の理解から離れないようにしていただきたい。

　ともかく、事実問題ないし法律問題を扱う法廷が、決定の理由を述べるよう義務づけられている場合において、そこから結論が必然的に導かれるところの事実認定と法命題をまず述べ、しかる後に、その結論に反する正当化されない評決または命令を出すことは非常に奇妙である。このことは、なお真実である。

　このようなことを言うことは、問題を一歩後戻りさせることにほかならないと言う人もいるだろう。裁判官は、ある特定の事件で使う必要がある法命題を知っている。それが「p ならば q」という形式をとると仮定しよう。したがって、裁判官は、もし彼が「p」を導出する諸命題を事実として「認定」するならば、結論として q にコミットすることなるということも知っている。q が特定の事件の文脈では、何らかの理由で彼にとって同意しがたい結論だったとしよう。上に述べた彼の知識が明らかな抜け道を彼に教えてくれる。彼は、そのような諸事実が証明されたとは認定できない、したがって、p は生じていないと言いさえすればよい。同様に、結論 q に達することを望むならば、本件では p は真実であると認定すると言いさえすればよい。したがって、彼の議論は、一見したところ論理的に見えるけれども、実は合理化にすぎない。なぜなら、「認定」される事実を選択するというやり方で、推論の方向を決めているからである。（これは、ジェローム・フランクが「事実懐疑主義」と呼ぶ法の見方の要点を手短に述べたものである[9]。）

　裁判官がそのような行動をとることが**できるだろう**、ということは明らかである。彼らが時にはそのような行動をとる、ということもまたありうるし、実際ありそうなことである。しかし、彼らがつねにそのような行動をとるということは、一見してほとんどありそうにない。**ダニエルズ**事件でルイス裁判官は最終的に、相当な遺憾の意を表しつつも、事件の事実と関連する法が、自分が不公正と考える結論に自分を導くと述べた。しかしながら、彼

---

[9] Jerome Frank, *Law and the Modren Mind*（前掲第1章注17）参照。

は、証拠にもかかわらず、レモネードのなかには石炭酸は含まれていなかった、あるいは、石炭酸が含まれていたとしても商品性はあったと認定することも**できた**のである。彼が通常は、事実の真の姿を求めて真剣な努力をし、しかる後に法を適用した、そして、他の裁判官も同様であると想定してもそれほどおかしいとは思われない。彼らの事実認定が、誠実になされているだけでなく、かなり多くの場合正しいと想定することすら理にかなっている。

　しかしながら、厳密に言えば、このことは今主張しているテーゼにとってはどうでもよいことである。われわれが主張しているのは、法的正当化のプロセスが時には純粋に演繹的で論理的な性質をもつ、ということだけだからである。裁判官がつねに事実認定を誤るあるいは歪曲するとしても（そうでないことがほとんど確実であるが）、彼らが事実認定から法命題を経由して結論へと至る推論が、純粋に演繹的であるのか、それとも一度としてそのようなことはないのか、という興味深い問題がなお残っているのである。少なくとも一つの事件で、判決を結論づける正当化が純粋に演繹的な議論によって可能であることを証明するためには、演繹的正当化が可能であること、そして、実際に演繹的正当化が時として行われていることを決定的に示せばよい。演繹的正当化がつねに行われているかどうかという問い（答えはノーであるが）は、未解決のまま残されているし、純粋に演繹的な正当化が不可能であったり、他の何らかの理由で裁判官や法廷で採用されなかったりする場合に、どのような形態の推論が用いられるかという問いも残されている。

　これまでのところをまとめておこう。第一に、裁判所は事実を認定し、認定された事実が現実に正しかろうが間違っていようが、それは法的目的のために真とみなされる。第二に、法のルールは「pならばq」という形式で（少なくとも時には）表現されうる。第三に、少なくも時には、認定された「事実」は「p」の一義的に明白な事例である。これら三つの条件がみたされているなら、法的結論が、前提としての法命題および事実命題から演繹的論理によって妥当な仕方で引き出される、ということが時として起こる。したがって、その法的結論に効果を付与する判決は、演繹論法への依拠によって正当化されている。

「それでも、それは論理的ではない」

しかし、ターバード夫人敗訴という判決を下すべきであるということは、本当に**論理的**なのであろうか。次のような反論を提出する人もいるかもしれない。「パブの店主が責任を負うと判示することはまったく論理的ではない。彼女は、封をしたレモネードの中味に関しては責任の負いようがないのに、またとくに、本件でそうであったように、それを製造した者が責任を免れているのに。封がされる前のレモネードの瓶に何が入れられるかを支配できるのは結局製造者だけなのに。」と。このような反論は、ルイス裁判官がターバード夫人敗訴の判決を言い渡す際に表明した遺憾の念と響きあうものである。彼は、ターバード夫人のことを「問題となった事柄については完全に善意で非難の余地もない」と述べていた。

今述べた想像上の反論は、人が完全に支配の外にある事態に対して責任を負わせられるべきであるということはおかしい、と少なくとも仮定するならば、非常に説得力がある。しかも、そこでは「論理的」という語が、たぶん最も普通で日常的な非専門的意味で使われている。だが、議論が、論理的に妥当でありながら、かつ、それによって正当化される決定が論理的でないということはどうしたらありうるのか。その答えは明らかであるが、むしろ、そこから教訓を引き出すことが大切である。「論理的」という語は、少なくとも二つの意味をもっており、両者は部分的にしか重なっていない。演繹論理学の専門的意味（本章ではこの意味のみが扱われてきた）で議論が論理的であるのは、論理の諸要請をみたしているとき、つまり、結論が前提から必然的に導出されるときである。議論が非論理的である、あるいは論理的に誤っているのは、議論が与えられた前提から演繹されない結論を引き出したり、実際に前提から導かれる結論と矛盾する結論を引き出したりする場合である。しかし、議論の前提そのものは、自己矛盾している前提を除き、論理的でも非論理的でもない。専門的な意味で「論理的である」とは、ひとえに推論形式としての議論の属性である。その述語を命題に使用できるのは、自己矛盾命題（たとえば「pでありかつpでない」）が論理的な偽であるという意味においてのみである。

しかし、「論理的」という語は日常的な慣用では、より広く、いくつかの

点では前者とは異なる意味をもっている。ある行為や事態が「非論理的」と言うとき、それは「意味をなさない、理解できない」という意味で用いられている。売主は、商品についての知識も、知識を得る手段ももたない場合でも、その欠陥に対して責任を負わせられうる、という法があるかもしれない。それが法であるとき、「それは理解できない法だ、だから『非論理的』だ」と言う人もいるかもしれない。専門的な意味で非論理的な論拠についても当てはまることの一つは、それを発言することが自己矛盾に陥るがゆえに、理解できないという点である。このかぎりで、二つの用法は重なっている。しかし、「ある法のルールが理解できない」と言われるとき、普通意図されているのは、その法が定めた行動標準が、人々の遵守を求めるにはあまりにもばかげている、不公正である、あるいは不合理であるといったことである。そして、このことから、哲学の一特殊分野の用語としての専門的な意味での「論理的」の範囲外にある新たな価値群が導入されることになるのである。法的議論の大前提が「非論理的」という烙印を押されるのは、このような日常的な用法においてである。したがって、大前提の適用から生じる結論が「非論理的」とされる場合も同様である。

　そのような法批判を正当化するやり方の一つとして、法の一般的な政策や原理との不整合を指摘する、というものがある。「過失なくして責任なし」つまり、人は自分の過失によって、他人が被った損害を引き起こしたか、または、損害に寄与したかでないかぎり、責任を負わせられるべきでないという原理[10]が、法システムのなかで一般に受け容れられているとすれば、動産売買に関する特殊な法ルールが、売主は過失がなくても、売った動産の欠陥に対して責任を負うとするのは、その法原理と不整合である。この点については、人によってさまざまな意見がある。ある人は、このルールを原理の微妙な例外とみなす。またある人は、それを悪い原理とみなし、それを侵害することをむしろ歓迎するかもしれない。また、別の人は、その原理に法における圧倒的な重要性を認め、それと整合しないルールは「理解できない」あるいは「非論理的である」として実質的に評価的な仕方で異議を唱えるかも

10　この原理は、後述第7章181-4頁で論じられている。

知れない。法における全体的な整合性および一貫性の概念がもつ重要性に関しては、後に考察する。とりあえずは、以下のことを確認しておけばよい。すなわち、「論理的」および「非論理的」という語を、法によって追求される価値や原理との全体的な整合性の存否を意味するものとして使う用法は、これまで関心をもって扱ってきた専門的な意味とは異なるものであり、より広い意味をもっている。したがって、法的推論が論理的で妥当であり、かつその結論が「非論理的」であると言うことは、それらの語が二つの違った意味で用いられているかぎり矛盾ではない。以下では、混乱を避けるため、「論理的」、「非論理的」という形容詞は、とくに断らないかぎり、専門的な意味で用いることにする。

　論理的という語の二つの意味を区別したが、それはこだわる価値があることである。なぜなら、これまでさまざまな論者が法の「無論理的」、「非論理的」、あるいは「論理的」な性質について語ってきたが、その多くは、専門的な意味によりも、むしろ、上で説明した常識的な観念に関心をもってきたからである。**クィン対レザム事件**[11]でホールズベリ卿が、その法はまったく論理的でないと主張しているが、そう言うことで彼は、**アレン対フラッド事件**[12]（そこでは彼は少数派に属していた）における原理とは不整合な原理を本件では追求することを正当化しようとしていたにすぎない。ホームズ裁判官が、「法の生命は論理ではなく、経験であった」と述べた[13]とき、彼は次のような正しい観察を述べていたのである。すなわち、裁判官が発展させてきた英米法は、判決を実際的な良識にかなうように思われるものにすることだけでなく、それと同じくらい、判決が法の一般原理から引き出されることを示し、そのことを通じ、法の内部での広範な整合性と一貫性が確保されていることを示すことにも腐心してきた。カードーゾ裁判官が「哲学的な方法」[14]をその射程内では適切なものとして賞賛したとき、念頭においていた

11　[1901] A.C. 495 at 506「……すべての法律家は、法がつねに論理的とはかぎらないことを認めなければならない」。

12　[1989] A.C. 1.

13　O. W. Holmes, *The Common Law* (Boston, 1881), p. 1.

14　B. N. Cardozo, *The Nature of the Judicial Process* (New Heven and London, 1921), Lecture I.

のは、先例から新しい分野へ原理を類推によって拡張するプロセスであり、実際、法のさまざまな分野間で広い整合性を達成するプロセスである。イングランドの弁護士や法学者は概して、非論理的であることをほとんど美徳に等しいものとみなす傾向があり、自分たちの法自体がそのような美徳をもっているとやや安易に考えてきた。「論理的であること」は、大陸法のエキセントリックな実務であり、常識あるイングランド人は、自分の責任でそのような慣行にふけるのだ、とされている。

　スコットランド人とスコットランドの法律家は対照的に、論理的であることに、そして論理の美徳が現れている法システムをもつことに誇りをもってきた[15]。このことは、スコットランドの人々は哲学に特有の心性をもっているというふうに、「民族精神」まがいのものによって説明されてきた。あるいはまた、フランスおよびオランダのローマ法学派の大陸型の法実務の影響を何世紀にもわたって受けたためとされてきた。

　すでに示唆したように、「論理」、「論理的」などの語がもつ非専門的な意味には、なんら間違ったところはない。それはいずれにせよ、日常的な話し言葉や書き言葉に深く根ざしており、どのような哲学的な批判によっても消すことができない類のものである。しかしながら、それらの語を非専門的な意味で用いて、真である（あるいは、真であるだろう）とされた観察が、それらの語が専門的な意味をも含むものとして理解されたときには、まったくの偽となる恐れがある。したがって、上で述べた英米の裁判官や法学者のそのような態度や所見は、相当の注意を払って理解しなければならない。英米のコモン・ローが、前述の意味で「非論理的」である、あるいは部分的には「非論理的」であるかもしれないということが、そのままでコモン・ロー体系における法的推論が専門的な意味でも「非論理的」または「無論理的」であるということではないし、そうではありえないであろう。

　スコットランドの法体系、そして実際、ローマ法系一般においては、その

15　たとえば、Lord Cooper, *The Common and the Civil Law—A Scot's View* (1950), Harvard L. R. 468 at. 471：「ローマ法系の法律家は、原理から事例へと推論するのが自然であり、コモン・ロー系の法律家は、事例から原理へと推論する。ローマ法系の法律家は、三段論法を信頼しており、コモン・ロー系の法律家は、先例を信頼している。」参照。Cf. D.M. Walker, *The Scottish Legal System* (3rd edn., Edinburgh, 1969), p. 122.

種の間違いに陥ることはそれほど起こりそうにはない。しかし、そのような法体系にはたぶん、そのような両義性に由来する逆の誤りに陥る危険がある。法的推論が思考の形式である以上、論理的であるべきである、すなわち、論理法則を守り、それに違反したら非合理あるいは自己矛盾とならねばならない。つまり、法は、専門的な意味で「論理的」でなければならない。しかし、そうだとしても、法がもう一方の意味で、すなわち非専門的な意味で「論理的」であるべきであるということは**必然的に**よいことだという結論へ行くのは不当な飛躍と言うべきだろう。だが、法が**他**の意味で「論理的」であるべきであるということがよいことかどうかという問いは、別の答えを必要とするのであり、その答えはまた別の正当化を必要とする。これらの問題については、後の章で述べる。

無罪放免の論理と証明責任

ターバード夫人のようなパブの店主に、まったく善意で売った動産の隠れた欠陥について消費者に対して責任を負わせるということが、健全なことなのか、よい政策、共通の正義、あるいは整合的な法であるのかどうかという点に関しては、少なくともこれまで使ってきた専門的な意味では、非論理的なところはないということが確認された。しかしながら、第一被告であるレモネード製造者のR. ホワイトが責任を免除されるべきとされるのは論理的であるか。ダニエルズ夫妻が第一被告R. ホワイトと息子たち有限会社Rに対して提起した訴えを棄却した議論の形式を検討してみよう。その訴訟において彼らは、「被告が原告に対して負っている義務の違反があった、すなわち、被告が実際に石炭酸が入ったレモネードを供給した点に不注意があった」という理由で、過失に基づく損害賠償を被告に請求した[16]。

ルイス裁判官が被告側弁護士の提出した主張を認めて述べたように、「[原告の]主張にある唯一の証拠は、瓶が購入されたときにはちゃんと栓がされており、瓶の頭にはラベルが貼られていたが、[主張の終わりのところで]原告が証拠と呼んだ証拠によれば、瓶には石炭酸が混入し、その中味を飲ん

---

[16] [1938] 4 All E.R. 258 at 259.

だ結果として、2人の原告は被害を被った［ということである］」[17]。被告はまず、原告の主張は不注意な行為を特定も証明もしていない点で、法においてこの上もなく不十分である旨の申し立てを行った。裁判官がこれを却下したので、その後、被告は、瓶の洗浄プロセスに関する証拠を提出した。この証拠は、被告がレモネードが有害物質に汚染されないように、合理的な注意を実際に払ったことを証明することをもくろんでいた。

関連する法に関して、裁判官は次のように述べた。

> 消費者や最終購入者に対して製造者が負っている義務は、その動産が完璧であることを保証するようなものではないことに注意しなければならない。製造者の義務は、購入者や最終消費者が被害を受けないよう合理的な注意を払うことだけである。換言するなら、製造者の義務は、その種の被害を引き起こしそうな欠陥がないように、合理的な注意を払うことである[18]。

裁判官によって認容された被告の証拠が示していたのは次のような事柄である。まず、空の瓶が被告の工場に搬入され、そこで、苛性ソーダ入り熱湯で洗浄した後、冷水ですすぐ方式の瓶洗浄機にかけられた。それらの瓶は、洗浄機から手作業で瓶詰め機に移され、瓶詰め後、栓をされた。裁判官が言うには、「この方法は絶対確実と言われてきたものであり、人々が洗浄・瓶詰めの絶対確実な方法を用意している場合に、商品の欠陥を防止するためのすべての合理的な注意を払わなかったと言うことは私には少し難しいように思われる」[19]。この点に疑問が付されるのは、機械が適切な監督のもとで資格ないし能力のある者によって動かされていなかったということが示される場合だけである。しかし、提出された証拠によると、裁判官は「適切な監督があったということに十分納得した」[20]。

したがって、ルイス裁判官は次のような結論に達した。

> 原告は、……被告会社が、原告に対して負っている義務、すなわち、原告に被害を与えるかもしれない欠陥がないよう合理的な注意を払う義務に違反し、その

---

17 Ibid. at 260.
18 Ibid. at 261. この法命題の先例は、もちろん *Donoghue v. Stevenson* 1932 S.C. (H.L.) 31；[1932] A.C. 562である。
19 Ibid. at 262.
20 Ibid. at 263.

点で有罪であるということを私が納得するかたちで証明することに完全に失敗している。それゆえ、第一被告に対する原告の請求は失敗していると私は考える。

裁判官の結論が表現されている形式は、若干の検討に値する。裁判官は、被告が原告に対して責任が**ない**ことを証明したとは言っていな**い**。彼が判示しているのは、原告が被告の義務違反の証明に失敗したために、「第一被告に対する原告の請求は失敗している」ということだけである。法的には、これは、原告の訴えを棄却して、被告を責任から解放するために十分な正当化である。なぜなら、原告であれ検察官であれ、法的手続に訴えた者がみずからの主張を述べ、証明するべきであるという法のルールがあるからである。これは、原告が「証明責任」を負う、と言うことによって述べられる内容の一部である。

ダニエルズ事件に代表される相対的に単純なタイプの事件においては、原告が援用する $p \supset q$ という形式の法のルールがいくつか存在する。原告は、そのようなルールを援用する際、ある一定の諸事実が起こった、そして、それらが全体として、関連する法のルールに定められた「法律要件」——われわれの定式では記号 p で表されている——に該当する一事例となる、と訴答において主張する。（原告またはその代理人は、何が関連するルールかを知っているので、ルールの援用に成功するためにはどのような事実を主張、立証しなければならないかも知っている。）彼が、p の一事例を構成する諸事実が実際に起こったことを、法的に要求される証明水準からみて「証明する」ことができるならば、そのことによって彼は、記号 q で表される「法律効果」がその事件で出てくる——したがって、求めている救済が与えられる権利がある——という主張を正当化したことになる。このプロセスの論理は、これまですでに説明してきたとおりである。

しかし、第一被告であるレモネード製造者への訴訟がそうであったように、もし原告が、p の証明に失敗した（製造者が消費者である原告に負っていることが一般に認められている注意義務に、製造者が違反したことを証明するのに失敗した）らどうなるのだろう。関連する法のルールが、「動産の製造者が、消費者に対して負っている注意義務に違反し、消費者に被害を与えたときには、製造者は消費者に対して損害賠償の責任を負う」というものだった

としよう。これは、たしかに $p\supset q$ という形式をもっている。だが、本件では、p は証明されていない。具体的に言うと、製造者は、法的な観点からみるかぎりで、義務に違反していない。前に論じた論理的形式で議論構造を記述すると、前提は、次の二つである。

$p\supset q$
$\sim p$ ［すなわち、p ではない］

しかし、これらの前提からは、何の結論も演繹されない。これらの前提からは、q であるという結論も、q でないという結論も出てこない。決まらないままである。

（このような形式の前提からはいかなる結論も導き出されないということは、明らかであるが、次の例からも確認することができる。すなわち、人が5グラムのヒ素を飲めば死ぬであろうということは、一般的な真理である。ある特定の個人スミスさんについて、彼がある時点において、5グラムのヒ素を飲まなかったということは真である。しかし、彼が死なないであろうと言うことはできるであろうか。ヒ素を飲むことが死因の一つであるにせよ、それを飲まないことが不死のための処方箋になることなどありえない。）

これが論理的な観点というものである以上、両当事者間で、特定の法のルールに関連して、その法律効果 q が出てくるか出てこないかが決まらないときに、どうするべきかについて法が規定を定めることが明らかに必要である。法は、まさに証明責任やその関連事項に関するルールによって、そのような規定を定めるのである。原告は、被告に対する請求を述べ、正当化しなければならない。同様に、検察官は、特定の被告人が定められた罪のどれを犯したのかを特定して述べなければならないし、それを「合理的な疑いを入れないほどに」証明しなければならない。これが法の要求である以上、それがみたされないときは、被告または被告人は免責または無罪放免されるということが、法的に——そして論理的にも——正当化される。**ダニエルズ事件**で起こったことは、ちょうどこれにあたる。

事実審理のさまざまな種類の争点を提起する責任をだれが負い、提起された争点を証明または反証する責任をだれが負うのかを定める「手続法」と呼ばれるものが存在し、その分量も相当あり、また相当に複雑である。今述べ

たルール適用の論理についての説明は、法律家たちがなぜこの法部門が大事だと考えているかを明快にわからせてくれる。手続法は、その説明によれば規定を設けることが不可避で、絶対必要であるような事項に関して定めるものだからである。本で学ぼうが実務で学ぼうが、法律を学ぶ学生なら、法律家がこの種の法規定に実際に与えている重要性に気がつかないわけにはいかない。

演繹論理が法的決定の正当化には関連しないと主張する者は、そのような実践的にかなり重要な法規定がなぜ存在するのかを自分の理論のなかで説明してみよ、という反論と対決し、それに応答しなければならない。私が今述べているテーゼが、そのような法規定の存在およびそれに与えられている重要性と両立するという点は、その信頼性を補強する一つの事実である。もし、私のテーゼと対立するテーゼが、そのような法規定の存在理由を説明することができなければ、そのかぎりにおいて、後者はそれだけ信頼できないものとなる。

すべての法のルールが、それが制定法または先例のなかでどのようなかたちで述べられていようとも、一定の事実ないし状況があれば、一定の法的結果が出てくるというかたちに書き直すことができるということは、これまでしばしば主張されてきており、それを疑う理由もない[21]。必要な諸事実や諸状況を、ルールの「法律要件」と呼んでよいだろう。そうすると、p ならば q（$p \supset q$）というわれわれの標準的な形式について言えば、記号 p は、法律要件を構成する一組の諸要件を定める一つの命題を表し、記号 q は、生じるべき法律効果を表している。以前に示したダニエルズ夫妻とターバード夫人の間の訴訟に関する分析は、多くの種類のルールがこの標準的形式で書き表せることを例証するものである。それはまた、あるルールの「法律効果」を述べる命題が、別のルールの「法律要件」となるというかたちで、複数のルールが互いにいかに関係するかということも例証している。たとえば、一定の法律要件がみたされている場合、説明による動産売買のための契約が存在する。しかし、動産売買法第14条第2項の目的からすると、そのような契

---

21 たとえば、以下を参照。G. Gottlieb（前掲本章注7）, pp. 33-49 ; Twining and Miers, *How to Do Things with Rules*（London, 1976）pp. 51-5.

約の存在は、別の法律要件と結合して、売られた動産が商品性をもっているべきであるという黙示の条件を法律効果として伴う。等々である。

　そのように結合したルールのセットのいくつかは、最終的な効果として、人々が互いにもつ権利の存在を示したり、一次的権利が侵害されたときに訴えることができる救済的権利の存在を示したりする。裁判所は、後者の種類の救済的権利の実現を確保するための命令を発する権限を与えられている。そのようなルールの別のセットは、一定の状況で一定の行為が行われた場合に犯罪を構成することを定めている。裁判所は、犯罪を犯したことにつき有罪である者に刑罰を科す権限を付与されている。

　現代の産業社会では、法のルールはその数もおびただしく、また複雑性も非常に大きいので、あらゆる権利侵害や犯罪遂行がそれとして認知されるわけではないし、まして、そのすべてについて訴訟が提起されるわけでもない。まったく当たり前のことだが、ルールが自動的に適用されることはない。ルールの遵守またはその事後的な強制執行・実現を達成するためには、実際、だれかがイニシアティヴをとることが必要である。

　刑事でいえば、法が規定する無数の犯罪のうちの一つを犯したという嫌疑をかけられている人のほうに、民事でいえば、現実的または潜在的に同胞市民に付与されている無数の権利のうちの一つを何らかの仕方で侵害したと思われている人のほうに、自分はそのような点で有罪でない、または責任はないということを証明するよう要求するべきであるという推定に基づいてやっていくことは、一見して明らかに実際上まったく不可能であろう。少なくともある程度は、証明責任が逆にされなければならない。

　したがって、法体系は、私的権利もしくは公的義務を主張するための訴訟、または、なされたと信じられている犯罪行為に対する訴追を、だれが、どのような状況で、どのような手続によって開始することができるかについて定めていなければならない。（ほとんど言う必要がないことだが、異なった体系は異なった規定を定めている。スコットランドとイングランドの間にさえ、とりわけ刑事訴追に関して著しい違いがある。）訴訟または訴追を提起することの要点は、国家の強制力が他方当事者に対して発動される可能性をそれが伴うということにあるから、そのようなことを行う権能は、それを行使すると、

他方当事者が少なくとも少なからぬ不便にさらされてしまう可能性がある、そのような権能である。この点は、訴訟や訴追の根拠がきわめて浅薄である場合でも変わらない。私法上の訴訟に関して、自分に起こされた訴訟に対して応答も防御もしなかった側を敗訴にしてよいという規定がある場合は、その不便さはますます大きくなろう。

　ある意味で、この権能と釣り合いを保つものは、その権能の行使が必然的に選択の行使を伴うという事実である。原告または検察官は、自分が適当だと思えば訴訟や訴追を提起することができる。だが、どのような訴訟や訴追を行うかは、彼にかかっている。だれかほかの人がしたことによって、どのような仕方で犯罪の被害を受け、権利を侵害され、または重大な侵害を受けた場合でも、原告または検察官は、他方当事者に対して法的に証明することができると考える事実は何かという点をまず決める必要がある。その次に、それらの証明されたまたは証明可能な事実が何らかのかたちで法的な関連性をもつことを示す用意がなければならないし、また、示すことができなければならない。その**一つの**方法が、$p \supset q$ というかたちの法のルールを示し、自分が証明することのできる諸事実がそのルールの法律要件 p に該当することを示すことである、ということは少なくとも真実である。

　また、ルール適用の演繹論理を考察することによって、この世の行為や出来事全体のうちから、予想される訴訟や訴追との関係で、主張、立証に値するものを選ぶための最も単純な方法がわかるようになる。多くの場合（だが、後に明らかになるように、すべての場合ではない）、法のルールに関する知識こそが、われわれが直面する事実や出来事の当惑するほど複雑な連続体からの適切な――相当に部分的で、切り捨てる部分も多い――選択を可能にするのである。このことから必然的に、法的知識をもつ法律専門家に、法的知識の保有に対する大きな報酬、または、法的知識に効果的に注意を払い、また実際注意を向ける能力に対する大きな報酬が与えられることになる。

　このことを嘆く者[22]に対しては、どうすればそれを効果的に変えることができるか、という問題が提起されなければならない。少なくともその第一歩

22　たとえば、Z. Bankowski and G.Mungham, *Images of Law* (London, 1976) 参照。

は、なぜ現状がそうなのかを理解することである。ここでの探求の一つのポイントは、なぜそうなっているのかを示している点にある。このような現状に対する唯一の救済策は、法の数を減らし、複雑さを減らすこと、あるいは、法に関するよりよい知識をもつことであろう。

　現状がそのようなものであるとしても、ともかくこれまで、訴訟や訴追を起こす者が、それは権利の侵害または犯罪の遂行であると主張する、そのような行為や出来事が起こったことを述べる責任をなぜ負わねばならないのかというと、それは実際上の必要性からなのだということを示してきた。すでに述べた理由から、救済や有罪判決の執行が、訴訟または訴追を始めた当事者による、申し立てられた事実およびその法的関連性の証明にかかっていないとすれば、裁判の全過程は論理的信頼性を欠くものとなろう。

　しかしもちろん、論理は、何が申し立てられた事実の法的証明になるかについて語ることはできない。論理は必然的に、偶然的な事実命題の証明がどのようなものかについては沈黙する（この論点に関しては、本書で後ほど手短に論ずるが）。検察官の p という主張は、被告人がそれを反証するまでは p の証明を構成すると、法体系が公式に定めていても（あるいは、非公式のそのような想定が現に働いていても）、厳密な意味で非論理的とは言えないであろう。しかし、そのようなものが――公言された理論のかたちでではないにしても――事実上十分な証明とみなされているということが、全体主義国家の一特徴である。にもかかわらず、そのような規定が正義に反し専制的だと非難される点は別にしても、そのような実践は、命題に対する信念というものが証拠によって支えられていないことを要求するかぎりで非合理的である、ということがわかるであろう。そもそも、p が真とされている、あるいは真とみなされていると言うことは、フィクションの使用を伴う。今考察しているような文脈では、フィクションは、ルールの適用にあたり必要になる論理を、無害と思われるかたちで確保するためだけに利用されている。

　たしかに、論理そのものは、真および偽の観念を定義する、というよりも使用する。しかし、証拠をなんら挙げずに偶然的な主張を真とみなす態度に屈服する場合は、論理的な議論の使用は見かけ倒しになってしまう。合理性の尊重には、論理的議論への尊重も含まれるが、それは、公法学上の自由主

義国家が断固従う、刑事裁判における「証明責任」の考え方に対して——わずかに接するだけのものだとしても——強い支えを提供する。

　ルール適用の論理を無視するなら、すでに述べ、また今も詳しく説明しているような、証明責任の観念の重要性の説明に苦しむであろう。同様に、法体系が直面し、法体系ごとに扱いが異なる問題、すなわち、民事上の訴答や刑事訴追における事実の主張について要求される特定性がどの程度かという問題について、説明に困ることになる。

　事実問題を審理する裁判所を説得するために、法律要件に該当する事実のセットが存在することを証明する作業に取り組む際、その手続を開始した当事者は（これまでみてきたように）、判決に先立つ何らかの段階で、被告にかかわる部分的出来事に何らかの説明を与えることを選択し、それに言質を与えなければならない。当該法体系に少しでも公正さの色合いがあるのであれば（繰り返せば、これは論理の問題ではない）、そのような説明は、手続のどこかの段階で被告側に開示されるであろう。（ここでも、合理性の尊重は、公正さという必需品を供給するだろう。合理性を尊重する結果としてわれわれが、関連する歴史の一断面についての相対的に信頼に値する説明を構築することに役立つ事実情報の形成に被告側も寄与することができると考えるようになるならば、そのように言えよう。「聴聞への権利」は、これもわずかに接するという意味でではあるが、論理的な支えをもっている。）

　さまざまな法体系の間で違う決定的な点は、上で述べた観点からすると、第一に、訴えを提起した側の当事者が、自分が主張し、また主張したものとして依拠する事実に関する説明に言質を与えるのが、訴訟進行のどの時点であるかを定める手続ルール、第二に、彼が与えなければならない説明の特定度を定める手続ルール、第三に、彼が被告側敗訴を求める判決を正当化するために援用するという特定の法ルールに言質を与える程度を定める手続ルール、に認めることができる。そのようなルールは、彼が証明責任を負うことから彼に課せられている要請を部分的に補充し、部分的に具体化するのに役立つ。

　そのような手続ルールが重要であり、それらのルールが今問題としてきたようなテーマに対して重要な意義をもつことが、スコットランドの判例、**ト**

ンプソン対グラスゴー・コーポレーション事件（1962 S.C. (H.L.) 36）において示されている。本件の原告は、被告のコインランドリーで洗濯をしていた。彼女は高速で回転する「脱水機」で洗濯物を乾かしているときに、回転が止まる直前の回転ドラムにどうしてか腕を巻き込まれ、結果として切断してしまった。彼女は自分の傷害に対する損害賠償を求めて会社を訴え、次のように主張した。すなわち、彼女のエプロンが脱水機の心棒に巻きとられた。心棒はドラムとともに回転するが、心棒には安全ガードがかかっており、そのガードは適切にメンテナンスされていれば心棒の上にゆるくかけられているので、それにさわっても心棒といっしょに回転しないようになっていた。原告は、そのガードが適切にメンテナンスされておらず、彼女のエプロンがそこに巻き付き、腕が巻き込まれたと主張した。

裁判がすすむにつれ、彼女のけがは、原因が何であれ、彼女の主張とは違った仕方で発生したことが明らかになり、そのため、訴えは退けられ、会社は賠償責任を負わされなかった。彼女は上訴し、事故について一審とは異なる説明をし、事故は脱水機のふたを、それが危険な速度での回転を停止する前に開けた会社の被用者の不注意が原因であることを示そうとして、従来の主張の変更の許可を求めた。しかし、その段階での変更の申し出は却下され、上訴は棄却された。

この原告は事故の経過について、別の、あるいは、おそらくはじめにあまり特定化せずに説明をしていたならば、会社に責任を認めさせることができたかも知れない。しかし、彼女がいったん、悲劇的な事故の経過についての特定の見方を、彼女がとることに決めたルールの法律要件の事例を構成するものとして選択した以上、彼女がそれを証明するとの言質を与えた事実が証明できなかった場合は、会社は責任を免れる権利、つまり、事故原因についての別の見方が真であったかもしれないという想定、および、それゆえ、会社に責任があるという想定によっては、覆されない権利をもっている。

これは間違いなくハード・ケースであり、不運な原告に手続的ルールが重くのしかかった事件である。しかし、ルール適用の論理をまじめに考えている法体系であれば、それは、主張の特定性の問題をカバーするルールを含んでいなければならない。

刑事事件でも、このようなルールは同様に重要であり、概して被告人に有利に働いている。**ハンブレトン対キャリナン事件**（[1968] 2 All E. R. 943）を取り上げよう。そこでは（その重要事実に関するかぎりで）、薬物（誤用防止）法（1964年）第1条第1項の適用に関して小さな問題が起こった。この法律は、その別表に「当分の間」というかたちで暫定的に定められた物質を所持している者は、除外条件（ここでの議論には無関係だが）がみたされないかぎり、軽罪で有罪となる。実際の時点において、アンフェタミンは別表に定められた物質であった。被告人たちは罪に問われたが、なかでもアンフェタミンの所持が薬物（誤用防止）法（1964年）第1条第1項違反であるとして罪に問われた。逮捕されたときに採取された尿から、そのときには彼らの体内にアンフェタミンの形跡が残されていることがわかった。ボーンマウスの治安判事裁判所は、訴追のその部分に関しては被告人たちが答えるべき主張は存在しないと判示し、合議法廷への上訴においてもこれが支持された。合議法廷は、アンフェタミン粉末の形跡がある特定の時点で人の尿中に存在することが証明された場合でも、それはその時点でその人が「アンフェタミンを所持」していたという事実を構成しない、と裁定した。つまり、検察官は、前者の事実を証明したにもかかわらず、それによっては、1964年法第1条第1項で有罪とするために必要な法律要件を証明したことにはならなかった。それゆえ、唯一の嫌疑が正しくもなしとされ、実にこの容疑に関しては正当にも全員が無罪となった。

　しかし、主席裁判官パーカー卿は、その意見のなかで次のように指摘している。

　　私自身は、別の事件では所持が生じたと言われる時点がなぜ、その服用に先立つ時点であると考えるべきでないのか、その理由がわからない。なぜなら、アンフェタミン粉末の形跡が尿中にあるということは、問題の人が、手を持ち上げて口に運びそれを服用する前にそれを手に所持していたということにすぎないとしても、それを所持していたにちがいないということの、いずれにせよ一応の証拠と私には思われるからである。（前掲判例集945頁）

　この事件では、事実経過に関して検察が言質を与えた説明は、それ自体1964年法第1条第1項によって要求される法律要件の有効な証明になるよう

に書くことができたものだったのだが、本件では、上に述べたように、関連する法律要件の事例ではないので、関連性をもたないものとなってしまうように書かれた。ここでも、主張の特定について定めるルールのために、証明責任の実際上の重みが増す可能性がある。そのような手続的な要請は厳格にすぎ、悪しき意味でリーガリスティックだと考える向きもあるかもしれない。しかし、いずれにせよ、民事事件と同様刑事事件においても、提起された訴追を構成するものとしての特定された歴史的説明に検察官が言質を与える時点および特定度について定める手続的ルールがなければならないことは明白である。検察官がそのような仕方で言質を与えねばならないということは、被告人が自分の無罪を、つまり、**訴追された犯罪に関する**無罪を示す機会を高める。

　本章を締めくくろう。すべてのタイプの事例の法的正当化のすべての局面において、本章で述べたような演繹的議論が必然的に、しかもそれだけが行われているということを実証したつもりはない。しかし、ここで扱ったタイプの議論が決定を正当化するために時には利用可能であることが実証された。さらに、そのような説明によって、法における「証明責任」やそれに関連した観念の意義の理解が可能になることが示された。厳密な演繹的推論が法的正当化の本物の重要な要素であることを否定する者は、本章に欠陥があることを示した上で、証明責任やそれに関連した「手続法」が扱う事項について、私の理論と同程度によい説明ができる別の理論があることを示さなければならない。

　そのような推論が法的正当化に含まれるすべである、とは主張していない。次章では、そのような推論にはどのような前提条件が含まれ、そのような推論の使用は必然的にどのような制約に服するのか、これを明らかにしたい。

第3章　演繹的正当化
―― その前提と限界 ――

(a)　妥当性テーゼ

　実際に生じたということは、それが生じうることを意味する。前章では、演繹的正当化の具体的な事例を提示することによって、演繹的正当化が判決の法的正当化の、可能な一様式であることを示した。そこで、本章では「何がそれを可能に**する**のか」という問いに立ち向かわなければならない。おそらくもう少しケルゼン的な言葉で言い換えると、ある事件で演繹的正当化を判決の十分な正当化として扱うとき、われわれが置いている前提とは何かという問いである。そうした前提を検討することによって、われわれは演繹的正当化の限界を確定し、本書の中心問題、すなわち「判決を正当化するに足るだけの演繹的な議論が存在しないとき、その判決はどのようにして正当化されるのか」という問いを発する位置に身を置くことになる。

　第2章で指摘した点（36頁）に立ち返ろう。ダニエルズ氏に対するターバード夫人の損害賠償責任という結論に達する論理を示しながら、私は、その議論の正当化を完結させるためには、もう一つの前提が必要であることをつけ加えておいた。「どのような場合でも、訴訟当事者の一方が、自分に生じた損害について相手方が法的責任を負うことを証明したならば、裁判官は、それに成功した当事者勝訴の判決を下さなければならない」という前提である。一見したところ明白なこの原理を論証不要の議論として採用することは、文脈上合理的なことと思われた。これがそれほど「一見したところ明白」と思われるのは、それが、表面上、司法の機能をめぐるほとんど同語反復的な命題を物語るからである。その背後に横たわるのは、人によっては法的思考の根本的な前提と考えるもの、すなわち、法のルールが存在するとい

うこと、そして、裁判官の職務はルールが関連性を有し適用可能であるときにはそのルールを適用することだという命題である。実際、「関連性と適用可能性」という観念は、第2章の最初の部分で十分に論じた包摂の（演繹）論理を参照することで正確に解明することができる。法的ルールの用語は一般的であり、それは、所与の法律要件（p）が成立するときには必ず所与の法律効果（q）が伴うことを定める[1]。裁判官が所与の事件においてpの一事例に相当する「事実を認定する」ときには、当該事件への当該法的ルールの関連性が確立され、qという法律効果が適用される。

したがって、実際にわれわれが前提ないし仮定しているのは次のようなことである。司法の機能あるいは裁判官の職務をめぐるこの見解に基づくと、すべての裁判官は、その職責上、「法のルール」が彼の面前にもたらされた事件に関連し適用可能であるときは、つねにそのようなルールを適用する義務を負う、ということである。この定式は、それなしには、この「義務」の同定可能な対象がなくなってしまう、そのような第二の前提を明らかにする。すなわち、裁判官は「法のルール」であるあらゆるルールを同定することが可能だという前提である。この目的のためには、何が「法のルール」であるかを確定する基準が存在しなければならない。二つの簡単なジャンプによって、われわれは法理論の核心に着地するのである。われわれは、（多くの自然法論者も信奉するものではあるが）法実証主義的な法理論の中心的な教義に着地する。すなわち、あらゆる法体系は、共通の承認基準を参照することによって同定可能なルールのセットからなるか、あるいは少なくとも、そのようなルールを含んでいる、そして、それらの基準を法体系の承認基準として構成するものは、当該体系に属する裁判官たちが共通して、その基準の参照によって同定されたルールの適用を裁判官の義務として受け容れていることである。このテーゼは、H. L. A. ハート[2]とジョセフ・ラズ[3]によって、ほとんど同じ用語で提唱されており、また、他の多くの理論家によって提出

1　この用語法の使用については、本書前述50頁を参照。
2　H. L. A. Hart, *The Concept of Law* (Oxford, 1961) [2nd edn. (Oxford, 1994)], esp. cc. 5 and 6.
3　J. Raz, *The Concept of a Legal System* (Oxford, 1970), ch. 8.

された見解と明確な関連性をもっている。

　しかし、ここで述べたことには、少なくとも一つの明白な循環が存在する。たとえば、現在のスコットランド、あるいはイングランドおよびウェールズで、「だれが裁判官なのか」と問うなら、ハートが「裁判のルール」と呼ぶ込み入ったルールのセット、たとえば高等民事裁判所（スコットランド）法あるいは最高法院法を参照しなければならないだろう。裁判官は、彼らを裁判官たらしめるルールが存在するがゆえに裁判官となる。彼らを裁判官たらしめるルール、そして多くの他のルールは、（簡潔かつ乱暴に言えば）裁判官がそれを法のルールと認めるがゆえに法のルールとなる。

　この論法は、そのままではたしかに悪循環であろう。裁判所は、みずから宣言することで正統性を付与されたり、みずからの物理的拘束力で実力を身につけるような自己支持的な制度ではない。裁判所は、より広い共同体によって（公式にであれ非公式にであれ）設立された制度であり、その共同体から紛争の裁決者としての正統性と権威を引き出しているのである。彼らの発する命令の実効性は、第一に、命令が差し向けられる人々が、その権威を受容することにかかっており、第二に、（歴史発展の比較的遅い段階になってみられることだが）ある程度（しばしば相当程度）の集団的実力をふるう執行官吏が、その権威を受容することにかかっている。

　裁判所に正統性と権威を授けるこのより広い共同体は、古い魅力的な言い回しを使うなら、必ずしも「王国の共同体」[4]全体であるわけではない。おそらくそれは、権力集団ないし支配階級の「王国の共同体」、すなわち、**彼らが王国の共同体全体であると定義するもの**の内部で何らかの手段によって秩序を維持するに足るだけの実力と恐怖を集めることのできる者たちの「王国の共同体」よりも広いものでは決してないだろう。これは、政治社会を構成するに十分な「服従の習慣」というオースティンやベンサムの観念、あるいは、一つの法秩序である「大体において実効的な」規範体系というケルゼンの観念の基礎にある真理である。

　したがって、そもそも「裁判官」が存在するためには、仲間のなかから一

4　この言い回しは、伝統的なスコットランドの憲法用例に属する。以下を参照。G. W. S. Barrow, *Robert Bruce* (2nd edn., Edingurgh, 1976), pp. 23-4, etc.

人ないし複数の個人を選んで紛争決定に当たらせる人々の集団の存在が、最も単純で最も非公式的な分析レベルにおいて前提されなければならない。当事者間で論争ないし紛争が解決されないときは、当該の問題を、特定の個人、特定集団の一人、または多数の人物からなる特定の集団に付託するという、何らかの社会的に承認された義務[5]が存在しなければならない。また、そうした「裁判官」ないし「裁判官たち」には、紛争をある所与の仕方で解決するべきことを定める社会的に承認された義務が存在しなければならない。そして、当事者には、その裁定に服従する社会的に承認された義務が存在しなければならない。

　紛争を決定する際に、このような裁判官はおそらく、いかなる種類の形式的「ルール」よりも、むしろ記憶をこえた伝統や、衝平およびフェア・プレーの観念に訴えるかもしれない（私の知るかぎり、未開社会ではそうしている）。しかし、裁判官の紛争決定の義務が社会的に承認されたものであるのと同様、彼らが同胞および彼ら自身から、紛争および論争を決定する際に多かれ少なかれ確定したルールの法典を適用するように義務づけられているとみなされること、あるいは、そうみなされるに至るということも、少なくともありうる。そうである場合、何らかの社会的に受容された承認の基準が存在することになる。もちろん、その基準が実効的に作用するのは、「確定したルールの法典」が裁判官による強行的な適用を受けるものだという社会的な承認のなかに「裁判官たち」も参与するときに限られる。さらに、少なくとも限界的な事件では、承認の基準の正確な内容を決定するのが裁判官自身であるということが必要となるにちがいない。

　このような分析が原始的な法秩序との関係で啓発的であるにせよ、啓発的でないにせよ、少なくとも「西洋」型の近代国家を特徴づける、より精緻で

---

[5] 「社会的に承認された義務」という言葉で私が意味するのは、社会の全員が「承認」ないし「受容」する義務ではなく、社会の**何人かの**人が、自分が「社会」と定義するものの**すべての**構成員に適用されるものとして、「承認」ないし「受容」する義務である。そのような態度は、ある程度の社会的権力または影響力を行使する人々によってとられているとき、ほかの人々にとって重要となる。本書の補遺を参照し、それを次の論文と比較されたい。MacCormick, 'Legal Obligation and the Imperative Fallacy' in *Oxford Essays in Jurisprudence, Second Series*, ed. A. W. B. Simpson (Oxford, 1973).

より制度化された司法構造との関係では、それはたしかに参考になる。われわれの裁判所の席に着く裁判官が、関連性を有し適用可能であるときにはつねに、たとえば議会制定法を適用する義務に拘束されることは、裁判官によって受容され、日々従われる規範である。それは、裁判官の行為のみを規制する規範であり、疑わしい事件への正確な適用がどのようなものかが裁判官自身によってのみ決定されうるような規範である。しかしそれは、その存在がもっぱら裁判官の意志のみに依存するような規範ではなく、社会内の少なくとも最も有力で影響力をもつ集団の大多数によって受容され、継続的な遵守が意志される規範であり、同様の人々によって、管轄から明白に除外されないかぎりあらゆる紛争を解決する適切な権威として裁判官は受け容れられ、その正統性と権威が構成・維持され、その権限に属する命令は、服従されねばならないもの、また必要なら強制的に実行されるべきものとなるのである。

実際、われわれが「形式的」で「制度化」された裁判所をもつのは、(別稿[6]で展開したテーマを拡張することが許されるなら)、とりわけ以下の諸点を決定する承認可能な「設立」「効果」「終結」の各ルールが存在するという意味においてである。すなわち、

1. 「裁判所」の設立：だれの任命によって、どのような一般的資格をもつ人物が、どのような状況で、また、どのような形式的手続で「裁判所」の「裁判官」となるか。
2. 裁判官として任命された人物に「裁判所」の構成員として行動するときに付与される、効果としての権限と義務、また免除権と特権。ここには三つの要点がある。第一に、裁判所の権能の決定。すなわち、ある特定の種類の紛争および論争を審理し決定する権限を裁判官に付与すること。第二に、この系として、その権限を行使して発せられた、市民を名宛人とする裁判所命令に服従する義務を課すということがある。これは、市民からの抵抗がある場合に遵守を強制する義務を、裁判官の指示のもとにある下位機関に課すことによって裏打ちされる場合もある。第三に、「法に従って審理し判決する」義務、事件審理の際に確立した手続に従って行為する義務、および関連性をもつかぎりすべての「妥当な」法のル

---

[6] MacCormick, Law as Institutional Fact (1973), Edinburgh University Inaugural Lecture No. 52 ; also (1974) 90 L.Q.R. 102.

ールを適用する義務、これらの義務を裁判官に課すこと。
　3．いったん任命された裁判官は、どのような状況でその職を解かれてよいか、あるいは解かれねばならないかを規制する終結的な規定。ここには、公務員の責任と司法の独立という二つの価値の間の長年にわたる緊張が存在する。

　たしかに、これは高度に複雑な現実を過度に単純化した図式的な定式化であるが、少なくとも真実の近似ではあるし、近代国家の司法制度と立法制度の必然的な相互関係を示す上では有用である。管轄権を行使する際に裁判官が妥当な法のルールを適用しなければならないということは、裁判官職への任命の本質的な帰結であり、このことは裁判と立法の相互関係を示している。なぜなら、立法とは優れて、そこにおいて妥当な法のルールが形成されるプロセスだからである。その中心的な機能が妥当な法のルールに従って紛争を裁決することにある、設立された裁判所というものが存在するのと同様に、設立された立法部というものも存在する。すなわち、その部の存在と構成員は設立ルールによって決定され、「効果」ルールは、その部に立法権限を付与する。形式的に定義された手続を完了することによって、立法部は諸ルールを制定し、それらのルールは（制定の手順と形式、および実体的制定範囲に関するあらゆる条件に従って制定されたものであるかぎり）「妥当な法のルール」を構成する。それゆえ、司法制度と立法制度の決定的な相互関係とは、後者が前者の義務の**内容**を決定し、一方、その義務を行使する前者自身が後者の能力の範囲を確定せざるをえない、というものである。

　私は「立法とは優れて、そこにおいて妥当な法のルールが形成されるプロセス」だと述べたが、その理由は二つある。立法は、次の点で法源として唯一のものである。すなわち、立法は、適切にも「固定した言語形式によるルール[7]」と呼ばれてきたもの、単一で唯一権威的な定式、立法者の「正確な言葉」によって定式化されたルールを生み出すからである。そして、まさに立法権限と立法手続が形式的に定義されるがゆえに、われわれは、この場合に多少とも正確な妥当性基準をもつことになり、それこそが、正しく制定された法とそうではない法とを十分明瞭に区別することを可能にするのであ

7　W. Twinning and D. Miers, *How to Do Things with Rules* (London, 1976), pp. 58-9, 72, 100, 105, etc.

る。

　ここで思い起こすに値するのは、立法を優れて妥当な法の源泉とみなすことが近代に特有な見解だということである。17世紀以前にまで遡らないにしても、初代ステア子爵ジェームズが『スコットランド法提要 (*Institutions of the Law of Scotland*)』において次のような言葉で論じたのをみることができる。

> 然り、個別事件における論争から搾出された永き慣習により法が生じ、それが固定せる既知の慣習の調和に至るがごとき諸国は、より幸福である。何故なら、法の便宜および不便宜が、永きにわたる時の路を経て実験的に観察されるがゆえである。かくして、若干の事件において便宜と見られるものも、後なる他の事件において不便宜たることが見出されるならば、法たる発育に到達せぬ前に時の胎内にて流産に至ることは明らかである。しかしながら、制定法において、立法者は便宜と不便宜を同時に釣り合わせねばならない。ここにおいて立法者は時に、またしばしば実に不十分である……。(『提要』I. 1. 15)

　このテーゼが依存するのは、今ではまったく流行遅れとなってしまった、世界および世界における人間の位置、そして法の性質をめぐる一つの見解である。それは、演繹的な法的推論の範囲に関し、第2章で略説したものとは基本的に異なる捉え方に基づいている。この捉え方は、神を含め、あらゆる合理的存在者を支配する永遠の合理的原理の存在を想定する。人間がその生活に適用する（するべき）ルールは、理性の第一原理からの演繹によって発見可能である。長期にわたる慣習、とりわけ実践的な問題の処理を経験した人物（とくに裁判官）によって発展させられた「学識による慣習」は、何が基本的諸原理からの健全な演繹であるかを即席の立法よりも確実に示すはずである。（20世紀の法令集をみればみるほど、おそらく、ステアの主張の核心部に目が向くことであろう。）

　このような見解が流行遅れであることは、それを誤りとするものではない。実際、本書の後半では、法的推論における「基本的原理」の位置の考察へ向かうつもりである。しかしながら、当面注目しておきたいのは、ステアの観点では、私の裁判所の捉え方がまったく誤りとされかねないという点である。私の捉え方によれば、裁判所は、たとえば適切に制定されたという理

由で、法的ルールとして技術的に妥当なルールを適用するよう第一次的に義務づけられている。ステアにとって、法に従って正義を行なうことは、単に正しい理性の原理、なかでも王国の永き慣習により証明された原理に従って、あるいはその原理を用いて、裁判することを意味する（十分な理由により、偏在し普遍的である法に地方的で個別的な変化を与えることもできる）。

興味深いのは、ステアの大著作（部分的にはルネッサンスと近代初期ヨーロッパのローマ法および自然法の伝統から引き出されたもので、その伝統はグロティウスの著作で頂点に達した）以後の世紀に、法理論家が結果的にステアのテーゼをどのように逆転させたかをみることである。18世紀中葉までには、スコットランドのアースキン[8]およびイングランドのブラックストン[9]のような著作家は、自然法論の痕跡にいまだ執着しながら、広範囲にわたって国家立法の優越を明白に認識していた。自然法の原理は曖昧であり、それらの原理は多くの事柄を不確定にしたままであった。立法はあらゆる事件において法を明瞭にするにちがいないし、自然法の不確定領域では公益のために法を作るにちがいない。立法者の権限は優越的であり、裁判官の権限は従属的ないし派生的である。慣習と先例が、法源として機能するかぎり、それらは立法者の暗黙の命令によって機能する、とされた。

自然法思想がこのような点にまで到達すると、ベンサムの完全な法実証主義あるいはジョン・オースティンのより制限された法実証主義へ進むには、ほんの一歩で足りる（オースティンが制限されているというのは、「固有にそう呼ばれる法」としての神の法[10]という捉え方に固執するからであり、それは自然法の古い合理主義的な見解の法実証主義的で主意主義的な言い換えである。ジョン・アースキンの『原理』と『提要』には、すでにこの移行の兆候が存在しており、テキストに内在する証拠によれば、オースティンがアースキンを読み、彼か

---

8 J. Erskine, *An Institute of the Law of Scotland* (Edinburgh, 1773), I. i *passim*, esp. at I. 1. 2 and I. i. 19-26.
9 W. Blackstone, *Commentaries on the Laws of England* (16th edn., 1825), vol. i, pp. 90-1, 160-1.
10 J. Austin, *The Province of Jurisprudence Determined* (ed. H. L. A. Hart, London, 1964), ch. 2; or J. Austin, *Lectures on Jurisprudence* (5th edn., R. Campbell, London, 1885), Lecture II.

ら影響を受けたことを強く示唆する部分がある。)。

このような態度の移行は、哲学に属すると同時に政治にも属する。すべての法が立法された法であると強調することは、すべての法が変更可能であるという見解を可能にし、法を改革しようと望む人々にとって本質的な仮定ともなる。翻って、法を変革しようとする政治運動が社会の経済的基盤の変化を反映していることも、完全に真でありうるし、少なくとも部分的には真であるにちがいない。しかし、それはそれとして、法理論のレベルにおける態度の移行が帰結するものは、法源としての先例の再定義である。すべての法が立法された法であるなら、判例法も立法された法であり、それを立法したのは裁判官ということになる。ベンサム[11]とオースチン[12]は、個別先例の拘束力を否定する[13]アースキン、あるいはただ曖昧に語る[14]ブラックストンとちがって、この点において明瞭である。

この変化は、先例の利用に特殊な効果をもたらす。先例は、実際、法実証主義者が主張したように、ますますあたかも委任立法の一形態であるかのように扱われるに至るが、この光景が作り上げられたのは、レイシオ・デシデンダイという捉えにくい観念のあまり実りのない一世紀半にわたる探究の間である。レイシオ・デシデンダイとは、拘束力ある先例のうちに発見可能な明白で妥当な法のルールという観念である。慣習は、私人間の契約の解釈の助けとして以外、完全に舞台をおりる。「エクイティー」は法源として重く認識されなくなり、裁判によって立法されたルールの特定集合の名称となるか、あるいは、裁判官に付与された特定の法形成権能の名称となる。

最後のアイロニーは、権威的教科書の著者みずからの著作そのものが、法実証主義的な意味での「法源」[15]として再分類されるに至ることである。しかし、それらの著作は、ひとえに「理性」に合致するすべての原理を既存の

---

11 たとえば、J. Bentham, *Introduction to the Principles of Moral and Legislation* (ed. J. H. Burns and H. L. A. Hart, London, 1970), pp. 8, 20-3, 308参照。
12 Austin, *Lectures* XXXVII-XXXVIII.
13 Erskine, *Institute* I. i. 44-7.
14 Blackstone, *Commentaries*, Introduction, §II, division I.
15 ステアとブラックストンの権威についての裁判所の見解につき、たとえば以下を参照。 *Drew* v. *Drew* (1870) 9 M. 163 at 167, and *R.* v. *Sandbach* [1935] 2 K.B. 192 at 197.

法として主張することを権威づけた自然法理論に基づいて著されたのであった。ある命題がステアあるいはブラックストンのなかで述べられたという事実は、(制定法ないし先例によって否定されないかぎり)それを法の命題とみなすための正当化理由となる。それは、実質的に合理的なものを本当に述べているから「法」となるのではなく——それは著者自身の主張の根拠であったが——、著作のなかでその著者によって述べられたから「法」となるのである。こうして、その著作は(従属的な)「公式の法源」とみなされることになる。それはあたかも、死後の委任立法権能が権威的教科書の著者に付与されていたかのようである。

あまりに極端な例を用いることで、法実証主義と自然法思想の相対立する性格を強調しすぎた危険がある。現代の論争という視座からみると、こう言いたくなるかもしれない。法実証主義を定義する特徴としては、ルールが法のルールであるのはそれが特定の法体系に属するからであり、ルールが体系に属するのはそれが、実効的に働く社会秩序としての体系内で効力をもつ、形式的な承認基準をみたしているからであるという、本来の「法実証主義者」の考え方[16]を取り上げるのが有用である。「自然法論者」は、法体系が立法過程を設定し、その産物が受容された承認の基準をみたすことで「妥当な法」とみなされるということを必ずしも否定するわけではない[17]。しかし、彼らは、制定されたルールの妥当性にとって、それは必要条件ではあるが十分条件ではないと付け加える。真に妥当であるためには、ルールはより基本的な法原理を満足させるか、少なくともそれらの原理と抵触しないものでなければならない。そして、原理の「法」としての身分は、いかなる種類の制定にも「受容」にも「承認」にも依存しない。疑いなく、そうした基本的原理の地位ないし正当化根拠を説明する方法はさまざまあるが、ここでそれを詳論する必要はないだろう。

---

16 たとえば、HartとRaz(本章前掲注2および3)参照。
17 現代の自然法論者のなかで、たとえばL. L. フラーは、たしかにこの点を否定しないだろう。以下を参照。L. L. Fuller, *The Morality of Law* (rev. edn. 1969, New Haven and London). 聖トマス・アクィナスも、現代の彼の追随者のように、同様の見解であった。St. Thomas Aquinas, *Summa Theologica*, Qu. 95, Art. 1 and 2, and following sections, or *Aquinas : Selected Political Writings* (ed. A. P. D'Entreves, Oxford, 1959), pp. 127-45.

したがって、次の点は、法実証主義的思考と自然法的思考の間で共有されたテーゼである。すなわち、法体系には、体系の属する社会での「受容」によって維持される基準が存在し、それを満足させることは少なくとも推定上、あるルールがその体系の「妥当なルール」として存在するための十分条件だというテーゼである。(短縮するために、今後これを「妥当性テーゼ」と呼ぶことにしたい。) われわれが判決の演繹的正当化を十分で決定的として扱うとき、そこで前提されているのは、この共有された「妥当性テーゼ」である。つまり、「p ならば q」という妥当なルールが与えられ、p の一事例が生じたとすると、(法的な効果を表現する) q を発生させる判決は、正当化された判決となるのである。

(b) 法実証主義にとっての一つの問題

以上のことから、われわれは法実証主義にとっての一つの問題に直面しなければならない。すなわち、法実証主義的理論が法体系とは現実にどのようなものであるかについて単に記述的な説明を与えるにすぎないのなら、どうして法実証主義流の「妥当性テーゼ」は「正当化」と関係しうるのか、という問題である。法体系であれば何であれ妥当性の基準を含んでいるということが単なる事実で**ある**なら、それはどのような意味で、争点となっている事実に関連し適用可能な妥当なルールを適用する判決が正当化された判決である、つまり、下される**べき**判決であるという主張を支持しうるのであろうか。

もちろん、その答えは、この「べき」がケルゼンなら「記述的」当為[18]と呼ぶであろうものだということである。当該体系の価値へ肯定的 (あるいは否定的) にコミットすることなく、体系の観察者としての理論家は次のように述べている。「体系内で活動する人々の視点からみると、その判決は下されるべきである」、実際「それは正当化されたものとして扱うことに彼らがコミットしている判決である」と。理論家は、自分自身としては、それを推

---

[18] H. Kelsen, *The Pure Theory of Law* (tr. Max Knight, Berkeley and Los Angels, 1967), pp. 71-5.

(b) 法実証主義にとっての一つの問題　69

奨しているのでも正当化しているのでもない。

　この点は、十分に単純かつ明白でありながら、しかも、ここで提起された問題を扱うものである。しかし、それはまた、体系を法実証主義的にあるがままに記述することでは、法体系に**内的**に提起されうる特殊な種類の問いに答えることが**できない**ことを示している。すなわち、ハード・ケースにおいて裁判官に提起されるかもしれない問い、「なぜ**われわれ**は、妥当性基準によって妥当とされたルールに従う判決すべてを十分に正当化されたものとして扱うべきなのか」という問いであり、提起されることが可能であり、またときおり提起されてきた問題である。またそれは、裁判官に向けてもっと頻繁に提起される問い、すなわち、「われわれは妥当性基準の解釈と適用に関する決定をいかにして正当化するべきなのか」という問いに答えることもできない。

　私自身は、単に定義上の約束ごとであるという理由で、このような問いを非法的なものとして扱うことは好まない。次章以下の実例が示すように、それらは現実の裁判所で具体的に提起される問いであり、妥当性基準にかかわらない事件で提起されるものと本質的に同様の議論に訴える、裁判官によって解決される問いなのである。そうした議論をアプリオリな基盤に立って、イデオロギー的であって法的ではないと扱うことは（ケルゼン[19]と、結果的にはハート[20]とが行ったことだが）、私には満足なものとは思われない。

　さしあたり、まだ一般的な用語で、次の点に注意するだけで十分である。すなわち、その体系に属する公務員と（少なくとも一部の）市民による「承認のルール」の「内的視点からの」受容は、裸のデータでも純粋ななまの事実でもないということである。彼らには、それを受容する理由が存在しうるし、実際に存在している。たとえば、「判決が予測可能であること、法的安定性に寄与することはよいことであり、実際そうなるのは、一般に共有され理解された承認基準への合致により同定された既知のルールを適用するときである」、「新たな法を発明するのではなく確立された法を適用することにより、裁判官が、憲法秩序のなかで割り当てられた職分にとどまることはよい

---

[19] Ibid., pp. 349 f.
[20] Hart, *Concept of Law*, pp. 114-20〔第2版117-123〕.

ことである」、「法形成が選挙による人民の代表に委任され、それが選挙によらず解任されることもない裁判官に奪われないことはよいことである」、「既存の受容された憲法秩序は公正で正義にかなった体系であり、したがって、それが設立する法の承認基準も、遵守されるべきよいかつ正義にかなった基準である」等々。

とりわけ最後から二番目の例は、多少とも民主的な政治体制には適したものであり、そのかぎりで法的な価値と明らかに政治的な価値とを併せもっている。最後の例は、当該体系の正義に関する明らかに政治的な判断を含んでいるが、それでも多くの誠実な男女にとってまさしく法体系全体の受容を支えるにちがいない種類の判断である。たしかに異なる人々は同一のルールの受容について異なる理由を与えるかもしれないが、「内的視点からの」ルールの受容に理由がないわけではない。なかでも、そのような理由として原理の議論が抜きんでて現われるかぎりで、原理の議論は（第6章で論じるように）、たしかに法にとって大きな関連性を有している。

私は、次のような示唆が正しいと期待したい。すなわち、法体系を受け容れ、法体系内部で働く思慮ある人々にとって、ここで概観してきたような理由は、共通に抱かれ、少なくとも体系の根本的諸ルールを受容し信奉する理由として提出されるものである、と。**その**意味で、また**その**観点から、法が脱道徳化されうる、さらに言えば、脱政治化されうると装うことは、だれにとっても愚かなことと思われる。（実際、私は、そのような可能性を示唆する実りある理論家をだれ一人知らない。間違いなくハートとケルゼンは違う。）

しかし、法的な議論を本書のような視座から考察するとき、すなわち、二つの体系について個別的に問いながらも、「法的決定のよい正当化は何か」というより一般的な眼差しを向けるとき、これらの下支え理由、体系の妥当性基準を受容するための理由は、無視できない重要性をもっている。ごく限られた事件においてのみ――その実例については適宜論じることになるが――、下支え理由は、訴訟上の議論と判決理由の表面に明白に浮上する。そのようなまれな事件においてのみ、下支え理由は、判決の明示的な正当化にとって本質的なものとして必然的に提出されるのである。

にもかかわらず、それらの理由はつねに関連性を有してはいないのだろう

か。最も平易で単純な、演繹的に正当化可能な判決を取り上げよう。**ダニエルズ**事件における判決、あるいは、取り上げようと思えば取り上げることもできた無数の類似事例（そのうち、ごくわずかが判例集に登載されるにすぎない）である。この判決は、関連性を有し適用が可能な「妥当な法のルール」に個別的事実を包摂することによって、どう見ても決定的に正当化されている。そして、結論を演繹する際われわれは、何らかの「妥当性テーゼ」を復唱しているだけであり、正当化が決定的であることを説明する際、それがその妥当性テーゼの正しさを前提していることを示しているだけなのである。しかし、当該体系の妥当性基準を受容し援用する理由（訴訟では**時として**そのような理由を主張しなければならない）をもっている人々の視点からは、そうした理由は、その判決を正当化すること、あるいは妥当に正当化された判決として受容することに、**つねに暗黙のうちに**関連性を有していると言うことができよう。

　出発点に立ち返ると、**ダニエルズ**事件での議論は、裁判官が当事者の法的な権利と責任に従って事件を決定しなければならないという、暗黙の前提を含んでいる。裁判官は妥当なルールから演繹された帰結を実現しなければならない。より一般的に述べると、裁判官はあらゆる妥当なルールを実行しなければならない。しかし、裁判官がそれらのルールの実行という義務を尊重するべき理由が存在し、それらのルールを実行することが当該体系内における裁判官としての義務であるのなら、当初の演繹的な正当化は、これらのさらなる下支え理由と同程度に決定的であるにすぎない。要するに、演繹的正当化を受容するには、前提となる正当化理由が存在し、後者は、演繹的正当化の内容についての先の説明によっては説明されないのである。私は、適宜、法体系の妥当性基準の受容に関連する正当化の議論の特徴を検討し吟味するつもりである。さしあたり、本節の出発点となった「法実証主義にとっての一つの問題」をめぐる議論が、演繹的正当化が行われるのは演繹それ自体によっては説明されない下支え理由の枠内においてである点を示したことで十分である。これは、演繹的正当化にとっての一つの限界にちがいない。しかし、ここで目を向けるべき別の問題がある。

(c) 演繹的正当化の限界

すべての法的ルール、「固定した言語形式」で制定されたすべてのルールさえ、生起するあらゆる実践的な問題に必ずしも明白な答えを与えるわけではないということは、きわめて明白な真理である。ほとんどのルールは、裁判で争われる文脈あるいは争われうる文脈に関して、多義的であるか不明確であることが確認されうる。言語によって定式化されるルールは（H. L. A. ハートが指摘したように[21]）開かれた構造をもつと同時に、少なくとも若干の文脈では曖昧である。

たとえば、連合王国の人種関係法（1968年）は、とりわけ住宅施設の供給に関して「肌の色、人種、または出身民族もしくは出身国に基づく」差別を禁止している。相手方が黒人であるとか祖先がアイルランド人であるという理由で家屋の売却あるいは賃貸を拒むなら、この規定がどのように適用されるかは明白である。では、地方自治体が公営住宅の応募者を選択する際に、イギリス国籍法（1948年）の文言に含まれるイギリス国民のみが住宅応募者リストへの登録を許される、というルールを適用する場合はどうなるのだろうか。その地方自治体は、法によって禁止された形式の差別を行っているのだろうか。（**イーリング・ロンドン自治区議会**対**人種関係局**事件（[1972] A.C. 342）では、まさにこの問題が具体的なかたちで生じた。）

二つの答えが可能である[22]。違法な差別であるという答えと、違法な差別ではないという答えである。正しいのは一方であって、両者がともに正しいということはありえない。困難が生じるのは、同法の解釈をめぐって二つの見解が可能だからである。(a)「出身国に基づく」差別は、個人の法的な国籍に基づく差別を含む、(b) 個人の法的な国籍に基づく差別を含まない、という解釈である。（いずれの解釈にも一応の根拠が存在することは事件の判決文を精査することによって確かめることができる。とくに、複数の裁判官が正し

21　Ibid., pp. 120〔123〕, 124-32〔127-36〕, 233〔279〕, 249〔297〕.
22　その後、議会は人種関係法（1976年）の制定によって問題を解決した。同法第3条第1項は、「国籍」に基づく差別は違法な差別の例と定める。

(c) 演繹的正当化の限界　73

い解釈をめぐって意見を異にし、対立する解釈の理由を示したからである。）

　単純化のために、制定されたルールを関連性があるかぎりで、**pならばq** という記号的に表現された形式に翻訳してみよう。すなわち、人が他人を出身国に基づいて差別するならば、その人は違法に差別している。

　ここで同定した問題の事件において、この命題は実際、次の二つの命題のいずれかに等しいものとして読むことができるが、両方ともに等しいということはありえない。

　　a) 人が（法的な国籍を含む）出身国に基づいて他人を差別するならば、その人は違法に差別している。

　　　あるいは

　　b) 人が（法的な国籍と区別された）出身国に基づいて他人を差別するならば、その人は違法に差別している。

　当事者間の実践的な紛争を解決し、判決を演繹的に正当化することは、制定されたルールを上記（a）の線にそって解釈するか（b）の線にそって解釈するかが決定された**後**にのみ、可能なことである。

　問題は、制定されたルールの前件となる命題pが両義的であり、p'およびp''と記号化することのできる、より詳細だが相互に排他的な命題（つまり上記定式（a）と（b）における前件命題）に分かれることである。いくつかの事件では、どちらがpの「本来の」解釈であろうと差異を生じないかもしれないが、まさに異なる法的国籍に属する人々の間の差別に紛争の焦点がある事件の場合、一つの決断が下されなければならない。

　ここでは一例を挙げたにすぎないが、その一般性は明白である。あらゆる法的ルールは**pならばq**という構造をもった文として定式化することができ、それは、一定の法律要件が生じたときにはいつでも所与の法律効果が導かれることを規定するものである。pに置き換えられるどのような命題も、ある文脈に関しては明瞭であるが、他の事件では両義的でありうるにちがいない。つまり、ルールは、**p'ならばq**、あるいは、**p''ならばq**のいずれかを意味するものとして読むことができる。発生した事実について、p'は充足されるがp''は充足されない。それゆえ、効果qの主張は、**その**解釈を前提としてのみ、**その**ルールへの準拠によって演繹的に正当化されうるが、対

立する解釈 p″ ならば q が選択されるなら、そうはならない。

　要するに、ルールは、所与の文脈のなかで両義的でありうるし、その両義性が解消さえた後にのみ、ルールは一方あるいは他方の解釈で適用されうる。しかし、両義性を解消することは、実際には、ルールの対立する解釈の間での選択（p′ならば q なのか、p″ ならば q なのか）を含んでいる。ひとたびその選択がなされると、個別判決の単純な演繹的正当化が導かれる。しかしそうすると、その判決の完全な正当化は、対立するルール解釈の間での選択がいかに正当化されるかにかかっている。明らかに、第2章で分析したような演繹的正当化は不可能である。したがって、われわれの問題とは、いかにしてそのような選択が正当化されるのか、ということになる。そこで、十分に明白な理由から、私はこの問題を「**解釈問題**」と呼ぶことにしたい。

　解決が演繹的論証の限界をこえるような種類の問題は、ほかに存在するだろうか。いくつかの法体系との関係では、否定的な答えに傾きたくなるが、そのような否定的な答えはイギリスの体系には当てはまらないだろう。

　とくに法典化された体系においては、あらゆる紛争とそれについての判決は、法典の一つあるいは複数の条文を参照することが必要だと思われるかもしれない。法典があらゆる法分野を包括的に網羅すると考えられるなら、成文法の条文のもとに——何らかの解釈に従って——包摂されないかぎり、いかなる判決も正当性は維持されえない。法典の包括性という事実それ自体に、条文の用語の比較的高度の一般性と、それゆえ、比較的広範な解釈の領域と選択の余地が伴っている。したがって、法典化された体系における推論と議論が、つねにあるいは必然的に「形式主義的」ないし機械的であると考えられるべきではない。「不法行為および準不法行為」を扱うフランス民法典（1382〜6条）の条文、ならびにそれらの条文に基づく現代フランス損害賠償（不法行為）法の司法的展開の考察が示すように、法典の「解釈問題」という装いのもとで、きわめて根本的で射程の広い法政策問題が生じうるのである[23]。

　対照的に、法典化されていない法体系の不可避的な特徴とは、そこではいかなる形式の制定法（あるいは「成文法」）へも言及せずに、紛争の多くの争

---

[23] 有用な議論として、以下を参照。F. H. Lawson, Negligence in the Civil Law (Oxford, 1950), pp. 231f. 1384条に関する具体的な例として、以下を参照。Touffait and Tunc, 'Pour une Motivation Plus Explicite des Décisions de Justice', *Rev. trim. dr. civ.* 1974, pp. 489-90.

(c) 演繹的正当化の限界　75

点と判決が生起し、解決されることである。裁判の先例がそのような体系の「妥当な法」の源泉として機能するかぎりで、その法源から導き出されたルールを適用する演繹的議論はもちろん頻繁に援用されるし、先に定義した「解釈問題」も生じうるだけでなく、また実際に生じている。

　しかし、ときに問題が発生し、それについての、すでに確立された妥当で拘束力ある法的ルールの単純な適用を含むもの、あるいは、異なる解釈間の選択を含むものとしてさえ表現できそうにない形態で判決が下され正当化されることがある。私の念頭にあるのは、「pならばqという疑う余地のない法的ルールがここに存在するが、pは何を意味するのか」という問いに関係づけて表現することがほとんど不可能と思われる問題である。その問題は、むしろ「そもそも法は、この文脈で、他方の当事者に不利で一方の当事者に有利な判決を正当化するのか」というものである。そのような問題の解決は、明らかに、確立した法のルールからの演繹的論証の可能性をこえている。

　周知のとおり、**ドナヒュー対スティーヴンソン事件**（[1932] A.C. 562：1932 S.C. (H.L.) 31）において、原告ドナヒュー夫人が炭酸水の製造者である被告に対し損害賠償の訴えを起こしたのは、（彼女の申立てによると）次のような理由によっていた。すなわち、スティーヴンソン社のジンジャービールの不透明な瓶から注いだ内容物を少し飲み終えたあと、彼女は残りの内容物をすべて注ぎ、そのなかに腐敗したカタツムリの残骸を発見した。このことは、彼女に胃腸炎と精神的なショックを引き起こした。ジンジャービールのなかのカタツムリの残存は、ジンジャービールの調製と瓶詰めにおいて合理的な注意を怠った製造者の過失によるものであった。被告は、製造過程において合理的な注意を払う義務を彼女に対して負い、また、彼女は被告の注意不足により被害を被ったのだから、彼女には、自己の被った身体的被害と精神的ショックの損害賠償を求める権利がある。

　制定法は、そのような損害の民事責任を包含していなかった（現在も包含していない）。また、高等民事裁判所から貴族院に上告が到達した時点では、天秤を一方あるいは他方に決定的に傾けるような先例も存在しなかった。もっとも（後にみるように）本件の両当事者にとってある程度の説得力をもつ十分に類似した先例は多数存在したが。

このような事件において問われるのは、スコットランドの訴訟手続が規定するように、原告の事実主張が、彼女が裁判所に求めた結論に法律上「関連する」か否かである。彼女の述べた事実が証明されたとして、彼女が結論とする救済を認容すべき法律上の理由は存在するだろうか。

この問いが（実際そうなったように）彼女に有利に答えられるなら、その正当化の論理が随伴するのは、次章で論ずるように、彼女が救済を手にすべき「法律上の理由」が個人的で個別的なものではありえないということである。前述のようなかたちで引き起こされた損害に対する救済が認容されることを正当化する理由が存在するなら、その理由は、同じく、類似の形態で損害を受けた何人に対しても類似の救済が認容されるべきよい理由でなければならない。

さらに、ここから導かれるのは、原告に有利な判決の正当化には、ある意味で、彼女に有利な判決の十分な法的保証理由[24]として、ある一般命題を主張する決定が含まれなければならないということである。また、彼女に不利な判決の正当化は、そのような一般命題の否定を要求するだろうということが導かれる。

原告勝訴の判決を正当化するためには、「主張された事実の発生を理由として、彼女にはこの救済が認められるべきである」と述べる用意がなければならない。しかし、これが法における正当化命題として維持されうるのは、「ここで主張されたような事実が発生するときにはいつでも、原告はこの救済を認められるべきである」という命題に同意する人によってのみである。しかし、翻って、これは、本書の議論で一貫して使用してきた公式 p ならば q に正確に適合する命題である。

なぜそうなるかを示すためには、さらに検討が必要となる。さしあたり、このタイプの問題の一般形式を提示する仕方については十分に述べてきた。つまり、法のなかで生じ、その解決が不可避的に演繹的論法をこえ、「解釈問題」の限界さえこえる問題の一般的な形式である。問題は結局、当面の事件の事実を包摂する任意の p と、求められた個別的救済を包摂する任意の q

---

24 本書における「保証理由（warrant）」という観念の使用は、以下の著作から導かれたものである。Stephen Toulmin, *The Uses of Argument* (Cambridge, 1958). 同書 pp. 98 f. 参照。

とについて、p ならば q という命題を肯定あるいは否定することが、法において正当化可能か否かということである。

スコットランド法の技術的な慣用語には若干背くことになるが、便宜上、以後このタイプの問題を「**関連性問題**」と呼ぶことにしよう。

D. M. ウォーカー教授は、スコットランド法における「関連性の理論」[25]を論じるなかで、スコットランドの訴答システムに次のような記述を与えている。

　本質にまで還元するなら、スコットランドの訴答システムには、結論もしくは、原告の望む個別的形態の法的救済のための一般的な請求を陳述することと、原告が真であると信じ、そうであることを証明するために提出する当該個別事件の事実であって、当該救済請求を正当化すると原告が考える事実の陳述により、先の結論または請求を支えることとが含まれる。原告によるこれら事実の陳述の間に、それに対する被告の答弁が挿入される。全体の結審は、裁判所の判決や命令を求める両当事者の法律上の弁論によるが、そこで求められるのは、事件の事実を個別的に参照しながら結論づけられる判断、たとえば、請求された命令の認容もしくは否認、または相手方の結論の却下などである。

この訴答システムが透明なほどに明瞭にしていることは、ウォーカーが要約しているように、「関連性ある事件とするために、訴答者は妥当な法的三段論法を構築しようと試みる[26]」点である。また、そのことによって、訴答者は、単に論理的にではなく法的に妥当な三段論法の構築を意図している。構造上形式的に妥当でなければならないだけでなく、**法的に妥当な大前提を法律上の弁論において開示**しなければならない。それは、小前提として事実の主張が与えられると、その結論を請求するための十分な**法的**「保証理由」となるような p ならば q の公式である。

スコットランドの訴答システムは、いくつかの側面で、イングランドおよびウェールズで現在行なわれているものより（まさにウォーカーの論評が注目している側面において）厳格で形式化されているが、「妥当性テーゼ」をめぐる先の議論は、スコットランドのシステムが明示的なかたちで明らかにする

25　D. M. Walker, 'The Theory of Relevancy' (1951), 63 *Juridical Review* 1, at p. 3.
26　Ibid. at p. 14.

ものが必然的にあらゆる訴答システムに暗黙のうちに含まれていると想定するための、ある理由を与えている（そのように想定するそれ以外の理由については後述）。だれであれ、事実 F_1、F_2、F_3…F_n が生じたことを理由に救済 R が認容されるべきであるという請求を申し立てる人は、暗黙のうちに、それら事実を条件として救済を認容する何らかの法的保証理由が存在すると主張しており、その保証理由は、一般的なかたちで特定された一群の要件事実に対し所与の法的効果を割り当てる、現実の、または試みに提案された法規範であるにちがいない。そのような規範はすべて、「p ならば（たとえば事実 F_1、F_2、F_3、…F_n が生じたならば）、q である（たとえば法的効果 C が導かれるべきである）」という準則のかたちに改鋳されうる。

ここでもまた、ひとたび必要な「法的保証理由」が確立されると、そこからの単純な演繹によって所与の結論が正当化されうることが些細な真理ではあるとしても、仮定上、その「法的保証理由」の確立を正当化する議論が翻って同じく演繹的な形式ではありえないということは同様に明白である。ここにおいても、演繹的正当化の限界はこえられ、「関連性問題」の考察を含む完全な判決正当化を発見するために、われわれは他の議論様式に頼らなければならないのである。

それゆえ、本章の議論が示したことは、いかなる法の見方においても、また、「妥当なルール」の使用を含むいかなるタイプの法体系においても、解釈問題は頻繁に生じるにちがいないということ、そして、少なくともいくつかの文脈においては、関連性問題もまた生じうるということである。それゆえ、法における理由のより詳細な研究は、これらの問題と、それを解決するのにふさわしい議論の形式とに注意を集中させなければならない。しかし、その問いへ進む前に、私はここまでに述べたテーゼに関して提起される可能な反論に立ち向かわなければならない。すなわち、私の問題のいずれかを提起することが**必然的に**一般的規範の考案を伴う、と証明なしに仮定することは、帳簿のごまかし、あるいは論点回避ではないかという反論である。解釈問題では「p' **ならば** q なのか、それとも p'' **ならば** q なのか」、関連性問題では「関連する規範 p **ならば** q は存在するのか」が問われる。次章では、この反論に答えることによって、テーゼを進展させることにしよう。

第4章　形式的正義の制約

(a)　正義と正当化

　正当化の観念と正義の観念は密接に関連しているが、それは単に語源的なレベルにおいてそうなのではではない。行為 x を正当化することは、x をすることが正しく、また正義にかなっていることを示すことである。もちろん、所与の状況で何をすることが正義にかなっているかは、本質的に争いのある問いにちがいないが、大半の法的な場面では、この問いが純粋に抽象的なかたちで提起されることはない。裁判官は、純粋かつ単純な正義ではなく、「法に従った正義」を行わねばならない。法体系の諸規範は、正義の具体的な概念内容を提供し、その概念内容は、通常の状況、すなわち演繹的正当化だけで十分なところでは、関連性を有し適用可能なルールをその文言に従って適用することによって十分に充足される。

　ジョン・ロールズにならって、正義の特定の概念内容と正義の概念とを区別することができる[1]。その違いは、正義の概念が抽象的で形式的な点にある。形式的正義は、同様の事件は同様に扱い、異なる事件は異なるように扱い、各人に彼のものを与えるよう要求する。さまざまな正義の概念内容が供給するのは、原理ないしルールの互いに異なるセットであり、それらの原理やルールに照らして、事件がいつ実質的に類似し、いつ実質的に異なるか、そして、何が各人のものであるかが決まるのである。たとえば動産売買法は、「説明による売買」を、(商品性に関する黙示の条件という目的にとっての)類的な特徴によって同定されない動産売買から区別して扱うよう規定することにより、(かなり低い特定性のレベルで)商業取引における正義の特殊な概

---

[1] J. Rawls, *A Theory of Justice* (Oxford, 1972), ch. 1. Hart, *Concept of Law*, pp. 155-9〔第2版、159-63.〕.

念内容を具体化している。

　その正義の概念内容がよい、あるいは健全なものであるか否かは、規範的な法哲学ないし道徳哲学の一般原理にかかわる問いであり、それに関しては興味深い論争が続くかもしれない。しかしその大半は、裁判所で行われることのない論争である。なぜなら、**法に従って**正義を行う裁判官の義務が、彼らにとっての争点を決めるからである。

　しかし、解釈と関連性というわれわれの問題についてはどうなのか。すでに確認した点は、これらの問題が生じるような事件の判決は、裁判所の判断により強制される結論が、ある仮定されたルールから演繹可能であることを示すだけでは、十分に正当化することができないということであった。なぜなら、争点となっているのは、一方または他方の当事者によって求められている判決の保証理由となる規範がそもそも存在するか否かではないにしても、少なくとも、ルールにどのような意味が帰属させられるべきか、ということだからである。これら争点の解決は仮定上、「妥当な法的ルールの特定の条項に従って」という特殊な意味での、「法に従った」正義の問題ではありえない。そのような状況は、ルールが与えうる特定的で限定的な導きの射程を越えている。

　にもかかわらず、このレベルで形式的な正義概念自体に従うことが判決正当化の形式を決定しうることは、少なくとも事実である。形式的正義が先例遵守のための一つのよい理由を提供しているということは、ありふれた知識である。**モレリ対フィッチ・アンド・ギボンズ**事件（[1928] 2 K.B. 636；[1928] All E.R. Rep 610）では、買主が「……ストーンの2シリング9ペンスのジンジャーワインが欲しい」という発言に対応するジンジャーワイン1本の供給を受けた場合、それは説明による売買を構成すると判示された。**ダニエルズ対ホワイト**事件（[1938] 4 All E.R. 258）では、原告が「……R. ホワイトのレモネードを頼んだ」ことに両当事者とも同意していた。後者の事例が「説明による売買」の事例ではないと判決するなら、それは、明らかに本件を、本質的に類似する先例とは異なる仕方で扱ったことになる。形式的正義に関するかぎり、一方の事件が「説明による売買」として扱われるなら他方も同様であり、一方がそうでないなら他方もそうではない。（もちろん、前

者の判決が、何らかの理由で実体的に正義に反する、あるいは別の理由で望ましくないという場合、形式的正義の充足の対価として、実体的不正義を永続させるほうがよいのか、それとも、本件の当事者ともう一方の事件の当事者との間の形式的正義を犠牲にするという対価を払ってでも、本件の実体的正義を確保するほうがよいのかという点は、少なくとも争いうる論点となる。この点について巧妙な、容易な答えは存在しない。)

　形式的正義の要求が、関連する先例に従うことの少なくとも推定上の理由を確立するというのはありふれた話だが、訴訟上の争いに判決を下す上で形式的正義の要求が過去指向的な制約とともに未来指向的な制約も課すということも、指摘されることが少ないとはいえ、同様に真理である[2]。

　個別的な当事者の間の個別事件に今日判決を下す裁判所が考慮に入れるべきものは、当該事件の判決を、同一ないし類似の点に関する先行判決と整合的に下す義務、少なくとも一応の義務である。最低限、形式的正義は、強い理由がないかぎり、類似事件における先行判決と異なる仕方で本件を判決するべきではないと要求する。では、裁判所は、同様の重みをもつ義務、すなわち、この事件を判決する際に、将来生じる事件のために用意される先例を考慮するという義務を負わないのだろうか。類似の事件を類似に扱わなければならないということは、次のことを含意する。すなわち、私は、未来の同様の事件を判決するために採用する用意のある根拠に基づいて、今日の事件に判決を下さなければならないということである。それが含意するのは、私が今日、過去の類似事件における私の以前の判決を顧慮しなければならないということだけではない。いずれの含意も、形式的正義の原理を信奉することの含意であり、裁判官が形式的正義の原理を信奉するべきことに同意する人は、これら含意の両方にコミットしているのである。

　私自身たしかに、ともかくも正義を行うことの最小限の要求として、**いわんや「法に従った正義」の要求として、裁判官は形式的正義の原理を信奉す**

2　'Formal Justice and the Form of Legal Arguments', *Etudes de logique juridique*, vi (ed. Ch. Perelman, Brussel, 1976), 103-18 において以前論じたように、私の指摘は、ルウエリンが次の著作で「類型的状況」について論じた際の主張と実質的に同様である。K. N. Llewellyn, *Common Law Tradition* (Boston, 1960), esp. at pp. 426-9. しかし、私のこの問題の説明は、彼のとは異なる。

るべきであるという見解を提唱している。さらに私は、その未来指向の要求が過去指向の要求よりはるかに切迫したものであると論じたい。その理由はまさに、すでに見たように、先例に従うことの形式的正義と、今日の事件に認められる実体的な正義との間には本物の対立がありうるからである。事柄の性質上、この対立は次の場合には生じない。すなわち、一義的な制定法や直接に拘束する先例による制約がないときに、私が、今日の判決を通して、今日の事件および未来の同種事件の判決理由を確定することにコミットしているのだと知って判決を下す場合である。今日のところ対立は存在しないとしても、今日私が明確に示した判決の根拠が、実体的な不正義、あるいは何らかの理由で不便もしくは不都合となるなら、将来的には対立が存在しうる。これはたしかに、私が今日の事件をどのように判決するかについて慎重でなければならない、一つの強い理由である。

　上に述べた私自身の立場は別にして、私は次のことも実際に真であると信じている。すなわち、現在の連合王国の法体系および私の知っているすべての西洋法体系において、司法部と法律専門職は、まさに私が概説してきた意味と含意において、形式的正義の原理が遵守されるべきであるという見解に同意しているということである。現実の事件のなかで展開される具体的な正当化の議論において法律家がこれらの原理を実践的に遵守していることは、そのうち十分に明らかになるように、このことの圧倒的な証拠である。

　したがって私は、法体系の観察者として次のように推論する。すなわち、法体系内で働く人々は、類似事件には類似の判決を下すべしとする規範の、運用上の含意を信奉しており、また、その点で、純粋に形式的な徳としての正義概念を承認することによって課される基本的な制約に服している、と。私は、法体系への（ゆるやかな意味での）参加者として、国家の市民として、人類の一人として、そうであるべきだとも考えている。私は、トマス・リードにならって[3]、そのような問題における形式的正義の遵守を、人間的な事柄に属する行為について合理的なものを選択するか恣意的なものを選択するかという、一つの選択とみなし、また、公的で社会的な事柄に属する行為に

3　Reid, *Essays*（前掲第1章注1）, Essay V, ch. 1 *sub. fin.*

ついて人間は恣意的であるより合理的であるべきだという原理を根本的な原理として主張する（自発性とある種の恣意性とは、私的活動と私的関係において歓迎される役割を担うが、何が私的であるかということそれ自体は私的な問いではない）。この原理について私と論争しようとする人に対しては、実際ヒューム的な議論に訴えるだけですむ。すなわち、われわれの社会は、合理性という価値に従って組織されていることもあれば、そうでないこともある、しかし、私は恣意的に営まれる社会の不確実性と不安定性を反感なしに熟視することができず、そこおいては、あらゆる種類の決定が、過去あるいは未来の決定を参照することなしに、だれかの思いつき、あるいは、一時の気まぐれによって決められるのだ、と。

このことすべてが示しているのは、最初に率直に述べたように[4]、私のテーゼが、現実の法体系内で実際に働く規範の記述であると同時に、私が判決形成と正当化のよい手続と考えるものを擁護するかぎりで、規範的でもあるということである。上のいずれかの点で、あるいは両方の点で、私は間違っているかもしれない。しかし、批判者には、観察の誤りと規範的な不同意点との違いを認識し、両者を区別することを希望したい。必ずしも二つの役割を混同せずに、説明者と同時に批判者となることは可能なのである。

それはさておき、これまで述べてきた理論的な議論は、可能な反論に対して、前章で私が「解釈問題」と「関連性問題」を定式化した方法を確証する方向へ若干進展した。さらに、理論的な議論は実例によって容易に裏づけることができる。

イーリング・ロンドン自治区議会対人種関係局事件（[1972] A.C. 342；[1972] 1 All E.R. 105）という現実の事件では、私が「解釈問題」の例として先に示したまさにその問いが実際に訴訟として提起された。イーリング自治区は、ポーランド市民であって（長期間イギリスに居住していたが）イギリス国民ではないという理由で、住宅応募者リストへのゼスコ氏なる名前の登録を拒んだ。そうすることで、自治区は「イギリス国民」のみが住宅応募者リストへの登録を許可されるという彼ら自身の行政ルールを適用したのである。人種

---

[4] 第1章 (b) 最後の2段落。

関係局がゼスコの事件を取り上げたので、自治区は、1968年法の意味での違法差別の不存在の確認を求めて高等法院に提訴した。自治区は敗訴し、貴族院に上訴した。

ディルホーン子爵が意見のなかで述べたように（彼は貴族院の多数派とともにイーリング自治区の法律解釈を支持した）、「本上訴において決定されるべき問いは、イギリス国籍法（1948年）の意味におけるイギリス国民にとって有利で外国人に不利な差別が、『出身国』に基づく差別であるか否かである（[1972] 1 All E.R. at 111）」。

確認が求められたのは、個別的な問い、すなわち**自治区**が法律の文言に該当する違法な差別を行ったか否かであったが、ディルホーン卿の問いはこの個別的な問いではなかった点に注目されたい。彼が必要とみなすのは、イギリス国民ではないことを理由とする**任意の人**による**任意の人**に対する任意の差別行為が、「出身国」に基づく差別を構成するか否かを決定することである。これは、個別的な差別行為をめぐる問いではなく、論理的に普遍的な問いである。

（このような問いは、「普遍的」というよりむしろ「一般的」と記述するほうが通常の話法により容易に合致するだろうが、R・M・ヘアが指摘するように[5]、「普遍的」がより正確な用語であり、「一般的」という言葉の使用は論理的なタイプよりむしろ程度の差に言及することを許容する。したがって「あらゆる人々の間の差別は禁止される」は「出身国に基づくあらゆる人々の間の差別は禁止される」に比べより**一般的**な規範であるが、どちらも禁止という点において論理的には普遍的である。以後、私はこの区別に従い、日常的用法に一歩譲って「類的」という言葉を「普遍的」とほぼ等価なものとして扱うことにするが、どちらも「一般的」からは区別される。同様の区別は、二つの尺度の対極にある「個別的」と「特定的」の間にも見られる。）

具体的に下されるべき判決が違法に差別を行ったと申し立てられている個別的な自治区に関するものであるとしても、ディルホーン卿が考えたように、人の国籍に基づく任意のあらゆる差別行為が出身国に基づく差別である

---

[5] R. M. Hare 'Principles', *Proc Arist. Soc*. 1972-3, p. 1 (and cf. *The Language of Morals* (Oxford, 1952) and *Freedom and Reason* (Oxford, 1963)).

かどうかという点について類的ないし論理的に普遍的な裁定を与えることが必要であるということは、私の先の議論を裏づけるものである。重要な点は、同様の理由に基づく差別、つまりある時点における国籍を理由に差別を行う他のいかなる人の行為も違法な差別である（あるいは本件でも可能であったように差別ではない）という見解にみずからコミットしないかぎり、貴族院が形式的正義と整合的に当該自治区の違法な差別の有無を決定することはできないということである。

　自治区は違法な差別ではないと主張し、その主張の理由を示し、人種関係局は自治区が違法な差別を行っていると主張し、その主張の理由を示す。裁判所はどちらの主張を支持するべきか決定しなければならない。しかし、裁判所は、すべての類似事件にとってよい理由を、その決定のために与えることが可能であるか、可能でないか、いずれかである。それが可能なら、裁判所は、申し立てられた**任意の**類似事件に原則として適用可能な「出身国に基づく差別」の意味解釈を少なくとも黙示的には決定している。それが可能でないなら、裁判所は、形式的正義の原理の未来指向的な含意を充足させることに失敗したことになる。望むべくは、ディルホーン卿（および彼の同僚たち）が明示したように、裁判所は個別的論点についての**正当化された**決定が類的な論点の決定を論理的に要求することを明示するべきである。

　しかし、（先に述べたように）裁判所は、制定されたルールより文言上は特定的で（いずれも論理的な意味では「普遍的」だが）、互いに両立することのない対立する二つのルール解釈の間で選択しなければならない、と述べることは、問いに別の表現を与えるにすぎない。

「人が他人を（法的な国籍を含む）出身国に基づいて差別するならば、その人は違法に差別している。」

　　あるいは

「人が他人を（法的な国籍と区別された）出身国に基づいて差別するならば、その人は違法に差別している。」

　このように問題を翻訳することの唯一の利点は、正当化された判決に到達するためには、二つのルール解釈の間で選択を行わなければならない（そして正当化しなければならない）ということを完全に明白にする点である。さら

にその選択を p′ ならば q 対 p″ ならば q という論理学的な短縮形に翻訳することの利点は、(a) それが短縮形である点、および (b) それが、特定の命題ではなく命題形式に訴えることによって、その問いを解釈問題の一つのではなく、任意の事例というかたちで表わすために適切であるという点にあるにすぎない。

必要な変更を加えると、同様の考察が関連性問題の決定に関しても十分成り立つことは、驚くにはあたらない。先に示した例は**ドナヒュー対スティーヴンソン**事件であったが、しばらくこの事件に取り組みたい。アトキン卿(彼はもちろん、ドナヒュー夫人の訴答を関連性ありとして支持した三対二の多数派のうちの一人である)は、特有の明晰さで、貴族院意見の冒頭の一文を次のように語っている。

> 本件で決定すべき唯一の問いは法律問題である。すなわち、上訴人の訴答において述べられた陳述は、真実であるなら、訴訟原因を開示するか、という問いである。個別事実を再度述べる必要はない。問いは、販売者または最終購入者もしくは消費者が検査による欠陥の発見を妨げられた状況で、売られた飲料製品の製造者が、最終購入者または消費者に対して、製品に健康への被害を引き起こす可能性のある欠陥がないようにする合理的な注意を払う法的な義務を負っているか否かである。([1932] A.C. at 578-9 ; 1932 S.C. (H.L.) at 43)

同様に、意見の最後で彼はこの問題に立ち返る。

> 上訴人の訴答が関連ある訴訟原因を開示しているという見解を当裁判所が受け容れるなら、スコットランド法においてもイングランド法においても、製造者は、製造物の調製ないし瓶詰めの際の合理的な注意の欠如が消費者の生命または財産への侵害を結果することを知りながら、中間検査の合理的な可能性を残すことなく、最終消費者への製造物の到達を彼が意図したことを示すようなかたちで売った製造物につき、消費者に対して合理的な注意を払う義務を負う、という命題を肯定していることになろう。([1932] A.C. at 599 ; 1932 S.C. (H.L.) at 57)

アトキン卿に同意したマクミラン卿とサンカートン卿も、同じく明瞭に、アトキン卿とほとんど同様の言葉遣いで彼らの肯定する「命題」を述べた。同様に重要なことは、バックマスター卿とトムリン卿の少数意見も、自分た

ちが、多数意見が支持したのと同一の命題を否定しようと望んでいることを全然疑っていなかった、ということである。

決定的なことは、アトキン卿が、この上訴における具体的な問いから、すなわち、**この**原告の事実主張は関連性をもつか、訴訟原因を開示するかという、個別訴訟の個別上訴人に関する個別的な問いから、彼がその次に提起した、最終購入者または消費者との関係における「飲料製品」の「製造者」に関する顕著に類的な問いへの移行を、きわめて自然なこととして扱う点を見ることであり、また、なぜなのかを了解することである。アトキン卿の結びの文が完璧に明瞭にしているように、彼は、任意の製造者、あるいはすべての製造者について語っている。トムリン卿は、彼の意見の冒頭で次のように述べることで、うまく言い当てている。

思うに、上訴人が勝訴するとするなら、それは、**任意の製品のあらゆる製造者**または修繕者が**以後**その製品を正当に利用しうる**あらゆる人**に対する義務を負うという命題に基づかなければならない。……この点を回避することは論理的に不可能である。([1932] A.C. at 599 ; 1932 S.C. (H.L.) at 57 ; 強調はマコーミックによる)

実際、このような点の回避を**論理的**に不可能にするのは、もちろん、トムリン卿の関心が（すべての裁判官がそうであるべきように）上訴人が実際に勝訴するか否かではなく、彼女が正義に基づいて勝訴するべきか否かにあるからである。この論理は、形式的正義の論理であり、それによれば、上訴人は、**彼女が消費者であるがゆえに**、被上訴人に**彼が製造者であるがゆえ**の義務を負わせるのだとすれば、消費者である任意の人は消費されるものを製造したあらゆる人に同様の義務を負わせることになる。上訴人を製造者に対する消費者という集合に帰属させることで、何が将来の事件における関連性ある類似性の基準であるかが決定されている。事件は、抽象的あるいは絶対的に類似していたり類似していなかったりするのではない。事件が類似するか類似しないかは、所与の確定した集合に割り当てられうるか否かに応じてである。ドナヒュー夫人がスティーヴンソン氏の製造物を消費したことを根拠に、彼に不利に、彼女に有利に事件を処理することは、したがって実際には、両者の間のいかなる判決を正当化する際にも答えられなければならない類的な問いに解答することである。製造者は製造者として、その製造物を消

費するすべての人に対して注意義務を負うのか、負わないのか、と。

　個別的な問いへの正当化された答えは、普遍的な問いへの答えを要求する。その答えは、後に考察するプロセスによって正当化されなければならない。しかし、普遍的な問いにいずれかの答えを与えることには、アトキン卿が述べたような対立する二つの「命題」のいずれかを肯定することが含まれている。そこには、ある規範が当該法体系に属する正当化規範だと明言して、法律上の論点に裁定を与えることが含まれている。解釈問題と同様、関連性問題も、二つの対立する規範のうち一つを、受容可能な法命題として選択することにかかわる。やや単純化しすぎだが、次のいずれかである。

　　製造物の製造者は製造物の消費者に対して注意義務を負う。
　　　　あるいは
　　製造者が製造物の消費者に対して注意義務を負うことは法ではない。

　形式的には、「p ならば q」か「p ならば q は法ではない」か、いずれかである。

　もちろん、私の目的にとって**ドナヒュー対スティーヴンソン**事件が好例であるのは、意見を異にする裁判官たちが彼らの思考を説明する際のきわめて明示的な明瞭さゆえであるが、まさにすべてが明瞭に表明されていることを理由として、それは私の一般的なテーゼを弱く裏づける証拠にすぎないとみなされるかもしれない。しかしながら、後章で示すように、同様あるいは類似の明瞭さを示す例はほかにも多数存在する。

　この点についてさらに言うと、私は次のように信じるべき明白な理由を示してきたのである。すなわち、**ドナヒュー対スティーヴンソン**のような事件で明瞭化され明示化されたものが、関連性問題を含む事件で下された判決の本物の正当化には、必ず暗黙に含まれているということである。それらの理由は、あらゆる正当化プロセスに本質的に含まれる原理としての形式的正義の原理の含意を分析することから導き出された。

　私は、これまでの議論が単純で明白なこと以上を述べていると自負する気はない。それでも、単純で明白な言明には次のような利点がある。それは、人々を悩ませ、より込み入った方法で懸命に取り組ませてきた問いへの答えをわれわれに指し示すかもしれないということである。本書の読者のほとん

どは、事件のレイシオ・デシデンダイの定義と確定をめぐる先例拘束法理の問題に通じていると思われる。先例が拘束力をもつと言われるとき、拘束力ある法へと変質させるものは、判決を正当化する際に一人ないし複数の裁判官が発したすべての単語ではなく、レイシオ・デシデンダイのみである。困難なのは、何がレイシオであるかについても、所与の事件からいかにレイシオを発見するかについても、一般的に同意の得られた言明は存在しないという点である[6]。

本章のきわめて単純な議論は、われわれを次のような点の了解に導く。すなわち、解釈問題または関連性問題が生じるかぎり、個別事件で下される個別判決が正当化可能となるのは、適用可能なルールの「適切な」解釈に関する何らかの裁定、または、当面の事件および将来起こりうる類似の事件の個別事項を包摂する法「命題」を確定（もしくは否定）する何らかの裁定が与えられるときのみであるという点である。これまで挙げた少数の証拠でさえ、**ときには**明瞭な裁定が個別判決の正当化の一部として明示的に与えられることを実証している。

私があえて示唆するのは、これらの真理が、つかみどころのないレイシオ・デシデンダイに手がかりを与えるかもしれないということである。個別判決の正当化のために必要と考える法律上の論点に裁判所が裁定を与えるとき、その裁定を事件のレイシオとみなすことは不合理ではあるまい。

形式的正義の論理によれば、どのような正当化意見にも少なくとも黙示的な裁定が含まれているべきだが、残念ながら、すべての判決が明瞭で明示的な裁定によって支えられているわけではない。さらに悪いことに、裁判が複数の裁判官で構成されるとき、最終的な結論に賛成する裁判官は判決を正当化する際に別の筋を採っているかもしれず、それゆえ、彼らの裁定が、明示的であれ黙示的であれ、全面的あるいは部分的に相互に両立しないことがありうる。（たとえば、**チャプリン対ボイズ**事件（[1971] A.C. 356; [1969] 2 All E. R. 1085）参照。）

---

[6] この話題をめぐる膨大な文献については、以下の著作で包括的に言及され、検討されている。Rumpert Cross, *Precedent in English Law* (2nd edn., Oxford, 1968). R. W. M. Dias, *A Bibliography of Jurisprudence* (2nd edn., London, 1970), pp. 33-8 も参照。

このことは私の示唆に対する反論となりうるが、それは、すべての先例が単一の明瞭なレイシオ・デシデンダイをもつにちがいないというドグマに固執するかぎりにおいてである。私の答えは、そのようなドグマは単なるフィクション、しかも有害なフィクションにすぎないということである。いくつかの事件には単一の明瞭なレイシオが存在しないことを発見することで、このドグマの信者が、いかなる事件にもレイシオは存在しないという結論へ飛躍するなら、逆の誤謬が促されることになる。この誤謬は自明である。

本章が示したように、個別事件を判決する際に、裁判官は、当該事件だけでなく、同一の裁定に包摂されるがゆえに類似事件となる他のすべての可能な事件をも包摂する裁定に従って判決するべきだということには、強い原理的理由がある。

裁判官が判決正当化において、実際そのように議論していることについては、すでにいくつかの証拠を挙げたし、まもなくより多くの証拠を挙げることになる。いくつかの事件では、個別判決の正当化における本質的な要素は、当事者が争う類的な法律上の論点についての裁定なのである。複数の裁判官からなる上訴審でさえ、多数意見が同一論点について同一の裁定を与えることに同意することは可能であるし、実際に行われてもいる。

そのようなことが起こるとき、与えられた裁定を当該事件のレイシオ・デシデンダイとして扱い、それを将来のためのルールとして用いることは、少なくとも意味をなしうる。裁判官が的確な法律問題を明示的に定式化できず、あるいは、それに答えることができない場合でも、裁判官は黙示的にはそうしているかもしれない。**イーリング事件**で、ある裁判官が次のように述べたと仮定されたい。「制定法は、住宅の応募者に対し出身国に基づく差別を禁止するが、重要な事実は、自治区がX氏の出身にかかわりなく彼の現在の法的な国籍に基づいて差別したにすぎないということである。それゆえ、上訴は棄却されなければならない。」と。この言明を上訴棄却の**正当化**理由として扱うことは、たとえその言明自体は純粋に個別的な用語で語られているとしても、それを**普遍化可能**なものとみなすことである。違法な差別という問題との関係で、この自治区が応募者の国籍しか顧慮しなかったことが「重要」だったとすれば、どのような自治区その他の賃貸住宅供給者が同

様のことをしても、それは、等しくかつ同一の意味で重要であるはずである。この意味で、判決正当化にとって重要なものとして扱われる事実も、解釈が争われているルールも明瞭だとすると、先の架空の裁判官の意見も、争点についての明白な黙示的裁定を開示しているのである。

A. L. グッドハートの見解[7]、すなわち、どのような事実が裁判官によって事件の重要事実として扱われたかを確認し、その事実と下された判決を組み合わせ、全体を法のルールとして一般化することによって、あらゆる事件のレイシオは発見可能であるとする見解は、そのかぎりで完全に健全である。しかし、それは裁判所が明示的な裁定を示し損ねたときに暗黙の裁定を発見するための次善の方法にすぎない。なぜ彼がこのことを承認しないのかは明らかでない。また彼の見解は、裁判官または裁判所が類的な問い、あるいは正しい類的な答えに関して明瞭な見解を得ることができない可能性を(まったくありうることなのに)排除する。

たとえば、いくつかの先例がかなり厳格に定義された法律問題に対する比較的明瞭な裁定を含む一方、他の先例は、同様の裁定ではあるが、おそらく明瞭度が相対的に劣る黙示的裁定しか含まない可能性が存在する。さらに、裁判官の意見の不一致、あるいは単純な混乱のため、どんな裁定も含まない先例がある。第三の部類が何か合理的にレイシオと呼ばれうるものを含むというのは、独断的な擬制にすぎず、この類の事件に関しては、最も厳格な先例拘束法理でさえ、先例事件の実際の判決と整合的で現在の事件と関連するような「説明的な」命題を発見すること以上を、後の事件の裁判官に義務づけることは実際にはできない、というのが真実である。最善でも、先例で与えられた混乱し対立する意見において述べられたことの少なくとも一部と、裁判官の「説明的な」命題をある程度適合させうる程度である。

次のことも注目されるべきである。明示的な裁定が与えられ、アトキン卿が**ドナヒュー事件**における意見の締め括りとしたような「命題」を含む場合でさえ、先例法理はそのイングランド的な形態でさえ、後続の裁判所に重大な「説明的」裁量を委ねる。拘束力をもつのは、高々、命題が言い表される

---

[7] A. L. Goodhart, *Essays in Jurisprudence and the Common Law* (Cambridge, 1931), ch. 1.

個々の言葉ではなく、当の命題である。したがって、後の裁判所は、その命題を自由に**再表現**し、それとともに、後の事件によって明らかとなった新しい類型の状況に適切と思われるさらなる条件または制限を付け加える。体系の規範がその運用者に裁量の余地を残しているので、体系の解釈者たちは時として問題に直面し、それを言葉の問題以上のものと誤解してきた。**ドナヒュー対スティーヴンソン**事件では、製造物の消費者に対する製造者の義務をめぐってある「命題」が定立された。たとえば、**ハーセルディン対ドー**事件（[1941] 2 K.B. 343；[1941] 3 All E.R. 156）では、欠陥のあるリフトの不注意な修理がその法理の射程内にあるとされ、修理業者はリフトの倒壊で負傷した人々に対し責任を負わされた（トムリン卿とバックマスター卿の反対意見は修理業者の事例を論じていたが、責任を肯定した多数派はだれも論じていない点に注意されたい）。**ドナヒュー対スティーヴンソン**事件の「レイシオ」とは、**ドナヒュー**事件に裁判官が与えた明示的な裁定そのものなのか、それとも**ハーセルディン**事件で再表現され拡張された裁定なのか。

私が唯一述べておきたいのは、その問いに答えることが現実世界の知識に何ものも付け加えないということである。それが付け加えることといえば、まさに実践のなかで多様に用いられているために日常的な用法では実際いくぶん両義的な用語であるレイシオという専門用語の一つの特殊な用法を規約的に定義することくらいである。それはときには、事件の当初の判決で実際に述べられた命題をさすものとして用いられ、ときには、後の事件で説明・再解釈・制限等々を受けた命題をさすものとして用いられる。

どのように規定してみても私の規約が用法を確定する可能性はほとんどないので、私は何も提出しない。ただ一点述べておくと、裁判官と実務家の間で支配的なレイシオという用語の実際の用法は、判例集へ登載された事件の正当化意見のなかで裁判官が行った法命題の明示的な言明をさすものであり、（私見を述べるなら）これはその用語の最も混乱の少ない用法だと思われる。（この話題は後述第8章（c）で再び取り上げる。）

全体として、このような単純な概略的説明を参照するだけで、個別事件の判決正当化理由に必要とされる普遍性の正しい理解は、先例法理の難解な特徴に対する明瞭な説明を可能にすると思われる。つまり、公式的あるいは拘

束的な意味における先例法理とはまったく別に、形式的正義の制約が、個別判決の正当化に本質的なものとして、法律上の論点についての類的な裁定の必要性および類的裁定の受容可能性に留意するよう裁判所を義務づける在り方に焦点を当てることによってである。提出された理論がこのような説明力をもつことは、その記述的側面において理論をさらに確かなものとする。

(b) 「事実についての決定」

　しかし、再びこう反論されるかもしれない。私は自分の仮説にたまたま適合するタイプの問題に焦点を当てるのみで、裁判所において解答が議論されねばならない他の等しく重要な問題を説明することには失敗している、と。とりわけ、私は「法律上の論点」について議論と決定が存在する事件のみにかかわっていて、「事実について」決定が下される、同等かより以上に重要な事件をまったく無視していると論じられるかもしれない。ここで取り上げるに値する論点はいくつか存在するが、それらを処理するには「事実について」の決定について、二つの類型を区別することが最善と思われる。

(ⅰ) 証明の問題

　すでに述べたように、あらゆる訴訟は、過去の事実について現在の真理を証明することができるという想定を含んでいる。ときには、**ダニエルズ事件**におけるように、過去に何が起こったかについて各人が現在同意しているという事実によって、証明が容易な場合もある。ダニエルズ氏もターバード夫人も、ともに、彼が彼女のパブでホワイトのレモネードを１本購入したときに両者の間でどのようなやりとりがなされたかについて一致した説明を与えていた。同じく**イーリング事件**においても、自治区の住宅応募者リストへの登録を求めたゼスコ氏の申し込みの成り行きおよび拒絶された理由について、各人は同意していた。原則として過去に何が起こったかを証明できるということは、明らかに裁判所における法的ルールの「適用」という観念そのものに必然的に含まれる前提である。なぜなら、ルール適用の論理は次の形式によって明らかにされるからである。

p ならば q
p
∴ q。

適用が可能となるのは、p がある過去の出来事に関して真であるか偽であるかを証明することが原理的にはつねに、実際にはときどきできる、とわれわれが考えるときのみである。

法的証明の過程は明らかに、両当事者の認容に基づくときでさえ、つねに真理の確立が保証されているわけではない。誠実な人々の記憶と知覚も誤りうる。証拠の提出および検証の対審過程がいかに信頼に欠けるものであるかはしばしば示されてきたし、証拠法の排除ルールは、少なくとも表面上は尊重に値する「科学的」立場[8]という観点からしばしば批判されてきた。とりわけ、目撃証言による容疑者の同定を基礎とする刑事有罪判決の場合、いくつかの恐ろしい誤りが犯されてきたように思われる（もっとも、われわれが、過去の事態について現在の真理を確立するための疑いなく信頼できる方法をすでに発見したと考えているからこそ、誤りが犯されたとわれわれは確信できるのであるが。法律の方法をほとんど信頼しない人々は時として、自分の方法に際だった自信をもっているように思われる）。

過去をめぐる現在の言明の正当化は、現在われわれが真であると知っている命題からわれわれが行ってよい推測に依存せざるをえない。過去をめぐる論争は、事実が現在どのようになっているかをめぐる論争と、そこからどのような推測が導き出せるかをめぐる論争のいずれか、あるいはその両方に依存する。そのような論争は、法において明白かつ不可避の重要性をもっている。p ならば q という法の存在についても、その適切な解釈が何かについても争わない人々でさえ、p が生起したか否かについては論争することがありうる。人が殺意をもって他者を殺害するなら、彼の行為は殺人罪を構成する。きわめて激しく争われた殺人事件の裁判でさえ、殺人罪を定義するルールまたはルールの意味に疑問が投げかけられたことは多くない。より普通に

---

8 たとえば、L. R. C. Haward, 'A Psychologist's Contribution to Legal Procedure' (1964) 27 Mod. L. Rev., 656 ; Paton, *A Text-book of Jurisprudence* (4th edn. by G. W. Paton and D. P. Derham, Oxford, 1972), pp. 603-5 参照。

(b)「事実についての決定」 95

は、論争が集中するのは、次のことの検察側の断言と被告人によるその否定である。すなわち、被害者を殺害したのが被告であり、(被告人が殺害したとして) 彼は殺意をもってそれを行ったということである。

　空間と時間というまったく恣意的な理由で、本書では以下の過程をめぐる立ち入った考察は割愛することにした。すなわち、証明の過程、証拠からの推論過程、証拠から推論された結論を正当化する過程、何が証拠を構成し何が許容しがたいものとして排除されるかを決定するルールを正当化する過程である。それは、一冊の本、科学哲学と歴史哲学を参照すると同時に、それらに寄与するような本で扱うべきテーマである。

　さしあたり、この主題について若干の手短で素描的な所見を述べておきたい。第一に、前に触れた理由で、証明責任に関するルールが必要となることは不可避である。現在の行為を過去の出来事についての信念に基づかせようとするなら、関連する事実が生じたことを証明する責任をだれかが引き受けなければならない。

　しかしでは、何が「証明」となるのか。これが第二の、そして根本的な問題である。証明は、証拠の提示にかかっている。証拠とは、(a) 現在に関する命題を真として保持することを可能にし、かつ (b) そこから過去に関する命題を推測することを可能にするものである。証拠が許容されるのは、(a) それが事件で争点となっている事実の推測またはその事実そのものに関係し、かつ (b) 仮に許容されると信頼を失わせるか不公正になる種類の証拠であるという想定に基づく何らかのルールにより排除されていないときである。しかし、われわれはどうすれば「推測」を行うことができるのか。

　一つの例を挙げよう。ある事件で複数の目撃者が次のような趣旨の証言を行う。すなわち、ある日リージェント・スクエアで、手足を切断され包みに入れられた女性の胴体が発見され、その包みには「血塗りのベルギー人 (Bladie Belgiam)」という文字を記した紙片が貼られていた、と。これは、次のような条件のもとで、その事物がその日時にその場所で発見されたと信じる理由を私に与える。すなわち、関連する陳述を証人から聴取することに加えて、(a) 証人は彼の記憶するものを**誠実**に陳述している、(b) 証人は彼が記憶するものを**正確**に陳述している、そして (c) 彼の記憶は**信頼に足**

る、という条件である。証人の誠実性・正確性・信頼性が疑わしいかぎりで、彼が述べたことの真理性を疑うことには理由がある。私が**知る**ことのすべては、証人は彼が述べたとおりに述べたということにすぎない。

また、被告人が警察署に収監されていたある日、彼は紙片の上に「血塗れのベルギー人（Bloody Belgian）」と書くよう求められ、彼はそうすることに異論がない旨を述べ、それから「血塗りのベルギー人（Bladie Belgiam）」という文字を書いたと、複数の証人が証言するとしても、その陳述の真理性を信じる理由は、同様の条件に従うにすぎない。裁判官あるいは陪審員はたしかに、彼ら自身の知覚を用いて、それぞれ「血塗りのベルギー人」と書かれた二枚の紙片を直接検討し、筆跡が同一であるか等々を決定するかもしれない。しかし、彼らが、一方の紙片が死体とともに発見されたもので、もう一方が被告人によって警察署内で書かれたものであると確信できるのは、全面的に証言証拠に依るのである。裁判官と陪審にとって、死体の存在、それに付着した紙片の存在、被告によって署内で書かれた紙片の存在等々は、蓋然的な推測以上のものではないことに注意しなければならない。

この例は、**国王対ヴォイジン事件**（[1918] 1 K.B. 531）から引用したものだが、この事件におけるように、被告人の専有した部屋と被害者の専有した部屋のいずれにも血痕が残されていたという趣旨の証言が存在し、被害者の切断された頭部と両手が被告人の地下室で発見され、被告人とロシュという名の女性が被害者のアパートの鍵を所持し、逮捕時に被告人はポケットに地下室の鍵を所持していたという趣旨の証言が存在したとしても、これらすべての証言が存在したにもかかわらず列挙された事実が現実には決して起こらなかったと信じることが不可能なわけではない。証人たちは、誠実ではあるが不正確であるかもしれない、あるいは、記憶が誤っているかもしれないし、うそをついているかもしれない。そして、（決して確実には知りえないことだが）たとえ彼らの述べたことがすべて真理であるとしても、その真理性は、ルイス-マリー・ジョセフ・ヴォイジンがエミリエンヌ・ジェラールを殺害しなかったという可能性と論理的に矛盾しないのである。それはすべて偶然の一致でありうるし、何か驚くほど巧みにもくろまれた陰謀であるかもしれない。

(b)「事実についての決定」 97

しかし、私はそう考えない。これ以上に説得力のある訴追事件を考えることは困難である。では、なぜ説得力があるのか。

答えは、一貫しているがゆえに、その物語はもっともらしいということにある。それは、断片が互いに適合するジグソー・パズルのようなものである。「証拠」のなかに存在しない断片が「ルイス・ヴォイジンはエミリエンヌ・ジェラールを殺害した」という命題である。しかし、その断片は、「おそらくルイス・ヴォイジンではない人物Xがエミリエンヌ・ジェラールを殺害した」という命題以上に、他のすべての断片と適合する。後者の命題が証拠全体と論理的に不整合だというのではない。すでに見たように、他のだれかがエミリエンヌを殺害したことも論理的には可能である。しかし、対立する証拠がない場合（ヴォイジンは証言しないことを選択した）、その論理的な可能性を「合理的な疑い」にまで高めるものはまったく存在ない。

私が提唱するのは、過去に関する争いある主張を検証するための、入手可能な唯一のテストのタイプとは、この「一貫性」のテストだということである。物証または証言というかたちでわれわれに提示されたすべての証拠を斟酌した上で、われわれは矛盾のない物語、一貫した全体として意味のある物語を作り上げる。もちろんそこには、直接に見聞可能な証人の言動、提出物の外観等を、一般的な仮定、信念および理論の網の目のなかで解釈することが含まれる。疑いなく、それらはやや不正確で非科学的な理論である。

過去に関する命題が真であると信じるために手にすることのできる最善の理由とは、その命題が他のどのような命題よりも、因果関係および行為の動機づけに関する一般的な信念と一貫性をもつことであり、それ自体が内的に一貫した他の一連の個別的な事実命題群、および現在の感覚知覚に基づく命題を含む命題群と一貫性をもつことである。しかし、そのような理由も決して最終的ではありえない。

注意しなければならないのは、これが過去に関する信念を検証するための唯一可能なアプローチだという事実は「真理」という用語の意味になんらかかわりがないという点である。真理の「対応説」と真理の「整合〔一貫性〕説」の間の古くからの論争[9]との関係で言えば、言明の真理性は、その言明から独立して存在する実在との対応として**定義**するほうがはるかに満足ゆく

ように思われる。もちろん、個別的な現在時制の言明の場合にのみ、そのような対応が存在するか否か、たとえば、ネコがマットの上にいるかどうかを、照合によって検証することができる。それ以外の場合われわれには、一部のみが現在の個別的実在との対応によって直接に検証されるだけの一貫した物語の探求によって提供される、それほど決定的でないテストしか残されていない。そうなると実際、「対応」の意味は逆転する。われわれが「ヴォイジンはジェラールを殺害した」という命題を信じるのは、それに対応する現在知覚可能な実在が存在するからではない。**反対**に、われわれが、その命題に対応する知覚可能な実在が過去に存在したと信じるのは、その言明には真であるとみなすための十分よい根拠があると考えるからである。

「一貫性」のきわめて厳密な定義は、本書では提示されない。ヴォイジン事件の例に含まれる一つの際立った要素をより詳細に検討することで、少なくとも十分に明瞭な観念は伝達できる。「血塗れのベルギー人（Bloody Belgian）」と書くよう求められたヴォイジンが「血塗りのベルギー人（Bladie Belgiam）」と書いたこと、「血塗りのベルギー人（Bladie Belgiam）」という言葉の書かれた紙片が包みにくるまれた死体に付着していたことは、少なくとも死体に付着した紙片と彼との関連を強く示唆するように思われる。しかし、なぜなのか。なぜなら、次の諸命題の間に一貫性があるからである。「死体の張り紙を書いた人物 x は『血塗れのベルギー人（Bladie Belgiam）』と書いた」、「警察署にいたヴォイジンは『血塗れのベルギー人（Bloody Belgian）』と書くつもりで『血塗りのベルギー人（Bladie Belgiam）』と書いた」、「ヴォイジンと x は同一人物でありうる」、「『血塗りのベルギー人（Bladie Belgiam）』と書く人々の数はきわめて少数にちがいない」、「ヴォイジンは死体に付着した紙片を書くことのできた比較的少数の人々の一人にちがいない」。すべての証拠をひとまとめにすると、上記の諸命題が一貫するかたちで各部分が一貫性をもつ一個の完成された「物語」が累積的に与えられるのである。

一つの事件で証拠の対立がある場合、二つの対立する過去の一貫した見方

---

9 この話題をめぐる近年の議論については、以下を参照。Nicholas Rescher, *The Coherence Theory of Truth* (Oxford, 1973), esp. pp. 1-24.

が構築される結果となりうる。一方は（たとえば）被告人による悪しき行為の実行を含む物語であり、他方はそれを否定する物語、たとえばアリバイ証拠である。対立が起こると、提示された直接証拠の信憑性について事実審判官の形成する意見が中心問題となる。被告人および二人の友人が、被告人は問題となっている日に友人とともにヨットで外出していたと宣誓証言する。検察側は、彼がその日に銀行強盗を行なったと主張する。いずれの物語も、次のような性質をもつ命題のセットからなっている。(a) 自己矛盾的ではない、(b) 一般的な因果性および動機づけ命題と整合的である、すなわち (c) 一貫性がある。一つの物語が、決定的な点において、裁判官あるいは陪審員にとって、信頼できない、頼りにならない、あるいは記憶が不十分と思われる証人によって与えられた証拠に依存するとき、それは物語全体の信頼性を弱める。ある命題 p が他の一群の命題 q、r、s と一貫性をもつことは、q、r、s を真と信じる理由が存在するかぎりにおいてのみ、p を信じる理由となる。

　最後に、注目しておくべきことは、主尋問と反対尋問の意義である。それは、誘導なしに一貫性のある一群の関連する命題の主張を証人に可能とし、次に、反対尋問によって、その内的整合性をテストし、証人の信頼性をテストするのである。法的な証明過程で、一貫性の観念が果たす決定的な役割を、これほど明白にするものはほかにない。

　説明をこれ以上展開する紙数はないが、たしかに、争いのある法律よりむしろ争いのある事実に訴訟が左右されるかぎりで、解釈または関連性の問題が生じることはないし、それゆえ、正当化理由の普遍化可能性もそのような訴訟では扱われない。証明の問題は、その性格上**個別的**な小前提を確立する問題であって、普遍的な大前提の問題ではない。しかしながら、法的な論証の論理構造が一般的に、第2〜4章で概説してきたようなものでないとしたら、証明可能なものとして提示されたいくつかの事実主張のなかから選択する合理的な方法が存在しないであろう、ということは真実である。どのような事実を証明すれば自分が望む法的結論が正当化されるかを決める、法的ルールが存在しないなら、訴答中で提示すべき事実主張を選択する方法は存在しないであろう。

(ii) 「二次的事実」問題

争いのある事実問題に関する決定により証拠の対立に決着がついた後でさえ、また、実際に生じた出来事について両当事者が同意している場合でさえ、ときに「事実」に関する問題が残ることがある。

たとえば**マクレナン対マクレナン事件**（1958 S.C. 105）において、マクレナン氏は妻の姦通を理由に彼女との離婚を求め、高等民事裁判所に提訴した。主要な事実として主張したのは、彼女が二人の最後の交渉から一年以上を経て出産したという点である。抗弁のなかで妻はその事実を認めたが、その子の妊娠は精子提供による人工授精を手段とするものであり、性交渉という姦通は存在しないという事実の明細を述べた。夫は、この抗弁が関連性をもたず、離婚命令が認めるられるべきであるとする法律上の申立てを行なった。

ウィートリー卿の前で、妻の事実主張が立証可能であることを前提としながら、その行為が姦通に該当するか否かという問題をめぐって論争が行われた。一つの観点からみると、これは私が「解釈問題」と呼ぶものの単純な一例である。スコットランド離婚法の目的に照らして「姦通」は何を意味するのか。しかし別の観点からみると、ここでの中心問題は、法解釈上の論点ではなく、事実評価の問題であると論じることもできる。この女性がみずから人工授精の方法で妊娠したと仮定して、そのことは姦通に相当するのか、そうみなされるのか、あるいはそう構成されるのか。一定の「一次的事実」は証明されている、あるいは論争の目的にとってはあたかも証明されているかのように仮定されている。それらの一次的事実は、離婚の主張を基礎づけるために要求されている「二次的事実」すなわち姦通、の一事例とみなされるのか。

たしかにこれは、法におけるある種類の問題をみる、一つの普通の見方である。一定の出来事が生ずると一定の法律効果が導かれると規定する一つのルール p ならば q が存在する。事件における証拠に照らすと、r、s、t が証明されうる。しかし、これらの事実命題は、ルールを発動させる p の事例に相当する、あるいは p の事例とみなされるのか。

さてこれは、本書でこれまで無視されてきた種類の問題なのだろうか。若

干付言することが望ましいとはいえ、それは、事実上すでに扱われている。

マクレナン事件におけるウィートリー卿の意見に注目すると、法律上争いのある論点をめぐる明示的な裁定の、明瞭かつ特徴的な実例が見出される。姦通の法的な概念についての先例を検討しながら、彼は続けて次のように述べている。

> したがって、私見によれば、提供精子による人工授精はわれわれの法における姦通を構成しないことが導かれる。…それが同意なき夫に対する重大な婚姻上の侵害を構成することについて、私はなんら疑うものではない。しかしながら、法は離婚が是認されるための一定の原因を規定しており、その一つが姦通である。……科学が思いがけぬ出来事を創り出してしまったとしても、その救済は、論理的ないし生理学的に維持されえない議論に基づいて、このような事例を既存の離婚原因の一つに当てはめることに見出されるべきではない。(前掲判例集114頁)

たしかに、形式的正義の制約は、「r, s, t は p の一事例とみなされるか」という問いを提起する場合にも、「p ならば q は p' ならば q を意味するものとして解釈されるべきか、それとも p'' ならば q と解釈されるべきか」という問いを提起する場合にも、同様の要求をする。ウィートリー卿が、**この被告の非配偶者間人工授精による妊娠は姦通とみなされないとする判断を正当化できるのは、非配偶者間人工授精の施術を受ける任意の被告が姦通とみなされないと彼が考える用意がある場合に限られる**。

純粋な論理学の観点から語るなら、争点を提起する以下の二つの方法には実際いかなる違いもない。

（1）姦通を原因として離婚が是認されうるとするルールは、「（非配偶者間人工授精による妊娠を含む）姦通を原因として離婚が是認されうる」という意味に解釈されるべきか。

（2）姦通を原因として離婚が是認されうるとするルールの適用目的にとって、非配偶者間人工授精による女性の妊娠は「姦通」の事例とみなされるか。

それゆえ、この第二のタイプの問題、すなわち、証明された一次的事実が所与のルールの「法律要件」を構成する「二次的事実」のカテゴリーに属するものとして分類されるか否かという問題を、すでに説明された解釈問題と

同一のものとして扱う誘惑にかられる。

　しかし、この（名称を与えるなら）「分類問題」を、解釈問題と密接に関連はするが、それと区別して扱うことには、法に特有な理由があるかもしれない。そこで、「pならばqを適用するという目的に照らして、r、s、tはpの事例であるか」という問いを、分類問題の標準的な形式として扱い、論理的には相互に等価であるとしても、それを解釈問題の標準的な形式から区別して扱うことにしたい。

　両者を区別することの法的な理由は、ある種の法的文脈において、問題が分類問題として提起されるか解釈問題として提起されるかでは、差異を生ずると考えられるからである。たとえば、ある裁判所から他の裁判所への上訴があり、上訴が法律問題に限定されているとき、（ここで特徴づけられた）「分類問題」は事実の問いであって法の問いではない、それゆえ上訴不可であると判断されるかもしれない。この点に線を引く決定は何よりも、単に、上級審を上訴の氾濫から守り、あるいは、法律上の論点に関する裁定という身分を獲得するための一定水準の精緻性を下回る裁定を防ぐ一つの方法であろう。事実審裁判官の最終権限に関してフランスの破毀院で採用されている線引きは、興味深い例である[10]。破毀院の機能は、下級審判決における法律違反を防止することにあり、したがって、事実評価を修正することには関与しない。

　大体において、このことが意味するのは、「解釈問題」に適するかたちで裁定が与えられると、破毀院はそこに含まれる誤りの修正を当然にその管轄に属するものとみなすが、問題がわれわれの言う意味での「分類問題」の一つとして定式化されると、破毀院は通常干渉しないということである。他方、まさに二つの問題のタイプには本来**論理的な**区別が存在しないのだから、破毀院は、自己の管轄権を主張し、その論点に破毀院自体の裁定を与える機会を確保するために、分類問題を解釈問題の形式で扱うよう決定することもできる。

　同様に、他の法体系においても、上訴が法律問題に限定されているところ

---

[10] O. Kahn-Freund, C. Levy, and B. Rudden, *A Source-Book on French Law* (Oxford, 1973), pp. 81-2, 256-7, 437-40.参照。

では、同じ点で選択の「余地」を利用することが可能である[11]。

また、先例法理の目的にとって、ある「分類」の決定を純粋に「事実的」なものとして扱い、拘束力ある先例が確立されないようにすることは好都合であるかもしれない。**カルカスト（ウォルヴァーハンプトン）有限会社対ヘインズ事件**（[1959] A.C. 743 ; [1959] 2 All E.R. 38）では、使用者が被用者の安全のために、適切な防護服および安全な労働システムを提供する際に合理的な注意を払ったか否かが問題となったが、貴族院はその問いを「事実問題」とする裁定を下した[12]。デニング卿は次のように述べている。

> 合理的な注意は、本件における使用者に何を要求したのか。それはまったく法律問題ではなく、事実問題である。それを解決するため、事実審は……当該状況に関連する、良識の命題すべてを考慮に入れることができるが、それを法の命題として扱わぬよう用心しなければならない……（[1959] A.C. at 759）。

本件において、郡裁判所の裁判官はいくつかの先例を取り上げ、それらが彼の面前の事件に含まれる事故において何が合理的な注意とみなされるかを確立するものとみなした。デニング卿が述べたとおり、「私には彼がどうして……この誤りをおかしたかを十分に理解することができる。彼は、高等法院の裁判官たちが事実についての結論にいたる理由を示した多数の判例に接した。そして、それらの理由は、彼には、法律上の論点に関する裁定を表現するものと思われた。ところが、実際には、それらは良識の命題でしかなかったのである。」（[1959] A.C. at 762）。

デニング卿は、そのような問題が「法律上の論点に関する裁定」とみなされるべきでない理由を二つ挙げている。すなわち、法律問題とみなされると、法は「われわれ自身の判例集の重みで押しつぶされるであろう」。また「何が『適切な労働システム』であるかは、証拠の問題であって、法律書の問題ではない。それは労働条件が変化するにつれて変化し、人間がより賢明

---

[11] そのような上訴規定は、連合王国の行政法においても普通にみられる。J. F. Garner, *Administrative Law* (3rd edn., London, 1970), pp. 163-4, および同書引用の判例を参照。

[12] もちろん、行為が「合理的」であったか否かの評価は、事実の探求の問題ではないが、その問いは、何が合理的であるかに関する法的ルールではなく、**陪審員たちの**合理性の感覚に基づいて、陪審裁判における陪審員に判断が委ねられるタイプの問いであるという意味で、「事実の」問いである。

になるにつれて標準は高くなる。それは、法が時として静止するのとちがって、静止することがない。」

　要するに、どのような現実の行為を「合理的」（あるいは「公正な」「適切な」「不当な」等々を付け加えてもよい）とみなすかという判断について、そこに拘束力ある先例を構成する裁定が含まれるものとして扱うことを拒絶することには、よい理由が存在しうるのである。その意味で、「合理性」「公正」等々の基準を適用する評価的な決定は、その法の内部では、事件の「個別的事実」に関する所見のみを含むものとして扱われる。しかし、何が先例法理の目的にとってよい政策であるかは、正当化の根本的な論理になんらかわるものではない。本件において何が「合理的注意」とみなされるかを決定する人は、取り巻く状況が同様のいかなる事件においても、同程度の注意を合理的とする立場に身をおかなければならない。普遍化可能性の要求は、他の場合と同様、ここでの判決正当化にとっても本質的なのである[13]。

　繰り返すが、「分類」問題を何らかの目的のために「解釈」問題から区別して扱うことが適切であるのは、まったく理解できる（まさに思慮深い）法的区別のゆえであって、（デニング卿は実際そこまで行っているような）根本的な論理的区別のゆえではない。

　だが、この区別の実践的な意義が、これまで展開してきたテーゼの一般的な議論と決して対立しないことを示すには、これで十分であろう。

(c)　最後の反論：「衡平」

　本章を締めくくるにあたり、ここで展開した議論に対するもう一つの可能な反論を確認し、それに答えておくことが必要である。おそらく、本章で述べた見解は、厳密な正義より、むしろ衡平（エクイティ）に従う決定の可能性を説明していない、と反論されるかもしれない。衡平とは、一般的なルールないし原理を顧慮することなしに、各事件に固有の理非曲直に基づいて決定を行なう問題だとしばしば言われる。この見解は、私には純粋に無意味で

---

[13]　私は、合理性の標準が時とともに変化しえない、あるいは変化するべきでないと言おうとしているのではない。

あるように思われる。私がどうしても理解できないのは、任意の単一事件を決定するためのよい理由でありながら、考慮されている特定のタイプの諸事件を決定するためのよい類的な理由ではないようなものが、いかにして存在しうるのかということである。言い換えると、個別事件の「理非曲直」は、個別事件が属する事件類型の理非曲直なのである。

　真実はこうである。制定された実定法の体系は高度に一般的な用語で制定されているので、制定されたルールを個別的な紛争状況に適用することが正義に反すると思われるような場合もあるが、それが正義に反すると思われるのは、ルールのなかで描かれたカテゴリーが緻密さにおいて不十分だから、ということである。そのような状況で十分に明白なことは、当面の事件にルールを字義的に適用しないことにはよい理由が存在するということ、例外が設けれるべきだということである。たとえば、三年以上の遺棄を離婚原因として規定する制定法は、次のような細目を定めているかもしれない。すなわち、三年間の遺棄継続とは、仮に遺棄配偶者が同居目的の帰宅または帰宅申出を行うとき、当初の被遺棄配偶者が継続して三年間遺棄配偶者との同居意思を保持する場合に限る、と。しかし、ある事件で、遺棄の後になされた遺棄配偶者の行為が非良心的で、たとえ申出があったとしても、遺棄された配偶者に同居の再開を期待することがきわめて不合理であるとき、このルールを適用することは正義にかなうと考えられるだろうか[14]。この問いへの答えはおそらく否定的であろうと思われる。しかし、そうであるなら、このような状況のなかで離婚を求める人を法の厳格な用語に縛り付けることはフェアなのであろうか。明らかにそうではない。しかし、注意が必要である。すなわち、このような状況が現実のものとなっている事件において、厳格な制定法の規定から離れるためのよい理由が存在すると述べることは、必然的に、遺棄した配偶者の振る舞いが非良心的である場合、すべての事件で同様の判決が成り立つと述べることである。事件によっては既存の実定法ルールの厳格な適用が事件の理非曲直に対立しうると述べることもたしかにできるが、

---

[14] これはかつてスコットランド法で現に起こった問題である。*Borland v. Borland* 1947 S.C. 432を参照。裁判官たちには「同居意思」という要件を緩和する傾向があり、この状況の救済は議会に委ねられた。離婚（スコットランド）法（1964年）を参照。

それは、個別事件には唯一個別的で固有な理非曲直が含まれると考えられるような、何か神秘的な衡平概念の信奉へとわれわれを導くものではない。私が示唆したいのは、衡平は、正義の普遍化可能性と対比されるような、何か個別的なものとして理解されることはできないということである。対比されうるのは、また正しく対比されるのは、むしろ法と衡平であり、その意味は、形式的な実定法ルールが適用において不正義を働きうるということ、あらかじめ宣言され制定された法を適用するべきでないよい理由がある状況では法の例外を設けることが正当化されうるということであるにすぎない。しかし、このこと自体が物語っているように、衡平も正義と同様に、何が普遍化可能かという問題なのである。

　それゆえ、ここで論じたテーゼは、明瞭かつ率直なものである。それは、形式的正義の観念が次のことを要求するということである。すなわち、個別事件における判決正当化は、つねに普遍的な命題を基礎とするべきであり、裁判官には現在の事件と同様に他の類似の事件を決定し判決するための基礎としてその普遍命題を支持する用意が求められる、と。

第5章　第二段階の正当化

　ここまでの議論を要約しておこう。
　妥当な法のルールを大前提とし「証明された」事実命題を小前提とする演繹的議論によって、法的決定を正当化することがときには可能である。法体系の性質と法律職の義務に関する一定の前提が与えられると、そのような正当化は決定的となる。しかし、法的な決定の必要性は尽きることがないにもかかわらず、ルールが尽きてしまうことがある。なぜなら、ルールが不明瞭であったり、関連する事実の正しい分類が争われたり、あるいは、そもそも法的な請求または決定に法的な基礎が存在するか否かが争われたりするからである。法的議論をめぐる真に興味深い問いは、この意味で「ルールが尽きてしまった」ときに議論がどのように進展するのかという問いである。
　これまで、われわれは形式的な指摘のみを行ってきた。すなわち、紛争の終結として当事者に発せられる命令が必ずそうであるように、当事者自身の紛争と事件事実も不可避的に個別的かつ特定的であるが、そのような紛争領域における判決の正当化は、(厳密に論理的な意味で)「普遍的」あるいは「類的」な「裁定」の形成を含まなければならない、と。われわれは、形式的正義の概念に訴えることで、判決がそのような基礎をもつことは正当であると主張することができる。また、(a) 裁判所は判決をそのような観点から正当化する傾向がある、(b) 裁判所は議論が「原理に基づく」用語で言い表わされるよう弁護士および同僚裁判官に (規範的に) 期待する、ということを予言するための基礎として、われわれは裁判所が形式的正義の価値を信奉していることを挙げることができる。喜ばしいことに、そのような予言が反証されないことを発見するだけでなく、多数の確証事例を列挙することもできる。
　しかし、形式的な指摘をすることは、探求をさらにもう一段押し戻したにすぎない。われわれは裁定を参照することによって個別具体的な判決を正当

化するが、その裁定はどのようにして正当化されるのか。結局、そのような裁定が恣意的に与えられるにすぎないなら、そこに含まれる「正当化」という観念は、ずいぶんと浅薄なものとなるだろうし、正当化過程を導く合理性という観念も空虚なものになるだろう。しかし、実際には恣意的ではない。

　先の諸章で用いた図式に従って、以下ではまず、次の二つの一般的な主張を簡潔に述べる。すなわち、(a) なぜ議論が一定の道筋で進展するべきなのか、そのよい理由を示すと思われる主張、(b) そのような手続ないし論証が体系内でおそらく規範的なものとして受け取られることを示唆する主張。次に、私は、少なくともこれらの一般的な主張の説明となる例、またこの一般的な主張の (b) の側面を確証する（と私が主張する）例を引用したい。

　私は、今から精査するタイプの議論を、「第二段階の正当化」に関するものと言いたいが、その理由は明白であると思う。

(a)　第二段階の正当化

　個別判決の正当化には個別論点に関連する何らかの「普遍的」裁定が含まれるということが真であるなら、そこから論理的に、第二段階の正当化がそのような裁定間の選択に関係していることが導かれる。**ドナヒュー**事件の裁定は、その裁定の否定との対立のなかで採用されたものである。**イーリング**事件の判決は、「出身国」に「国籍」を含める裁定と、「国籍」を含めない裁定の、いずれかを含まなければならない。**マクレナン**事件判決は、非配偶者間人工授精が姦通とみなされるか否かに関する裁定を含まなければならない。さまざまなタイプの「問題」事件の性格は、まさに、それらが対立する可能性を含むという事実、すなわち、ある裁定を断言するか断言しないか、ある規定を一方に解釈するか他方に解釈するか、事実 F_1、F_2、F_3 を p の事例に相当するものと扱うか相当しないものと扱うか、このような対立を含むという事実によって決定されている。

　第二段階の正当化は、それゆえ、選択の正当化を含まなければならない。対立する可能な裁定間の選択である。そしてこれらは、機能している法体系という特殊な文脈のなかでなされるべき選択であり、その文脈は、いくつか

(a) 第二段階の正当化

の明白な制約を正当化の過程に課すのである。

ここには、ポパー流の科学的正当化理論との有益な類比を描くことができる[1]。カール・ポパー卿にとって、科学的発見における論理的な要素は、テストの論理である。科学者は一定範囲の現象の説明を組み立てるが、その説明は、同一現象をめぐる他の可能な説明とライバル関係に立つ。実験の過程は、説明としての二つの対立する仮説をテストする過程である。なぜなら、適切な実験とは、科学者が二つの対立する仮説から導き出した結果に関する予測のうち、一方または他方を反証しうるものだからである。いかなる理論も、そのような手続によって最終的に真であることが証明されるということはありえない。しかし、そのような実験によって、一方の理論が確証され、ライバルが反証されるなら、後者ではなく前者を信奉することが正当化される。

したがって、テストの一つの要素は、世界のなかで何が生起しているのか、つまり、経験的な証拠は何かということに関係する。しかし、別の要素も存在する。というのも、証拠の解釈は、必然的に、それ自体が科学理論に属する諸前提の使用を含んでいるからである[2]。低レベルの例。食卓塩は水に溶解するという仮説をテストするため、私は塩をガラスの試験管のなかに入れ、水を加え、撹拌する。塩は溶解するが、それを私の仮説を確証する証拠として解釈しうるのは、ガラスの試験管を使用することは無関係であるということを当然とみなすときに限られる。ではどのようにして、塩の溶解を引き起こしたものが**ガラス容器内**の液体への塩の注入ではないということを知るのか。技術的にみると、テストはつねに「補助仮説」への依存を含んでいる。補助仮説とは、それ自体は所与の実験において当然とみなされるが、それ自体が実験の直接的な対象ともなりうるものである。その場合、別の補助仮説が含まれることになる。

それゆえ、われわれは単純に真空のなかで科学仮説をテストし尽くすことはできない。われわれはつねに、また必然的に、両立する諸理論からなり、全体として意味をなす理論総体のなかで仮説をテストするのである。さらに、ニュートンあるいはアインシュタインのような大きな尺度における革命

---

[1] 前掲第1章注16、ポパー、メダワー、およびレスノフの著作を参照。
[2] Lessnoff（前掲書）pp. 18-9 参照。

的発見という例外はあるものの、「発見」（新しい説明仮説を啓示する一瞬の洞察）は、一群の科学的知識の内部で生ずるのである[3]。

結局、なぜ、読者も私も、クリックとワトソンが発見する前に、DNA分子の形態が二重螺旋構造をもつというアイデアを思いつかなかったのか。私自身について言えば、決定的な時期にDNAの形態をめぐる問題の存在すら知らず、まして、理論全体の文脈など知る由もなかった、と言いうるにすぎない。その文脈は、DNAの形態の問いを重要な争点とし、また、ある意味で、その説明が適合しなければならない関連理論領域の「隙間」の形態を決定している。どのような種類の事物を探しているかを知るだけでも、それ以前に多くを知らなければならない。そのかぎりで、もっとも顕著で輝かしい創造的な発見でさえ、必ず一群の既存の理論的知識により決定された進路にそう、既知の事柄からの拡張を含んでいるのである。

法体系は自然科学ではないし、重要な点で根本的に自然科学とは異なる。しかし、正当化の論理という観点からは、二つの接点がある。法的決定は、科学の仮説と同様「現実世界」を取り扱い、真空中ではなく全体の「知識」という文脈のなかで行なわれる。法の場合、記述的で説明的な理論の全体であるよりは、むしろ規範的な法体系の全体ではあるが。

乱暴に言うなら、法的決定は世界のなかで意味をなし、また、法体系という文脈のなかで意味をなさねばならない。われわれの問題のある事件では、判決は法体系という文脈で意味をなす裁定に基づかなければならない。そして、科学的正当化には、一つの仮説を他の仮説に対してテストすること、関連するテストに失敗した仮説を拒絶することが含まれるのとまさに同じように、（私が主張するところ）法における第二段階の正当化にも、対立する可能な裁定を互いにテストすること、関連するテストを満足させなかった裁定は拒絶されることが含まれるのである。ここで関連するテストとは、世界のなかで意味をなすものと、法体系の文脈のなかで意味をなすものとに関係している。

もちろん、ここでは「意味をなす」という観念を記述的な意味で用いてい

---

[3] T. S. Kuhn, *The Structure of Scientific Revolutions* (2nd ed. Chicago and London, 1970) 参照。私見によれば、クーンのテーゼがポパーのテーゼに付加するものはほとんどない。

(a) 第二段階の正当化　*111*

るのではない。法的な裁定が世界を正確に記述しているか、あるいは、自然的出来事に関する真の予測を基礎づけているかは、争点となりえない。裁定はそもそも世界を記述するものでも、予言を行うものでもない。

　法的な裁定は規範的である。すなわち、それらは、報告を行うのではなく、行動のパターンを**設定**する。それらは、所与の条件の帰結を発見するのではなく、所与の条件のもとでどのような帰結が導かれる**べき**かを定める。それらは、世界**の**モデルを提示するのではなく、世界の**ために**モデルを提示するのである。

　次にこのことが意味するのは、対立する可能な裁定を所与の事件のなかで選択することには、この社会のなかで何が人間行為にとっての対立するモデル、対立するパターンとみなされるべきかについての選択が含まれているということである。消費財の製造者は、商品の調製および梱包に際して合理的な注意を払うべきであり、その点に関する不履行により被害を受けた各人の損害に対して責任を負うべきなのか、それとも、そのような注意を払うことは法によって求められておらず、法律上その不履行に対する責任を負うこともないのか。この選言を現実世界の現実的な問題を提起するものとして深刻に受け取るためには、次に、その差異が何なのかを問わなければならない。答えは、その差異は、これら対立する裁定の一方または他方を現実の社会状況で採用し適用することから導かれる差異によって決定される、ということである。

　マクミラン卿は、**ドナヒュー対スティーヴンソン**事件における意見のなかで、この問いを発している。

　　パン職人が不注意により一かまのパンに大量のヒ素の混入させてしまい、その結果、最終的にそのパンを食べた人物が中毒に陥ってしまったと想定するとき、彼は、パンの消費者に対して、それへ毒物が混入しないようにする注意義務を負うことはなく、毒物が混入したことを知らなかった以上、彼の唯一の責任は、彼から実際に毒入りパンを購入した人物に対する売買契約上の保証の侵害によるものに限られるという言い分が聞き入れられうるだろうか。([1932] A.C. at 620 ; 1932 S.C. (H.L.) at 71)

　しかし、1本のジンジャー・ビールに混入したカタツムリという、それほ

ど危険ではない災難を含むにすぎない事件において、上の理由を関連性ないし重要性をもつ問いとさせているのは何なのだろうか。この関連性をもたせるものこそ、裁判官たちが相互にテストしなければならないもの、すなわち、契約を離れた不注意を根拠とする、製造者の責任対製造者の責任免除という問いに対する、二つの対立する可能な裁定なのである。

不注意に製造されたパンをとおして、それを食べた人々を中毒に陥れたパン屋が、消費者との契約から生ずる責任を除いて、あらゆる責任から免れるべきだとすることが**受け容れがたい**[4]なら、このことは、現実にその行為を行った現実のパン屋の場合に、責任免除という適用結果を生み出すような裁定を拒む根拠となる。これが意味するのは、（被上訴人の弁護士が言い張ったような）消費財の製造者は製造過程に注意を払う義務を最終的な消費者に対してなんら負わないという裁定を拒絶する根拠だということである。

以下の三点に注目したい。

（ⅰ）これは、いくぶん限定された意味でではあるが、**帰結主義**の論法である。それは、少なくとも、その裁定の用語に該当しうる将来起こるであろう他の仮説的な事件において下されるべき判決類型を検討するかぎりで、一方あるいは他方の裁定を下すことの帰結を考慮する。

（ⅱ）それは、帰結の受容可能性あるいは受容不可能性を問うという意味で、本質的に**評価的**である。しかしながら、想定上計測可能とされた快苦の総量というベンサム的な尺度のように、それが、単一の尺度による評価であると仮定する理由はまったくない。事件を所与の裁定に照らして秤量する際、裁判官が特徴的に言及するのは、「正義」「常識」「公序」そして「便宜」ないし「便利」のような基準である[5]。これらが本当にすべて同じ事柄に要約されると証明なしに想定されるべきではない。それゆえ、ときに「理想的ルール功利主義」[6]と呼ばれるものとの顕著な類似は存在するが、それを

---

[4] 以下の著作では「受容可能」か否かという同様の観念が用いられている。J. Esser, *Vorverständnis und Methodenwahl in der Rechtsfindung* (Frankfurt, 1970), and Perelman, *Logique juridique*, pp. 43-4.

[5] Lord Reid, 'The Judge as Law Maker', (1972) 12 J.S.P.T.L. (N.S.), 22を参照。

[6] しかし、この用法は非常に混乱を招く。「理想的功利主義」という観念について以下を参照。Lyons, *Forms and Limits of Utilitarianism* (Oxford, 1965), p. 173. ライアンズが「理想的ル

「功利主義的」論法と呼ぶことには用心するべきである。

　(iii) それは、少なくとも部分的には**主観的**である。対立する可能な裁定の帰結を評価する裁判官は、異なる評価基準に異なる重みづけをするかもしれず、ある裁定の採用または拒絶から生ずる不正義の認識あるいは不便の予測の程度において意見を異にするかもしれない。裁判官たちが、検討中の裁定のすべてを考慮した上で、その受容可能性あるいは受容不可能性について下す最終的な判断に関し、ときに鋭く、情熱的なまでに対立するとしても、驚くにはあたらない。この点において、われわれは、推論に組み込まれながら推論によって証明することのできない価値選好という岩床に到達する。このレベルでは、単純に、誠意と理性をもった人々の間に、解決不可能な意見の相違が存在するのである。

　これら三点を考え合わせて、私は、第二段階の正当化が本質的に**評価的**であり、それゆえある程度**主観的**な**帰結主義的**論法を含むという意味で、それが「世界のなかで意味をなすもの」に関係すると示唆するのである。これが、第二段階の正当化をめぐる第一の本質的要素である。第二は、私が先に「体系のなかで意味をなすもの」に関係すると述べたものである。この観念の予備的な説明のためには、数語で足りるだろう。

　基本は、整合的で一貫した規範総体としての法体系という観念であり、理解できる仕方で同時追求が可能な価値ある諸目標が、それらの規範の遵守により保障される。

　「整合的な」規範総体という観念を、私は厳密な意味で用いている。すなわち、ある裁定が帰結主義的な根拠からみてどれほど望ましくても、それが体系の妥当で拘束力あるルールと矛盾するなら採用されないということである。もちろん、表面上矛盾する先例は、矛盾を避けるために「説明」と「区別」がなされるし、表面上対立する制定法は、矛盾を避けるように解釈される。しかし、そのような調停の工夫が失敗すると、整合性の要求は、確定した妥当なルールとの解消不可能な対立（矛盾）を理由に、それ以外の面では望ましい裁定を拒絶するよう要求する。

　ール功利主義」と呼ぶものも、やはり異なる。目下の文脈では、「功利主義」という用語の使用を完全に差し控えることが最善であると考える。

「一貫性」で意図されるのは、より緩やかな意味である。次のような無作為に集められた規範のセットを想像することができる。すなわち、一つひとつは互いに矛盾はしないが、いくつかを集めて一つにくくってもなんら理解可能な価値ないし政策の追求を含まないような諸規範である。些末な例を挙げよう。すべての黄色い自動車は最高制限速度20マイルを遵守しなければならないというルールは、すべての赤、緑、青の自動車は最低制限速度25マイルと最高制限速度70マイルを遵守しなければならないというルールと、矛盾することも論理的に対立することもない。しかし、見たところ、そのような差異には、いかなる原理に基づく理由も与えられない。交通安全という目標が望ましく、黄色い自動車の制限速度がその本質を代表するなら、赤、青、緑の自動車に異なるルールを用いることは、一見して不合理である。交通安全という観点からは本質的に同一の二つの事例に異なる扱いをすることを説明あるいは正当化しうるような、いかなる合理的な原理も存在しないと思われる。

「妥当性テーゼ」は、出来事を処理する妥当なルールのセットからなるか、少なくともそれを含むものとして、法を提示する。そのようなルールは、少なくとも対立を解消する手続を含むことによって、整合性の要求をみたさなければならない。しかし、「秩序」が理解可能で相互に両立する価値に関する組織化を含むとするなら、社会的な秩序づけ手段としての一貫した体系性をもつことがなくとも、ルールは整合的でありうる。しかしながら、ルールが、より一般的な原理の一顕現であるかぎりで、あるいはそう扱われるかぎりで、体系はある程度の一貫性を獲得する。関連性問題、解釈問題、あるいは分類問題が体系内で生じるとき、一貫性の要求がみたされるのは、新しく与えられた裁定が既存の一般的法原理の範囲内に収まるかぎりにおいてのみである。

これが法的正当化になぜ要求されるのか、その理由の一つとして、正統な司法活動の範囲には限界が存在するという点が挙げられる。裁判官は、法に従う正義を行うのであって、彼らにとって理想的な正しい社会形態と思われるものをめざして立法を行うのではない。このことは、裁判官が、確定した妥当な法のルールからの演繹によって直接に権威づけられる判決を下すにす

ぎないということを意味しないし、意味することもできないが、ある意味で、またある程度、すべての判決は、帰結主義的な理由に基づいてどれほど受け容れやすく望ましいものだとしても、法そのものによって是認されなければならないということを意味するし、意味しなければならない。既存の詳細なルールがより一般的な原理、すでに確定したルールの領域を超えた大意をもつ原理によって合理化され、あるいは合理化可能であるかぎりで、新しい裁定とそれに支配される特定の判決を**法的**判決として正当化することには、十分な、かつ十分に法的な根拠が存在するのである。

　予備的な概略説明としては以上である。すなわち、第二段階の正当化は、帰結主義的な論法、および、提案された裁定と既存の法体系との整合性および一貫性をテストする論法という二つの要素を含んでいる。帰結主義的論法は本来的に評価的であり、上で説明した一貫性も体系の価値への反省を含んでいるから、両者は、後に明らかになるように、相互に作用しあい、また重複するものであるが、両者は同一ではない。抽象的な分析レベルとしては十分以上に述べてきたので、このことは順を追って明らかになるにちがいない。すでに述べてきたことを理解するために、例示となる（したがって確証となる）実例を詳細に検討することが必要である。関連性問題は本来的に、解釈問題および分類問題より射程の広い問題なので、関連性問題の例をまず取り上げるのが最善であろう。それゆえ、**ドナヒュー対スティブンソン事件**という継続して用いている例をさらに追求することが最も経済的である。

(b)　帰結主義論法例解

　はじめに、アトキン、マクミラン、サンカートン各判事の意見から、中心的な章句を考察しよう。それは貴族院における多数意見であり、彼らの投票がドナヒュー夫人の上訴に有利な判決を導いたのである。
　アトキン卿はこう述べている。
　　イングランド法には、注意義務を生じさせる関係についての何らかの一般的概念が存在しなければならないし、現に存在している。判例集に見出される個々の事件は、その一事例にすぎない……。企図された関係が注意義務を生ずるほど密

接であるか否かを決定することが困難な事件は疑いなく生じるであろう。しかし、当裁判所に現在係属する部類の事件において、何ら困難が生じるとは考えられない。製造者は、容器に入った食料品を売りに出し、それが具体的な消費者によって開封されるであろうことを知っている。購入者による検査も、消費者による合理的な事前の検査も存在しえない。過失により、調製の過程で、製造者は毒物の混入を内容物に許してしまった。イングランドおよびスコットランドの法においては、中毒に陥った消費者は過失ある製造者に対して救済を求めることができないと言われる。これが先例の結果であるなら、私は、この結果を法における重大な欠陥と思量せざるをえず、また、原理に反するのであるから、本院の権威を有せざる結果を招来する判決に追従することには大いに躊躇せざるをえない。私は、以下のごとく指摘したい。すなわち、想定されている諸先例の現況においては、消費者は製造者に対していかなる救済も求めえないばかりでなく、申し立てられている状況においては製造者以外のだれについても過失の証拠は存在しないであろうから、消費者は他のだれに対しても何も求めることはできないということである。また、消費者が同時に購入者でもある場合を除いて（すでに見たようにドナヒュー夫人はそうではない）、いかなる契約も、いかなる品質保証も存在せず、食料あるいは飲料の購入の場合に通例行なわれる特許名ないし商標名による特定物品購入者の場合、購入消費者さえ保護する保証は存在しない。食料と飲料以外にも、洗浄目的のために販売される多くの商品形態のように、商品が消費者による直接の使用を意図して販売される物品の事例が存在し、そこでは同様の責任が存在しうる。原審の判決により支持される法理は、製造者の過失により有毒物質が混入した瓶詰めビールあるいはチョコレートの消費により危害をうけた消費者に対する救済を否定するばかりでなく、無害であるべき特許売薬、軟膏、石鹸、洗浄液、洗浄粉の利用者に対してさえ救済を否定するものである。私自身が限定しているのは、一般的に家庭で利用される物品、すなわち、それが最終的な購入者以外の人物、たとえば、彼の家族と使用人、場合によっては来客によって利用されることが、製造者を含めだれにも知られるような物品である。私は、わが国の法学が以下のごとくに病んでいるとは考えない。すなわち、その諸原理が、文明社会の通常の欲求およびそれが構成員に求める通常の主張から乖離することを想定し、きわめて明白に社会的な悪が存在するところに法的救済を否定するほど病んでいるとは考えないのである。（[1932] A.C. 562 at 580-3 ; 1932 S.C. (H. L.) at 44-6)

(b) 帰結主義論法例解　117

　一部はすでに引用したが、マクミラン卿の意見はきわめて類似する議論を含んでいる。

　　本件において、ジンジャービールを製造した際、被上訴人はそれが一般大衆によって消費されることを直接に意図していた。製造工程を不注意に管理するなら、彼が期待し望んでもいたジンジャービールの消費者を侵害しかねないと予見する、合理的な人間たることを彼に期待することはできないと言いうるであろうか。侵害が生ずる可能性は、決してその予見から彼を免除するほどに遠く隔たったものではないように思われる。パン職人が不注意により一かまのパンに大量のヒ素を混入させてしまい、その結果、最終的にそのパンを食した人物が中毒に陥ってしまったと想定するとき、彼は、パンの消費者に対して、それへ毒物を混入しない注意義務を負うことはなく、毒物が混入したことを知らなかった以上、彼の唯一の責任は、彼から実際に毒入りパンを購入した人物に対する売買契約上の保証の侵害によるものに限られるという言い分が聞き入れられうるだろうか。……私には、イングランド法においても、スコットランド法においても、そのような事件への補償が存在しないとは信じえないし、実際、信じるものではない。……とはいえ、原判決の原理は、人間による消費が意図される食品の製造者も、彼が目的とした消費者に対し何ら注意義務を負わない、毒を混入させないよう注意する義務すら負わないというものである。……私は幸いにも次のように考える、……（スコットランド法とイングランド法の）諸原理は、正義および常識と十分に調和し、上訴人が確立を求める主張を認容するものである、と。([1932] A. C. at 620-1；1932 S.C. (H.L.) 71-2）

　同様の論点は、サンカートン卿も、本件を**ゴードン対マーディ**事件（(1903) 6 F. 210）における以前の判決と対比する際に取り上げていた。この事件において、高等民事裁判所は、次のような事実主張を行なった原告の訴えを無関連であるとして棄却した。原告は、彼の息子が食品商である被告から購入した鮭缶を食べ、それによって引き起こされたプトマイン中毒で死亡したというのである。原告は、購入時に缶にくぼみがあったと主張したが、食品商が実際に穴をあけた、あるいは内容物を傷めたとは主張しなかった。請求棄却の理由は、「製造者が内容物を保存するために設定した条件そのものを破壊することなしに」（前掲判例集212頁、J.-C. キングスバー卿の意見より）、食品商が鮭の缶詰を検査することはできないということであった。

[サンカートン卿によると]本件において明らかなごとく、購入時、製造者のラベルは缶詰からはがれ落ち、製造者を特定することはできなかった。遺憾ながら私は次のごとく考えざるをえない。本件における食品商の干渉ないし検査を遮断する製造者の細心の注意は、製造者による類似する義務の引き受けもないまま、消費者に対するいかなる責任からも食品商を解放する。([1931] A.C. at p. 604；1932 S.C. (H.L.) at p. 60)

これら三つの長い引用は次のことを示している。多数意見の裁判官たちが主張しているのは、なぜ原告に不利な裁定に伴う帰結が（彼らの見解では）受け容れがたいのか、それゆえ、裁定はなぜ消費者に対する適切な注意義務を製造者に負わせるものでなければならないのかということである。再度強調しておくべきことは、この論争には製造者の責任あるいは責任免除に関する類的な裁定の必要性が含まれると**裁判官たちが**考えるのでないかぎり、彼らの議論はまったく的外れになるということである（それゆえ彼らの議論は、第4章でした主張を確証する）。また、次の点に注目することも不可欠である。すなわち、それらは与えられた裁定を正当化する決定的な議論とみなされなければならないということ、なぜなら、後述のように、**いずれの**当事者のためにも「権威に基づく」議論が存在し、**いずれの**当事者のためにも一般的法原理の議論が存在するからである。これらの論点について、事件はいずれの側にも開かれているので、それを結論へともたらしうるのは、帰結主義の議論のみである。アトキン卿は、次のように述べるとき、実際このことを明示的に述べている。「[これらの帰結が]権威の結果であるなら、私は、この結果を法における重大な欠陥であると思量せざるをえず、また、原理に反するのであるから、本院の権威を有せざる結果を招来する判決に追従することには大いに躊躇せざるをえない」と。

しかし、なぜ「重大な欠陥」であり、なぜ「原理に反する」のか。引用した章句は、ほとんど直観的な性質をもっている。あたかも、その受容不可能性を直接理解するためには、これらの帰結を熟視するだけで足りるかのようである。そして、おそらくはそうなのである。しかし、おそらく、累積的に明白な受容不可能性という結論に導く三つの評価理由を発見することができる。

アトキン卿が述べているように、「文明社会の欲求」がある。すなわち、他者に危害を引き起こす可能性のある活動はそのような危害が最小化されるように管理されるべしという、保障を求める一般大衆の関心である。まさに、製造物の製造者が意図し望むことは、製造者との契約関係の範囲をはるかにこえて、製造物が他者によって消費され利用されるということである。製造物が消費および利用において安全であることを保障できるのは製造者であって、ほかのだれでもない。製造物の安全性を保障することは、大半の人々の利益に合致し、それゆえ公共政策の適切な目標である。

　第二に、原理の問題、マクミラン卿が述べた「正義」の問題がある。明らかに、三人の裁判官は全員、危害を受けた人は、その危害について他のだれかに責任があるかぎり、その危害の補償を受けるべきであるという、矯正的正義の捉え方を固く抱いている。責任があるとは、彼が行なおうと意図したことの直接的な結果として、危害を合理的に予見することができたという意味でであり（このタイプの事件において、関連性のある意図とは、利用者に対する中間的な売主による検査の余地を残さない条件のもとで市場に商品を委ねることである）、また、彼が実際に払った注意以上の注意を払うことで、危害を合理的に防ぐことができたという意味でである。

　第三に、マクミラン卿が明示的に述べているように、正義と同様に「常識」の問題がある。これは、裁判官によって理解された現在の実定道徳への訴えに依存すると私は考える。大半の人々、裁判官が考える「健全な精神」の人々は、製造者が不注意に他者への危害を引き起こすことは悪であり、彼が合理的な注意を怠り結果として危害を引き起こしたとき、彼をあらゆる責任から免れさせることは不合理であるという見方に同意するであろう。

　より詳細な分析にそれほどの利益があるとは思われない。これらが相互に重なり合いながらも区別可能な評価理由となっていること、また、なぜそれらに固執する人が裁判官全員の到達した「受容不可能性」という結論にいたるかは明らかであると思われる。

　とりわけ、そこに含まれる正義の概念内容が裁判官たちの職域である法秩序をいかに密接に反映しているかということも自明であると思われる。それは、独創的な正義論への大胆かつ極端な新しい冒険なのではない。むしろ、

既存の法体系が不完全ながらも体現している矯正的正義の捉え方について、厳粛に受け止めるという問題であり、それは、ケイムズ卿（あるいはスコットランドの法律家ならだれでも）が難なく衡平の原理とみなすことができたもの、「いかなる悪に対しても、救済が存在すべきである[7]」という原理である。先に言及したように、帰結主義の論法と「一貫性」の要求によって命じられるタイプの論法とのあいだには必然的な相互関係があるが、ここでその理由を理解することができる。帰結評価に適用される正義の捉え方は、実際には、受け継がれた法原理に体現された正義の捉え方の反映でありうるし、実際、私は通常そのとおりであると考える。また、もちろん、何が「常識」であるかに関する法律家の見解は、法律家としての彼の態度全体によって濃く色づけられているにちがいない。

　しかしながら、このことから、「公益」「正義」「常識」について何か単一の標準的な共有された司法的捉え方があると主張するところまで行ってはならない。ましてや、異なる裁判官によってなされた最終評価が、つねに同一であるとか客観的に最終的でありうる、あるいはそうあるべきだということではない。繰り返すが、そのような評価的判断は、客観的な計測ないし「重みづけ」の問題ではない（後者の用語は、誠実な肉屋の秤の正確で客観的な計測という含意に付け込むかたちで、法について書く人があまりにもしばしば用いている[8]）。そのような判断は、少なくとも部分的には不可避的に主観的である。バックマスター卿とトムリン卿は、結局、多数意見の**形式**を模倣するものの、内容を逆転させる議論を示したのである。

　バックマスター卿はこのことを次のように述べた。

> 争われている原理は以下のごときものにちがいない。すなわち、製造者、あるいは、それどころか、あらゆる品目の修理業者は、契約とはまったく別に、その品目を合法的に利用した人物に対して、品目が慎重に作り上げられたことを確認する義務を負うという原理である。……この法理は検査の導入が困難ないし不可能な事件に限定されるものではない。この捉え方は、売買に適用されうるもの

　7　Henry Home, Lord Kames, *Principles of Equity* (1st edn., Edinburgh, 1760).
　8　たとえば、ロナルド・ドゥオーキンはこの言葉を頻繁に使っている。Ronald Dworkin, *Taking Rights Seriously* (London, 1977). また次のような用法も参照。Twining and Miers, *How to Do Things with Rules*, e.g. at p. 212.

を、誤って不法行為法理へ適用するものにほかならない。

不法行為の原理は、そのような考慮が当てはまる領域の完全に外部に存し、その義務は、仮に存在するなら、合法的な状況において、既成の品目を利用したすべての人に拡張されざるをえない。契約に含まれる義務、あるいは制定法によって課される義務を離れて、食品の製造に付随する特殊な義務は存在しえない。そのような義務が存在するなら、それはあらゆる品目を包括せざるをえないと思われ、それが家屋に適用されるべきでない理由を理解することは不可能である。一歩踏み出すなら、なぜ五十歩であってはならないのか。さらに、しばしばそうであるように、家屋が不注意に建設され、その不注意の結果、天井が落下し、占有者あるいは他のだれかを傷つけたとしても、イングランド法によれば建築主に対するいかなる訴権も存在しない、もっとも、私はバビロンの法によればそのような権利が存在したと信ずるものではあるが……。

ミュレン対バー商会事件および**マクガワン対バー商会**事件（1929 S.C. 461）において、ネズミがカタツムリではないという理由を除いて、事例は本件と区別できないものであった。……アンダーソン卿はこう述べている。

「被告の商品がスコットランド中に広く流通していた本件のような事件において、工場から出荷されたあらゆる瓶の内容物の状態について、大衆に対する責任を被告たちに負わせることは、法外といっても過言ではないと思われる。そのような責任が被告たちに付随するなら、彼らは、調査も対応もとてもできないような損害賠償請求に応じるよう求められるであろうことは明白である。」

私はアンダーソン卿の判断に同意するが、その際、彼の判断がまとった言葉の断固たる口調に反論することは困難であると悟った点を、付け加えておきたい。（[1932] A.C. at 577-8；1932 S.C.（H.L.）at 42-3）

同様の調子で、トムリン卿は、**ウィンターボトム対ライト**事件（(1842) 10 M. & W. 109）の被告側弁護士が用いた論法を、問題の原理の「驚くべき帰結」を例証するために採用した。「たとえば、最近ベルサイユ鉄道で起こったような事故の被害者は、だれでも欠陥のある車軸の製造者に対して訴訟を起こしうる」（[1932] A.C. at 600；1932 S.C.（H.L.）at 57）と。

私は、客観的に不一致の解消される可能性はある程度残されるものの、そこに含まれる判断は「部分的」に主観的であると述べた。バックマスター卿とアンダーソン卿が製造者に責任を認めることを「法外」と考えた理由に関しても、その点を指摘することができる。多数派の裁定によると、製造者が

「彼らには……調査も対応もとてもできないような損害賠償請求に応じる」よう求められるというのは、実際には**真実**ではない。なぜなら（a）そのような事件における原告は、損害と製造者側の合理的注意の欠如とを証明する責任を負い、（b）ダニエルズ事件が示したように、製造者の側には、彼がどのような注意を払ったかを示し、それがあらゆる**合理的な**予防措置を講じたことになると主張する余地が残されているからである。**ドナヒュー**判決の時点では、このことが明白ではなかったが、経験は、実際にそれが明白であることを確認してきたのである。

したがって、バックマスター卿とアンダーソン卿は、**彼らの**正義の捉え方を適用して、そのような責任を製造者に課すことが不正義であると結論したが、彼らの議論は正鵠を射たものではない。彼らは、製造者の責任を支持する裁定の帰結をめぐる誤った事実認定のゆえに的をはずしたのである。しかしながら、彼らが事実に関する誤りを認めたなら、彼らはそのような責任の賦課が正義にかなっていることに必然的に同意するであろう、と考えることは論理の飛躍である。

正義の論法とは別に、最悪の場合からの論法が存在する。それは、トムリン卿の「驚くべき帰結」という言葉で与えられ、同様に、バックマスター卿の「なぜ一歩が五十歩であってはならないのか」という言葉に明示された論法である。ある提案された裁定が膨大な訴訟を引き起こし、取るに足らない権利要求で裁判所が氾濫し、その要求にさらされた商いを破壊させるということ、裁判官がこのことを裁定の帰謬法として扱うのを見出すことは決してまれではない。欠陥が判明したとき、損害を受けた全員の要求に製造者がさらされうるとするなら、列車の車軸の製造はリスクに見合わない（しかし、このような推論では、合理的な注意を払わなかったこの種の製造者の営業がいったいなぜ維持されるべきなのかという点を説明しない）。

私はこの評価基準を「便宜」あるいは「便利」と呼ぶ。それは、公益の論法の一形態であり、同種の主張すべてを容認することが重大な不便を生み出すとき、あるいは、一般的な利益にとって完全に不得策となるときに、矯正的正義に基づく価値ある主張が容認されるべきではないことを示すものとして提出される。私自身がそのような事柄の計算方法を知っていると主張して

いるのではない。私が述べているのは、裁判官が相当頻繁にこうした論法に依拠しており、そのような計算は可能であると考えていることが示されているということである。

評価基準としての「不便」は、たしかに「不正義」とは区別される観念であり、実際、裁判官はときに「便宜・不便」という評価尺度が「正義・不正義」の尺度と競合して適用されなければならないことを明らかにする。たとえば、**ロンドン路面軌道**対**ロンドン市議会**事件（[1898] A.C. 375）において、貴族院は、必要に応じてみずからの先例を変更しうるという判断を求められた。貴族院は自身の先例を変更しえない旨を決定し、すべての貴族院の判決は貴族院自体に対してさえ先例として拘束力をもつという、1966年まで（[1966] 1 W.L.R. 1234 参照）効力をもち続けたルールを示したのである。ホールズベリ卿の意見は、次のような言葉で、この見解の中心的な正当化理由を明らかにしている。

> 私は、個別的な困難を伴う事件が生じうることを否定するものではないし、法曹の間にも、しかじかの判断は誤りであったとする意見の潮流が存在しうることを否定するものでもない。しかし、すべての問いを再審議に委ね、相異なる判決のゆえに人々の取引を疑わしくさせ、その結果、真かつ実に終審の裁判所が存在しえなくなるという不便（悲惨なる不便）が、おそらくは抽象的な正義との偶発的な対立と比べられるというのであろうか。（前掲判例集380頁）

ここにわれわれは、正義の要請と便宜の要請が衝突する可能性についての明示的な承認と、この場合、後者に優先順位が与えられていることを見ることができる。

衝突の可能性を強調することの要点は、法における帰結主義論法を単純に功利主義的とみなすことがなぜ誤解であるかを明らかにすることにある。実際、帰結主義論法とは、すべてを考え合わせたうえで選好された裁定が最善であることを確認することに関係している。しかし、「最善」という結論は単一の評価尺度（たとえばベンサムの快楽主義的功利主義におけるような快苦尺度）への準拠によって決定されるのではない。それは、「公益」および「便宜」と同時に「正義」および「常識」を含む多数の価値基準への準拠により、評価の累積的ないし競合的な帰結を総括するなかで下される最終判断で

ある。「快楽主義的功利主義」に対する「理想的功利主義」のある見解は、単純というより複雑な「最善」の基準を許容するが、それによれば、法の帰結主義的正当化は理想的功利主義の一形態を含むものとみなされうる[9]。

しかし再度、次の点は指摘されなければならない。そのような正当化の焦点は、(普遍的法命題の形式をとる)対立する裁定の帰結にあるのであって、個別事件の個別当事者にとっての帰結ではない。そこに含まれる功利主義は「ルール功利主義」であって「行為功利主義」ではない。それゆえ、すでに一言したように、われわれは、そもそもこの文脈で功利主義という観念を用いようとするなら、「理想的ルール功利主義」という、いくぶんわずらわしい倫理学の用語法に頼らなければならない。

この指摘は、倫理学説の分類法への不毛な脱線以上のものを含んでいる。「ルール功利主義的正当化手続」がそもそも望ましいものでありうるのかという問いについては、論争が繰り返されてきた。R. A. ワッサーストロームは、その優れた先駆的研究のなかで、彼が「二段階正当化手続」と呼ぶものを判決正当化の十分な手続として主張したが[10]、それによって彼が意図した手続とは、当該判決を包摂しうるすべての可能なルールの選択肢のうちから、より望ましい帰結をもつルールを裁判官が採用し、そのルールからの演繹によって個々の判決が正当化されるという手続である。これは、要するに、ルール功利主義的な正当化手続である。それに対して、D. H. ホジソンはきわめて説得的にこう論じている[11]。すなわち、そのような手続の採用は(明白なパラドックスによって)功利に反する帰結をもつことになる。なぜなら、裁判官がワッサーストロームの手続に従うことを知っているとしても、だれも裁判官が個別事件をどのように判決するかについて予測するための、合理的な根拠を決して手に入れることができないからである。それゆえ、訴訟への**無限**の依存が存在することになり、それは、まさにホールズベリ卿が、貴族院の先例があらゆる目的にとって拘束力あるものと扱われないときに生ずるであろうと懸念したものであろう、と。

9　Lyons, 前掲書(本章注6)参照。
10　Wasserstrom, 前掲書(第1章注15)。
11　Hodgson, 前掲書(第1章注15)第4〜6章。

ルール功利主義的手続としてのワッサーストロームの「二段階正当化手続」と、ここで第二段階の正当化という文脈において分析された帰結主義論法との間には、明白な平行関係が存在する。それゆえ、この点のみに基づいて、われわれがそもそも功利主義に関与しているとするなら、それは「理想的な」見解のルール功利主義だということを強調しておくことが重要である。

しかし、その点についてさえ、帰結主義論法が第二段階正当化の唯一十分な要素として真空中で展開されるという理論をとるなら、それはまだホジソンの提起した反論を封じていない。さらに、それ以上の無関係ではない反論にさらされうることになる。すなわち、額面上、多様な可能的「普遍」の数に限界は存在せず、個別判決を包摂し、帰結主義的議論によりテストされる「類似事件」の範囲を決定するような、潜在的裁定は無限に構築されうるという反論である。

やや異なる文脈ながら、ジュリアス・ストーンはまさにこの点を指摘している。すなわち、**ドナヒュー**対**スティーヴンソン**事件に関して、「事実」は多くの可能な「一般化レベル」のうち任意のレベルで処理されうるという指摘である。彼の議論はこうである。グッドハートの（過度に粗雑で圧縮した定式で述べるなら）「重要事実プラス判決」という方法によって事件から導き出される「原理」が、事実を記述するために選択される一般性のレベルに全面的に依存するため、グッドハートの**レイシオ・デシデンダイ**の理論は完全に不確定な結果を生じさせるというのである。ストーンは次のような指摘を行っている[12]。

ドナヒュー対**スティーヴンソン**事件は、単独では、少なくとも以下のような任意の事実ないしその組み合わせに関する（各意見の異なる推論とはまったく別に）論理的に広範な命題を生み出すことができる。
1）カタツムリの死骸**あるいは任意のカタツムリあるいは任意の不愉快な異物、あるいは任意の異物あるいは任意の予期せざる性質の出現**が、
2）飲料の不透明な瓶**あるいは任意の飲料の瓶あるいは消費のための任意の動産あるいは利用のための任意の動産、あるいは**（土地ないし建物を含む）あらゆる任

---

12 J. Stone, *The Province and Function of Law* (London, 1947), pp. 187-8. 実質的に同様の指摘は次の著作でもなされている。*Legal System and Lawyers' Reasonings* (London, 1964), at pp. 269-70.

意の客体の**内部**に、

3）小売人を通して商品を広範かつ不特定の大衆に配給した製造者、**あるいは**任意の製造者、**あるいは**報酬のために客体に働きかける任意の人、**あるいは**客体を扱う任意の人である、**被告の過失によって引き起こされ**、

4）その客体が危険性を帯びるのは、そのような過失によるか**あるいは**過失の有無に関わらないかを**条件として**、

5）**仮に**それが、原告の身体的危害**あるいは**原告の精神的ないし身体的危害**あるいは**原告の何であれ任意の侵害を帰結するなら、

6）原告は、(a) スコットランドの未亡人、**あるいは**スコットランドの女性、**あるいは女性、あるいは成人あるいは人間あるいは任意の法的人格であり**、(b) 客体を被告から直接購入した小売人に対価を支払って購買した者から直接に受け取り、**あるいは**製造者から対価を支払って購買した者から受け取り、**あるいは**任意の人から対価を支払って購買した者から受け取り、**あるいは**そのような購買者と関係のある人**あるいは**合法的に客体を手にした任意の人、**あるいは**とにかく客体を手にした人であり、

7）介在する人物が (a) 商品の売却可能性を損なうことなしに物理的に欠陥を検査し発見することができた、**あるいは** (b) 欠陥を検査し発見する義務を有していた、**あるいは** (c) 欠陥を検査し発見することが被告から合理的に期待されえた、**あるいは** (d) そうすることが裁判所ないし陪審から合理的に期待されえた、ということがないことを**条件として**、

8）また、訴えられた事実が、1932年に**あるいは**1932年以前の任意の時間に**あるいは**1932年以降**あるいは**まったく任意の時間に起こったことを**条件として**、

9）被告は原告の損害に対し責任を負うことになる。

　これらの選択肢とその組み合わせの大半は、論理的には、**ドナヒュー対スティーヴンソン**事件の事実と意見のみに基づいて組み立てられるいかなる原理においても可能な要素でありえた。

　ドナヒュー事件の**レイシオ**の完全な不確定性を示すものとして、この議論をいくら重視しても重視しすぎることはない。なぜなら、第4章で指摘したように、この事件の多数意見に加わった裁判官たちは、どのような裁定をどのような一般性のレベルで心に描いていたかを示そうと留意していたからである。しかし、事件が決定される**より前**の出来事として考えるなら、問題はより尖鋭と思われる。次のように述べることはいかにも結構なことである。

(b) 帰結主義論法例解　*127*

すなわち、形式的正義の原理は裁判官に、事件の判決を正当化するため、明示的あるいは黙示的に、当該事件および類似事件のための可能な裁定を定式化しテストするよう要求する、と。しかし（先に「普遍性」と一般性の間に引いた区別が示すように）適度に「普遍的」な裁定は、ストーンの「一般性レベル」のどこにでも行き当たることができるのである。

さらに、これらすべてが扱うのは、事件をめぐる一つの可能な「議論の方向」にそったさまざまなレベルの一般性にすぎない。しかし、おそらくまったく異なる道筋をたどることも可能であった。たとえば、それはスコットランドの事件であり、スコットランド法は契約から第三者の強制可能な権利が生じる可能性を承認するので（第三者回復権の法理[13]）、ドナヒュー夫人による訴訟として、ジンジャービールを彼女の友人に売却したカフェの所有者に対する訴訟として争われてはならなかったのだろうか。別の選択肢として、製品は安全であり消費に適するという最終的な消費者に対する製造者の暗黙の約束という言葉で事件を見てはならなかったのだろうか（スコットランド法には約因法理が存在しないので、そのような項目に基づく困難が生じる必要はないし、イングランドの法律家がこのような文脈において何かしら「受約者から提供される約因」を考案することは困難すぎると必ずしも考えられるわけでもない）。この選択肢の前者は、実際、フランス法がドナヒュー事件に類似の問題を処理するために用いる方法であり[14]、後者のある形態は、アメリカ合衆国の多くの裁判所で歓迎されてきたものである[15]。さらに、巧妙な工夫が、これら三つの可能性に限定されると考えられる必要もない。

そうすると、帰結主義論法が事件における可能な裁定の選択のための合理的な根拠を示すことができるとしても、その手続によるテストのために、どのような一般性のレベルでどのような裁定を選択するかについて、合理的あ

---

[13] 以下を参照。D. M. Walker, *Principles of Scottish Private Law* (2nd edn., Oxford, 1975) pp. 627-30 (vol. I); Scottish Law Commission Memorandum No. 38 (*Constitution and Proof of Voluntary Obligations : Stipulations in Favour of Third Parties*), 1977.

[14] Kahn-Freund, Levy, and Rudden（前掲第 4 章注10）437-40頁参照。不法行為上の救済も、もちろん可能である。

[15] たとえば、以下の著作を参照。J. J. White and R. S. Summers, *Handbook on the Uniform Commercial Code* (St. Paul, Minn., 1972), pp. 329-32.

るいは理性的な根拠は存在するのだろうか。仮に存在しないなら、再度われわれは、一見して合理的な手続が根底においては恣意的でしかないと結論しなければならない。われわれは次の問いに直面しているのである。すなわち、仮に存在するとして、テストされるべき裁定の司法的選択を支配しうるのはどのような限界なのか、また、いずれにせよ、きわめて広範な可能性が開かれているとき、いかにして裁判官は具体的な事件に適切に調和する裁定の構成に着手しうるのかという問いである。

(c) 一貫性と整合性の論法：説明と例解

この第二の問いへの解答は、われわれを第一の問いへの解答へ導くが、それは比較的単純なものである。すなわち、裁判官は潜在的な裁定を弁護士から提示されるというのがその答えである。原告側あるいは被告側弁護士の職務とは、訴答書面において事件の枠組を作り陳述すること、そして、事件に投じられうる最適の光（と彼が考えるもの）に照らして依頼人の主張を表現し、法廷の面前でそれを主張することである。

　民事事件において正義を司るわれわれの体系は、距離を置きながら働く両当事者がみずからの証拠を選択することを基盤に進行する。両当事者によるみずからの証拠選択は、多様な理由により、言葉のあらゆる意味で部分的である……。二つの慎重に選択された見解に基づいて、裁判官は最終的に裁決するよう求められるのである[16]。

そして、弁護士が証拠を選択する基礎は、勝訴を期待する依頼人のために彼が有益になしうると考える一般化についての、彼の見解である。

ある確立した妥当なルールが直接に適用可能と思われるとき、選択過程は、単純に当該要件事実を証明することの必要性によって支配される。直接に適用可能なものが何もない場合、われわれはいかにして、どの議論の方向が有利であるかを語りうるのだろうか。十分に明らかなことは、原告の状況あるいはそのある側面を包摂しうる潜在的な裁定に有利となるように、何らかの優れた帰結主義論法を用いることが必要条件になるということである。

---

[16] *Thompson v. Glasgow Corporation* 1962 S.C. (H.L.) 36, *per* Lord J.-C. Thomson at p. 52.

(c) 一貫性と整合性の論法：説明と例解

しかし、帰結主義論法は、それ自体で十分条件なのではない。依頼人に有利な新しい原理の理由と正義**のみ**に基づく議論を申し立てる弁護士は、まちがいなく、そのような議論にとって裁判所は適当な場所ではないと宣告されるだろう。既存の法体系のなかに、弁護士が求める判決の何らかの基礎が存在しなければならない。**仮定上**、その基礎は当面の事件に直接に適用可能な確立した妥当なルールである必要はない。しかし、既存の確立したルールとの説得力ある類推が存在し、あるいは、関連性のある一般的法原理が存在するか構成されうるなら、それでおそらく十分であろう（そのような一般原理を定式化し援用する裁判官の言明があるなら、なおよい）。類推が近いほど、また原理の言明に権威があるほど、議論は強力となる。しかし、そのような議論は、証明された事実が明瞭かつ明確に、強行的法的ルールの法律要件とみなされるという議論と同じほどには、決して必然的な力をもつことはできない。

要点はむしろ、争われている判決が、既存の法的ルールの全体と完全に整合性を保ち、次のような意味で、そこからの合理的な拡張であることを示すことである。すなわち、当面の事件がそれらとの類推によって判決されないなら、**そのかぎりで**、既存の類似する諸ルールがめざすと考えられる直接の政策および目的が否定され、不合理な例外にさらされるということである。

こうして、直接適用可能なルールが欠乏する場合、事件の枠組を作る際に弁護士を導くのは、支えとなる類推あるいは法の原理を発見することの必要性である。さらに導きとなるのは、弁護士には彼の事件が現存する法と整合性をもつことを示す必要性あるという点である。それは、既存の強行的なルールと直接に矛盾しない裁定が組み立てられうるという、いっそう強い意味においてである。弁護士がドナヒュー夫人の訴えを主張するために選択した領域は不法行為の領域であったが、おそらくそれは、スコットランド法の第三者回復権の法理にもかかわらず、契約上は何も主張することができないという想定に基づいていた。不法行為責任の領域において必要となるのは、**キャメロン対ヤング**事件（[1908] A.C. 176 ; 1908 S.C. (H.L.) 7）あるいは**騎士対教皇**事件（[1906] A.C. 428）のような貴族院の先例が区別されうることを示し、さほど重みがないとはいえ一連の表見上対立する先例が、主張されている製造者責任の原理と整合するよう「説明」「区別」されうるということで

ある。

　さらに、議論の形式を必然的に確定したのは、過失による不法行為責任を支配するすでに定着した原理、すなわち、被告が原告に対する注意義務を負う場合を除き、いかなる責任も存在しないという原理であった。この原理との整合性のために、被告が購買者に対し義務を負うと考えられるべき理由を提示し主張することが必要とされた。次のことが示されないかぎり、帰結からの決定的な議論は進展しえない。すなわち、ある人物が他者の安全のために注意を払うよう法的に要求される状況すべてを合理化する何らかの一般原理が存在するということ、そして、その原理が、当該事件の帰結主義論法が支持する裁定を包摂するということである。

　こうして、主張を**法的な**請求ないし抗弁として組み立てるために訴訟当事者の弁護士に課される要求は、広い見地から見ると、事件の定式化に二つの限界を課すことになる。第一に、それは既存のルールとの対立を避けるように定式化されなければならず、ここでは不利な先例を「説明」し「区別」する可能性と、(事件の必要に応じて)制定法の「文学通り読むという解釈」をとるか、「より自由に読むという解釈」をとるかという可能性が留意されなければならない。第二に、それは次のような支持が得られることを示しうるように定式化されなければならない。すなわち、既存の判例法(まれに制定法)からの類推、あるいは、法の「一般原理」、望むべくは裁判官による**傍論**(オービタ・ディクタ)もしくは定評ある教科書の著者、または少なくとも著名な法学者によって権威的に述べられた原理によって支持されること、**やむをえない場合**、関連する一群の承認された法的ルールを説明し合理化するものとして弁護士により新たに作り出された原理によって支持されるということである。

　もちろん、これは決して機械的な仕事でも容易な仕事でもないし、かといって厳密な科学でもない。それが求めるのは、想像力、体系の「収まり」の理解、十分な法の知識、先例と教科書のなかの有用「手本」を追求する専門知識、そして、知的大胆さと健全な判断とのやや奇妙な結合である。それをいかに行なうかについての的確な選択は、有能な弁護士の法的な眼識と経験、実際、創造的な想像力に依存する。(筆者のような)研究者および法学部

(c) 一貫性と整合性の論法：説明と例解　131

生は、判決の**後**に先駆的な事件を考察するので、すべては明白で容易な事件のように思える。この視座からは、出来事が裁判所に係属する**以前**に、また裁判所が判断を下す**以前**に、事件そのものが弁護士に示されたときの、難解な事案の定式化と論証に注がれたにちがいない大胆さ、機知、想像力は、いとも簡単に見落とされがちである。このような手腕は、行為から学習されうるのみで、書物から学ぶことはできず、いずれにせよ、必要な精神的な天分を生まれつき付与された人物によって学ばれうるのみである。

　したがって、どのようにして裁判官が判決の評価的な正当化にとって本質的な事実状態の一般化に至るかという問いへの答えは、実際、弁護士から裁判官に提出されるのだという、単純なものである。そして、その答えを精緻化することは、関連性のある潜在的な裁定の司法的選択の限界という別の問題を解決することになる。というのも、裁判官は弁護士が行うのと同様の規範的な制約の内部で働くからである。さらに、弁護士への制約は単純に技術的なルールとして作用する（弁護士にとって、一片の些細な類推、表面的な原理のかすかな影によってさえまったく支持されない議論を提出することにはなんら利点がない）。しかし、弁護士にとって技術的なルールが存在するのは、まさに、裁判官の容認された義務のゆえである。すなわち、裁判官は既存の法の枠組の内部で仕事をする義務を承認しているがゆえに、またそのかぎりにおいて、すぐ上で述べたような議論を行うことにはなんら利点がない。裁判官は、彼らの立法を「欠缺補充」にとどめる義務を承認しているからである。もちろん、このことが、弁護士の職務以上に裁判官の職務に含まれる高度の想像力、知恵、機知、大胆さ、あるいは巧妙さを否定すると考えることはできないし、考えられるべきでもない。さらに加えて、弁護士の主張しなければならない結論を確定するものが（誠実な弁護という倫理と整合的に）依頼人の主張を可能なかぎり有利なかたちで提示するために最善を尽くす義務であるのに対して、裁判官には、どちらがより優れた論拠であるかを決定する職務を負うことが要求される。このことは、法における潜在的な裁定の司法的な定式化のなかで、単なる気まぐれないし恣意性を排除することができるということを示している[17]。

　両当事者の熟達した弁護士が各当事者のために最も有効な主張をなすよう

説示されること、これは、裁判所が一方または他方の有用な可能性を見落とさないための担保として役立つし、少なくともそうあるべきである。裁判官と弁護士がいずれも既存の法およびそのなかで利用可能な類推と原理という限界内で事案を処理することは、潜在的な裁定の定式化を可能にすると同時に、第二段階の正当化の出発点として恣意的あるいは気まぐれな一般化の可能性を排除する。少なくとも、これらの役割を果たす人物がその職責を全うし、本来の義務に従うことに誠実であるなら、そうなるはずである。はじめて出会う事件において判決正当化に新たな潜在的裁定を定式化しうる領域は、一方で確立した妥当なルールと矛盾・対立しないという必要性によって拘束され、他方で判決を支持する何らかの類推、原理、あるいは他の法的保証理由を発見する必要性によって拘束されるとするなら、これは相当に明確に限定された領域にちがいない。ここには足かせのない裁量などは存在しない。

以上のことは、(カント[18]あるいはヘア[19]のような)倫理学理論に、ある疑いを投げかける傾向があるかもしれない。これらの理論は、道徳判断の普遍化可能性の要求(本書の判決正当化理論と顕著なほどに一致する理論)とともに、道徳的主体の絶対的自律を強調している。法においては、多数の要因が存在する。判決の新たな一般原理が形成され、したがってそれらが評価されテストされる領域ならびにその用語は、それらの要因によって制限され限定される傾向にあるが、そうした要因は、まさに法における判決および正当化過程の公的で制度化された性格から導かれるのである。したがって、純粋な自律の主唱者によって描かれたような道徳的状況のなかに同様の制約要因を見出すことは困難であり、法においては、結果として生ずる道徳的行為原理を普遍的な形式でテストするためにわれわれが普遍化を試みる「行為の格率」の範囲は相当に狭められる。まったく恣意的でないかぎり、またその意味で非合理的でないかぎり、あらゆる道徳的判断には、少なくとも一年はかかるこ

---

17 パターソン博士の論文(前掲第1章注13)は、弁護士の主張しなかった論点について、貴族院は裁定を差し控えるのをつねとしていることを示している。
18 Kant, *Groundwork* (前掲第1章注10) 参照。
19 R. M. Hare, *The Language of Morals and Freedom and Reason* 参照。

(c) 一貫性と整合性の論法：説明と例解　133

とになるだろう。たしかに、われわれの道徳生活には法的生活と同様に、必要な社会的背景があり、それが新たな状況あるいは困難な状況で新しい行為原理を組み立てテストする際の文脈として、ルールと原理の基礎を提供するということは真理である。自律は実在するが、第10章で再度取り上げるように、それは他律を背景としてはじめて実在する。

それはさておき、**ドナヒュー対スティーヴンソン**事件を用いて、これまでの説明が第二段階の正当化にとって本質的であると示唆してきた論法、一貫性と整合性の論法を具体的に例示するという小さな問題が残されている。再び、すでに述べてきたことの平易で明白な実例を各意見から抜粋することに困難はない。

われわれは、「判例集に見られる特定の事件がその一事例にすぎないような、注意義務を生ずる諸関係についての一般的な捉え方が存在しなければならないし、実際に存在している……」という、アトキン卿の意見をすでに引用した。しかし、なぜそうでなければ「ならない」のか。少なくとも、法が「法典のない無数の先例」であり、基礎となる合理化原理によって統一されることのない、果てしのない単独事例の集まりと考える余地は残されている。しかし、それはアトキン卿の見解ではない。直前の段落では次のように述べている。

　　驚くべきことに、［注意］義務の発生する当事者間の関係を定義する一般的に適用可能な言明をイングランドの先例のなかに発見することはなんと困難なことであろうか。裁判所が与り知るのは、現実の訴訟において裁判所の面前に現れた個別的諸関係であり、そのような状況において義務が存するか否かを述べるだけで事足りる。その結果、裁判所は、義務の詳細な分類に従事し、たとえば、所有に関して義務は存在するか、それは不動産か動産か、さらに所有権について占有権と管理権を分割し、また、一方と他方の個別的関係に基づき、製造者、仲買人、地主、買主、賃借人、第三者、等々の区別を行なってきた。こうして、法が義務を承認するか否かはいつでも確認されうるが、それは、事件が、すでに検討され分類された特定の種類に関係づけられることができる場合に限られるのである。とはいえ、責任の存在が確立された事件すべてに共通する義務は、**論理的に**、その存在が発見された事件に共通する何らかの要素に基づか**なければならない**。一般原理の完全な論理的定義を断言することは、おそらく、裁判官の職能を

越える事柄である。なぜなら、定義が一般的になるほど、本質を遺漏し、非本質的なるものを導入する可能性が高まるからである。この試みは、私が後に参照する定義のなかで、**ヘヴン対ペンダー事件**（[1883] 11 Q.B.D. 503）におけるエシャー卿が行ったものである。考案されたとき、それは明らかに広範にすぎたが、私には、適切に制限するなら、それは価値ある実際的な指針を提供しうるように思われる。（[1932] A.C. at 579-80; 1932 S.C. (H.L.) at 44. 強調はマコーミックによる。）

義務は確立された事件に共通する要素に論理的に基づかなければならないというアトキン卿の主張をまじめに受け止めるとして（そうしない理由はどこにもない）、それが可能なのは、アトキン卿が「暗黙の大前提」として、合理的な目的的営為としての法という見方を抱いていたと想定するときに限られる。確立したルールに合理的目的を帰することは、注意義務を生ずる個別事件が単一の一般的な捉え方の一事例でなければならないと断言するための必要条件である。したがって、個別事件がその一事例と見なされるような「一般的な捉え方」を定式化することによって、そこに帰された基底的な目的を明らかにすることは、それ自体、現在認識されているルールあるいは少なくとも認識可能なルールがその一つの現れとなるような法の「一般原理」を述べることである。

もちろん、これこそアトキン卿が有名な「隣人原理」を次のような言葉で定式化したときに行ったことである。

　汝の隣人を愛せよというルールは、法においては以下のごとくになる、汝は汝の隣人を侵害してはならない、と。そして、だれが隣人であるかという法律家の問いは、制限された答えを受け取る。汝は、以下のごとき人物を侵害しかねないと合理的に予見されうる作為または不作為を避けるべく、合理的な注意を払わねばならない……、すなわち、問題とされている作為または不作為に汝が心を向けるとき、汝の行為によりきわめて近い影響を被るがゆえに汝がそのような影響を被ることを熟慮すべき人物のことである。（[1932] A.C. at 580: 1932 S.C. (H.L.) at 44）

こう述べながら、アトキン卿は、**ヘヴン対ペンダー事件**（[1883] 11 Q.B.D. 503 at 509）で以前にエシャー卿が行った試みに基礎を置きながら（これを彼が認めていることはすでにみたが）、**ル・リーヴル対グールド事件**（[1893] 1 Q.B. 491）における「近接」の観念を導入することによって引き続きそれを精

(c) 一貫性と整合性の論法：説明と例解　　*135*

緻化した。しかし、もちろん、そのような広い言明は決してアトキン卿を拘束するものではなく、いかなる意味でもドナヒュー夫人に有利な判決を彼に強制するものではなかった。(実際バックマスター卿は「[これらのオービタ・ディクタは] その混乱した魂がこれ以上に法を悩ませることがないようしっかりと埋葬されるほうがよい[20]」と考えた。) むしろ、それは、彼自身の定式のなかで彼を支え導いたのである。

　この種の「一般原理」の定式化は、真に創造的な想像力の努力を必要とする。この過程の強調は誇張とはなりえないが、とはいえ、誤解を避けることは決定的に重要である。裁判官は、一群の個別ルールの基底にある共通の目的を表現するものとして一般原理を定式化し[21]、そうすることで、既存の法を新しい理解に照らして合理化し、同時に、関連領域における新しい展開を正当化するための十分な根拠を提供している。ここにおいて裁判官が示しているのは、判決が当該事件において彼が与えようと提案するものでなければならないということではない。そうではなくて、判決がそのように下されることも正当でありうるということにすぎない。彼はルールの根拠を単純に発見し陳述しているのではない。程度の大小はあれ、裁判官は、ルールを包摂することのできる原理を述べることによってルールを合理化し、その原理を新しい判決に必要な出発点として用いる。そうすると、その判決は「既存の」法によってすでに「包摂」されたものとして表現されうるのである。

　この過程が可能であるということ自体、弁護士の研究心と創意工夫をとおして裁判所にもたらされた、類似先例の存在に依存する。この点については、ここで詳細に述べる必要はない。同様に本質的なことは、拘束力をもつ完全に矛盾する先例が存在してはならないことである。この点を主張するアトキン卿の意見の残り部分を拾い読みしてみよう。被害を被った消費者に対する製造者責任の存否という問いを批判的に評価したすぐ後で、彼はこう述べている。

　検討してみるに、私の考えるところ、私がまさに示唆してきた状況において、

20　[1932] A.C. 562 at p. 576, 1932 S.C. (H.L.) 31 at p. 42.
21　MacCormick '"Principles" of law', 1974 *Juridical Review* 217, および後述第7章を参照。

責任が否定された事件はまったく存在しないことが見出される。関係がはるかに隔たり、義務が存在しないと判断された事件は無数にある。また、そのような事件において、個別的な争点の決定に必要となる以上のことを述べ、以後の裁判所が経験する困難を引き起こしてきたオービタ・ディクタは存在する……。

　私見によれば、若干の決定的な事件は、本件のごとき事件において、製造者が消費者に対し注意義務を負うとする見解を支持している……。([1932] A.C. at 583-4 ; 1932 S.C. (H.L.) at 46-7)

　次に、彼は以下のような先例を再検討する。**ジョージ対スキヴィントン事件**((1869) L.R. 5 Exch. 1)、**ホーキンズ対スミス事件**((1896) 12 TLR 532)、**エリオット対ホール・オア・ネイルストン炭坑事件**((1885) 15 Q.B.D. 315)、**チャプマン対サドラー商会事件**(([1929] A.C. 584)、**グロート対チェスター・アンド・ホリヘッド鉄道事件**((1848) 2 Exch. 251)。

　現在必要となるのは、本件のごとき事件においていかなる注意義務も消費者に対し負わない旨の命題を断言するものとして、その後の裁判所で言及されてきた事件を考察することである……。(前掲各判例集、それぞれ587頁と49頁)

　彼は次に、以下の事件を「説明」または「区別」することに進む。**ディクソン対ベル事件**((1816) 5 M. & S. 198)、**ラングリッジ対リーヴィ事件**((1838) 4 M. & W. 337)、**ウィンターボトム対ライト事件**((1842) 10 M. & W. 109)、**ロングメイド対ホリデー事件**((1851) 6 Exch. 761)、**アール対ルボック事件**([1905] 1 K.B. 253)、**ブラッカー対レイク・アンド・エリオット事件**((1912) 106 L.T. 533)、**ベイツ対ベイティ有限会社事件**([1913] 3 K.B. 351)。

　再度強調しておかなければならないのは、いくぶん密接に類似しているとしても（直接的に合致するのは**ジョージ対スキヴィントン事件**だけであるが）、支持的な先例を引用すること、および対立する先例を区別することが、当面の事件の判決を強制すると見なされてはならないということである。それらがアトキン卿の正当化において決定的な要素であったとさえ述べることはできない。それらが決定的であるのは、ドナヒュー夫人に有利な判決が**法的に正当化可能**であることを示す点にある。それらなしには、判決は**法**に特有な保証理由を欠くことになるだろう。しかし、その判決が正当化可能であると同時に正当化されていることを示すためには、「帰結主義」の論法、提案さ

(c) 一貫性と整合性の論法：説明と例解　　*137*

れた判決の原理と代替的原理を評価しテストする議論に目を向けなければならない。何よりの証拠はバックマスター卿の意見であり、そこでは、同じ先例の組み合わせが、まったく正統にも、反対の結論を支持するために用いられており、アトキン卿のお気に入りの先例が区別され覆されているのである（**ジョージ対スキヴィントン**事件および**ヘヴン対ペンダー**事件中エシャー卿のオービタ・ディクタ部分）。

　マクミラン卿は以下のように述べている。

　　今わが判事たちの耳目を集める話題を論ずるなか、二つの競合する法原理が各々覇権を争って出会う場を見出したのである。一方に、契約当事者以外の何者も契約不履行を訴ええないという十分に確立した原理が存在する。他方、契約を離れて、過失は当該過失により侵害された当事者に訴えの権利を与えるとする等しく十分に確立した法理が存在する。もとより、私がここで用いる過失という用語は、課された義務とその不履行を含意する、その技術的な法的意味においてである。（[1932] A.C. at 609-10；1932 S.C. (H.L.) at 64）

　そのような覇権をめぐる争いのなかで、いずれの原理もそれ自体でみずからの勝利を決定しえないことは明白である。いずれが勝利するべきかを評価することこそ裁判所の職責である。**ミュレン**事件のオーミデール卿のある傍論に関して、マクミラン卿自身が以前次のように述べていた。

　　願わくば私が示したい真実とは、イングランド法が不合理あるいは不公平に取返しがつかぬほどに関与し、それに従うスコットランドの裁判官に良心の呵責を強いているという中傷を正当化しうるような、『不断にして一貫した判決の流れ』などイングランドの判例集のうちに存在しないということである。（前掲各判例集、それぞれ608頁と63頁）

　最終的な結論を正当化するものは、深く理解された事物の「理由と衡平」である。それは、過失の原理の存在を所与として、また、製造者・消費者という文脈への原理の適用に対し、先例が決定的なものではないことを所与として、結論の正当化を可能にするにすぎない。この論法とはまさに（a）帰結、（b）一貫性、そして（c）整合性の論法である。

第6章　帰結主義論法

　裁判官は一つの裁定を提出するにあたって、「関連性問題」、「解釈問題」、または「分類問題」にかかわるさまざまな代替的裁定の帰結を検討し評価するべきである、と考えるためのいくつかのよき理由がある。前章で分析した**ドナヒュー対スティーヴンソン事件**は、貴族院の裁判官たちがそのようなことを行ったきわめて明白な実例である。またそれは、裁判官はそのような事柄を考慮するべきであるということを裁判官自身が現に承知しているという主張を補強する証拠にもなる。もちろん、このような主張は目新しいものではない。ジョン・オースティンは、『法理学講義』[1]の第37講で、次のように述べている。

　　裁判官によって作られる法は、司法的決定の際に作られる。その直接の作り手の直接または本来の目的は、当該ルールが適用される当該個別事件の決定にあるのであって、そのルールを確立することにはない。当該決定の根拠が将来の類似の事件での根拠としても使えるかぎりで、その作り手は、実質的あるいは結果的に立法したことになるのである。彼の決定は、その諸々の根拠が一般的な法またはルールとなったときに生み出すかもしれない結果の考慮に普通規定されている……。

　オースティンや私が、決定はそのような考慮に「普通規定されている」と考えるのは正しいのだろうか。その答えはイエスであるにちがいない。というのは、判例集をめくってみると、そのたびにわれわれは、そのような論法に出会うからである。だが、実例を挙げて証明するべきであるということもまた正しいし、適切である。これが本章の役目である。

1　前掲書（第3章注10）。

(a) 憲法問題

　目下の関心であるような種類の論法の顕著な実例としては、**マーベリー対マディソン事件**（(1803) 1 Cranch 137）において、マーシャル主席裁判官ないし合衆国最高裁が、合衆国議会が制定した法律についてさえ、それを合衆国最高裁判所が適用しなければならないのは、それが合衆国憲法の規定に違反していないという条件をみたしているときに限られる、という賞賛されてきており、また、根本的な重要性をもつ裁定を下したとき、マーシャル裁判官が使った論法の右に出るものはない。彼の次のような言葉を検討してみよう。

　　もし、……裁判所が憲法を尊重するべきであり、憲法が立法部のいかなる通常行為よりも上位にあるとすれば、そのような通常行為ではなく、憲法こそが、憲法と通常行為の双方が適用される当の事件を支配するものでなければならない。
　　ところで、憲法は裁判所において永久法とみなされなければならないという原理を争う者は、裁判所は憲法に目を閉ざし、法律のみに目を向けなければならないと主張することを余儀なくさせられる。
　　この法理は、すべての成文憲法のまさに基礎を破壊することになろう。その法理は、われわれの統治の原理と理論によれば完全に無効であるはずの行為が、にもかかわらず、実際上は、完全に拘束力をもつと宣言していることになるのである。その法理は、文言で明示的に禁じられていることを立法部が万一したら、そのような行為は、明示の禁止にもかかわらず、実際には有効であると宣言していることになる。それは、立法部の権能を狭い限界内に制限すると宣言した口の端も乾かないうちに、立法部に実際上の、そして現実の全能を与えることに等しい。それは、限界を定め、同時に、その限界は随意に越えてよいと宣言していることになる。（前掲判例集178頁）

　とくに、「この法理は、すべての成文憲法のまさに基礎を破壊することになろう」という文言に注目されたい。マーシャル裁判官は、彼の意見の別の箇所で、合衆国の「成文憲法」に関する法理をもっと十分に展開している。すなわち、「主権者たる国民」が憲法と立法部を設立し、立法部の権能が憲法によって定められているとすれば、問題は、立法部はその設立の条項を踏

み越えることができるか否かということである。裁判所をして、立法権能の範囲に関する憲法の定めの破壊を見て見ぬふりをさせる、そのような司法審査法理を採用することは受け容れがたい、と。

アメリカ合衆国と同様、グレートブリテン連合王国も、特定の国家設立条項のセット（1707年の連合箇条。これは、それ以前は別々のものであったスコットランド議会とイングランド議会のおのおのによる授権立法によって採択された。）の採択によってはじめて設立されたものであるから、ここでも、これらの国家設立条項との関係で連合王国議会が有する権能について、同様の問題が提起されてきたことは驚くにあたらない。この点について、クーパー卿は、**マコーミック**対**法務総裁**事件（1953 S.C. 396）において、次のような意見を述べた。

　　議会が無制限の主権をもつという原理は、イングランドに固有の原理であって、スコットランドの憲法に、それに相当するものはない。それは、クックとブラックストンに由来し、バジョットとダイシーによって19世紀の間に通説となった。ダイシーは、その法理の古典的形態を彼の『憲法』のなかで語っている。連合立法がスコットランド議会とイングランド議会を消滅させ、それらを新しい議会に取って代わらせたことを考慮すると、1707年に起こったことのすべてが、あたかも、スコットランドの議員がイングランド議会への参入を許されたことであるかのように、グレートブリテンの新議会がイングランド議会に特有の性格をすべて継受しなければならないとする一方で、スコットランド議会のそれは一切継受してはならないとなぜ考えられるべきであったのか、私にはその理由を理解することが困難である。そのようなことは起こっていないからである。さらに、グレートブリテン議会がスコットランドとイングランドの別々の議会の継承者として成立する根拠となった連合条約および関連立法は、その後の修正の権能をグレートブリテン議会に明示的に留保する若干の条項を含む一方で、その他の条項は、そのような権能を一切含まないか、あるいは、連合にかかわる規定は基本的であって、すべての将来において変更不能であるべきことの宣言もしくは同旨の宣言によって、その後の変更を強調的に排除する条項からなっている。これらの著しく違うタイプの規定に対してイングランドの憲法学者が同一の態度をとっていることと、基本的解釈準則とをどうしたら調和させることができるのか、私はそれを理解できた試しがない。（前掲判例集411頁）

(a) 憲法問題　　*141*

　本件の特殊な争点は、(イングランドとは区別される) **連合王国**には過去にエリザベスという名をもつ君主はいないのに、エリザベス女王に「エリザベス二世」という称号を与えることは連合箇条第1条の違反になるか否か、ということであった。もしこれが、国王称号法 (1953年) によって認められたということであるのなら、その法律は当時、有効であったのか。高等民事裁判所上訴部第一部は、次のように判示した。本法は、「何世」という点について、その根拠を与えるものではない。しかし、いずれにせよ、君主の名前と世の選択は、法律上の根拠を必要としない。したがって、本法の効力の問題は、本件の争点と関係ない、と。

　さらにクーパー卿は、「私権」に関する事項と区別されるものとしての「公権」に関する法律と称するものの問題、あるいは、高等民事裁判所の保証された連続性の問題について、スコットランドの裁判所において裁判可能な争点が生じうるということに疑問を呈した。最後に彼は、訴えを提起する資格について、次のような重要な所見を述べた。

　　訴訟適格については、私は高等民事裁判所裁判官に同意する……。われわれはスコットランドにおいて、人民訴権を一定範囲内で承認する。この訴権においては、公衆のどの構成員にも、一定の形態の公権を主張する資格が与えられる可能性がある。しかし、この仕組みは、本件のような事例にまで拡張されたことはない。**高等民事裁判所に争点を提起する資格と利益を本件の上訴人に認めることが、公衆の反対が起こっているほとんどあらゆる政治行為に反対するほとんどすべての者に同様の権利を与えずして、どうしてできるのか、私にはわからない。**
（前掲判例集413頁。強調はマコーミックによる。）

　太字で表した文は、上訴人の主張を却下することの正当化に含まれる根本的な帰結主義的要素を明白に示している。しかし、議論の全体が、連合箇条の存在を「基本法」と見立てた上で (クーパー卿の意見、前掲判例集412頁)、憲法上の原理、訴訟を提起する市民の権利を定める原理、および、議会権能の限界を決める裁判所の権能の範囲を決定する裁判所自身の権利を定める原理を引き出し、解明しようとする企ての枠内で組み立てられていることに注意されたい。互いに敵対する原理を成文憲法についてのアメリカ的概念に照らして吟味したマーシャル主席裁判官との類似性が、両者の相違に劣らず印

象深い。両者にとって、市民の権利の問題と、本質的に政治的な問題とを区別するという点がキーポイントであった。

もちろん、ここでもイングランドの裁判所は、これらと異なる見解をとってきた。その態度の基本的な正当化理由の明快な言明は、**リー対ブードおよびトリントン鉄道会社**事件（(1871) L.R. 6 C.P. at 576）においてウィルズ裁判官によって与えられた。これは近時、**英国国有鉄道理事会対ピキン**事件（[1974] A.C. 765）において、貴族院によって支持された判決である。リー事件では、議会の私法律はそれが提案者の詐欺によって獲得されたという根拠で無効にされるべきである、との主張がなされたとき、率直で力強い応答がなされた。

　議会法律が不適切な仕方で成立した場合、それを廃止によって正すのは議会である。しかし、それが法として存在するかぎり、裁判所はそれに従うよう拘束される。**ここでの手続は司法的なものであって、独裁的なものではない。われわれがもし法律を運用する代わりに、法律を作ることができるとすれば、手続は独裁的なものになってしまうであろう。**（(1871) L.R. 6 C.P. at 582. 強調はマコーミックによる。）

ここにも、帰結主義論法の一例がみられる。一つの可能な裁定を違憲として拒否することが、直截な快楽主義的功利主義にではなく、立法機能と区別される司法機能に課せられる適切な限界に関する憲法上の諸価値の把握にかかっていることを、われわれは再び目にするのである。これと同じ主題は、「政治問題」の法理の再登場とともに、**ブラックバーン対法務総裁**事件（[1971] 2 All E.R. 1380 at 1383）におけるサーモン控訴院裁判官の短い意見のなかに再び現れている。

連合王国のヨーロッパ共同体への加盟条約を国王が批准する資格について、ブラックバーン氏が争おうとしたとき、彼の訴えは却下された。その際、サーモン控訴院裁判官は次のような理由を述べた。

　ブラックバーン氏の見解の誠実さに疑問の余地がないことを認めるに吝かでないけれども、私は、政治的決定に影響を及ぼすことを目的とする訴訟には断固反対する。そのような決定は、これらの裁判所とはまったく関係がない。それらの裁判所がかかわるのは、そのような決定が立法によって実施に移された場合の、

それらの決定の結果のみである。裁判所はまた、主権者の条約締結権能に介入する権能を一切もっていない。議会について言えば、現在の法状態では、議会はいかなる立法についても、議会が望むなら、それを制定、修正、および廃止することができる。裁判所の有する唯一の権能は、法であるものを決定し強行することであって、現在または将来において法であるべきものを、決定し強行することではない。私は、本件上訴が却下されるべきことに同意する。

　以上の実例は、法体系内部の「承認のルール」の射程と限界に関する根本問題のレベルで、帰結主義論法が必然的に登場することを明白に示している。しかし、帰結の評価のプロセスは、何が憲法上の基本原理とされるかという観点から、諸帰結を吟味することに大いに依存しているのである。

　それゆえ、究極の承認のルールについてのハート説に関するサートリアスの所見[2]に同意しなければならない。すなわち、憲法の存在は、少なくとも、憲法問題について決定しなければならない者の視点からすると、単に平明な事実の問題とみなされることはできない（ただし、**ブラックバーン事件におけるデニング卿の意見、前掲判例集1383頁参照**）。サートリアスが言うには、われわれが憲法に関する事柄をいかに決定するかは、憲法実践に由来する憲法理論に関しわれわれがいかなる見解をとるかにかかっている。私流の言い方でいえば、憲法上の基本的論点についての可能な代替的裁定は、裁判官たちによって理解された、そして、国家における権限および権限分配の正当な基礎に関する諸原理に現れた、憲法上の諸価値の観点から評価されなければならない、ということである。これは多分、同じことを言う違った仕方にすぎない。しかし、これがハートのテーゼを反証することになるかどうかは明らかでない。ハートにしてみれば、私やサートリアスがしていることは、彼の言う「内的視点」の解明であると言うことが十分できるからである。

　それはともかく、「承認のルール」は、先例の権威にもかかわっている。この場合も、裁判所に対して次のような問題、すなわち、どの先例が拘束力をもつのか、そして、それはなぜか、という問題が提起されるであろう。貴族院の先例はすべての裁判所を拘束するべきであり、議会によってのみ変更

---

[2] R. Sartorius, 'Hart's Concept of Law', (1966) 51 ARSP 161; also in *More Essays in Legal Philosophy*, ed. R. S. Summers (Oxford, 1971), p. 131.

されうる、という裁定のホールズベリ卿によるきわめて帰結主義的な正当化については、前章で触れた。しかし、その後、その裁定に固執することの帰結が貴族院にとって満足できるものではないことが判明し、その結果、貴族院は従前の見解を改めた。それは、1966年に貴族院を代表して大法官によって発せられた実務声明のかたちで行われた（[1966] 1 W.L.R. 1234参照）。

　貴族院が自身の過去の決定を見直す強化された権能を行使した（と少なくとも主張しうる）最初の事例は、司法部の権能——このたびは行政部に対する権能——にかかわるものであった。この事件は、最初は功利の根拠に基づいてルールが正当化されたが、その運用の経験が当初の正当化議論の誤っていたことの十分な証拠となることがある、ということの例証となった。**コンウェイ対リマー事件**（[1968] A.C. 910）において、貴族院は、次のような問題に関し裁定することを迫られた。すなわち、裁判所は、国王の大臣が宣誓供述書において、その開示が公益にとって有害で、公務の効率的運営を阻害する種類の文書であると認証した場合、裁判所は、訴訟における文書開示を命令する権能をもつか否か。大法官サイモン卿は、**ダンカン対キャメル・レアド事件**（[1942] A.C. 624）において、国家の安全保障にかかわる事件、または国家の安全保障に関する文書にかかわる事件では、大臣の宣誓供述書は問題にとって決定的であり、裁判所がそれを覆すことはできないと単独意見のかたちで判示していた。**ダンカン事件**そのものは、「国家の安全保障」という項目に入るものであった。なぜなら、そこで開示を保留された文書は、新型潜水艦——いくたびかの試験航行をへて、すでに原型をとどめないものになっていた——の導入計画であったからである。とくに戦時においてこのような裁定に有利に働く帰結主義的諸考慮を引用したり、詳述したりする必要はほとんどない。

　しかしながら、戦後期においては、この裁定の最も通常の適用は、どの「項目」に分類するべきかということに関連する事件においてなされたのである。それらの事件の多くは、司法部の重大な関心と批判を引き起こした[3]。**コンウェイ事件**においてリード卿は、スコットランド法で支配的なあるルー

3　S. A. de Smith, *Constitutional and Administrative Law* (2nd edn., Harmondsworth, 1973), pp. 618-23において、批判的に検討されている。

(a) 憲法問題　　145

ル[4]に相当するものをイングランド法でも採用することを提案して、次のような判示を行った。

　裁判所が行うのに何が「適当な」ことなのかを検討してみると、私の判断では、ダンカン事件以来25年の経験によって示された必要性、すなわち、適切な司法運営から得られる公益と、大臣が開示保留にするべきだと考えた証拠を非開示にすることの公益とを裁判所が比較衡量して均衡をとる必要性、これをわれわれは重視しなければならない。それゆえ私は、裁判所は（そのような均衡を）保つ権能と義務をもつと、貴族院が今決定するべきであると提案したい（前掲判例集951-952頁）。

「25年の経験」の一部には、刑事事件で被告側から求められた文書を非開示にすることに対して、弁護士によって表明された強い不満があった。これに応えて、（当時大法官であった）キルマー卿は、「医療関係文書、もしくはその他の文書であっても、それが刑事手続での弁護に重要な関連をもつ場合には、国王特権は主張されるべきでない」という新たな政府方針を述べる、1956年6月6日付大臣声明をすでに出していた。しかし、これは実際のところ、リード卿が指摘したように、**ダンカン**事件のルールの当初の政策的正当化を完膚なきまでに崩壊させるものであった。というのは、「自分の報告が刑事事件で開示されるかもしれないということを書き手が知っていても『意思疎通の自由と率直さ』は阻害されないと想定されている一方で、民事事件で開示されるかもしれないと報告の書き手が考えたならそれは阻害されると想定されている、という奇妙な結果になる」（前掲判例集942頁）からである。

われわれはここで、正義に基づく評価と、「便宜」または「公益」に基づく評価とが対立する明白な事例をみてきた。われわれはまた、裁定を法的に評価するこうしたプロセスが、裁定が最初に現れた際にその正当化力を評価するために適切であるのにたぶん勝るとも決して劣らず、先例の裁定を再評価する際にも適切である、ということもみた。単一の先例でさえ動かしがたいほどの拘束力をもつとする法体系の欠陥は、先行する決定の帰結主義的正当化根拠を確認または否認するために経験を利用する可能性をそれが封じてしまう点にある、と言ってよいであろう。

---

[4] *Glasgow Corporation* v. *Central Land Board* 1956 S.C. (H.L.) 1.

プリーストリー対ファウラー事件（(1837) 3 M. and W. 1）におけるアビンガー卿の悪名高い判決は、そのような封鎖のもつ欠点について恐るべき警告を与えてくれる。この訴訟は、箱馬車の御者が不注意〔ネグリジェンス〕により、馬車を原告にぶつけ傷害を追わせたことに対する損害賠償を求めて、使用人から使用者に対して提起された。御者は、原告と同じ使用者に仕える使用人であった。

アビンガー卿は、どのような種類の要素を考慮に入れるべきかについて何ら疑いをもっていなかった。すなわち、「使用人から使用者への本件訴えに対して先例がないことは認められている。それゆえ、われわれは、この問題を一般原理に基づいて自由に決定することができ、また、その決定にあたって、あれこれの決定をしたらどうなるか、その諸帰結を自由に考慮することができる」（前掲判例集5頁）。

訴えは棄却された。傷害を受けた使用人の訴えの棄却に対するアビンガー卿による正当化は、悪い帰結主義論法のよい実例である。

　この訴権によって、もし使用者が使用人に対して責任があるということになれば、そうした責任原理は、……驚くべき射程をもつ、ということがわかるであろう。馬車の背に乗った従僕は、馬車職人の不注意による馬車の欠陥もしくは馬具職人の不注意による馬具の欠陥を理由に、または、御者の飲酒酩酊による不注意もしくは技量不足を理由に、使用者を訴える権利をもつことになるかもしれない。その原埋が、この種の事例に適用可能であるなら、その他の多くの事例にも及んではならないという理由はない。たとえば、使用者は、建築業者の不注意によって生じた家の基礎の欠陥のために家が倒れ、瓦礫で使用者と使用人の双方が傷害を負った場合に、建築業者［同僚の使用人および請負人を含む長いリストがあり、その最後が建築業者］の不注意について、使用人に対して責任を負うことになるであろう。

　これらの帰結が不合理であることは言うまでもない。こうした不都合が、先の原理の本件への適用に反対する十分な論拠を与えてくれる。

この議論がなぜ悪いかといえば、請負人の不注意について使用者に、使用人に対する責任を負わせることの「不合理」および「不都合」は、使用者が使用人に対して、別の使用人の不注意について代位責任を負うべきかどうかということと関連性がないからである。一つ例を挙げれば、使用者が酔っ払

った御者を統御することは、不注意な建築業者を監督することよりも容易である。したがって、悪名高い「共同雇用」の法理（最終的に葬られたのは1948年の法改革（人身被害）法の通過後である）の源泉にして起源である本判決の主張自体、きわめて疑わしい正当化議論に基づいていた。この所見は、過去の事件の拘束力が、その事件で使用された正当化議論の強さないし妥当性から完全に独立しているとする、先例法理に根本的な弱点があることを示唆する（もっとも、近時リード卿が指摘したように[5]、「共同雇用」の法理は、高等民事裁判所上訴部の抵抗にもかかわらず、19世紀の間は道理と常識にかなったものと広範な人々の間で——少なくとも経済的に支配的な階層の間では——みなされていた、ということを付言しなければならないが）。しかしながら、**ロンドン路面軌道**事件の法理の放棄が、**コンウェイ対リマー**事件で現にみられたような再考への道を開いた。ここで、スコットランドの裁判所がはじめからずっと、次のような見解、すなわち、そうでなければ権威を維持したかもしれない先例から離れるための一つの根拠は、先例を作った裁判所によって述べられた正当化意見における議論の誤りであるという見解をとっていたことは注目に値する。その一例としては、**マクドナルド対グラスゴー西病院**事件（1954 S.C. 453）において、カーモント卿が、**リードフォード対アバディーンの治安判事**事件（1935 S.C. 276）に従わない理由として、**リードフォード**事件で裁判所が請負契約と雇用契約の区別の誤った適用に基づいて手続を進めたということを挙げたことがある。この法理は、**ベイスの受託者対ベイス**事件（1950 S.C. 66）でクーパー卿ないし高等民事裁判所上訴部第一部によって定立されたような原理、すなわち、権威的先例は、立法上すでに放棄された、もしくは無視された社会的または経済的概念を重視する原理に基づいているときは従われるべきではない、という原理と接合することができる。これら二つが一緒になれば、その当初の正当化理由が妥当でないか、あるいは現在の社会的状況に合わなくなった、そのような先例ないし先例の積み重ねを帰結主義的に評価し直すための基礎を提供してくれるだろう。たとえば**ベイス**事件で裁判所は、**メンジーズ対マーレイ**事件（(1875) 2 R. 507）で7人の裁判官に

---

[5] 'The Judges as Law Maker'（前掲第5章注4）, at p. 26.

よって下された、婚姻前継承的財産設定の種類を限定するルールから離れることを正当化する根拠として、そのルールのもともとの理由が、信託資本への本人および夫のアクセスを制限することによって既婚女性を保護する必要性にあったことを挙げた。その理由の力は、夫婦関係についての社会通念の変化——それはまた、既婚女性の財産に関連する立法によってもたらされた法的変化に反映していた——の結果として、今やまったくなくなっていた。

　現存する先例の批判的吟味へのこのような接近法が健全なものであろうということは、目下の議論の文脈全体のなかで正当化可能な結論であるように思われる。しかしながら、貴族院はどうかといえば、それはこれまでのところ、自身の先例から離れる自己付与的権能をいかに行使するべきかという問題を論じる際、そのような路線を明確にとってきたわけではない、と言っておかねばならない[6]。このことを根拠にして、目下のテーゼは、高等民事裁判所については当てはまっても、貴族院の現行実務の現実に忠実に応じるものではないと反論されるかもしれない。しかし、私はこれに応えて、次のように言わせてもらいたい。おっしゃることはよくわかるが、貴族院はこれまでのところ、先例から離れることを正当化する明快で満足できる基準のセットを明確に説明することができていない。そして、貴族院がそれをしようとすれば、法的な議論と正当化についての何らかのより一般的な理論に基づいてそれを行わなければならないであろう、と。この文脈では、目下のテーゼは——それが、われわれの裁判所の法的推論の現実に概して忠実であることを前提してよいとすれば——、批判的な機能をもつ。建設的に批判的な機能をもつと私は思いたい。

　説明のこの段階で、私は、以前入れた質を受け戻すことに向かうことができる[7]。われわれは目下、立法部の権能と先例の拘束力にかかわる議論における帰結主義的要素に注目しながら、当該法体系内部で「妥当な法のルール」の「承認基準」の現実の適用について裁判官はいかにして結論に到達するのかを論じている。裁判官がそのような基準を実際にもっており、適用し

---

[6] しかし、本テーゼと完全に両立する *Miliangos* v. *George Frank* (*Textiles*) *Ltd*. [1976] A. C. 443 参照。
[7] 第3章72頁。

(a) 憲法問題　149

ているということは、先にみたように、法実証主義の不可欠の教義であり、多くの——おそらく現代のすべての——自然法論者にとっても受け容れられる重要な真理である。しかし、裁判官は、(a) 特定の承認基準の受容と、(b) 争いのある事件でそのような基準を適切に適用することに関する彼らの裁定とを正当化する「下支え理由」をもっているかもしれないし、場合によっては、それらの理由を明確にしなければならないかもしれない、ということが指摘された。

　本章本節のこれまでの論述が示していることは、これらの下支え理由が現に、競合する可能な諸々の裁定が一定の類的文脈において妥当性ないし拘束力に関してもつ帰結に基づく議論によって明確化されているということである。関連する帰結の評価は、「正義」の基準、「常識」の基準、そしてとりわけ、基本的な憲法上の原理にかかっており、最後のものはさらに、政治哲学と、国家の最上位機関間の適正な権限分配とに関する諸々の基本的想定にかかっている。

　このことは、第2章で発見された知見に重要な限定を付す。確立された法のルールと事実前提とからの演繹的推論が法において行われていることはたしかに事実である。また、そのような論証が決定の決定的な理由を与えるものとして扱われていることも確かである。しかし、われわれは今や次のことがわかる。すなわち、これらの理由に**正当化としての**決定的性格を与えるのは何かといえば、それは、承認基準を尊重することの義務的性格の暗黙の想定であり、しかも、この想定が成立するかどうかは、第二段階の正当化に入る種類の諸考慮——問題を引き起こす事件ではじめて明確にされなければならない諸考慮——にかかっているということが。演繹的正当化は、それを決定的とみなす根拠を供給してくれる諸価値の枠組を説明するのではなく、むしろ、その枠組の内部で行われるのである。

　法の一般理論の観点からみれば、このことは、「妥当性テーゼ」に中心的位置を与えるいかなる法説明にとっても重要でなければならない知見である。そのような法説明を提出するすべての法理学者が、必ず意見を異にするというわけではなかろう。「承認のルール」についてのハート理論を、本書では「妥当性テーゼ」の中心的実例として取り上げてきたが、彼は実際、

「承認のルール」の存在は**観察者の視点からみれば**、「社会的事実」——複雑な事実だが——の問題である、と主張している。だからといって、当該法体系内部の主体として、承認のルールの規範的力がかかってくる人々が直面する、そのルールの「内的側面」においても、「社会的事実」が承認のルールに対して存在することのすべてである、ということにはならない。私は別のところで[8]、ルールのもとでの行為がもつ「内的側面」についてのハートによる卓抜した説明は、『法の概念』における彼の分析[9]の範囲をこえて、さまざまな方向で敷衍される必要がある、と示唆した。目下の議論は、この提案を後押しするものである。承認のルールの「内的側面」にとって本質的でなければならないのは、それを下支えするものと認められる政治的諸価値を追求し、当該社会の憲法秩序に固有だと考えられる政治的諸原理を具体的に支持することへの何らかの意識的コミットメントである。このことがそれ自体正しかろうが、正しかるまいが、いずれにせよ、ハートのテーゼと矛盾するものではない。もっとも、それはハートのテーゼを、ハート自身が自分の主張だと言うであろう内容よりもさらに先に進ませることにはなるが。

(b) 判例から無作為に選んだ帰結主義の諸事例

前節で検討した諸事例は、ある主題、すなわち、承認基準にかかわる問題を引き起こした事件を解決するという主題を例証するものとして意図的に選ばれたものである。**ドナヒュー対スティーヴンソン**事件においてだけでなく、これらの事件においても、(原理からの議論だけでなく) 帰結主義的議論の重要な働きを実証することに私が成功したと言えるにしても、これらの事件もまた、やや特殊な種類の事件に属しているという反論が出てきてもおかしくはない。これらの論法は、私が主張するほど、あるいは、私の一般理論がそうあるべきだと示唆するほど、一般的なものなのか、と。

私自身の判例研究から無作為に選んだいくつかの実例を挙げることによって、少なくとも、そのような論法が最前線のリーディング・ケースや憲法判

---

[8] 本書補遺参照
[9] Hart, *Concept of Law*, pp. 55-6, 86-8, 96, 99-100 〔第2版 pp. 56-7, 88-91, 98-9, 103〕, etc.

例に特有なものだという見解に反駁することができる。本章を閉じる前に、まさにこのことを行いたいと思う。その際、関連性問題、解釈問題、および分類問題にかかわる諸々の事件を取り上げるが、その選び方は無作為であり、その分野や法域についてもさまざまで、無作為である。

　近年イギリスの裁判所を相当に揺さぶってきた問題の一つは、不注意な行為に対する責任の程度にかかわっている。もし不注意な行為Aが、Bが身体または財産へのいかなる物理的侵害もなしに、経済的損失を被る状態を生み出したなら、Bには、そのような損失に対する賠償を求めてAを訴える資格があるか。一例を挙げれば、**ダイナムコ有限会社対ホランド＝ハネン＝キュビッツ（スコットランド）有限会社**事件（1971 S.C. 257）における事実は、次のようなものであった。すなわち、原告の工場は、被告の従業員が南スコットランド電気局に属するケーブルを（過失および不注意〔ネグリジェンス〕によって不法に）切断したため、1969年に２回ほど電力供給を中断され、これによって、原告は、生産および利潤の損失を被った。イングランドにおいても、同様の事故は同様な訴訟をもたらした。**ダイナムコ事件におけるキッセン卿の意見の最後の一節は、この論点についてのすべての判断に見出される主題を捉えている。**

　　私の意見は要するに、スコットランド法によれば原告は、彼らの所有または保有する財産への物理的損害が経済的損失の原因でない以上、彼らの請求がよって立つ経済的損失を理由に訴える資格をもっていない、ということである。法を、損失を主張できるような損害が身体または財産に一切ない不注意〔ネグリジェンス〕の事例における、経済的損失をもカバーするよう拡張するべきか否かは別の問題である。

　リーヴィス対クラン航路汽船事件（1925 S.C. 725）を含め、私が言及した諸事件には、もし法が原告の主張するようなものであるとすれば、不注意訴権を援用することができるあまりにも多くの訴訟があることになり、したがって、それを制限する実際上の必要性があるという趣旨の司法的意見が数多くみられる……。原告の主張が正しいとすれば、その結果は、**リーヴィス事件**の裁判長クライドの言葉を借りて言えば、「驚くべき」（前掲判例集740頁）ものになる。商売のために電気を使用する会社や人でさえ、ケーブルが不注意によって損傷され、電力供給が中断されたなら、利潤の損失その他の金銭上の損失を求める請求権をもつこと

ができることになってしまうだろう。機械を備えた工場の所有者もしくは保有者と、店舗、事務所、ホテル、レストラン、炭鉱もしくは採石場の所有者もしくは保有者、または場合によっては家の所有者もしくは保有者とを区別することはできないであろう……。(前掲判例集263頁)

キッセン卿はこれに先立つ意見のなかで、不注意な行為から生じる損害の「合理的予見可能性」の範囲を検討した際、現行の法原理は原告の主張を支持しないと結論づけていた。すなわち、「不注意な不法行為者が、損害を受けた財産の所有者もしくは保有者以外の人への純粋に金銭的または経済的損失を予測していたはずだと考えられるべきではない」(前掲判例集261頁) と。

これが、「予見する能力がある」という意味でのたんなる予見可能性の問題ではないことは明らかであるように思われる。キーポイントが、「……予測していたはずだと考えられるべきではない」という点にあることは明白である。電力ケーブルの不注意な切断から生じうる破滅的な範囲の損失は莫大であり、だれもそれに対する責任に保険をかけてリスクを負うことができるようなものではない。そのような金額についてだれかに責任を負わせることは、それが大会社であっても即座に破産を意味することになるだろうし、だれの現実の利益にもならないだろう。電力の供給に依存する人々は、電力の喪失から生じる損失に対して自分で保険をかけるべきである。ともかく、要点はここにあると、「経済的損失」にかかわる諸事件の裁判官たちによって論じられてきた。

ダイナムコ事件でキッセン卿は先に引用した議論を提出したが、それは、彼がスコットランド法の関連する原理を何と考えるかを、原理からの議論をいわば照合確認し、あるいは重ねて正当化するという方法で説明した後ではじめてなされたのである。このようなやり方は、そのような議論へのスコットランドの法律家の接近法に特徴的なものである。だが、このような伝統においてさえ、帰結主義的議論の相当な重要性を否定することは難しいであろう。今一つの事例をたとえば、**ヘンダーソン対ジョン・ステュアート(農場)有限会社**事件 (1963 S.C. 245) におけるハンター卿の判断にみることができる。

原告は、酪農用フリージアンの雄牛の単独畜房を掃除している最中にその

牛の角に突かれて死んだ農場労働者の未亡人と娘であった。彼女らの請求は、ヘンダーソン氏の死は被告の不注意、具体的には、被告が安全な労働システムを提供しなかったことによって引き起こされたという主張に基づいていた。しかしながら、被告は、次のように主張した。すなわち、問題の雄牛は、過去に一度も危険な性向を示しておらず、それゆえ、イングランドの「悪意の〔サイエンタ〕行為」の法理に従えば、家畜に関して過去の行動から有害な性向をもっていることが知られていないかぎり、当該家畜がなした危害に対して責任はありえないのであるから、原告は、これに関連する必須の主張をなしていない、と。

ハンター卿は、この議論を拒否した。彼は、この議論が依拠した諸権威——一部はイングランドの判例法に、他の一部はステアの『提要』第1部第9章第5節に依拠していた——を、有害なことが知られている動物を効果的に閉じ込める義務に関連するものと考えた。しかし、彼は、その義務の存在がどうして不法行為の賠償責任の一般原理に矛盾したり、それを排除したりするものと考えられるべきなのか、これについて原理的理由はないとした上で、帰結主義的議論を提出した。その議論は、彼の考えでは、確立した判例法体系にそのような解釈を付加することが望ましくないことを証明するものであった。

使用人が邪悪で有害であることを使用者があらかじめ実際に知っていたとの証拠がないかぎり、使用者は不注意〔ネグリジェンス〕の根拠も含め、いかなる根拠によっても、使用人の行為から生じた損失および損害に対して賠償責任を負いえない、という命題は明らかにこれを言明することができない。この否定形の命題が家畜動物に関係するとき、なぜ言明しうるものになるべきなのか、私はそのいかなる原理的理由も見出さない。私は、以上の所見がコックバーン卿の意見の一節との若干の類似性をもっていることはわかっている。彼は、**フリィーミング対オア事件**（1853）15 D. 486での多数派の一人であり、この判決はその後、貴族院によって覆された。しかし、伏して申し上げるが、だからといって、そのような見解を保持することが不可能になるわけではない。さもなければ、人はとりわけ次のような命題を受け容れなければならなくなるであろう。すなわち、人が意図的かつ悪意をもって、自分の犬に別の人への攻撃態勢をとらせても、彼は、この犬はそれ以前にだれも攻撃したことはなかったと主張することによって自分を

成功裡に弁護できるという命題、あるいは、ある農夫が、御しがたいことで悪名高い品種の雄牛を、それを知りつつも、スカーレット・コートを着たご婦人方のいる野に放ち、その軽率な行為の結果、不可避的に起こるべきことが起こったとしても、彼が、この動物は過去に一度も、男性であれ女性であれ、一人として角で突いたことはないと主張すれば、それが通るという命題。いずれにせよ、私の意見では、ステア（『提要』第1部第9章第5節）からの一節はそのような意味も趣旨ももっていない……（前掲判例集249頁）。

　これらの考慮をハンター卿は、意見の終わりに向かうところで、次のように述べることで実際繰り返している。

　　被告側弁護士は、彼の議論の実際上の結果がいくつかの点で正義に反し、異様とすら思われるかもしれないことを、弁論の間一度ならず認めざるをえなかった……。私は率直に告白しなければならない。私はとりわけ、異様な結果がスコットランドのよく知られた原理に抵触すると思われるとき、そのような異様な結果を達成しようとする情熱をもち合わせていないと。しかし、現存する受け容れられた原理を新たな一組の事実に適用することは、[被告側弁護士の示唆に反し、]立法部の機能を簒奪するものではない。（前掲判例集255頁）

　このような論法がコモン・ローの問題でのみ現れると考えるべきではない。それは事実からかけ離れている。というのは、まったく同様の論法が、制定法上のルールと一般に認められているものを解釈する際にも同様にふさわしい場合もあるからである。

　アニスミニック対外国補償委員会事件（[1969] 2 A.C. 197）において裁判所は、1950年外国補償法の第4条第4項──「この法のもとで委員会に対してなされた申請についての委員会による決定は、裁判所において疑問を呈されることはない」──の趣旨を検討しなければならなかった。この規定にもかかわらず、貴族院は、スエズ事件から生じたある問題に関する外国補償委員会の決定を無効と宣言した。先の条項を、委員会の決定と称するものが「無効な行為」である場合にそれを破棄する裁判所の権能を制約しないものと解釈するために、貴族院において訴えかけられた正当化要素の一つは、そうでないと、議会によって委員会に付与された権限が、訂正の可能性なしに明白に踰越されてしまうかもしれないという考慮であった。そして、それは、委員会は明示的に制限された管轄権の範囲内に留まるべきであるという議会の

(b) 判例から無作為に選んだ帰結主義の諸事例　155

意図に反することになると貴族院は考えた。アニスミニックの申請を却下するために、委員会が関連する勅令の適用にあたってなした特定の「誤り」を、基本的な誤りとみなすための議論自身は、正義と便宜からの議論であった。つまり、その勅令を委員会がしたように解釈することは、スエズ事件後エジプトでの財産を奪われた元来の所有者は、損失の部分的補償を獲得するのに十分な圧力をエジプト政府にかけることに成功した場合には、補償をまったく受け取れないという結果、つまり、正義と便宜に反する帰結をもたらすことになった。貴族院は、このような解釈適用がなされたプロセスは、「無関連の考慮事項」を考慮に入れるという項目に、したがって、管轄権の踰越に分類することができると論じた。それゆえ、「決定と称するもの」は、1950年法の第4条第4項にもかかわらず、正当に破棄されうるとされた。したがって、同法および同法のもとで発せられた委任立法をめぐるいくつかの可能な競合する解釈の評価に基づく二重の議論によって、決定を審査する権能が裁判所にあるという裁判所の主張と、その権能の現実の行使とが正当化された。

　これは、われわれが現在使用する区別でいえば、制定法の「解釈問題」にかかわる事例である。しかし、コモン・ロー上の法理の解釈もまた問題となりうる。たとえば、契約の目的達成不能というコモン・ロー法理との関係で。

　1937年1月3日、S. S. キングスウッド号は、ボイラーの大爆発で甚大な損傷を受け、パイリー港沖に停泊していた。その結果、着岸が遅れ、翌日にパイリー港から貨物を集めて出航するという傭船契約の目的達成が不能になった。この船の傭船者は、損害賠償を請求した。仲裁において仲裁人は、爆発の真の原因を証明することは不可能であるとの事実を認定した。契約締結後に生じた出来事のために、契約の商事目的の達成が不可能になった（「不能になった」）ということは、契約に基づく損害賠償請求に対する抗弁となる、ただし、被告自身の行為が、不能をもたらした出来事を引き起こした場合、被告はその抗弁を援用することができない、という法は明白に確立されていた。本事件すなわち、**ジョセフ・コンスタンティン汽船航路有限会社対インペリアル・スメルティング・コーポレーション有限会社**事件（[1942] A.

C. 154）において、傭船者（被上訴人）は、不能をもたらした出来事が船主もしくはその被用者の故意または不注意による行為によって引き起こされたのではないことを証明する責任は上訴人たる船主にあると主張し、船主は、その反対を主張した。アトキンソン裁判官は、後者の見解に与する判決を下したが、控訴院はこれを覆し、貴族院はそれをさらに覆した。

貴族院の推論における決定的な要素は、ライト卿によって次のように述べられている。

> 控訴院が定立したルールが多くの事件で、深刻な不正義を生み出し、不能の法理の有益な働きを無にしてしまうことは明白である。不能の法理は、すでに説明したように、合理的で公正なことを行うという目的をもって経験を通じ進化してきた。控訴院の採用したルールが便宜にかなわないことは明白であると私には思われる……。船舶がサイクロンのなかで完全に行方不明になってしまった場合、船主は、船長が危険海域警告を受け取ったのに、それを無視したわけではない、ということを積極的に証明しなければならないのか。海上での損失がいかにして起こったかの証拠を発見することが不可能な、多くの海上損失があるであろう。船舶が魚雷で完全に破壊されてしまった場合、船主は、たとえば、船上を照明で照らしてはいなかったとか、船は護送船団規則を遵守していたとかというかたちで、無過失を積極的に証明しなければならないのか。（前掲判例集193頁）

大法官サイモン卿は、同様の趣旨で次のことを指摘した。すなわち、「［控訴院の裁定がもし］正しいとすると、本当は不能が完成し、かつ不可避であったのに、被告は無過失を――場合によっては一連の無過失全部を――証明できないために、責任があるということになってしまうであろう」（前掲判例集161頁）、と。これに続いてサイモン卿は、ライト卿が挙げたのと類似の一連のテスト事例を列挙した。彼はさらに、問題は、明示の「海の危険」条項と類似した黙示の契約条項――これによれば、**グレンダーロック事件**（[1894] P. 264）の原理のもとで、かの例外の適用に抗弁する責任は傭船者にある――に基づくものと述べられうるという趣旨の議論を付け加えた。

ストーン教授[10]は、この後のほうの議論が、判決を正当化する必須の論拠として扱われたと主張している。それゆえ彼は、ルールの例外とルールの限

---

10 J. Stone, *Legal System and Lawyers' Reasoning* (London, 1964) pp. 244-6.

定との区別は無意味であるから、この事件は、裁判所が必然的に行う政策選択を偽装するために用いると彼が言うところの「架空言及のカテゴリー」の一つである、「無意味言及の法的カテゴリー」によって決定されたと言う。しかし、ライト卿およびサイモン卿の発言から引用した文章は、彼らが採用するルールに取って代わりうるルールから出てくると彼らが考えた悪い帰結を明示的に説明している。帰結主義的議論が明快に述べられ、相当に明示されているのである。たしかにサイモン卿にとって、問題が「述べられうる」一つの仕方は、黙示の契約条項を読み取ることではあるが、しかし、黙示の条項を解明するやり方についての彼の特定の選択を正当化するのは、明示的な政策的議論でなければならない。この目的のために、**グレンダーロック**事件の引用が、究極的に同一の政策的根拠によって正当化可能な支援的類推として使われたことは明々白々である。少なくとも本件に限っては、ストーンのテーゼは、支援的類推（これ単独では判決の決定的正当化には決してなりえず、せいぜい、その許容可能性と、確立した法との一貫性とを示すにすぎない）の機能と、それ単独で積極的正当化を構成する議論の機能との違いを捉え損なっている点で的をはずしているように思われる。その上、ライト卿の意見、すなわち、この結論が、すでに発展してきたものとしての不能のルールの根底にある原理と政策から推しても要求されるのだという意見を受け容れる場合、類推は、正当化の重みを増しはするけれども、本質的に余分なものである。

契約の違法性は、不能と無関係ではない論点である。というのは、契約の違法性は、原告が裁判所で請求を契約に基づいて基礎づけることを妨げるかもしれないからである。しかし、ここでもまた、特殊な新しい状況において、違法な契約の強行に反対するルールの適用をめぐって問題が生じるかもしれない。**セント・ジョン海運会社対ジョセフ・ランク有限会社**事件（[1957] 1 Q.B. 267）において、被告は、原告の船舶で穀物の荷をバーケンヘッドまで運んだことに対する運送賃の一部の支払いを拒否した。その船が許された最大積載量を優に超える過積載をして、したがって刑事上の犯罪を犯して、大西洋を渡ったからである。デヴリン裁判官の前で被告は、次のように主張した。われわれには、支払いを保留する権利がある。なぜなら、原告

が契約の履行にあたって刑事上の違法行為の罪を犯している以上、原告には支払われる権利がまったくないからである、と。デヴリン裁判官がこの主張に対処する際に示した鋭いウィットは注目に値するので、ちょっと長めの引用（これは目下のテーゼの肝心要の点を明快に例証するものである）をしても許されるだろう。

　かの犯罪が事故によるものであれ故意によるものであれ、重大であれ軽微であれ、被告は、運送賃の全部を保留し保持する権利を主張するのでなければ、勝訴することはできない。この原理を本件のような事例に適用すると、驚くべき結果に至ることは必定である。〔被告側弁護士〕ウィルマーズ氏は、広範な諸帰結から彼の目をそむけることを求めてはいない。たまたまほんのわずかでも過積載した船主は、荷送人または荷受人のだれからも運送賃を一銭も回収できないことになるであろう。船舶が航海中に犯す可能性がある違法行為であって、これと同一の効果をもつだろう違法行為はほかにも無数にある。〔原告側弁護士〕ロスキル氏は一例として、商船（安全規約）法（1949年）第24条の参照を私に促した。それは、穀物を積載した船舶について、穀物が移動するのを防止するために必要で合理的なすべての予防措置がとられていない場合、船を出港させることを犯罪としている。彼はまた、材木運送の詳細な規則——これは、諸々の工場法のもとでの諸規則と性格が類似している——の参照も私に促した。材木運送規則は、1932年の法律の第61条のもとでの犯罪をしまいとすれば遵守されなければならない。もしウィルマーズ氏が正しいとすれば、船主にとっての1932年法違反の帰結は、工場主が、工場法にすべての点で従っているわけではない工場において製造したいかなる製品の費用も顧客から回収することができないのと同じくらい深刻であろう。陸運業者が、よりましな地位にあるわけではない。ここでもウィルマーズ氏は、トラック所有者は、運送中にトラックが許容速度を時速１マイルでもオーバーすれば、貨物の運送費用を荷受人から回収することができないと言うことを恐れてはいない。もしこれが本当に法であるとすれば、荷主と荷受人が、有罪判決の確定を待って、自らの責任を否認するというやり方は、積極性に断然欠けるものである。すべての主要道路で、訓練された監視人による監視業務が無料でやがて開始されるであろう。外洋での効果的な監視活動には、あまりにも費用がかかることがおそらく判明するであろうが、しかし、すべての主要港で警備団を保持することぐらいなら、法律またはそのもとで作られた規則の違反が少しでもあると、すべての荷主が運送賃支払い責任から解放されるということを考慮すれ

(b) 判例から無作為に選んだ帰結主義の諸事例 *159*

ば、十分に引き合うということになるであろう。

　もちろん、ウィルマーズ氏が言うように、正しい原理について、それが驚くべき、あるいは悲惨でさえある結果をもたらすからといって、人はそれを宣言するのを思い留まってはならない。しかし私は、そうした性格の結果をもつ法的命題を調べてみる際、議論のどこかに欠陥があるかもしれないという考えに味方する偏見をもってそれを行う、と告白する。(前掲判例集281-2頁)

　私が先に、「分類問題」の典型および解釈問題の典型として紹介した二つの事件、**マクレナン対マクレナン**事件（1958 S.C. 105）と**イーリング・ロンドン自治区議会**事件（[1972] A.C. 342)）に言及せずに本章を終えることは、満足できるものではないだろう。前者の事件でウィートリー卿は、非配偶者間人工授精は離婚法の目的にとって姦通を構成しないと判示した。彼の主要な議論は、判例法で展開されてきた姦通概念の解明に基づいていた。しかし、強力な補充的議論は、姦通概念を非配偶者間人工授精まで含むように拡張することの明白な不合理にかかわるものであった。卿は、この代替的裁定によれば、妻は死人との姦通——いわば法律上の死姦——を犯したと認定されることすら可能になるだろう——これは彼にとって受け容れがたいほどばかげていると思われる結論であった——と指摘した。

　イーリング事件において、多数派の裁判官たちは、一連の人種関係法もまた一定の刑罰規定において「……出身国に基づく差別」という文言を使用していることに注目した。彼らは、刑罰法規が含意により拡張されることは受け容れがたいと考え、このことその他の理由で、「国籍」を出身国の範囲から除いた。しかし、キルブランドン卿の反対意見は、はるかに率直に帰結主義論法に依拠していた。

　国籍に基づく差別を出身国に基づく差別の範囲から除くことの実際的帰結は、目を見張るものである……。「出身国」が「国籍」を含むのに十分なほど広くはないとすれば、たとえば「ポーランド人お断り」という掲示によって人々を（盛り場の諸施設から）排除することも、異論の余地のある合法性をもつということになったであろう……。「外国人お断り」という掲示のほうが、もっと安全であったであろう。なぜなら、「外国人」という語は本来、外国出身のイギリス国民よりも、むしろ、外国籍を表すものだからである。自治区の弁護士が認めたように、パブの外は「イギリス国民専用」という掲示なら非の打ち所がなかったであ

ろうが……。いずれの解釈を擁護する議論も、微妙に平衡を保っている。私は、責任からの解放に有利な何らかの推定がそこにあるという見解を受け容れないであろう。もちろん、人種関係法は、若干の刑事制裁を含んでおり、自由を制約している。しかし他方で、それは、社会改良と苦悩の社会的救済との基準とも考えられている。後者の目的のためには、自由に有利な推定からも、寛大な解釈に味方する推定からも、多くの助けが得られまい。([1972] A.C. pp. 268-9)

ドナヒュー対**スティーヴンソン**事件でわれわれが見て取ったところの、判決の一般化された原理をテストするパターンが決して珍しくはない、という主張を正当化するのに十分なだけの実例が、これまでに引用されたと言ってよいように思われる。一人の偉大な裁判官の裁判外での証言を入れてよいとすれば、リード卿の最近の論評が挙げられる。それは、他の裁判官たちがしたことを単に反省するというよりも、むしろ、それをみずから行った経験から、上のテーゼを要約して支持するものである。

ある命題が提案されたとき、人はしばしば、「そんなことが正しいはずはない」と独り言を言い、そして、どうしてそれが正しくはありえないのか、その理由を探す。時としてそれは常識に反し、また時として自分の正義感覚に反する。しかし、もっと多くの場合、それは、文脈を無視すればいくつかの裁判官の所見によって支持されているようにもみえるけれども、法原理に反しているのである[11]。

実例の引用だけでは、法における可能な裁定としての諸々の一般命題を帰結主義的に評価するということが、演繹的正当化を限界づける二つの問題が生じるときはつねに、法的正当化の不可欠な要素であるということの証明にはならないけれども、取り上げた実例は少なくとも、いかなる理論もこの種の評価をいくらかは考慮に入れなければならないということを示している。リード卿は、テスト・プロセスにおいて、「常識」、「自分の正義感覚」、「法原理」——彼は論文の別の箇所で、「公序」の基準もこれに加えている——が考慮されなければならないと示唆している。これは、**ドナヒュー**事件で互いに敵対する法命題をテストする際に働いていると先に示唆された種類の価値を定式化する別のやり方である。結論と思われるもの——しかも、他の実例もそれを確認している——は結局、法は、個人間の正義と整合的な仕方で

11　前掲論文（本章注5）26頁。

(b) 判例から無作為に選んだ帰結主義の諸事例　　*161*

社会的善を確保し、社会的悪を避けることにかかわる、合理的諸目的をもつものと考えられなければならない、ということである。そして、これらの価値の追求は、個別的決定の帰結が、関連する法原理に帰せられる目的と調和するというかたちで、ある種の合理的整合性を示すものであるべきである。それは、**コンスタンティン**事件でライト卿が、不能をもたらした出来事が自分の過失によるものでないことを被告が証明しなければならないという要求を不能の原理に付加すると、その原理を自滅させる結果を招く、ということに訴えた際に示されたところである。「常識」は、二重の役割をもっている。一つは、裁判官がそれを実現しようとしていると自認している、そのような社会的価値についての共同体の大まかなコンセンサスのようなもの暗に示すという役割。もう一つは、二つの可能な目的の整合性をテストする際、どうして一方の目的を追求すると、他の目的を追求する文脈ではそれが「自滅的」になるのかを決める、その判断基準を提供するという役割である。**イーリング**事件でキルブランドン卿は、多数意見によれば、「外国人お断り」というパブの看板が合法になる可能性があることに言及したが、これはもう一つの実例である。

　法がそのような合理的目的をもつものとして把握されるということであるのなら、明示的な強行ルールによって支配されていない分野では、あるいは、そのようなルールが曖昧もしくは不完全であるときは、判決は、提案された諸々の判決をその帰結に照らしてテストするというプロセスを経て下されるべきである。しかし、正当化は、そのような判決がなぜあちらではなくこちらのほうへ行くべきなのかを示すという方法で進行するから、考慮するべき帰結は、あの判決やこの判決を下すことに伴う類的裁定から生じうる帰結であって、個別具体的な判決が個々の当事者にもたらす個別具体的な結果ではない。リード卿の言い方でいえば、人は、判決を包含するものとしての敵対「命題」に目を向けているのである。これまでの実例の引用は今や、このような進行方法が、司法的裁決における正義の原理に含まれる未来指向的要素——同様の事例は同様に扱うべし、したがって、この事件を、将来の同様の事例を同じ仕方で扱うことが正当化可能な、そのような仕方で扱うべし——によって必然的に要求されるという示唆を再び強調するための、より強

力な土台の上にわれわれを置いてくれる。

　難しい問題について与えられた判決の正当化理由を明確に説明することに、裁判所があらゆる事件で成功するということが真実だと主張することはできないだろう。しかし、目下のテーゼがかかわっているのは、判決が――裁判官や弁護士が従っている標準によれば――いかにして正当化される**べき**かを確言することである。それゆえ、ある種類の事件がはじめて登場した判決のどこを探しても類的裁定をテストする明白な手続がまったく見つからないことが時にはある、ということを示しても、目下のテーゼの決定的な反証にはならないであろう。決定的なのは、そのような事例が、満足できる正当化であるための条件を十分にみたしていると受け取られるべきであるか否かということである。これまでの考察からするかぎり、その答えは否である。

　スクラットンズ有限会社対ミッドランド・シリコン有限会社事件（[1962] A.C. 446）は、イングランド法のもとで、輸送中の化学薬品容器が受けた損害に対する損害賠償を制限する二当事者本人間の契約条項を第三者が援用することができるかどうかという争点にかかわるものであったが、この事件において第三者が、**エルダー・デンプスター商会有限会社対パターソン＝ゾコニス商会有限会社**事件（[1924] A.C. 552）での貴族院判例に訴えた。後者の事件では、契約に対する第三者はそのような責任の免除請求に成功していた。しかし、リード卿は、後者の事件について次のように述べた。

　　フィンレー卿は、船主を敗訴させる判決はばかげていようと言ったし、他の高貴な卿たちもおそらく同様に考えた。彼らは、確立された原理をその特定の事件の事実に適用しているだけだと考えたにちがいない。
　　しかし、そのような原理を探してみるに、私はそれを発見することができない。しかも、この事件で弁護士が提出した長い優れた議論も、それを発見できていない。（前掲判例集477頁）

　したがって、**エルダー・デンプスター**判例が後の事件に適用できるかどうかということにとって、判決の生命力を保つ正当化原理がフィンレー卿の意見のなかで一切解明されていないということは致命的であった。特定の事件で特定の判決が「ばかげて」いようと言うだけでは、その事件が「確立された原理を適用しているだけ」だとして説明されえないという事実を考慮すれ

(b) 判例から無作為に選んだ帰結主義の諸事例　*163*

ば、適切な正当化にならなかった。判決の一貫性に寄与する正当化原理を解明できていないという、そのような批判のもう一つの例証が、**ウィアー川委員対アダムソン事件**（(1877) 2 App. Cas. 743）の判決に対するダネディン卿の有名な非難に見出される。それは、**モスティン事件**（[1928] A.C. 57, at p. 73）での彼の意見において表明されている。

　これらの批判的な評言があるという事実は、裁判官は判決にあたって依拠する法裁定を明らかにし、かつ、それを「常識」、「正義」、「法原理との整合性」、「公序」といった適切な評価基準を用いてテストするべきであるということが、受け容れられた正当化要求であるという主張をさらに支持するものである。それゆえ、弁護士も同様に、勝訴の決め手を獲得しようと思えば、そのような考慮を裁判所の面前で押し出さなければならない。そのような要求が、司法的裁決における正義の原理から必然的に出てくるという主張もまた正しいとすれば、目下のテーゼをこれ以上説得力あるものにするにはどうしたらよいのか、それを知ることは難しい。それゆえ、その根拠づけはこれで終わりにしてよいだろう。

第7章 「一貫性」の要請：原理と類推

　本章の役目は、法の一般原理からの議論が法的推論において占める位置について、もっと立ち入って詳しく検討することである。すでに示唆したように、そのような議論の位置は、法における「一貫性」という、必要条件として要請される要求にかかっている。ここでは「一貫性」という言葉を、発達した法体系に属する多数のルールが一緒にされたとき全体として「意味をなす」べきだという意味で使っている。ルールの集合は、それらのすべてがより一般的な規範と整合し、したがって、後者のより特殊なまたは「具体的な」現れとみなされることがあるかもしれない。もし、そのより一般的な規範がだれかによって、諸事件を裁くための指針として健全で理にかなった、あるいは、正義にかない望ましい規範とみなされているなら、その人はその規範を、問題とされている、より特殊な諸ルールのすべてを説明しかつ正当化する「原理」として扱っていると言ってよいだろう。

　正当化についていえば、ある規範 n がそれ自体で、あるいは、高く評価されている目的のための手段として、高く評価されている場合、ある特殊なルールがその規範に包摂されうることを示すことは、それがもつべきよいルールであることを示すことになる。説明についていえば、ある与えられた文脈でルールがもつべき適切な意味についてわれわれが疑念を抱いている場合、原理の参照は、そのルールがいかに理解されるべきかをわれわれが説明する際、助けとなるかもしれない。すぐにわかることだが、それによってわれわれは、そのルールがなぜ従うに値するものとされているかということをも説明することができる。したがって、ある規範を「原理」と呼ぶことは、それが相対的に一般的であり、かつ、積極的な価値をもっているということを含意している。

　だれかほかの人がある一定の原理を遵守していると、ある人が言うことは、そう言う人自身がその規範に積極的な価値を与えていることを含意する

第7章 「一貫性」の要請：原理と類推　165

のではなく、その他人がそれを、積極的価値をもつものとみなし、したがって、個別的な決定およびルールに対して、先に述べたような種類の正当化的および説明的関係をもつものとみなしていることを含意する。

　これと同じことが、法の原理にも当てはまるように思われる。もし私が、ある所与の法体系に属する原理を確認しようとするなら、私は、その法体系の運用者たちが、それがもつ一般性と積極的価値のゆえに、その法体系に属する妥当なルールとの関係で正当化および説明の機能をもつとみなしている、そのような一般的規範を探し求めるべきである。黒人と白人の社会的または性的混合は阻止されるべきであるということが現在の南アフリカ共和国の法原理であると私がもし言ったとすれば、私は、私が言ったことは真であると信じているのである。しかし、私はなお、個人の行為の原理としてであれ、法の原理としてであれ、その規範に従うことの価値に大いに異論を唱えたり、実際、そのような遵守を激しく非難したりすることもできるのである。

　もちろん、「内部者」の視点からみれば、事態は異なる。自分がコミットしている法体系の原理を解明する作業には、その法体系の正当化的および説明的諸価値を表現する一群の一般的規範によって、その法体系に一貫性を与えようとする企てが伴う。これは人をして、制定法上または判例法上のルールが立法者または裁判官の意図において奉仕すると考えられた諸価値を理解しようと努めること、ならびに、一連のルールの受け容れられうる価値基盤と自分に思われるものを強行することに従事させる。ここには、受け継がれてきた諸価値を採用することと、自分の権利において、それらへの付加、それらからの拡張、またはそれらの修正をすることとの混合がある。

　以下において、法における「類推論法」もまた、同様の観点から理解されねばならないことが示唆されるであろう。そこでもまた肝心なのは、法体系内部の価値的一貫性を確保しようとする企てである。そうだとすれば、一貫性の要求はさらに、司法的立法が正統である範囲を画定するものとしても理解することができる。

　以上によってわれわれは、法理学で現在活発に論争されている分野へと導かれる。R. M. ドゥオーキン教授[1]は、「ハード・ケース」において原理か

らの議論がもつ意義を高く評価することに基づいて、法実証主義的法理学への一つの挑戦あるいは一連の挑戦に乗り出している。彼はこれによって、H. L. A. ハートのような法実証主義者が与する司法裁量論が打倒されたと主張している[2]。ドゥオーキンの議論は、たぶんスコットランドの法律家たちにとって格別の関心に値する。というのは、彼らは、ステアの時代以来（そして彼の影響のもとで）、彼らの法体系を先例よりも原理に基づかせることで伝統的に多くのものを生み出してきたからである。

たしかに私は、1966年にはじめて公表論文[3]のかたちで展開した考えをさらに発展させることを通じ、法的議論における一般原理の地位に相当な重要性を与える理論を提出したいと思っている。しかしながら、私は、この理論がハートの議論のような議論を打倒するものとは考えておらず、むしろ、それを補充するものと考えている。すでに明らかにしたことだが、決定的な点は、原理との関係でも、ルールとの関係でと同じく、人は法体系を、それを是認することなく、あるいは、その法体系が与する価値を是認することなく、記述することができるということである。

その上、法体系のルールが変化しうるのとまったく同様、その原理も変化しうるのである。原理を変化させる一つの方法は、新しい法律を制定することである。モリス・オヴ・ボーシージェスト卿は**チャーター対人種関係局**事件（[1973] A. C. 868；[1973] 1 All E. R. 512）において、これと非常に重要な関連性をもつ所見を述べている。彼の所見の関連性は、本件での実際の判決については彼が同僚たちと意見を異にしたという事実によっていささかも失われない。

　　裁判官の皆様、議会は、1965年および1968年の人種関係法の制定によって、根本的できわめて射程の広い重要性をもつ一つの新たな指導原理をイングランド法に導入した。それは、広範な人間活動および個人的関係に属するこの国での行為と行動に影響を及ぼし、また、及ぼすにちがいない原理である。議会によって定

1　Ronald Dworkin, *Taking Rights Seriously* (London, 1977) の第1章～第4章、第12章および第13章は、この挑戦が述べられている一連の論文を一緒に合わせたものである。
2　前掲書（本章注1）第2章および第3章をとくに参照。
3　MacCormick, 'Can *Stare Decisis* be Abolished', 1966 *Jur. Rev.* 197 ; cf. also ' "Principles" of Law', 1974 *Jri. Rev.* 217.

第7章 「一貫性」の要請：原理と類推　167

められた文言では、ただし、議会によって許されたいくつかの例外に服してだが、肌の色、人種または出身民族もしくは出身国に基づいて、人に差別的扱いをすることはイングランド法によって違法となった。その結果、ある意味で、何人かの人々に対して、それ以前なら彼らの自由と呼ぶことができたかもしれないものに対する制限が生じた。つまり、彼らはもはや、ある種の人々を、肌の色、人種、または出身民族もしくは出身国を理由に、他の人々よりも不利に扱ってはならないのである。しかし、自由という同一の大儀——その見方は従来と異なるものの——において、議会は、今検討することを求められている制定法の文言において、(前述の諸理由に基づく)差別から、それを違法として、法の保護を奪ったのである。([1973] A.C. at 889；[1973] 1 All E.R. at 518)

　議会がこの「根本的できわめて射程の広い重要性もつ一つの新たな指導原理」をいかにして導入したか、という問いに対する答えは単純である。すなわち、人種関係法の制定によってである。この法の条項に含まれる比較的詳細な法のルールの集合が、イングランド法（この点に関しては、およびスコットランド法）の妥当なルールであるのは、まさに、「妥当性テーゼ」が提出する諸根拠によるのである。それらのルールは全体として、「新たな原理」に具体的な法的形態を与える手段である。そのような手段の採用がなければ、原理は、道徳的または政治的観点からみていかに賞賛するべきものであろうと、**当該の法体系の**原理にはならないであろう。これに比べるとそれほど劇的にではないが、原理はまた、関連する司法的決定の漸次的積み重ねによっても導入されうる。

　こうした観察は、変化の過程が、法体系の「妥当なルール」の場合と法体系の原理の場合とで著しく異なるわけではない、ということを示唆する。原理は実際、諸ルールの変更によって変化しうる。「承認基準」についても、これとよく似た関係が存在する。ある法体系の諸原理は、その法体系の運用者たちが、内部的に従っている基準の観点から当該法体系に属する諸ルールを合理化する際に依拠する、概念化された一般的規範である。もちろん、そのような合理化には、「当該の法」へ価値を帰属させるという争いの余地のある問題——何が「本当の」価値であるかということは本質的に争われうる問題である——が伴う。そして、もちろん、一般性のこのレベルにおいて

は、本来的な柔軟性と開かれた構造というかたちで多くの余地が存在する。しかし、このことは、法実証主義的な法説明を当惑させるような観察ではない。

ドゥオーキン[4]は、ルールはその特徴として、争われている事件に対して「全か無か」というかたちでの適用可能性をもっている——つまり、ルールは妥当で、与えられた事件に適用可能であり、結論を決定するか、非妥当もしくは適用不可能で、判決になんら寄与しないか、そのいずれかである——とも主張している。これに対して、原理は（ドゥオーキンが言うには）、「重さの次元」をもっている。つまり、諸原理は、所与の事実状況において、互いに対立しうるが、いずれも非妥当にはならない。むしろ、与えられた状況に対して、どの原理がより大きな重さをもつか、これが決定されなければならない。「重さの点で負けた」原理は、だからといって非妥当になるわけではない。

ここでも、違いが誇張されている。法における類推論法の核心は、ルールは、それが直接には適用できない事実に対する判決にも寄与することができるという点にある。「いくつかの類推が競合する」事件は、争うことができる中間地帯において決定を互いに異なる方向へ引っ張る、いくつかのルールを巻き込んでいる。その上、「重さ」という観念は、すでに示唆したように、比喩的な観念であり、客観的に測定可能な物質的対象の性質にそれがかかっているかのように誤解される可能性がある。ハード・ケースでの第二段階の正当化においては、原理の考慮、帰結主義論法、そして、確立された妥当なルールをめぐる解釈上の争点の間の複雑な相互作用がある。このことはすべて、具体的事件で実際に現れる原理論法および類推論法の役割を検討すれば、十分明らかになるであろう。ここで、法のルールと区別して「法の原理」と言う場合われわれが何を意味していると私が考えているか、これについて再度説明させていただきたい。私見によれば、法的ルール（目下の目的のために、それを「強行的法的ルール」と呼ばせていただきたい）は単独で、あるいは、もっと普通には関連するルール集合の一要素として、価値があると

---

[4] 前掲書（本章注1）24-7頁。

考えられた何らかの目的もしくは望ましいと考えられた何らかの一般的行動様式を達成するのに役立つか、または達成することをめざすものとして概念的に把握されてよい。したがって、その目的を達成するという政策を、またはその一般的行動様式の望ましさを、一般的な規範的言明のかたちで表現することが、当該のルールもしくは諸ルールの根底にある「法の原理」を述べることになるのである。

　たとえば、車両は道路の左側を通行しなければならないということは、連合王国の法のルールである。われわれが右ではなくなぜ左を選ぶべきかについて特段の理由はないが、どちらかの側に決めるべきであるということについては、安全という決定的な理由がある。ここでの原理は、道路の安全は運転者のための行動準則を定めることによって確保されるべきであるということ、あるいは、人々は他の道路使用者への危険を最小化するように運転するべきであるということである。これらの原理（または上で「あるいは」でつながれた二つの原理のうちの一つ）は、単に「左側通行」ルールにとってだけでなく、道路交通法全体にとっても、その根底にある理由である。もちろん、これら以外の原理もあるかもしれない。たとえば、道路上での交通の自由で迅速な運行が促進されるべきであるという原理である。駐車規制を課す法律や交通妨害を禁止する法律は、この原理に具体的形態を与えるものとみられている。したがって、この単純で月並みといってよいほどの事例においてさえ、われわれは、一つの法分野の諸ルールの根底にある少なくとも二つの原理を、しかも、互いに対立する可能性が明らかにある二つの原理を同定することができるのである。交通の自由で迅速な運行は、安全とつねに調和するわけではない。この段落で述べたことに限っては、争いがないと私は思う。

　このような仕方で一般原理を解明することの効果は、道路交通法を、恣意的な命令・禁止および許可の単なる寄せ集めとしてではなく、少なくともそれらのルールの起草者は望ましいと考えた、一般的諸目的の達成をめざす一貫した諸ルールの集合として把握する可能性を生み出すということにある。この意味で、原理の解明は諸ルールの合理化である。

　思い出していただきたいのだが、これはまさに、アトキン卿が一定の比較的に特殊な事実状況における不注意〔ネグリジェンス〕責任を定める現行の

判例法の総体との関係で行ったこと、あるいは、行ったとされていることである。すなわち、「イングランド法には、注意義務を生じさせる関係についての何らかの一般的概念が存在しなければならないし、現に存在している。判例集に見出される個々の事件は、その一事例にすぎない。」（[1932] A.C. 562 at p. 580 ; 1932 S.C. (H.L.) 31 at p. 44）。そう述べた後で彼は、その一般的概念を「隣人原理」という、今では賞賛されている定式のかたちで明確に述べる作業に乗り出した。その原理のもとでは、人は、自分の行為または不作為によって、予見可能な損害を、自分と次のような関係にある他の人々に与えることを避けるよう合理的な注意を払う一般的義務を負っている。すなわち、そこで問題となる他の人々と自分とは、当該の行為または不作為における自分の注意の欠如の結果として他の人々が被る損害が、自分からみて予見可能なリスクである、そのような関係に立っている。

　法学部の学生ならだれでも知っているように、「隣人原理」は、「拘束的な」ものではない。それは、オービタ・ディクタ〔傍論〕であり、レイシオではないからである。裁判所は、強行的ルールによってカバーされないいかなる一般的行為または不作為についても、その行為の不注意な遂行が予見可能な損害を引き起こす可能性があるとしても、その行為の不注意な遂行は責任の根拠とならない、と完全に自由に言うことができる。だれもが知っているように、訴答書面の準備または法廷での訴訟行動における弁護士の不注意は、依頼人に甚大な損害をもたらしうる。しかしながら、**ロンデル対ワーズリー事件**（[1969] 1 A.C. 191）において、慎重で憂慮気味の検討の末、法廷弁護士は法廷での主張の提示におけるいかなる瑕疵についても依頼人に対して責任を負わないと権威的に判示された。そのような責任を承認することに反対する理由として挙げられたものには、次のようなものがあった。(1)〔イングランドの〕法廷弁護士または〔スコットランドの〕上級弁護士は──そしてたぶん、法廷において弁護士として行為する事務弁護士も──、正義が行われるために、裁判所の役人として行為しているのであって、依頼人の利益のためにのみ行為しているわけではない。弁護士は、裁判所を誤った方向に導いてはならない。弁護士は、依頼人のために正統になしうる最も強力な主張を提出するという仕方で弁論を展開するにしても、裁判所に対し

て公正かつ正直に争点とそれに関係する法を提示しなければならない。(2)弁護士の責任を認めると、不満な訴訟当事者による訴訟の無限後退の可能性が開かれるであろう。つまり、勝つはずだと思っていた裁判に負けた者はだれでも、すべての上訴でも敗訴してしまったら、自分の弁護士を、勝つはずだった訴訟に勝てなかった際の不注意を理由に訴えることで問題を蒸し返すことができてしまう。

　しかし今度は、反対の例も取り上げよう。**内務省対ドーセット・ヨット有限会社**事件（[1970] A.C. 1004）において問題となったのは、内務省は、開放型少年院から少年たちが脱走するのを防止する注意義務を一般市民に対して負っているかどうか、ということであった。少年院の少年の一団が、3人の少年院刑務官の監督および管理のもと、プールハーバーにあるブラウンシー島で労働していたところ、ある夜脱走し、港に停泊中のヨット2艘に大きな損害を与えた。ヨットの一つが、被上訴人の所有に属するものであった。被上訴人は、損害賠償を求めて内務省を訴えた。明らかなことだが、上に述べた問題に対する肯定の答えが、勝訴するための必須の前提条件であった。被上訴人は、肯定の答えを手に入れた。

　しかしながら、ディルホーン卿の反対意見の一節は非常に興味深い。

　　そのような義務がコモン・ロー上存在することを支持する典拠はない。記録長官デニング卿は、控訴院での彼の判決においてこのことを認めたと私は考える。というのも、彼は、「それは、思うに、根本的には公序〔公共政策〕の問題であり、われわれが裁判官として解決しなければならない事柄である」、「そうだとすれば、何が裁判官の採用するべき正しい政策であるのか」と述べているからである。彼は続いて、次のように述べた。

　　「囚人が脱走し――あるいは、仮釈放されて――損害を与えた例は枚挙にいとまがない。しかし、それに対して刑務所当局が責任を負うとされた事件は、われわれの法律書には皆無である。夜盗に入られた世帯、犯罪者から侵害を受けた人が刑務所当局から損害を賠償されたことは一度もない。そのような事例は判例集に載っていない。世帯は、自分が加入した保険会社に請求した。被害を受けた人は今日では、補償基金に請求することができる。刑務所当局に請求した者はいない。このすべてを変更するべきだろうか。そのようなことをすると、われわれの刑務所当局によってなされるよい仕事のすべてを妨害してしまうことになるとす

れば、そのようなことはしないほうがよいと思う」（[1969] 2 Q.B. at p. 426)。

　私がデニング卿と意見を異にするのは、「このすべてを変更する」ことは司法部の役目ではないと考える点においてである。個別事件の事実が、法の広範な影響をもつ変更にとってまったく不適切な基礎であることもありうる。われわれは、法が何であるべきかを決定し、しかる後に、現行法を変更する必要はない。それは議会の役割である。([1970] A.C. at 1051)

　しかし、このように言うことでディルホーン卿は、ネグリジェンス責任の司法部による拡張の許される範囲について、同僚とは異なる見解をとったのである。リード卿、モリス・オヴ・ボーシージェスト卿、ピアソン卿およびディプロック卿はみな、「隣人原理」を、その後続史も考慮に入れて考えれば、ほかに直接関連する先例がないとしても、被上訴人に有利な決定を下すために十分な支持根拠であると考えた。もちろん、ディプロック卿が警告したように、隣人原理は「普遍的な」[5] 原理ではないから、もしそのようなものとして、つまり、今用いている意味で「強行的」適用力のある規範として理解されるなら、誤用されていることになろう。ピアソン卿が述べたように、

ドナヒュー対スティーヴンソン事件でアトキン卿が述べた基本的原理の陳述に立ち返って考えることは許容されることであったし、実際、ほとんど不可避であった。その原理は、基本的で一般的な原理ではあるけれども、普遍的な原理ではない。したがって、アトキン卿が述べた文言の外延の広い言葉に含まれるすべての状況に法律上適用されるものではない。本件での決定はある程度、何が公正で正義にかなっているかに関する印象と直観的判断の問題であらざるをえない。本件は私には、**ドナヒュー対スティーヴンソン**事件の原理を適用しないための何らかの十分な理由がないかぎり、その射程内に入るべきものであり、また実際入るように思われる。([1970] A.C. at p. 1054)

リード卿もまた、ネグリジェンスを含む不法行為が項目を限定されていると考えられていた20世紀前半と対照しながら、次のように述べた。

　その後、ネグリジェンス法を原理に依存するものとみなす——したがって、新たな構成要件要素が登場したとき、それが先例によってカバーされるかどうかで

5　[1970] A.C. 1004 at p. 1060.

はなく、承認された原理がそれに適用されるかどうかを問うべきことになる——着実な傾向が続いてきた。……［隣人原理］の適用を排除するための何らかの正当化理由または妥当な説明がないかぎり、それが適用されるべきであると言うことができ、また言うべきである時代が到来したと私は考える。（［1970］A.C. at pp. 1026-7）

　リード卿とピアソン卿によるこれらの力強い陳述は、隣人原理を、ネグリジェンス責任の新しい領域を承認する際、政策の強い理由および類推の近さによって支えられているかぎりで適用される可能性のある一般的言明として受容することから、対抗する理由が示されないかぎり適用されるべき一般的言明として受容することへの転換を示している点で興味深い。推定すなわち、議論責任が転換されたのである。こうした転換が生じた理由は、次のような事柄からなる司法的経験の積み重ねにある。すなわち、この法分野の発展と洗練、したがって、隣人原理を新しい事件でつねに試してみること、そして、新たな状況でその原理を必要に応じ限定しながら採用することを通じその原理が着実に補強されて行くことである。ディプロック卿の意見は、法の類推的拡張の方法論についての見事な説明を含んでおり、権威ある典拠に関するその議論において、隣人原理の力の着実な増加を示唆している。

　法原理の一般的言明の力がこのように着実に増していくことに与る、こうした歴史的発展のプロセスの重要性に注意することが肝要である。後にみるように、そのようなことは、ネグリジェンス法に限られるものではない。すぐ思いつく例を挙げれば、たとえば、「自然的正義」に関係する法の戦後の発展についても、同様の展開が明白にみられる。法的責任、法的権利、その他何でもよいが、ある一つの法分野をカバーする合理化的原理を定式化する最初もしくは初期の試みは、その当初の文脈では、原理以外の根拠、つまり、評価的根拠に基づいて非常に望ましいものとして積極的に正当化された法を、司法部が拡張することを正当化ないし正統化するものとして機能する。そのような定式化は、判決がすでに定着した原子的もしくは断片的ルールからの拡張を通じて出てくることを示すことで、決定を「正統化」する。しかし、一人の裁判官または一つの裁判所が、そのような定式化によって、その法分野のその後の発展を決定的に規定するということなどできないし、

また、そうするべきでもない。それは、一つの決定は裁判所に出された相対的に狭く定義された事実カテゴリーに対してのみ権威を有する、という法理のもつ長所の一つである。原理は一度定式化されると、「司法部の経験の積み重ね」を基礎にして、発展の個々の段階が（当該裁判官からみて）望ましいということで正当化されるかぎりで、法のその後の発展のための許容的根拠を提供する。ドゥオーキンの比喩的な言い方を借りて次のように述べてよいだろう。発展の各段階で、革新に不利な推定を与えておいた上で、なお革新的決定に有利な方向に天秤を傾けようとすれば、原理の重さを増加させるよき帰結主義的理由がなければならない、と。しかも、司法的経験の蓄積が、その原理への依拠を拡張するのと逆方向に進むこともあるのである。他方、原理が判例の着実な推移のなかで再評価のテストに合格すれば、その原理は、みずからの運動によって天秤を自分のほうに傾けるほどの重さを獲得するようになることもある。ただし、それに対抗するに十分な政策または原理の理由と考えられるものが、それに反対する（**ロンデル対ワーズリー**事件ではそうであったが）ということがないかぎりでではあるが。こうして原理は、単に許容的なものから、例外があるとはいえ強行的なものへと移行する。**ドーセット・ヨットクラブ**事件では、原理はまさにそのような地位を獲得した。

にもかかわらず、貴族院裁判官たちが述べたように、一般原理への訴えがそれだけで決め手になるわけではないということも確かである。それ以外に次のような論拠が必要であろう。決定を支持する評価的論拠、つまり、それなしには原理を適用する決定の十分な正当化が完成しないような、そのような論拠、あるいは、それに反対する評価的理由、そして（場合によっては）、その反対理由に対する抗弁となる論拠である。しかし、争点の決め手になるにちがいないのは、このような諸理由の付加である。いずれにせよ、原理は、帰結主義的議論の付加によって正当化が完成される司法的決定が正統なものとなる限界を定める。原理の存在は、原理を援用できなければ立法部に委ねられるべき決定を裁判官が下すことを許容できるものにするのである。

「類推論法」の機能もこれと同様であり、実際、原理論法と類推論法との間に明確な一線を引くことはできない。類推論法の適切な例証が、**スティー**

ル対グラスゴー製鉄有限会社事件（1944 S. C. 237）にみられる。引込み線に入る途中の列車に乗っていた乗務員が、被告会社の従業員の不注意により下り坂線路上を人の手を離れて勝手に走行していた別の列車との切迫した衝突を避けようとしたが、失敗し、轢かれて死んでしまった。その乗務員が、もし自分の雇い主の財産を守る行動をとろうとせず、自分自身の安全を気にかけていたとしたら、彼は明らかに無傷で逃げおおせたであろう。しかし、実際には、彼は逃げなかった。そこで彼の未亡人は被告を、夫の死が会社の従業員の提訴可能な不注意〔ネグリジェンス〕によるという理由で、損害賠償および慰謝料を求めて訴えた。

　争点は、切迫した衝突から受ける損害を最小化するために自分を危険にさらす乗務員の行動が、丘の上でなされた被告たちの不注意な行為と丘のふもとで起こった乗務員の事故との間の「因果関係の鎖」を切断する「新たな介入行為」とされるべきかどうかということであった。乗務員は、避けようと思えば避けられたリスクを自発的に引き受けた人、つまり、自業自得の人とみなされるべきであったか。そうだとしたら、彼の受けた被害は、危険な状況を生み出した行為から「遠い」ので、被告会社に責任はないということになろう。

　この争点に関する直接の先例はなかった。しかし、当時すでにスコットランド法では、第三者の不法な行為によって危険にさらされた人を救う救助者の行為には、救助者が被害を受けた場合、その第三者から賠償を求める権利があるという命題[6]が定着しており、イングランドの裁判所も、**ヘインズ対ハーウッド事件**[7]で権威をもって詳細に述べられたような、同様の線にそって判決を下してきていた。被告は、そのルールはもっぱら生命および四肢の救助者のためにのみ援用されうると主張した。しかし、司法書記卿クーパーは、「私は、咎のない『介入』を主張することができるのは救助者だけであり、人命の救助者と『物の救出者』とが……必然的に別のカテゴリーに属す

---

[6] Woods v. *Caledonian Rly.* (1886) 13 R. 1118, *Wilkinson* v. *Kinneil Cannel & Coking Co.* (1897) 24 R. 1001.

[7] [1935] 1 K.B. 146. Cf. *Brandon* v. *Osborne Garrett & Co.* [1942] 1 K.B. 548 and *Cutler* v. *United Dairies (London) Ltd.* [1933] 2 K.B. 297.

るという被上訴人の主張のための堅固な基礎を過去の判決のなかに見出さない」（1944 S.C. at p. 246）と述べた。クーパー卿は、続けて次のように結論づけた。

　この見方によれば、人命を救うための介入と財産を救うための介入との違いは、程度の違いであって、種類の違いではない。いずれの場合も、切迫した危険と、引き受けたリスクを正当化する十分な理由とがなければならない。救助者も救出者も、過度に危険な、または状況の緊急性を超えるほど極端で正当とはいえない介入行為に咎なく乗り出すことはできない。いずれの場合も、救助者または救出者がみずからをさらしたリスクの程度と、危険に瀕しているものに法が付与する価値とを比較衡量する必要がある。……明らかなことだが、通常、救助者は、救出者よりもはるかに高い程度のリスクを引き受けることができる。そして、救出者の介入の正当化を検討するにあたっては、保護されようとした財産の性質および価値、ならびに引き受けられたリスクの大きさだけでなく、救出者が救出される財産に対してあらかじめ何らかの関係または義務をもっていた場合には、それをも考慮する必要が通常あるであろう。（前掲判例集248-9頁）

したがって、不法な行為によって危険にさらされた生命を救いに行くことと、同じように危険にさらされた財産を救いに行くこととの類似性は、救助者も救出者もリスクを自発的に引き受けたからといって、危険な状況を生み出した不法行為者から賠償を受ける権利を主張することを妨げられないという同一の結論をそれぞれの場合に正当化するのに十分である。しかし、生命と財産とで価値が異なるという点が、それぞれの場合に引き受けても合理的といえる危険の程度の違いを正当化するのである。もちろん、類推の場合も、類似性は結論を支えるけれども、その結論を強いるものではない。そのことは、救出者と救助者との間に線を引くことに賛成して、反対意見を述べたマッケイ卿の判断が示している[8]。すなわち、「救助者」状況の基本的要素のすべてが「救出者」状況においても存在するという点で類似性は明白であり、両者の違いは救われる対象にあり、これが救う行為の道徳的価値の相違を生み出すのである。多数意見の決定は、その違いが責任の存否ではなく、引き受けるのが相当な危険の程度にかかわるという結論を伴った。

8　1944 S.C. at pp. 252–265, esp. p. 259.

しかし、そうした類似性がどうして法的に関連性のある類似性であるのか、これを理解することが決定的に重要である。その答えは、クーパー卿によって彼の意見のなかで出されている。違いが種類の違いではなく程度の違い「となる」という考え方の根拠となった「見方」は、この法分野の根底にある原理に関するある見方である。「問題は、……未解決のものであり、損害賠償法に関するわれわれに固有の諸原理を適用することによって答えられねばならない。それらの原理に従って論理的な結論を引き出せば、私は、望まれた解決が見出されうると考える」(前掲判例集247頁)。しかし、問題となった原理は、マクミラン卿の言葉[9]を借りて言えば、「注意義務は、合理的で蓋然的な結果として他者への侵害を伴うような行為または不作為を避けるべし……」という義務であった。クーパー卿は、次のように述べた。

　……人間行為は、それぞれの文脈で定義されるべき意味で合理的なものであったとしても、不注意な〔ネグリジェンスの〕行為に由来し、普通の合理的な人なら予見すべき合理的で蓋然的な諸結果を伴う行為であるかもしれない。ここに私は、「択一的危険」の諸判例と「救助」の諸判例双方の究極の原理的説明を見出す。

　これこそ、財産を救出する「合理的」企てが、生命を救助する企てと程度の点でのみ異なるものとして扱われることになった、その根拠になった見方であった。したがって、類似性が関連性のあるものかどうかは、比較される二つの事項が——その他の類似するいわば類型的状況とともに——ともに包摂されるような合理的な原理を発見することができるかどうかにかかっている。

　以上の議論を通じ示唆されたように、強行的ルールによってカバーされない事件の決定が、何らかの一般的法源理もしくは関連性のある類推またはその他の「説得力ある」法源によって支えられていなければならないということは、法的正当化を制約する一つの要請である。実際、そのような制約要請がないとしたら奇妙なことになろう。というのは、そのような要請がないとしたら、裁判官は、明白な強行的ルールが存在するため、「解釈」したり

---

[9] *Per* Lord Macmillan in *Bourhill* v. *Young* 1942 S.C. (H.L.) 78 at p. 88, [1943] A.C. 92 at p. 104.

「区別」したり「説明」したりすることが一切できないような分野以外では、無制限の革新権能をもつことになってしまうからである。

しかしながら、この「奇妙さ」という単にアプリオリな印象によりかかる必要はない。裁判官が、弁護士によって提示された決定原理を支持する正義または功利のよき理由が提出されうることを明示的に認めつつも、拡張的な革新を拒否し、その根拠として、そのような革新を支える十分な法的保証理由がないことを挙げる明白な事例を見つけることは困難ではない。そのような実例の力は、創造性と大胆さを拒否することの根拠づけがしっかりした裁判官の明示的言明を目にすれば、ますます大きくなるであろう。その理由からとくにふさわしい実例が、**マイヤーズ対 D.P.P. 事件**（[1965] A.C. 1001 at pp. 1021-2）におけるリード卿の意見のなかにみられる。

　私は、上訴法廷としての当院の機能について狭い見方をとったことは一度もない。コモン・ローは、経済状況と思考習慣の変化にあわせて発展させられねばならない。私は、本院の古い判例の意見表明によって抑制されるつもりもない。だが、われわれがなすことができることには限界があるのである。われわれが法を拡張しようと思うならば、それは基本的な諸原理の展開と適用によって成し遂げなければならないのである。われわれは、恣意的な条件や限界を新たに導入することはできない。それは、立法に任されねばならない。われわれが実際に法を変更することがあるとしても、それは私見によれば、われわれの決定が終局性ないし確定性を生み出すであろう個々の事件においてのみである。われわれが本件における技術的細目を無視し、原理と常識を適用してよいとするならば、同様な取扱いを受けるべき現行の伝聞法則の他の部分がいくつもあるのであり、また、現行の技術的限定が正義に反する結果を生み出す諸事件がわれわれのところに上訴されることになるであろう——それは、私には公序に反し、不確実性を生み出すものであるように思われる。満足のゆく唯一の解決は立法による……。

このような見解に基づき、リード卿は、自動車の窃盗容疑で訴えられた公判で提出された一定の証拠が、その説得力と信頼性については疑いがないとしても、「伝聞証拠」であるがゆえに採用できないと判示した（問題となった証拠は、製造会社によって造られた車のシャーシー・エンジンおよびシリンダーブロックにつけられた番号の記録であった。それらの記録はその会社がもってい

たが、どの車についても、番号をつけた従業員がだれかを追跡して特定することは完全に不可能であった）。モリス・オヴ・ボーシージェスト卿とホドソン卿は、リード卿に同調して、そのような諸事例をカバーする例外を認めることは貴族院の正統な機能を越えることになろうという見解に与した。ピアス卿とドノヴァン卿は、その例外を認めるに吝かでなかった。

「強い」裁判官の意見にみられる今一つの好例が、**ドラモンド家のJ. F. 対上級弁護士H. M. 事件** (1944 S.C. 298) におけるクーパー卿の判断の一節によって提供される。争点は、二人の人が共通の災難で死亡したとき、年齢の若い者のほうが相続法の目的のために後に死んだとされる、という推定をスコットランド法は認めるべきか否かということであった。このような生き残りの推定は、ローマ法では認められていた。しかし、高等民事裁判所上訴部第二部は、そのような推定を本件を支配するものとして採用することを拒否し、どちらの人が先に死んだかは証拠の提出によって答えられねばならない問題であるという裁定を下した。クーパー卿は、次のように述べた。

> 17世紀後半に……この問題が判決にあたって生じたとしたら、スコットランドは、衡平や便宜にかなうものとして、ローマ法的解決またはその変種をたしかに採用したかもしれない。しかし、スコットランドはそのようなことをしたことはない。過去の多くの事例で実際に生じたにちがいない問題に関し、われわれが今はじめて、ローマ法その他の法源からまったく新たな解決策を取り入れるべきだという提案を受け容れることに私は非常な困難を感じる（前掲判例集301頁）。

これらの言葉は、クーパー卿の触れた事実、すなわち、「ローマ法」系に属するものとしてのスコットランド法には、ローマ法が新しい問題の解決に際し適用可能な原理の自足的源泉としてスコットランドで利用されたかもしれない時代があったという事実[10]に関してはとくに啓発的である。しかし、近代においては、当該分野に、類似したスコットランドの権威的先例がないのに、まったく新たなローマ法的解決をはじめて取り入れることは端的に不適切であることになろう。それは、すでに承認された原理の展開ではなく、「司法的立法」になってしまう。

---

10 Cf. P. Stein, 'The Influence of Roman Law on the Law of Scotland', (1963) *Jur. Rev.* (N. S.) 205. 本文中で引用した部分に私が注目したのは、本論文のおかげである。

もちろん、実例は証拠ではない。しかし、実例は、当該事件の理由から引き出されうる結論を確認するのに役立つ。再度言わせていただければ、裁判官は正義を行わなければならないが、それも、「法に従った正義」を行わなければならないのである。これは、裁判官は強行的法ルールからの単純な演繹によって正当化可能な仕方で事件を決定しさえすればよい、ということを意味しないし、また、そうであるはずはない。しかし他方で、それは、裁判官は正義・功利・常識に関する自分の直観をあらゆる制約から自由に追求するに任されている、ということも意味するはずがない。類的ケースでのさまざまな必要性を帰結主義的観点から評価することにより正当化可能となる解決を求める裁判官の自由、権能、そして実際、義務の範囲は、自分が行うことの何らかの法的保証理由を示すべきであるという要請によって限界づけられているのである。こうして要請される指針を提供するとともに、他方で、限界づけをも提供する「一般原理」は、現に存在する特殊なルールの根底にある理由を表明するものである。そのようなものとして、一般原理は発見されるのではなく、作られるのである。原理 p を、ルール r または r、r_2、r_3 等々の「根底にある理由」として与えることは、そのルールの導入は何らかの政策の導入を促進すると考えられたはずだと想定した上で、そうした政策をそのルールを最初に導入した人々の発案になるものとすることである。あるいはまた、そのルールをなお保持することのその時代の最善の正当化と思われるものを述べることである。ルールの内容は、ルールの説明として提出されうる理由の範囲を一部規定する。受け継がれた価値に関するそれぞれの時代の標準（裁判官が言うところの「常識」）は、これをさらに限定する。何らかの政策が法のルールの導入または保持によって促進されるということが、問題となっているルールの根底にある正当化および合理化として提出されうる。しかも、よいまたは望ましいと考えられる政策のみが正当化ないし合理化に関与することができる。「法原理」の言明は、そのような合理化または正当化を担う政策の規範的表明である。

たとえば、不法行為法の究極の目的、あるいは、不法行為法の根底にある政策は、人または財産への侵害に対する正義にかなった賠償を定めることである、と言うことができるかもしれない。「正義にかなった」賠償がどのよ

うなものかを解明するにあたって、裁判官たちは、それと相補的で、時には対立的でもある政策にも目を向ける必要があることに幾度となく気づいてきた。その政策とは、自分の行為の結果事故が生じたのであるが、その責めを負うべきではないような場合——そのような事故の発生に保険をかけることをその人に期待することが無理である場合は、（現代においては）少なくともその一事例である——に法的責任を負わせられることから個人を保護するというものである。これらの政策を達成することが望ましいということの規範的表現こそが原理の言明である。たとえば、「過失なくして責任なし」や「人は、自分の過失によって他人に損害を発生させたときは、そのすべての損害を賠償する責任を負う」は、そのような原理の言明である。

　明らかなことだが、これらの原理の受容は、不法行為法に属する詳細な判例法および法律の細目規定の多くの合理化と、したがって同時に、正当化理由とを供給している。そのようなものとして、それらの原理は、**ドーセット・ヨットクラブ事件**[11]の文脈ですでにみたように、新たな類型的事件の出現にあたって新しい特殊な責任ルールを宣言することによって不法行為法を拡張することを正当化しようとする場合に必要な（十分ではないけれども）要素を提供する。それらの原理が、その分野の法の合理化的正当化にあたって援用され**うる**ということにも、それらの原理が、多くの裁判官や弁護士によって——それらの原理を個人的信念の問題として心から支持する法律家たちによっても、また、それらの原理はむしろ「危険責任」の法理によって補われるべきだと考える法律家たちによっても——、その法分野の合理化的原理として現在受容されて**いる**ということにも異論がないだろうと私は思う。

　危険責任の法理による補充に関連して、不法行為法の全体が「過失なくして責任なし」という単一の原理およびその逆の原理〔過失があれば責任あり〕に包摂されるというわけではない、ということを付言しておかなければならない。サイモンズ卿が**リード対J. ライアンズ商会有限会社**事件（[1947] A.C. 156 at p. 180）で述べたように、「ここには、あらゆる法体系で目にすることができる昔からの理論対立がある。一方の理論は、「人はみずからの危

11　[1970] A.C. 1004. 本章171-174頁参照。

険で行為する」と言い、他方の理論は、「人は責めを負うべき事由がなければ責任はない」と言ってこれに応じる。イングランド法またはイングランド法系の法を修めた者は、これら二つの理論の間で中間の道、妥協が発見されてきたと知っても驚かないであろう」。

リード事件そのものは、二つの「理論」ないし「原理」の境界画定をめぐる紛争であった。戦時軍需工場の政府検査官であった上訴人は、砲弾に高性能爆薬を充塡する作業中発生した爆発によって被害を受けた。彼女は、その工場の経営者たちの過失を主張せずに、彼らに損害賠償を請求した。彼女の主張は、危険な物質が支配から逃れ、人身または財産に被害を惹起した場合には、その物質を支配する当事者は、その者の過失の証明がなくても、その被害を賠償する責任を負う、というものであった。つまり、彼女は、請求の根拠を「**ライランズ対フレッチャー事件**（(1868) L.R. 3 H.L. 330) で出された原理」においたのである[12]。高度に危険な活動を行う者は、事故が発生し損害を引き起こすという危険を、それが財産への損害であろうと人身への被害であろうと、また、危険な物または物質がその事業者の地所から外に漏れたものであろうとなかろうと、引き受けなければならない。彼女の弁護士はこう主張した。

この主張は、それを本件事実に適用するということに関しては、全員一致で貴族院によって却下された。**ライランズ対フレッチャー事件のルールのもとでの厳格責任**が人身被害の場合にも成立するかもしれないと認める用意があった裁判官でさえ、危険な物質が被上訴人の建物または土地から外に漏れたという要件にこだわった。ポーター卿は次のように述べた[13]。「被害を受けた人が被上訴人の土地建物の外にいたとすれば被上訴人は責任を負い、彼女がその土地建物の中にいたとすれば被上訴人は責任を負わないとするのは奇妙な結論であろう……、と主張された。この異議には力があるが、しかし、そのような責任〔すなわち、人身被害に対して、**ライランズ対フレッチャー事件のルールのもとでの厳格責任**〕を認めることは、一般的ルールの拡張であり、私見によれば、**そのような拡張は望ましくない**」と。太字で表し

---

12 *Per* Lord Porter [1947] A.C. 156 at p. 175.
13 前掲判例集177-8頁。強調はマコーミックによる。

た文は、そのような場合において、つまり、いずれの側を勝たせる判決であろうと、そのために必要な支えを提供しうる対立する原理がある場合において、それらの原理間の最終的選択は、問題となっているタイプの事件ではいずれの一般原理に準拠するのが望ましいかという評価に基づいて行わなければならない、ということを明示的に認めている。

これと同一の観察結果が、マクミラン卿の発言からの以下の比較的長い引用からも出てくる。

> 往時のイングランド法がどのようなものであったにせよ、現行法に関しては、人身被害に対する賠償訴権の関連性にとっては、過失の主張が一般に不可欠である、というのが私の意見である。民事責任の問題に関する法の漸次的展開については、『ホールズワースのイングランド法史』第8巻446頁以下で該博な知識をもって明晰に論じられ、追跡されているので、ここでさらう必要はない。その法の進化の過程は、あらゆる人はみずからの危険で行為するのであり、自分の行為のすべての結果に対して責任を負っているという原理から、人の行動の自由は他人に対して負っている注意義務を破らないという義務にのみ服するという原理へと進んできた、と言うだけで十分である。かつては力点は受けた被害にあり、当該事件が受容されたコモン・ロー訴権の型のどれか一つに該当するかどうかが争点となったが、今では力点は、被害を引き起こした行為をした人がとった行動にあり、それが不注意と言えるかどうかが争点となっている。現在の法のなかにも、原始的なルールが生き残っている少なくとも一つの例があるという事実を私は見逃してはいない。危険な傾向をずっとみせてきた野生動物または凶暴動物の場合がそれである。そのような動物の飼主または世話人は、それを檻に入れるか統御するかして、それが他人に被害を与えないようにする絶対的な義務を負っており、自分が注意を払ったという証明をいくらしても、飼主または世話人は免責されることはない。しかし、この例外はたぶん、それだけを残して廃棄された法理の痕跡というよりも、実際的な常識に由来する特別なのである。いずれにせよ、このルールはしっかりと根をおろしているので、異論の余地はない。しかし、このような例外的事例は、類推によってそれを拡張することの正当化を提供しない（前掲判例集170-1頁）。

マクミラン卿が、人身被害に対して責任を負うための一条件として過失に固執することのほうが、危険な活動を行う者を注意の懈怠がなくても他人に

起こる事故の危険の引受け手とするというもう一つの選択肢よりも、正義にかなうがゆえに望ましい政策としていることは、彼の発言の別の部分からもわかるが、この引用箇所からも明々白々である。動物の事例との「類似性」は、**ライランズ対フレッチャー事件**のルールの拡張により、人身被害をも包摂するより一般化された危険責任法理を支持する関連性ある法的支えを提供することが**できる**けれども、そのような責任を創設するためにそのような類推を使う**べき**ではない、と彼は言いたいのである。悪意〔サイエンタ〕の責任の事例は「例外的」であり、「類推により拡張」され**てはならない**、ということである。

　このような法理または法原理の対立の実例、つまり、二つ（またはそれ以上の）の承認された原理があり、そのいずれの原理も紛争となっている事件に適用でき、結果的に、いずれを勝たせる判決も法における適切な支えをもつことができる、そのような実例をもっと多く挙げるのになんの困難もない。それは、裁判所がいずれの裁定を下すことも許容され、正統とされるような事件である。したがって、いずれかの原理への訴えかけは必要ではあるが、だからといってそれが、実際に下された判決にとって十分なまたは決定的な正当化となるわけではない。**ホワイト・アンド・カーター（カウンシルズ）有限会社対マクグレゴー事件**（[1962] A.C. 413 ; 1962 S.C. (H.L.) 1）というスコットランドの事件は、次のような事件であった。上訴人は被上訴人を、ある宣伝契約のもとで支払われるべき価格の支払いを求めて訴えた。その契約によれば、上訴人は被上訴人のガソリンスタンドの名前を３年間にわたり公共のごみ箱に掲示して宣伝することになっていた。その契約は、被上訴人のガソリンスタンドの支配人との間で結ばれたが、契約が結ばれたのと同じ日に、そのことを聞いてすぐ、被上訴人は、その契約の履行拒絶を書面で通知した。上訴人は、契約の履行に一切着手していなかったが、履行拒絶の申し出の承諾を拒否し、その後、合意されたとおりの宣伝を進めた。上訴人はその後、先の契約で支払うべきものとされた価格の全額を請求したが、それに対して被上訴人は、上訴人がもっているのは、価格全額ではなく逸失利潤を基礎に算定される、契約違反に対する損害賠償請求権だけだと応じた。貴族院はぎりぎりの多数決で、高等民事裁判所上訴部第二部の判決を覆

し、上訴人の請求を認容した。

　この判決で多数派が採用した原理は、契約は一方当事者による片面的履行拒絶によっては撤回することができず、他方当事者が履行拒絶を承諾し、損害賠償請求することにした場合にかぎり撤回することができるというものである。リード卿は、次のように述べた。「一般的ルールについては、疑問の余地がない……。……契約の一方当事者がその履行を拒絶した場合、……他方当事者には、……選択権がある。他方当事者は、履行拒絶を承諾し、履行期の到来未到来にかかわらず契約違反に対する損害賠償を請求してもよいし、履行拒絶の申し出を無視または拒絶してもよい。後者の場合、契約は当初の内容のまま完全に有効である」(前掲の二つの判例集、それぞれ427頁、11-12頁)と。

　これに対して、相手方の契約違反の結果として損害を被った側の契約当事者は、自分の損失を最小化し、したがって請求することのできる賠償額を最小化するために、「損害の軽減のための」相当な措置を講じなければならないという「一般ルール」または「原理」も、同様に十分に確立されたものとして存在する。契約当事者が、そのような措置をとらなかった場合、契約違反した側は、にもかかわらず責任を負うが、それは、前者が損失を最小化するために相当な措置を講じていたとしても被ったであろう損失に対する賠償に対してだけである。この原理に対する唯一の例外は、特定履行という救済方法が認められている契約の場合である。この点について、モートン・オヴ・ヘンリトン卿は、上訴棄却を主張する際言及した。

　善意無過失の当事者は、契約違反によって受けたあらゆる損失について損害賠償される権利を有する。そして、限られた種類の事件においては、当裁判所は特定履行を命じるであろう。スコットランド法には、契約違反に対してこれら以外の救済方法はない。しかも、善意無過失の当事者が本件の上訴人がしたのと同様な行動をしてよいと判決した判例は存在しない。本件は、特定履行を命じることができない事件である。なぜなら、被上訴人の契約上の債務は、上訴人の履行するべき役務に対して金銭を支払うことだけだからである。しかしながら、上訴人は、契約の特定履行の裏返しのようなものを請求している。上訴人はまず、契約の相手方の意思に反し、自分の債務を履行することにこだわり、その上で、相手

方も債務を履行して、望まれざる役務に対して契約上の価格を支払わねばならないと主張する。裁判官の皆様、私の意見では、十分に確立された法のルールによれば、上訴人の救済方法は損害賠償のみであり、上訴人には、みずからの損失を最小化する措置を講じる義務があった。上訴人は、履行拒絶があった日であれば費用ゼロでこのことができたのにそれをせず、それどころか、別の広告主を獲得する努力を一切放棄して、意図的に費用を発生させ、金銭債務を発生させる意図で望まれざる役務を履行した。そのような金銭債務は、履行拒絶の日には存在しなかったものである。（前掲の二つの判例集、それぞれ432-3頁、16頁）

　本件の被上訴人が法的に不正であり、上訴人との契約を破った、したがって、上訴人には**何らかの**救済を受ける権利がある、という点については争いも疑いもなかった。問題は、**どのような**救済かということであった。本件事実に適用可能な二つの「一般ルール」もしくは「十分に確立されたルール」、または（われわれの言い方でいえば）「原理」があったのであるから、いずれか一方の原理が単に適用可能であるということだけでは、正当化の決め手にならないということは明らかである。必要だったのは、両者のいずれかを選ぶということであり、その選択の正当化は評価的議論の問題であった。被上訴人側弁護士によって提出された議論の一つに注目することは興味深い。それは、反対意見を述べたモートン卿とキース卿によって採用され、また、多数派を若干当惑させた[14]。その議論は、帰結主義論法に特有の形式を示すものとしての、一般化と仮設的事例による検証とに関して、われわれが以前述べたことの適切な例証でもある。

　大多数の事件において、善意無過失の契約当事者は、契約の履行を拒絶する他方当事者が何かを許すか承諾するかしてくれないと、つまり相手方の同意なしに、契約を履行することはできない。したがって、そのような協力の拒否は、善意無過失の契約当事者に損害賠償の請求を限定する義務を発生させる。そうではない事件においてすら、善意無過失の当事者が、履行拒絶した相手方当事者の同意なしに契約を履行することを許すことは公序に反することであろう。ある専門家が大会社に雇われて、精巧な報告書作成の目的で外国に行くよう言われた場合、その会社が、その契約に基づく行為が一部でも行われる前にその履行を拒絶したとすれば、その専門家は、その準備のために何千ポンドも浪費することは許

---

14 [1962] A.C. 413 at pp. 428-429, 430-431 *per* Lord Reid, p. 445 *per* Lord Hodson 参照。

されるべきではない。はるかに少ない損害賠償額で、その専門家の損失は埋め合わせられるであろう。これ以外の見解を採用すれば、結果的に、相当な賠償をはるかに超える金額を強奪する権利をその専門家に与えることになってしまうだけだろう。

　上訴人会社の主張は、権威的先例によっても常識によっても支持されていない。それは、善意無過失の当事者が、裁判所の助力を求めることなしには契約の履行をすることが物理的にできない諸事例を考慮に入れていなかった。しかし、そのような事例と他の事例との間に原理的な区別はない。たとえば、肖像画を描くために雇われた画家が、その後で、描かなくていいと言われた場合、肖像画の対象となる人が画家の前に座ってくれなければ、普通は描くことができないだろう。しかし、対象が公人で、画家は、その人の同意なしに公の場で肖像画を描くことができたとしたらどうだろう。あるいはまた、自動車の修理を請け負った修理工場の所有者の場合はどうだろう。車が公道に止めてあって、修理工場の所有者がそこまで行けるとしたらどうだろう。いずれの場合も、法は、そのような偶然的事情があるからという理由で、望まれていない役務が行われることを許すべきではない。

　ある会社が石鹸の新製品をテレビと新聞で宣伝する契約を広告代理店と結んだが、その後すぐに、その石鹸が皮膚病を起こしがちであることを発見して、全製品を市場から回収し、広告代理店との契約も解除したという場合はどうだろう。広告代理店には、契約が解除されたにもかかわらず宣伝を続ける権利はないであろう。(勅撰弁護士ベネットによる弁論 [1962] A.C. at pp. 422-3 ; cf. 1962 S.C. (H.L.) 8-11)

　弁護士は、被上訴人の主張を支持するそうした政策、正義、および「常識」の理由を挙げた後で、履行期前の契約違反の諸事件を区別して、それらが別の決定を強いるものではないことを示そうとした。すなわち、「履行期前契約違反の諸事件は、本件では関連性をもたない。なぜなら、それらは、善意無過失の当事者が……相手方の履行拒絶にあった場合契約を履行しない権利を有することを示すものにすぎないからである(前掲判例集423頁)。弁護士は、マクロな経済的観点からみた非効率という論点を主張する用意さえあった。すなわち、

　　国の資源が浪費されるべきではないということが公序に属する事柄であるとす

れば、裁判所が、契約の履行を望まない有責の当事者に対して、本件もそうだが、その当事者が履行から利益を得ないにもかかわらず、履行を甘受するよう強いることはないという結論が出てくる。善意無過失の当事者が、だれも望まない役務または商品製造の遂行というかたちで履行を強行することによって自分の利益を膨らませることは、公序に反する。被上訴人は、契約の神聖さをいささかでも侵そうとするものではない。上訴人会社の主張は、影響の広範囲におよぶ深刻な結果を伴う商業上および経済上の不合理に通じる。本件では、契約違反に対する損害賠償の請求だけを認めることによって、正義が実行されることになろう。
（前掲判例集423-4頁）

本件の判決は、当事者に自分がした契約を守らせ、善意無過失の契約当事者（この者は履行拒絶の承諾を拒否し、履行期を待った場合、すべてを失うこともありうる[15]）の権利を保護するという価値と、弁護士が上述の引用において主張した種類の諸考慮との間の選択を必然的に伴う。モートン卿とキース卿は後者を採用したのである。判決の正当化は、その判決が原理の決定として伴うであろう諸帰結の相対的または比較的な利害得失についてのよく考えた評価に基づいて行われなければならない。しかし、そのような評価を行い、それを実行することは、強行的性質の一義的で明確なルールによっていずれかの決定が必然であるというかたちとは違うにしても、決定がいずれになろうとも、ともかくその決定が現行法によって支持されていることを示しうる競合する類推または一般ルールもしくは原理が当該の法体系の内部に存在するかぎり、立法部の領分というよりむしろ裁判官の領分に属するものにすぎない。

単一の「一般ルール」または「原理」が明白に承認されており、訴訟当事者もそれが彼らの争訟にかかわる支配的原理であると認めていても、そのルールまたは原理が当該特定の争訟においてもたらすべき結論をめぐって争いがある場合も起こりうる。契約違反または不法行為上の義務違反に対する損害賠償を請求する当事者は「自分の損失を最小化するための措置を講じる義務がある」ということは、実際、十分に確立されている。大会社が、より小さな会社を買収し、契約に違反して、前社長に代えて自分のところの従業員

---

[15] Cf. *Avery* v. *Bowden* (1855) 5 EL. BL. 714.

第7章 「一貫性」の要請：原理と類推　189

を社長として送り込んだが、その際、前社長に以前と同じ給料で社長の下の地位に就かせると申し出た場合どうなるのだろうか。降格させられた社長は、プライドを抑えて、その承諾により自分の金銭上の損失を最小化、あるいはゼロに――承諾したら実際そうなるのだが――しなければならないのか[16]。あるいはまた、ある歯医者が自分の医院に時間どおり確実に行くために2年ごとにローバーの新車を購入することにしていたところ、他人の不注意によって引き起こされた事故で現在の車を壊されてしまった場合はどうなるのだろう。彼は、以前から続けてきた彼の慣行に反し、すぐに中古車を購入しなければならないのか、それとも、彼には、新車が来るまでの間、被告の費用で新品同様の車を借りる権利があるのか[17]。おのおのの事件で裁判所は、合理性の基準を適用し、いずれの事件でも、原告――第一の事件[18]では職を拒否した前社長、第二の事件[19]では新車の購入を主張した歯医者――は合理的に行為したと認定し、賠償額は原告に不利に削減される必要はないとした。そのような結論は明らかに評価に依存しており、下された裁定は、支配的原理の広い項目に包摂される新しい具体的ルールを生み出す。

　民事上のあらゆる損害賠償請求において損害額の算定を支配する原理は、原告は他人の不法行為の結果として被った損失に対する完全な賠償額を回復するべきであるが、（イングランド法で例外的に認められている加重的または懲罰的損害賠償の事例を除き）それ以上のものを賠償されるべきではないというものである、ということは陳腐な法である。しかし、非常な高給取りの技術者が不注意によって引き起こされた鉄道事故で深刻な傷害を負い、その結果、高水準の収入を維持することができなくなった場合どうなるのだろうか。n ポンドが彼の年間総収入を表すとし、事故により彼は仕事が完全にできなくなったが、事故がなければもう m 年働くことができたとすれば、彼には mn ポンドの賠償を受け取る権利があるのか。n ポンドの年間所得に x ポンドの所得税および付加税がかかるという事実を考慮しなくてよいのだろ

16　*Yetton* v. *Eastwoods Froy Ltd*. [1966] 3 All E.R. 353.
17　*Moore* v. *D.E.R. Ltd*. [1971] 3 All E.R. 517.
18　前掲本章注16。
19　前掲本章注17。

うか。その場合，$m(n-x)$ ポンドの賠償額が，彼の現実の損失を完全に賠償するものとなろう。

　この問題が**英国運輸委員会**対**ゴーリー**事件（[1956] A.C. 185）で貴族院の前に登場したとき，多数派は後者の計算法を選び，それがスコットランド法とイングランド法の双方の相当数の反対の先例（そのいずれも貴族院の是認を受けてはいなかったが）を廃棄することになるのには目をつぶった。リード卿は次のように述べた。

　　賠償額の算定において税支払い責任を考慮に入れないいくつかの先例と長期にわたる慣行があることは確かであるが，本件は，既得権が生じていたようなタイプの事件でもないし，現行の慣行を信頼して人々が自分の事をしていたようなタイプの事件でもない。裁判官の皆様，私の意見では，本件は問題をその実体的事項について，原理の問題として考察するのが適当な事件である。

　　損害額算定の一般原理については疑いがない。証明に成功した原告には，被告に責任がある不法行為の結果として原告が被った，また将来おそらく被るであろう経済的損失を可能なかぎり補塡する金額を与えられる権利がある……。

　　本件での本当の問題は，税金を支払う責任が，考慮に入れるには遠すぎると法がみなさなければならない事項であるのかどうかということである［「無関連証拠排除」原理は関連しない］。（前掲判例集216-18頁）

　その後でリード卿は，法は前述の一般原理と整合的な仕方で，損害額の算定において税支払い責任を「遠すぎる」とみなすことはできないと主張した。原告に，総収入にかかる税金を控除せずに，総収入のみを基礎に算定される過去および将来の収入の喪失を埋め合わせる金額を与えることは，原告に棚ぼた式賠償額，つまり，彼が仕事を失わなければ実際に得たであろう額を超える賠償額を与えることになる。税金を支払う責任は，税額が（源泉徴収方式の場合のように）原告への給与支払い前に天引きされようが，（付加税の場合のように）後で算定して徴収されようが，その国の一般法のもとで生じる責任であり，所得を稼ぐ市民として全員にかかってくる責任であった。それは，所得にかかる必然的で不可避的な負担であり，偶然的で個人的な負担ではなかった。それは，原告が実際に受けたのと同じ種類の被害をカバーする保険に，原告がたまたま入っていたという逆の状況とは区別される。こ

の偶然的で個人的な安全志向の行為は、原告に生じる金銭的損失を実際に削減または排除するかもしれないが、被告に請求される賠償額の算定にあたって考慮するには遠すぎるものと正当にもみなされなけばならない。

　この事件の実体的事項についてのリード卿の見方のもう一つの難点は、税金を差し引いた純所得が収入の喪失に対する損害賠償の基準となるという（本件で定立された）ルールが不当解雇の事件に適用可能かどうかということにかかわっている。被用者を不当に解雇した使用者は、なぜそのルールによってみずからの支出を削減するべきであるのか、と主張されたことがある。使用者は、雇用契約がなお有効であったとすれば税控除前の給与の全部を支払わねばならなかったはずであるが、そのルールのもとでは、契約を守るよりも破るほうが安くつくということに気づくであろう。なぜなら、使用者の責任は、解雇後は税金を差し引いた所得に対するものになるからである。したがって、使用者は、自己の不正によって得をしていることになる。この論点について、リード卿は次の二つの解答を与えた。第一に、損害賠償金の本来の役割は、受け継がれてきた原理のもとでは、善意無過失の当事者が被った現実の損失を補償することにあり、不法な行為をした者を処罰することにはない。第二に、使用者は実は何も得をしていない。なぜなら、解雇した部下がしていたのと同じ種類の仕事はもはや必要ないと考えないかぎり、使用者はその部下の仕事をする別の者を雇用しなければならなかったからである。つまり、使用者は、彼が必要とする役務に対して2回支払いをするか、さもなければ、必要としない役務に対して補償金を支払うか、そのいずれかをしなければならなかった。いずれの場合も、使用者が「得をしている」と言うことはできなかった。

　しかしながら、キース・オヴ・アヴォンホーム卿は、補償金としてのみの賠償金という一般原理を本件のような種類の事件でどう適用するのが正しいのかという点に関し反対の結論[20]に達した。AとBがおのおの1年あたり2,000ポンド稼ぐとし、両者ともひどい傷害を負ったため失職したとすれば、A（Bに代えてもよいが）が、高所得で裕福な妻をたまたまもっているという

---

[20] とくに [1956] A.C. at pp. 216-18を参照。

事情は、その場合実際、AはBより少ない補償金しか必要としないにしても、(「遠すぎる」ので) 賠償金の算定に関連しないものとみなすのが正しい。しかし、税支払い責任を計算に入れることは、Aの妻の所得を彼の賠償金への権利に関連するものにすることに事実上なってしまうだろう。なぜなら、当時はつねに、配偶者の所得は税制上の目的のために合算されていたからである。裁判所が援用することができる択一的な二つのルールについて、「第一の選択肢［課税前所得を賠償額算定の基礎とするというもの］は、単純なルールを提供し、実際それは何世代にもわたり採用されてきたし、面倒を最小化するものでもある。第二の選択肢は、思うに、深刻な難点と煩雑さをもたらすものである」(前掲判例集216頁)。

そのような難点の一つとしてキース卿は、外国税の支払い責任の問題を挙げている。それは、イギリス税と同じルールによって必ずやカバーされるであろうが、その証明が恐ろしく複雑になるだろうと彼は述べた。彼が挙げたもう一つの難点は、便宜にまさるとも劣らず正義にもかかわるものだが、次のような問題にかかわっている。すなわち、原告は、適当な契約を結んだり適当な保険を購入したりして、将来の税支払い責任を全体として減らすことができたのではないかという問いである。原告が税支払い責任を減らすためにそのような手立てを正統に講じるという可能性を無視することは不公正であろうが、裁判所がそのような可能性を計算に入れるなどということは机上の空論であろう。

その上、憲法上の論点も含まれていた。議会が、そして議会だけが税を課す権能をもっているということは、基本的な原理である。貴族院の多数派が採用したルールは、議会外課税の気味がある。「人身被害または不当解雇に対する訴訟において賠償額を課税前所得に基づいて算定することは、歳入への公正な寄与から個人が逃れることを可能にすると考える根拠が存在するとすれば、その立場は、私の意見では、立法によって正されるべきものである」(前掲判例集218頁)。(公正さを欠かないために付言しておくが、財政法において議会が課税に毎年関与する必要があるとされていることからして、本来の立法機関としての議会へのそのような訴えは、純粋な法曹法の事例において議会に頼る場合と比べればはるかに合理的である。)

以上のように、**ゴーリー事件**は、十分に確立され繰り返し言われてきた単一の法原理が存在し、それがどのような立場にたつ者からも、問題となっている法分野の支配的原理であると認められているときでも、個々の事実問題へのその適用が合理性・相当性をめぐる論争の対象となることがよくあるということを見事に例証するものである。原理を、関連性のある支配的規範として受け容れるということは、一方または他方の具体的裁定を正当化する際に正統に使用してよい関連性ある評価的考慮に関する指針を提供することができるだけである。原理は、正当化理由となる考慮が正統である範囲を定める。原理は、決定的な答えを生み出すものではないし、また、そのようなものではありえない。

　さらに、リード卿とキース卿がそれぞれ、議論の決定的な点において二つの異なる原理に訴えたということに注目することも興味深い。憶えていると思うが、キース卿は、過去の先例と確立した慣行から離れることを正当化する際、自分が提案する判決が確立された期待の裏切りも既得権の剥奪も一切伴わないということを挙げた。彼はそれを、裁判所は、過去の慣行に反する新たなルールを定立することによって、法のある見方を信頼して行動してきた当事者の期待を覆すべきでもないし、既得権と推定される権利を侵害するべきでもないという原理が本件には適用されないということを言うために主張した（別の言い方をすれば、期待も既得権も害されない場合には裁判所は革新を行ってよい、という逆の原理を彼は適用したのである）。これらの原理は明らかに、リード卿が自分の提案するルールの擁護のために提出した主要な正当化理由を補助するものであった。

　同様に、課税問題は議会の排他的権能に属するという原理[21]に関するキース卿の意見は、彼の主要な議論を補助するものであった。彼は、課税前所得ルールのほうが便宜と正義の点でまさっていると確信していたからこそ、自分の議論を補強するために、上の原理を有力な補助的正当化理由として援用することができたのである。

21　これについては、たとえば *Attorney General* v. *Wilts United Dairies* (1921) 37 T.L.R. 884 と、*Hotel and Catering Industry Training Board* v. *Automobile Proprietary Ltd.* [1969] 2 All E.R. 582 and [1968] 3 All E.R. 399 参照。

ところで、法的議論における一般的法原理の使用に関するここまでの論述は、法原理の重要性を完全には説明していないと考える向きもあるかもしれない。**ドーセット・ヨットクラブ**事件や**ゴーリー**事件での裁判官たちの意見は、正当化にあたり使われた原理が、正当化に必要な要素という役割以上の重要な役割を果たしたことを示唆するように思われる。隣人原理と補償金としてのみの賠償金の原理は、判決を支配するべき規範として明らかに受け容れられており、それら以外の提示された論拠は補助的なものにすぎなかった、と言うことができるかもしれない。それぞれの事件において、少なくとも上の原理のおのおのは、有力な——原理または政策の——対抗理由を前者の適用に反対して提出することができないかぎり適用されるべきものであった。このような場合、十分に確立された——つまり、権威をもって再三にわたり承認され語られ適用されてきた——原理の存在はそれだけで、当該事件の判決をその原理の方向にむかって正当化する、必然的で破ることができないというわけではないにしても、強い理由を提供する。この点は、少なくとも行政法の現代的発展に関しては十分に言えることだと思う。たとえば、遅くとも**リッジ対ボードウィン**事件（[1964] A.C. 40）以来、人は自分の重要な利益に深刻な影響を与える決定が公的または準公的な権力を行使する者によってなされる前に公正な聴聞を受ける権利を有するという原理は、それが関連性をもつあらゆる状況で実際上強行的に適用されるものとして受け容れられるようになってきた。この原理が適用可能であるということがそれだけで、その原理の適用に反対して強い対抗理由を説得力をもって述べることができないかぎり、その原理を適用する決定を正当化するために十分な理由とみなされている[22]。十分に確立された原理と強行的法ルールの間に確固たる実線を引くことは不可能であるとさえ主張することができるかもしれない[23]。

　これはある程度あたっているが、それを誇張しないことが大切である。まず、類似した法領域に属する互いに関連する法のルールの間に存在するものとしての整合性および一貫性はそれ自体、重要な法的価値をもっているとい

22　たとえば *Malloch* v. *Aberdeen Corporation* 1971 S.C. (H.L.) 85 参照。
23　Cf. C. H. Tapper, 'A Note on Principles', (1972) 34 *M.L.R.* 628.

うことは認めることにしよう。実際、その価値は、正義の一側面であり、同様の事例は同様に扱い、事例の恣意的な区別は控えるべきであるということである。前に取り上げた例に立ち戻れば、生命の救助者は受けた被害を不注意で生命を危険にさらした者から賠償される権利を有するというルールをもっていながら、財産の救出者には同様の権利はないというルールを定立することは不合理に思われよう。しかし、そう言えるのは、前者のルールがよいルールで便益をもたらすルールである場合に限られる。はたして、裁判官が、**リード対ライアンズ事件**[24]ですでにみたように、「変則的」または「例外的」と考えるルールを類推的に拡張することを嫌がる事例は枚挙にいとまがない。われわれが、有害または正義に反すると考える論争の余地なき強行的ルールを押し付けられているとすれば、それを拡張するよりも、拡張を拒否するほうが合理的である[25]。そのような場合、過度の「論理」重視を非難するというのが通常の司法慣行である[26]。したがって、整合性がよいものであるのは、十分に確立された法原理の適用事例であるということ以外の根拠からよいとされるルールを、整合的に拡張したり一般化したりする場合だけである、ということだとすれば、決定的な考慮は、法的発展の望ましい方向に関する裁判官および法律家の評価と直観にかかわるものであるという結論を回避することは難しい。しかも、そのような評価と直観は、時代とともに変化する。**リード対ライアンズ事件**はたぶん、「過失なくして責任なし」への司法部による崇敬の最高点であった。いかなる時点においても、法体系には、その法体系に属する基本的な価値または少なくとも重要な価値を表現すると考えられた諸原理が存在し、それらの原理は、対抗する考慮が存在しないかぎり、自足的な正当化理由を供給するとみなされる傾向がある、ということは確かであるが、それはなぜかといえば、それらの原理が表現する価値自体が優越的なものと考えられているからである。その上、対抗する考慮が認められる可能性があるということは、そのような原理といえども、強行的ルールが決定的であると前に述べたのと同じ意味で決定的では決してありえ

---

24 [1947] A.C. 156. 本章前述181-184頁。
25 Cf. *Cassell & Co. Ltd.* v. *Broome* [1972] A.C. 1027 at p. 1086 (*per* Lord Reid)
26 本書45頁参照。

ないことを示唆する。少なくともそのかぎりで、区別という法技術によって適用を排除することのできない強行的ルールによってカバーされない事例においては、一般原理が適用可能であるということは、新たなルールに基づいてやって行くことを支持するために必要な正当化ではあるが、決定的な正当化にはならない、と言うことは正しい。

　類推論法の法的力に関して、これと同じ命題をすでに述べた。それを例証する恰好の実例が、**国王対アーサー**事件（[1968] 1 Q.B. 810）によって提供される。エドワード・デヴィッド・アーサーという人が、巡回裁判所で起訴された。起訴状に載った訴因の一つは、彼が「害意損害法（1861年）第2条に違反して、1967年8月31日にケント州グレーヴゼンドにおいてエドワード・デヴィッド・アーサーという人が中にいた住宅に害意をもって放火した」ということであった。その条文は、次のようなものである。

　人が中にいる住宅に不法にかつ害意をもって放火した者は重罪で有罪である。

　この法律は、この罪を、中に人がいない住宅への放火に比べて、加重された放火罪としている。前者の放火罪は、刑罰が軽い。

　勅撰弁護士アブデラは、被告人の側に立って、起訴状に記載されたこの訴因を、その法律は被告人が放火行為の時住宅内にいた唯一の人である状況を予想するものとして解釈されるべきではないという根拠で破棄するために申立てを行った。自分の家を出る前にそれに放火した者と、家を出てから火のついたマッチを窓から投げ入れた者とで異なる扱いをすることは不合理であると彼は考えた。先例[27]とアーチボールドは、そのような起訴が有効であるという見解を支持したが、先の法は、被告人以外の人が中にいる住宅に被告人が放火したとされる事件にのみ適用されるものとして解釈されるべきである、とアブデラ弁護士は主張した。この命題を支えるために彼は、人に対する犯罪法（1861年）第18条の「いかなる手段によってであれ、不法にかつ害意をもって人を傷つけまたは人に重傷を負わせた者は……」という文言に対してハワード裁判官の注意を喚起した。この条文は、自傷行為の事件に適用されたことはないし、また、自傷事件に適用されると解釈することには無理

---

[27]　*R. v. Pardoe* (1897) 17 Cox C.C. 715 *per* Coleridge C.J.

があってできない、とアブデラ弁護士は指摘した。両方の法律はともに議会によって同年に制定されたものであるから、合理的な結論は、先に挙げた二つの条文に登場する「人」を同じ意味に解釈する、つまり、被告人以外の人のみをさすものとして解釈することである、と彼は主張した。国王側は、第18条は自傷行為の場合にも適用されうるし、少なくとも自殺は同法制定時に犯罪であったから、先の類推は失当であるという論拠を提出したが、それにもかかわらず、ハワード裁判官は、被告人側提出の論拠に説得された。だが、明らかな躊躇がなかったわけではない。彼の見方では、問題は、先の弁護側主張が、法に議会が入れなかった一語を読み込み、第２条が「**他人が中にいる**」という表現であるかのように解釈することに実質的に依存しているという点にあった。「それは本当は議会の仕事であり、そのようなことをすれば、当裁判所は、法律の運用が本来の仕事であるのに、法律を運用するのではなく、制定することになってしまうと思う」（前掲判例集812頁）。

判決の言葉から十分明らかなことであるが、ハワード裁判官は、人に対する犯罪法第18条との類似性を、被告人側申立ての認容を正当化する決定的な分岐点とみなした。

> アブデラ氏は、同じ年に成立した法律である人に対する犯罪法（1861年）第18条が同一の言葉を用いているという事実に注意を促した……。不法にかつ害意をもって自分に重傷を負わせた罪でその条項によってだれかが訴追されたという話を……だれ一人聞いた者がいないことは明白である。そう言うだけで、それがいかに異常な解釈であるかがわかるであろう……。全体として私は、［害意損害法第２条の］合理的な解釈は、長年にわたり準拠されてきた解釈ではないと考える……。「人が中にいる」の「人」は、合理的解釈によれば、放火した者以外の人をさす（前掲判例集813頁）。

しかしながら、そこで使用された類推が、下された決定を義務的なものにしたわけではないことも明らかである。類似性の存在は、ハワード裁判官に彼が到達した結論を強いたわけではない。彼の見方では、類似性の存在はむしろ、「他人」の「他」が条文にないという点を度外視すれば望ましい結論が、法において許容されるということを示すために決定的に重要であった。類推は、与えられた決定の法的強要ではなく、法的支えを提供した。前述の

判決からの引用をみれば一目瞭然であるが、二つの法律の間に十分な類似性が存在しなかったとすれば、ハワード裁判官は、起訴状記載の訴因を破棄することが正当化されるとは考えなかっただろう。この場合も、この方法の根底的な正当化は、関係する諸々の法分野の間での整合性が価値をもつと推定されるという点にある、と言ってよいであろう。合理的な立法部は、同じ年に成立した二つの成文刑事法律のなかで類似した言葉遣いを採用する際、類似した政策を考えておくべきであるということ、そして、イギリス議会は、そのような一貫した政策にこだわる合理的な立法部であり、また、そのようなものとみなされるべきであるということ、これらの前提があってはじめて、先に観察された類推の使用は、関連性のある正当化と考えることができる。

これと同じ点を明らかにする事件で、今の事件と似ていなくはないが、証拠としてはたぶんやや弱い[28]事件が**ノーウィッチ・ファーマコール有限会社対関税・間接税局長官**事件（[1972] Ch. 566) である。この判決でグレアム裁判官は、関係する長官たちに対し、原告がそれについて特許をもっているある化学物質を輸入した者——原告の主張によれば特許権を侵害している——の名前を彼らが知るかぎりで原告会社に開示するよう命じた。長官たちは、輸入者に輸入品の性質を開示するよう要求する権限を自分たちに付与する法律は同時に、黙示の守秘義務も課しており、原告が求める詳細事項を彼らが開示することは違法となると主張した。学識ある裁判官グレアムは、この主張を却下し、警察が自動車事故の一方当事者に、他方当事者に関する詳細事項を——それが公権力の行使および公務の遂行中に得た知識であったとしても——教える権限をもっているという慣行[29]に、支えとなる正当化を見出した。「実際問題として、両方の場合は原理的に類似のものである。前者[警察の慣行]は、車両免許・運転免許法（1969年）第27条のような法規か

28　[1972] Ch. 556.「やや弱い」というのは、本件の文脈での類推は、前の事件におけるほど重要とは言えないからである。グレアム裁判官の判決は、控訴院によって覆されたが（[1974] A.C. 133)、最終上訴において貴族院によって回復された（[1974] A.C. 133)。

29　グレアム裁判官の指摘によれば、車両免許・運転免許法（1969年）第27条のような法律上のルールから「究極的に導かれる」。これ以外にも、支えとなる理由があった。前掲判例集582-4頁参照。評価的な正当化理由については、578-9頁参照。

ら究極的に導かれるかもしれないが……。正義の利益が前者を要求するとすれば、それと同じものが、後者も要求するはずである」（前掲判例集584頁）。

　本件で行使された文書開示命令権は、最高法院法（1925年）によって裁判官に付与された権限であり、その法のもとで作られた最高法院規則によって細かく規制されている。1969年より前は、コモン・ロー上のルールがあり、それによれば、国王の大臣は、開示が公益を害すると大臣が判断する種類の文書に関しては、開示免除の決定的な主張をする権限をもつとされた。しかしながら、このルールは、**コンウェイ対リマー**事件（[1968] A.C. 910）で貴族院によって覆された。この事件で貴族院は、正義の適正な運営を確保するという公益が不開示の公益を上回ると裁判所が判断する場合、裁判所はそのような大臣の免除特権の主張を破棄する権限を有するというルールを定立した。このコモン・ロー上のルール──一人の下級裁判官にとっては強行的性格をもつルール──が、制定法上のルールと連結されて、グレアム裁判官が先の命令を出す際に適用されたのである。この点では、グレアム裁判官の正当化論は類推論法を含んでいないということに注意されたい。もう少し正確に言うなら、その適用が強行的に命じられているルールを直接適用する場合と、ある一組の要件事実に対して明確なルールを定める法律または先例が、それと類似の要件事実の組合せに対してはそれと類似または同一の法律効果が出てくるとする決定の正当化にあたって援用される場合とを区別しなければならない。前者の場合、つまり直接適用の場合は、十分かつ決定的な正当化としての演繹的論証の使用を明示的または黙示的に含んでいる。後者の場合はそうではない。**ノーウィッチ・ファーマコール**事件においては、「訴訟当事者の一方が関連文書の開示を求めた場合、裁判官は、その文書を管理する当事者に対して、閲覧のための開示を命じる権限、および、以下のような理由により国王の免除特権の主張を破棄する権限を有する……」というルールが、単純な演繹により、特定の裁判官は特定の原告の事件において開示命令を出す権限を有するという結論を生み出す。

　この事件での困難は、裁判官はその裁量的権限を行使するべきかどうかということにかかわるものであった。長官には信頼を維持する義務があるから、裁判官はそうした権限を行使するべきではないという論拠に対抗して、

グレアム裁判官はとくに、前述の警察からの類推を提出した。もう一つの、もっと中心的な困難は、開示命令権の普通の行使は紛争の二当事者間でなされるものにすぎないが、本件では、特許権侵害に対する原告の実体的請求は、いまだ特定されていない第三者、すなわち、輸入者が長官に関税の申告を行ったがゆえに名前が長官には知られている第三者に向けられているという点にあった。したがって、長官側は、開示命令権は長官に対しては正統に行使することができないと主張した。グレアム裁判官の判決では、決定的な反対論拠、「本件で最も重要な事柄」は、**オア対ダイアパー**[30]**事件**、**アプマン対エルカン**[31]**事件**および関連する諸先例から引き出された。グレアム裁判官は次のように述べた。

　［オア事件の］原告は、名前を知らない第三者である輸出者によって権利を侵害されていた。被告は、輸出者の商品の運送人であったが、その商品は、原告の商標を偽造したものであった。被告は、輸出者の名前を教えるよう頼まれたときそれを拒否し、開示を求める訴訟を起こされた。被告側は、被告は証人にすぎないと主張した。しかし、ホール副大法官は、［被告の立場、現実の運送人であるという立場は、単なる証人の立場とは異なるし、運送人が荷送人の名前の開示を拒否できるということになれば、原告に対して正義が否定されるという結果を招こう］と述べた[32]。（前掲判例集579頁）

　内密情報が別のやり方によってではなく法律上の権限の結果として得られたという事実が、情報を守秘するべきか、それとも開示するべきかにかかわる事情の相違をもたらすとは私は考えない。このことは、**アルフレッド・クロムプトン娯楽機械有限会社対関税・間接税局長官事件**[33]におけるフォーブス裁判官の最近の判決によって支持されている。（前掲判例集582頁）

　正義が行われ、しかも、できるだけ迅速かつ安価に行われ、結果的に、原告によるさらに広範な調査の費用が節約されるためには、近道をとって、長官に問題の名前を開示させることがきわめて望ましいように私には思われる。（前掲判例集584頁）

30　(1876) 4 Ch. D. 92.
31　(1871) L.R. 12 Eq. 140.
32　(1876) 4 Ch. D. at p. 96 参照。
33　判例集未掲載判決（1971年7月15日）。[1972] 2 Q.B. 106A-116G 参照。

第7章 「一貫性」の要請：原理と類推　201

　私人たる当事者が（未知の）潜在的被告と直接の契約関係にある**オア**型の事件と、法律によって付与された公権力の行使を通じ関連情報が長官に入ってきた本件との間に（長官側がそう主張したように）合理的な区別を設けることができることは明々白々である。それゆえ、**オア**事件の裁定が**ノーウィッチ・ファーマコール**事件の事情に直接的におのずから適用されたのだと言うことはできない。

　この潜在的に重要な相違は別にして、類似点は以下のようなものである。(1)「工業所有権」の性質をもつ権利が侵害されたと申し立てられていること。(2) その権利侵害が商品の不適当な利用によるものであること。(3) その商品が、特定されていない第三者の所有に属するものであること。(4) その第三者に権利侵害の責任があると申し立てられていること。(5) その第三者がだれであるかが被告に知られていたこと。(6) 被告は、使用すれば権利侵害になる商品に対してある程度の支配力をもっていたこと。(7) それゆえ、被告は「単なる証人」以上のものであること。したがって、残る問題は、本件と先例の間には、被告と未特定の第三者との関係について重要な相違があるのだが、はたして本件は先例と同じ仕方（開示命令）で決定される**べき**か、ということである。その解答には二つの段階がある。第一段階は、先例の決定を正当化する根底的な原理の理由はどのようなものであったか（あるいは、その種のどのような理由があったと正当に考えることができるか）を問うことである。そうした正当化の働きをする政策の考慮が、本件の、先例と異なる事情にも同程度当てはまるということなら、一貫性論法を使うことができると少なくとも言うことができる。第二段階は、その政策が (a) それ自体、そしてまた (b) 本件の事情のもとで、追求するに値するよいものであるかどうかを問うということである。もちろん、これは、すでに説明したやり方での司法的評価の問題であり、そうした評価こそが究極的に決定的な要素である。このような抽象的レベルで事態をみるなら、第一段階は多かれ少なかれ認知的であり、第二段階は多かれ少なかれ評価的であると言ってよいだろう。もっとも、グレアム裁判官の意見を精査すればわかるように——上の観察報告はその本質上、一般的な言明である——、具体的な現実の議論においてはこれら二つの段階は解きがたく絡み合っているが、

もちろん、われわれが類推を分析する文脈で関連性のある類似性について語るとき、類似性は作られるのであって、発見されるのではない、と再度付言しなければならない。（たとえば）ロンドンの事務所ですわって輸入品の申告書を受け取る長官と偽造ブランド商品を国外に運ぶ運送人ダイアパーとの間に、はっきりと目に見える類似性はたぶん存在しない。決定的に重要なことは、前の事件で裁判所がその法的裁定を行い正当化する際、事件の事実をいくつかの一定のカテゴリーに包摂したという点である。新しい事件は前の事件と部分的に重なっているが、それは、新しい事件の事実が、前の事件ととくによく似たカテゴリー・セット、または、このセットを含むより大きな類の一種として提示されうるカテゴリー・セットに包摂されうるという意味においてである。両事件の間の「類似性」とは、これらのカテゴリーに関する類似性である。前の法的裁定を正当化するよい帰結主義的論拠が実際に述べられていたか、あるいは少なくとも示唆されていたかぎりで、それと同じ論拠を、それと部分的に類似した現在の事件について――実際、この新しいカテゴリーに包摂されるどのような事件についても――類似した裁定を正当化するために提出することができる。しかしもちろん、事件を差別化するような重要事実を考慮すると逆の帰結が出てくるような場合には、それに基づいて反対論拠が提出されることもある。したがって、「類推論法」は、革新的な司法的決定を強要せず、ただ支持するだけである。こうした説明はさらに、なぜ原理論法と類推論法との間に明確な一線を引くことができないかも示唆する。類推が意味をもつのは、その基礎に原理の理由がある場合に限られるからである。

両者の違いは実のところ、原理がどの程度はっきりと明言されているか、そうした明示性の程度に関してのみ存在するにすぎない。「隣人原理」がひとたび明言されれば、いくつかの点で**ドナヒュー対スティーヴンソン事件**（[1932] A.C. 562 ; 1932 S.C. (H.L.) 31）と類似する諸事件を、類推が可能な事件として扱う根拠が明示されたことになる。他方で、ある特定の事件で類推を使うことが、原理の新しくてより広い述べ方を展開するための根拠を提供することもしばしばある。**ノーウィッチ・ファーマコール事件**[34]や**スティール事件**[35] ではそうであった。しかし、**国王対アーサー事件**[36] が示しているよ

うに、そうでないこともある。

　そのような形式の議論が、新しい事件をそれと類似した先例と同様の仕方で決定する義務、または、問題となっている法律をそれと類似の別の法律の権威的に受け継がれてきた解釈と同様の仕方で解釈する義務が裁判官にあるという意味で、強要的であるわけではないとすれば、このことから二つの結論が出てくる。第一に、当該決定のための何らかのよい評価的論拠が与えられなければならない（あるいは、少なくとも与えられるべきである）。少なくとも、対抗する考慮がない場合には一貫性に価値があるということが示されねばならないが、グレアム裁判官が「正義が行われ、しかも、できるだけ迅速かつ安価に行われ、結果的に、原告によるさらに広範な調査の費用が節約されるためには、近道をとって、長官に問題の名前を開示させることがきわめて望ましいように私には思われる[37]」と述べることで示したような、それ以上の評価的根拠が提出されればなおよい。第二に、類推論法または原理論法が、新しい決定の「法的支え」を提供する——つまり、直接適用可能な強行的ルールが決定を義務的なものにするのと同じように決定を義務的なものにするのではなく、むしろ、決定が許容されるための必要条件にすぎないということ——となぜ考えられるべきか、その一般的理由がなければならない。そのような一般的理由は、それほど遠くにはない。立法上の政策をめぐる広範な争点は、とくに民主的社会においては、政治的立法部の関心事項であるべきものである。裁判官は、現実のまたは潜在的な党派的な政治的論争の争点についていずれかの側につくことは控えるべきである。しかし他方で、裁判所で運用されるものとしての法は、原理の一貫性を示すべきであって、「単独事件からなる荒野」であるべきではない。そして、社会に政党政治上の違いや個人的好みをこえて共有された一定の価値があるかぎり、あるいは少なくとも、そう信じられ、または認められているかぎりで、それらの「常識的価値」は、その社会の法において実現されるべきである。これらの潜在

34　[1972] Ch. 566 ; [1974] A.C. 133.
35　1944 S.C. 237.
36　[1968] 1 Q.B. 810.
37　[1972] Ch. at p. 584.

的には対立しうる原理は、立法部の機能および権能と司法部のそれとの間の区別と分離が、立法者は法を作り、裁判官は制定法に基づいて裁判だけをするという過度に単純化された意味でではなく、整合性と「常識」的価値の追求のために必要となる司法部による立法機能は明確な制限に服するべきであるという意味で、維持されるべきであるという原理を保持することによって均衡を保つことができるのである。司法部が立法権能をもつということの承認は大いに望ましいものだが、それは、「隙間を埋める」、「欠缺補充」という仕方でしか立法してはいけないという義務の承認によって限定されなければならない。したがって、欠缺補充的立法を建築的立法から区別する基準がなければならない。ありうる基準の一つは、関連性をもつ類推か確立された原理のいずれかが、革新的決定を正当化するために必要な要素である、というものである。たとえば、類推論法または原理論法が法的議論においてあのような力をもっているのはなぜか、その理由を尋ねるならば、その答えは、ある非常に望ましい慣習的ルールの存在である。つまり、確立された強行的ルールによって直接的または一義的に支配されていない状況をカバーするために法を拡張する権能を裁判官に付与するが、同時に、その権能の程度に制限を設けるルールの存在である。

　裁判官は「法を作る」または「立法する」ことをしているか、それをすることができるか、あるいは、それをするべきであるかをめぐる論争は、激しくなることが多いが、つねに不毛であり、論争の本質は言葉あるいは用語法の問題である、と言うことは真実であると思われる。結局のところ、政治的論争——そこでは、当該立法の正当化にとって、それが過去の法のルールや原理と対立するということはどうでもよいことである（というのは、過去の法を改めるということがしばしばそうした立法の目的であるからである）——を経た議会による法律制定の過程を表す場合と、現行法内部の類推や原理をそれが「常識」的価値の実現に寄与するかぎりで援用することによって正当化される、司法的ルール作成の過程を表す場合とで、違う単語を使うべきか否かは、どちらでもよいから、ともかくどちらかに決めればよいという類の問題である。もちろん、そのような仕方で正当化される判決や裁定はある意味で、既存の法に暗黙裡に含まれていたものを明示化するにすぎない。これ

は、両過程の重要な相違である。しかし、法は、偉大な「リーディング・ケース」が決定された直後に、その直前のものとは違ったものになるということもまた同様に真実である。これは、重要な類似点である。大切なのは、相違点と類似点の両方に目を向けることである。用語法は、それに比べると、はるかに取るに足らない問題である。もっとも、前者の過程を表すのに「立法」という言葉を用い、後者の過程に対しては何か別の言葉をあてるべきだという提案には問題点も多い。法「宣言」という、ひどく嘲笑されてきた18世紀的言い回しをなぜ使わないのだろうか。それはともかく、そのような区別は、われわれが権力分立の法理の要点を理解したり、司法部の法的革新の権能に課せられた限界の現実を認識したりする際の助けになる。

　本章の論述を締めくくるためには、最後に、類推論法および原理論法の力は、提案された決定の許容性を示すために**しか**働かず、決定を義務的にするためには働かないということを実証することが必要である。すでに引用して十分に論じた**ロンデル対ワーズリー事件**[38]は、「隣人原理」ほどの十分に確立された原理であっても、それが明らかに適用できる事件——法廷弁護士と依頼人の関係の事件——においてさえ、強行的な効力をもつわけではないことを示している。それに対抗する政策の理由が、そのような当事者間では不注意に対する責任は生じないという主張を正当化したのであった。

　フィップス対ピアーズ事件（[1964] 2 All E.R.35）は、同じ点をきれいに例証する。隣接する敷地上に二つの家をもつ所有者がその一つを取り壊し新しい家を建てたが、その家の側壁は、まだ建っている古い家の壁とぴったりくっついていた。数年後、二つの家は、原告と被告の分割所有に移った。被告は、地方当局の命令に基づき、自分の家（古いほうの家）を取り壊した。新しいほうの家の隣接側側壁が古いほうの家にぴったりくっついて建てられていたために、その側壁は、目地塗りされたり、下塗りされたり、漆喰で塗られたりしたことは一度もなかった。それゆえ、隣の古いほうの家が取り壊された後、雨が染み込んで、冬にはそれが凍り、その結果、側壁にひびが入っていたんでしまった。原告は、損害賠償を求めて訴えた。

---

[38] [1969] A.C. 191.

原告が言うには、被告は14号住宅を取り壊すことによって、原告のもつ天候からの保護権を侵害した。原告が言うには、この権利は支持権から類推される。もちろん、別の家の隣に長年にわたり家を保有してきたために、自分の家が隣の家による支持にかかっている者はその支持を維持してもらう権利をもつ、ということは確立した法である。彼の隣人は、控え壁またはその種のものによって代わりの支持を提供しないかぎり、自分の家を取り壊す権利がない（**ドルトン対アンガス事件**[39] 参照）……。[原告の主張は、次の問いを提起する。すなわち、] 保護の地役権は存在するのか。（記録長官デニング卿の意見、前掲判例集37頁）

控訴院は、そのような天候からの保護の地役権を認めなかった。その根拠は、主張された地役権は、（もしそれが存在するとすれば）地役権をもつ所有者に、そのような地役権が存在しなければ他方当事者が自分の土地上で合法的にしてよいはずのことをやめさせる権利を与えるという点で消極的な権利であるということにあった。そのようなものである以上、それは「注意の目でみられ」なければならなかった。「なぜなら、これまで法は、新しい消極的地役権の創設には非常に慎重であったからである[40]」。そのような注意の実例としては、**ブランド対モーズリー事件**[41] のような事件での眺望権の否定や、**ウェッブ対バード事件**[42] のような事件での風車のための風の流れを妨げられない権利の否定があった。

これらの事例の根底にある理由は、そのような地役権が許容されると、隣人の土地利用が不当に制限されることになるという点にあった。それは、正統な開発を妨げるであろう（**ドルトン対アンガス**事件でのブラックバーン卿の意見参照）。本件の場合も同様に、自分の家を取り壊そうとしている者にそれをやめさせれば、望ましい改良を抑制することになろう。あらゆる人は、そうしたければ自分の家を取り壊す権利をもっている。それによって、あなたの家が雨ざらしになるとしても、それはあなたの不運である。彼に不正はない……。（前掲判例集38頁、デニング卿の意見）

39　(1881) 6 App. Cas. 740.
40　[1964] 2 All E.R. at p. 37 (*per* Lord Denning)
41　(1587) 9 Co. Rep. 58a.
42　(1861) 13 C.B. (N.S.) 841.

この議論は批判されるかもしれない[43]。階ごとに別々に所有されるビルの最上階のフラットの所有者は下のフラット所有者から支持される権利をもつのに、後者は、最上階のフラット所有者が自分のフラットを取り壊したいと思ったとき、天候から保護される権利を（明示の契約がないかぎり）もたない、という結論は奇妙なように思われる。そうだとすれば、原告が主張する保護権と法的に認められている支持地役権との間には明白な類推があったが、その類推は決め手にはならなかった、ということは明らかである。裁判所は、そのような新しい地役権を認めることに反対する政策の理由、すなわち開発地点の不当な制限という根拠に納得したが、そうした地役権を認めることも完全にできたのである。関連性のある類推の存在は、それに従う義務を随伴するものではない。もちろん、政策を根拠とするその反対論拠自身、眺望地役権や通風権を否定した諸先例からの類推によって支えられていた。だからといって、競合する類推が存在しなかったなら、裁判官は先の保護権を地役権として承認する義務を負っていた、ということにはならない。

　本件のように建物の現実の物理的隣接が存在する諸事例においては、支持権と求められた保護権との類似性が顕著で明白である。だからこそ、類推の「近さ」は、いずれの決定を選ぶにせよ、決め手とはならないと言うことも大事である。比喩的な言い方をしているが、そうであるとしても、たとえば救助者と救出者との間は、隣接する建物のための支持と隣接する建物の天候からの保護との間よりも類推の「近さ」が大きい（あるいは小さい）と近似的に量的な言い方で言うことができるための純粋に認知的な基準が存在する、と言うことは難しい。にもかかわらず、**スティール**事件では、前者の類推は責任の拡張を正当化するとされ、**フィップス**事件では、後者の類推は地役権のカテゴリーの拡張を正当化するには不十分であるとされた。要点は、前者の事件で裁判所は、救助者と救出者の間に線を引いて、救出者は賠償される権利をもたないとすることは恣意的で不合理な区別を設定することになるという根拠に基づき、原理および政策のよりよい論拠が、新しい種類の事件を古い種類の事件をも含むより広い原理に包摂されるものとみなすことを

---

43 R. E. Megarry, case note, (1965) 80 *L.Q.R.* 318-21参照。

支持すると結論づけたということにある。**フィップス**事件では逆に、裁判所は、「支持」と「保護」の間に線を引くための政策および原理のよい理由があると主張し、それゆえ、二つの権利間の区別は、線の両側にある類型的事例間の類似性の程度いかんにかかわらず健全で合理的であると主張した。

　したがって、「近さ」という言葉を認知的というより、評価的な意味で曖昧に使わないかぎり、類推の説得力を、政策の考慮よりも、「近さ」によるものとすることはできない。にもかかわらず、支えとなる類推または一般的法原理の言明自体を正当化する理由がないかぎり法の革新をしてはならないという、司法に課せられた義務の役割が、新しい法を作る司法部の権能に制限を課して、憲法上定められた立法者または立法部に留保されたより広い立法領域に踏み込まないようにすることにあると言うことが正しいとすれば、退けられる可能性があるものではあってもともかく十分な類推と言うことができるものを限定する何らかの要求が存在しなければならない。要点を明らかにしよう。自分が他の人の不法な行為または不作為の結果として害を被ったことをその人が証明することができるという状況はすべて、現行の不法行為のあらゆる事例とある程度類似している。しかし、次のような場合はどうなるのだろうか。すなわち、ある商人がオックスフォードからロンドンまでずっとスピード違反を続けて車を飛ばしたおかげで、適正速度で車を走らせた商売敵に勝って有益な契約を手に入れた、そして、後者は、ロンドン到着が競争相手に後れなければ自分が契約をとっただろうことを証明することができた、という場合。そのような行動は、スコットランド法またはイングランド法で認められた不法行為の範囲には入らないし、ほとんどすべての法律家は、敗れた競争者には逸失利潤の勝者からの賠償を請求する、異論の余地のある根拠さえないと考えるだろう。なぜそうなるのだろう。

　その理由は、われわれが不法行為責任の根拠を先のように述べたとき、その記述の一般性の程度がきわめて高かったことにある。記述を少しでも特殊化するやいなや、たとえば、害が、結果的に経済的損失を伴う人身または財産に対する物理的被害と、純粋な独立の経済的損失とに分けられることがわかる。後者こそがわれわれの想像したケースにかかわるものである以上、われわれは可能なら、純粋な経済的損失にかかわる不法行為からの類推を発見

しなければならない。潜在的被告の「違法性」を検討してみると、それが刑事法律の違反から生じるものであることがわかる。したがって同様に、われわれの類推は、「法律上の義務違反」からのものでなければならないだろう。しかし、そこでわれわれは、原告は勝訴するためには、ある一定のクラス——すなわち、そのクラスに属する人々の特殊利益のためにその法律が制定されていると考えられる、そのようなクラス——に属していなければならないし、請求を自分がそのクラスの一員であるということに基づかせねばならない、ということに普通気づく。これらの考慮はたぶん、競争に敗れた商人にわれわれがいかに同情しようとも、彼は法的な足場をまったくもっていないという結論にわれわれを導くであろう。以上のような考察は、類推が十分なものであるかどうかは、新しい事件の事実と、先例または法律に埋め込まれた、それなりに特殊化されて述べられたルールまたは原理の要件事実との間に類似性が存在するかどうかにかかっている、という結論をさし示している。いうまでもなく、これは、正確な基準ではないが、現実的で重要な基準である。類推のこの意味での「近さ」は、実際、法の要求するところである。もっとも、十分に近い類推の範囲に収まるかぎり、近さの程度だけをいずれの決定をとるにせよ、その決め手にすることはできず、法において競合する諸裁定に賛成または反対する帰結主義的論拠によって、さらにテストされねばならない。

　類推論法は制定法の特徴というよりも、とくに判例法の特徴であるという意見がしばしば出される。最後に、これについて検討しよう。判例法の各分野が、原理の具体的適用を事件から類似の事件へと徐々に拡張する決定の着実な積み重ねによって整然と築き上げられるかぎりで、そのような意見にはたしかに、ある程度の真理が含まれている。スコットランド法とイングランド法におけるネグリジェンス法の近代的発展は、その明白な例証となる。その法分野からこれまで引用した無数の実例からも、その一端がうかがわれよう。同じことが言えるかもしれない法分野はほかにも多い。たとえば、**ライランズ対フレッチャー事件**[44]や**カー対オークニー伯事件**[45]といった事件に由

---

[44] (1868) L.R. 3 H.L. 330.
[45] (1857) 20 D. 298.

来する「厳格責任」（または「推定過失」）の発展、**ヒューズ対メトロポリタン鉄道**事件[46]に由来する「約束的禁反言」の法理のイングランド法における発展、スコットランド法における「物の介入」および「行為による禁反言」の法理とそれに相当するイングランド法の「一部履行」の法理の発展、あるいはまた、両法体系における（内容を異にする）信託法の大部分の発展である。

しかしながら、本章で選んだ実例の多くが示しているように、類推論法は、制定法の適用と解釈においても、決して珍しいものでも、重要でないものでもない。われわれは、**国王対アーサー事件**[47]と**ノーウィッチ・ファーマコール事件**[48]の判決のなかに、前者の事件では法律の適用に関する問題、後者の事件では裁量を伴う法律上の——判例法によって補充された——権限の行使に関する問題を解決するために、別の法律からの類推が使用される実例をみた。前章で引用した**ベイスの受託者対ベイス事件**[49]は、コモン・ロー上のある法理の逆転にかかわっていたが、それは、関連性のある類似性があると言える他の法分野に属する諸法律の特定のセットの基礎にある広い原理を援用することによって部分的に正当化された。それとは逆に、会社法のような法律は、判例法における細目解釈の努力を通じて練り上げられ、具体化されてきた。行政行為の司法審査に関する現代法は、広いコモン・ロー上の原理を、公的権能をもつ公的機関を設立する個々の法律に適用したものであり、しばしば、法律の規定に対して非常に制限的な効果をもっている。（第6章で取り上げた）**アニスミニック事件**[50]や**マロック対アバディーン・コーポレーション事件**[51]といった事件は、そのような司法活動の現在の最高到達点である。権限踰越と自然的正義の法理の精緻化は、一つの法律に関係する先例を公的分野の別の法律に関係する事件に類推的に適用するという仕方で行われてきた。したがって、類推論法および原理論法の力と機能に関し制定法とコモン・ローとで本質的な違いがあると考えるのは間違いである。もっ

---

46 (1887) 2 App. Cas. 439.
47 [1968] 1 Q.B. 810.
48 [1972] Ch. 566; [1974] A.C. 133.
49 1950 S.C. 66.
50 [1969] 2 A.C. 197.
51 1971 S.C. (H.L.) 85; [1971] 2 All E.R. 1278.

とも、そのような論法の最も特徴的な使用がたぶん法理の——その法理の起源が「リーディング・ケース」にあろうが、重要な条文にあろうが、あるいは、権威的教科書の著者によって述べられた原理、または説得力ある外国の先例のなかで外国の裁判官が述べた原理にあろうが——事件から事件への精緻化と具体化においてみられるという命題には同意してよいが。

　少なくともスコットランドとイングランドの法体系については、本章の冒頭と第5章で提出した原理の説明を支持する豊富な証拠があるように思われる。原理が使用されるということから、一つの法体系の作動の内部において働く諸価値が一貫するということがいかに重要とされているかを推測することができる。同じことは、原理論法と密接に関係する類推論法の使用についても言うことができる。両論法は一緒になって、司法的立法の過程で正統とみなされるものの限界に関し、われわれが何らかの理解を形成する助けとなる。しかし、原理の——単独での、または原理間の競合のなかでの——「重さ」という比喩的観念をまともに受け取りすぎることは役に立たないだろうし、誤解に通じるだろう。まして、原理の相対的重さという比喩的観念は論外である。ハード・ケースにおいて決定を完全に正当化するのは、原理論法と帰結主義論法の相互作用である。それでも五分五分の場合は、以前に触れた「整合性」という重要な事柄をも考慮しなければならない。法におけるある裁定が原理によって支持され、かつ、その帰結の点で望ましいということが示されたとしよう。しかしなお、それが、確立され拘束力のある法のルールと対立しないということが示されなければならない。次章では、この問題を取り上げる。

第8章　整合性の要請と解釈の問題
：クリア・ケースとハード・ケース

(a)　クリア・ケースとハード・ケース

　法における整合性論法の要点を短い言葉で伝えるのはやさしい。裁判官に向けられた次のような根本的な掟がある。すなわち、確立され拘束力ある法のルールに反することなかれ。このような掟がもしないとしたら、「妥当性テーゼ」は、そのいかなる解釈によろうとも崩壊する。しかし実際には、先の掟は、そのテーゼを維持することができるほどに守られている。時として、その遵守がやや安定性を欠くこともあるが。

　まず例を取り上げてみよう。**アニスミニック**対**外国補償委員会**事件（[1969] 2 A.C. 147) では、原告会社は、同委員会の決定が取り消されるべきことの理由として、正義、常識および政策の理由を提示するだけでは十分でなかった。もちろん、**アニスミニック**がそうした理由について裁判所を説得することができなければ、一塁ベースにさえ到達できなかった。だが、外国補償法第4条第4項という恐るべき障害がまだ残っていた。それは、委員会による「決定」は、「裁判所において疑問を呈されることはない」と定めていた。

　控訴院がそう考えたように[1]、この規定は、委員会が事件の実体面で納得できない決定を出したとしても、裁判所はそれを正すことを、明白な文言および議会の明白な意図によって妨げられているということを意味するものとして受け取ることができる。予想できるように、この論拠は、委員会側弁護士によって裁判の全段階で強調された。

1　*Anisminic* v. *Foreign Compensation Commission* [1968] 2 Q.B. 862.

(a) クリア・ケースとハード・ケース　　*213*

　アニスミニック側弁護士がその論拠を回避し論駁する唯一の方法は、アニスミニックの申請（1965年のスエズ事件後、イギリス国民の財産の収用に対する補償として連合王国政府がエジプト政府から取り戻した基金から補償を受けるための申請）について決定したとされる委員会が「決定」を述べたのではなく、「単に無効なこと」を述べたということを示す何らかの根拠を見出すことであった。それを立証した後、弁護士は、1950年法第4条第4項が司法審査にかからないとしているのは「決定」、つまり「有効な合法的決定」であって、単に無効なことではないという主張を押し出すことができた。そのような主張をすることに成功し、貴族院での最終的勝訴を勝ち取ることができたのは、弁護士の技能と機転の賜物である。

　強調する必要があるのは、いかに多くの説得力ある帰結主義論法またはよく理解された公法原理からの論拠も、**アニスミニック**が委員会に対抗して裁判所に求めた宣言を法律の条文と合致させることができなければ、その宣言を出すことを正当化するには十分ではなかったであろう、という点である。議会の法に反することなかれ。だが、別の根拠から正しいと考える裁定と整合する法律解釈を発見することは、その掟を破ることにはならない。

　第4章以降で取り上げたすべての事件において、これは決定的に重要な要素である。判決は、よい帰結主義論法ないし原理論法もしくは類推論法によって正当化されなければならないだけではない。判決はまた、確立されたルールと不整合ではないことも示されねばならない。しかし、ある提案された裁定が確立されたルールと不整合であるかないかは、確立されたルールの解釈に明らかに依存するだろう。

　形式的表現に立ち戻れば、提案された裁定がルール **p ならば q** にほぼ間違いなく、または一見抵触する場合、そのような裁定を出すことは妨げられるが、ただし、(a) そのルールが **p' ならば q'** と **p'' ならば q''** との間で両義的であり、かつ、(b) これらの解釈の一つが提案された裁定と満足ゆく仕方で合致する場合は別である。

　拘束力のある先例の正しい「説明」と「区別可能性」をめぐる多くの争いは、まさにそのような議論の余地のある文脈で生じる。法律その他の成文法の条文の「正しい」解釈をめぐる多くの争いも、**アニスミニック**事件でそう

であったように、同様にして生じる。そうした論争がなぜ生じるかといえば、それはまさに、裁判官が、確立された法のルールを否定しない義務、すなわち、互いに対立するルールを制度化するのではなく、むしろ、すでに確立された一群のルールのなかに不整合なく適合的に取り込むことができる裁定のみを出す義務を承認しているからである。これらの説明または解釈のプロセスが、過去に確立されたルールについてのわれわれの理解を修正することを含んでいるということは明らかである。だが、それは今述べているテーゼに対する反論にはならない。制定法および判例法はあらゆる状況で、「解釈」または「説明」の可能な範囲についていかなる限界も課さないほど不確定であると示唆するのは、「ルール懐疑主義」の非常に極端な立場であろう。そのような理論を提出した者はいない。もっとも、教科書には時として、それは「アメリカのリアリズム法学者」の立場だと書いてあるが[2]。

　上で述べた点をよく理解することは、法的推論に関するわれわれの説明全体をしっかりと結び合わせ、また、今日まで許されてきた過度の単純化を正すために重要である。これまで、たいした議論もなしに、クリア・ケースとハード・ケースの相対的に単純な分離が存在すると仮定されてきた。前者の場合、決定の正当化は、クリアな確立されたルールからの単純な演繹によって達成することができ、後者の場合、「解釈」、「分類」または「関連性」の問題に直面するがゆえに「第二段階の正当化」に訴える必要があるとされてきた。演繹は、議論の興味深い部分、すなわち法における裁定を確定するという作業を行った後にはじめて登場するとされたのである。

　しかし実は、クリア・ケースとハード・ケースを分かつ明白な境界線は存在しない。法における議論の応酬の場面を思い出してみよう。原告または検察官Pは、被告Dに対し訴えをもっている。Pが法的救済を手に入れる最善の可能性は、pならばqというルールのpに該当する事実を証明することができる場合に確保される。しかし、被告側は、事実に関し疑問を提起するかもしれないし、請求の法的根拠を争うかもしれない。後者が、目下の関心

---

[2] たとえば、G. W. Paton, *A Text-book of Jurisprudence* (1st edn. Oxford, 1951), pp. 18-19, 68-9 参照。しかし 4 th edn. (Oxford, 1972, by Paton and Denham), pp. 23-8, 87-8と比較せよ。Hart, *Concept of Law*, pp. 132-7〔第2版136-41〕も、この欠陥を免れてはいない。

事である。Pが何らかのルールを援用する事件において、後者が普通何を伴うかといえば、ルールの解釈または、ルールの特定の文言で表された法律要件に該当する事実の分類に関して、D側が論拠を提出するということである。この戦術は、時としてうまくいかない。**ダニエルズ事件**でルイス裁判官が、「R. ホワイトのレモネード1本」の売買は動産売買法第14条第2項の意味での「説明による売買」に該当しないとの第二被告側弁護士による主張を最終的に（そしてまったく正当にも）却下したことを思い出していただきたい。他方で、**マクレナン対マクレナン事件**（1958 S. C. 105）では、被告は、ドナー提供の精子による妻の人工授精は、スコットランド法で姦通という文言に与えられた意味での姦通を構成しないという議論を認容させることに成功した。

　もちろん、逆のこともある。**ドナヒュー対スティーヴンソン事件**（[1932] A.C. 562 ; 1932 S.C. (H.L.) 31）や**アニスミニック事件**（[1969] 2 A.C. 197）のような事件では、DによればP勝訴の判決を妨げるというルールの背後でDがあぐらをかく一方、Pのほうが、帰結主義論法に支えられた原理論法に基づく主張を展開した。この場合、表面的には自分に不利な判例法または制定法が、自分が求める裁定への道を開くように説明または解釈されうるものであって、確立された法の「本来の」意味に抵触しないということを示すために、疑わしい点や両義性を探し出し、押し出さなければならないのはPのほうである。

　ダニエルズ事件のように、立証された事実がクリアなルールに適用されうることを真剣に疑ったり争ったりする理由が全然ないようないくつかの事件、あるいは、数多い事件とさえ言ってよいが、そのような事件が現に存在するということが真実だとしても、そのような事件を**ドナヒュー**事件のような論争の余地が大きい事件から分離する境界線は、明瞭なものではない。明らかに簡単な事件から争いの余地が非常に大きい事件に至る帯のようなものが存在するのであり、その帯のどの点で、「関連性」、「解釈」、または「分類」に関して疑いを出し、帰結主義論法や原理論法または類推論法を活用する道を開くことができるかについては曖昧にしか判断することができない。

　この点での曖昧さの理由としては、異なる裁判官の間でのスタイルや接近

法の違い、また気質の違いさえ挙げなければならない。サイモンズ子爵やクライド卿は、確立された法への柔軟な接近法の望ましさについて、デニング卿、クーパー卿、リード卿などとはまったく異なる見方をとっている。カール・ルウェリンが述べているように、各法体系の歴史上の時代が異なるに応じて支配的スタイルも変わるということもまた指摘しなければならない。『コモン・ローの伝統』のなかでルウェリンは、理念型としての「フォーマル・スタイル」と「グランド・スタイル」の違いの幅を実証している[3]。1950年代後半から1970年代前半にかけてのイギリス貴族院に関する大変厳密な社会学的研究のなかで、A. A. パターソン博士は、上訴審裁判官の役割の自己理解の変化に着目して、判決スタイルの変化の発展を追っている。そこでは、決定的に重要な役割が上訴審裁判官のうちで指導的な人物によって担われたとされる[4]。

そのような変化が実際に起こっているということはたぶん、**アニスミニック**事件を再考すればよく例証されよう。イギリス行政法の戦後の発展をよく知る者は、1950年法の非常に大胆な解釈に依拠してこの事件で下された判決が、1956年頃に貴族院で支配的であったより形式主義的な接近法の内部ではまったく受け容れられなかったはずだということがすぐにわかるであろう。この点は、**アニスミニック事件**と**スミス対イースト・エロー英国海軍本土防衛隊**事件（[1956] A.C. 736）のような事件との対比に言及すれば、その急所をよく理解することができよう。（強制購入命令に対して異議が申し立てられた後者の事件において、サイモンズ子爵は、そのような命令は「その確認、作成または発令の前後にかかわらず、いかなる法的手続においても疑問視されない」という条文に両義性があるという見方を強く非難した。彼の見解は、命令の誠実さに関する疑問さえ司法部は検討することができず、裁判所がそれをやれば、引用した法律の文言から「その十全な意味と内容」を奪うことになるというものであった。）

時点と裁判所が特定されたとしても、曖昧さを利用して何が法的に主張可能な点であるかを正確な言葉で詳細に述べることはできない。もちろん、弁

---

3 Karl N. Llewellyn, *The Common Law Tradition* (Boston, 1960), pp. 35-45, 182-7.

4 A. A. Paterson 前掲書（第1章注13）。

護士は、何が主張してみる価値があり、何がそうでないかを知っていないと、その代償を支払うことにはなるが。単純な演繹によって判決に至る事件は、次のいずれかの場合である。すなわち、(a) ルールの解釈についても事実の分類についても、どう考えても疑いが生じえなかった。(b) 本当は主張可能な争点だったのだが、実際にはだれもそれを提起したり主張したりしようとは思わなかった。(c) そのような議論が試みに出されたのだが、裁判所によって、技巧的またはこじつけにすぎるとして却下された。これらの類型のうち (b) と (c) は原則として、(a) の明白な確実性の領域と区別されるものとしての不確実な周縁部に属する。しかし、(a) の事例についても、それが本当は (b) または (c) の事例ではないかという疑問をいっさい提起することができないような実例を挙げることはむずかしい。

判例集にどのような事件が掲載されるかという観点からみると、(a) と (b) のタイプの事件はまさに、氷山の隠れた部分である。**ダニエルズ**事件は動産売買法の論点に関しては単純な事件であったが、そのような単純な事件は普通、判例集に掲載されないだろう。その理由ははっきりしている。判例集はいわゆる「リーディング・ケース」を公表することを使命としており、単純な事件は「リーディング・ケース」としての大きな意義が全然ないからである。**ダニエルズ**事件で単純な論点が判例集で取り上げられたのは、その事件が**ドナヒュー対スティーヴンソン**事件のルールの諸側面に関する論争ともかかわっていたからであり、先の単純な論点はそうした論争を論じた後に触れられたにすぎない。同様な理由で、事件が裁判にもたらされたが、弁護士が、争うことがあるいは可能だったかもしれない法的論点を提起することができず、問題が単に「事実」問題として扱われた場合、その事件は判例集に掲載されない。

(c) のタイプに属する事件は、もっと興味深い。それは、当事者の一方の側に立つ弁護士が、制定法の条文または判例法上の論点に関して比較的大胆な解釈を何らかの点で必要とする論拠を提出した場合である。前述の**スミス対イースト・エロー英国海軍本土防衛隊**事件（[1956] A.C. 736）は、その実例である。この事件で貴族院は、上訴人側弁護士が貴族院に訴えた主張、すなわち、司法審査を排除する制定法上の規定が両義的であり、不誠実に出さ

れた命令については例外を認める余地があるという見解を受け容れる用意はなかった。

　もう一つの実例が、**テンプル対ミッチェル事件**（1956 S.C. 267）によって提供される。あえて単純化すれば、事件の概要は次のようなものである。ミッチェル家は原告所有の賃貸住宅に住んでいた。その賃借権の名義人は、ミッチェル氏であった。諸々の家賃法の規定によれば、この賃借権は「制定法上の賃借権」であり、それはとくに、賃借人が住宅の「占有を保持しているかぎり」、その賃借権は継続し、したがって、賃借権に関するもともとの契約上の定めにかかわらず、賃借人を立ち退かせることはできないということを意味していた（家賃およびモーゲッジ利息の増額（制限）法（1920年）第15条参照）。

　しかしながら、ある時ミッチェル氏は、妻を捨て蒸発した。妻と子供、家具と家財一切はその家に残された。ミッチェル夫人は家に留まり、適当な時期に家主に家賃の支払いを適切に提供したが、家主は、家賃を受領して彼女を賃借人と認めることになるのを拒み、やがて、彼女に対して立ち退きを求めて訴訟を提起した。

　この場合、賃借人は「占有を保持」していたのか否か。彼が占有を保持していなかったとすれば、家主は、ミッチェル氏の家族を追い出して住宅の占有を与えられる権利をもっていたことになる。ミッチェル氏が占有を保持していたとすれば、家賃諸法のもとでは、家主はそのような権利をもっていなかったことになる。家賃諸法の解釈に関するスコットランドおよびイングランドの先例では、戻って住む意思なく借家を去った賃借人自身は、自分の代わりに友人または親族にその家を物理的に占有させたとしても、「占有を保持する」者に分類することができないということが確立されていた。その一方で、船員のように長期にわたり家を離れる人々は、そのことによっては占有を失わない。つまり、家具が残っているとか、賃借人から許可を受けた者として親族が家を物理的に占有しているといった物理的占有の継続を示す適当な徴憑が存在するなら、そのような人々は、上陸後その家に戻る意思を不在期間中ずっと保持しているかぎり、「占有を保持する」とされる（分析法理学に精通する者はこの点に、占有が成立するためには占有物の物理的支配と、

(a) クリア・ケースとハード・ケース　219

適当な心的要素すなわち占有意思との両方が必要であるという古典理論の反響[5]を認めるだろう。不在期間後家に戻るという必要な意思のことを、コモン・ロー裁判官たちはあえてラテン語で「戻る意思」と表現したという事実を述べれば、この反響はいっそう強くなろう。)。

　高等民事裁判所上訴部第二部においてマッキントッシュ卿は、先の事情のもとで賃借人は占有を保持していたという見解を支持することに賛成した。

　　私見によれば、賃借人による家の占有は、賃借人自身が家から去った場合でも、妻と家族を家に残しているときには保持されると考えることを妨げるものは、……スコットランドのコモン・ローには存在しない。賃借人には、必要ならば妻および家族を法的手続を使って立ち退かせる——われわれの法のもとでそれは可能であろうが——という選択肢があったのに、賃借人がその妻および家族がそこに留まるに任せたという場合、彼女らは賃借人の少なくとも黙示の許可によってそこにいると考えるのが公正な推論というものである。この推論は、賃借人たる夫がそれに加え、自分の家具を妻および家族の使用に供するため家に残している場合には、いっそう強いものになる。このような事情のもとにおいては、1920年の家賃制限法第15条中の「占有を保持」という文言を解釈するという目的のために、妻による占有は夫による占有とみなされてよい……と私は考える。住宅の保護ということが家賃諸法の全体的な政策ないし意図である以上……、私見によれば、1920年法第15条の「占有を保持」という文言は、……別離前には夫婦とその家族がともに居住する家であった住宅に賃借人の妻および家族が居住し続けることによって代理的に実行される占有をも含むよう広く解釈されるべきである。(前掲判例集281頁)

　このような内容のマッキントッシュ卿の議論は、スコットランドの諸先例と、この論点に関するスコットランドの指導的法律書すなわちランキンの『リース』[6]とを参照することによって支えられていた。彼の議論はまた、遺棄の場合、管理された財産の遺棄された妻による物理的占有は1920年家賃法のもとでの夫による占有の保持を構成する、ということを確立するイングランドの諸先例が存在するという事実によっても側面から支えられていた。そ

---

[5] たとえば、Paton の *Text-book of jurisprudence* (4 th edn.), pp. 553-89参照。D. R. Harris, 'The Concept of Possession in English Law', in *Oxford Essays in Jurisprudence* (ed. A. G. Guest, 1961) は、古典理論の柔軟性のなさを批判している。

[6] Sir John Rankine, *The Law of Leases in Scotland* (3rd edn., Edinburgh, 1913).

の家賃法が連合王国全体に及ぶ以上、それは連合王国全体でできるだけ同じように解釈されるべきであるとマッキントッシュ卿は考えた。

しかし、彼は少数派であった。3人の同僚裁判官はすべて、反対の見方をとった。イングランドの先例は、スコットランドでは継受されていない夫と妻に関するイングランド法上の特別な法理に依拠するものと説明された。司法書記卿トムソンは、次のように述べた。

> 私はもしできるなら、この明らかに衡平にかない思いやりのある線にそって本件を決定したいと切に思う。これらの法が、家賃の支払猶予として始まり、住宅供給に関する社会立法の性格をおびるものへと発展したということに疑いはない。しかし私は、家賃諸法のなかに、遺棄された妻を特権的な地位におくという内容をまったく見出すことができない。遺棄された妻を代理的賃借人とする議論は、……家政婦、子守り、または家族の一員に家の物理的占有を任せて消えた賃借人すべてについても同様に当てはまる。(前掲判例集272頁)
>
> [イングランドの先例は]家賃諸法のみを根拠にして、遺棄された妻を優遇する例外が存在するという議論を支持しているという説に私は納得できない。明示的な規定は存在しないし、明瞭な含意も発見することができない。(前掲判例集275頁)

多数派に属する他の裁判官、パトリック卿とブレード卿は、司法書記卿の意見と実質的に同様の補足意見を述べた。

以上のような次第で、この事件は私の言う(c)タイプ、すなわち、弁護士が、依頼人の主張する権利を依頼人に付与することと整合する意味を、問題となっている条文がもちうると裁判所を説得しようと試みたが、失敗した事件類型に分類される。そのような議論を提出したにもかかわらず、裁判所の多数派は、彼らが採用する家賃法の解釈に問題はなく、この解釈は遺棄された妻を賃借人たる遺棄した夫に代わって代理的に占有するものと扱うことを明確に排除する、と判示した。

(以前に述べた点を繰り返せば、議論の構造は、ここで提起された論点を「解釈」問題とみなそうが、「分類」問題とみなそうが変わりがない、ということがわかるであろう。問題を「『占有を保持』という制定法上の文言にどのような意味を与えるべきか」という問題として扱おうが、「証明され認定された一次的事実が先

の家賃法の意味での『占有を保持』を構成するか」という問題として扱おうが、解答の正当化に関連性をもつ要素は同じである。「解釈問題」と「分類問題」の違いは、それが「法律」問題と「事実」（または「二次的事実」の）問題の違いとして扱われる場合のように、文脈によっては実際上の重要性をもつが、法における正当化議論の理論にかかわるかぎりでは、両者の間に理論上の違いはない。）

(b) 解釈と分類の問題：制定法解釈

テンプル対ミッチェル事件は本章や他の章で引用した他の諸事例と同様、法において、とくに制定法解釈に関連して解釈問題または分類問題が生じたとき、それらの問題に対処する際の諸側面に関する有益な例証として理解することができる[7]。制定法解釈に関連してわれわれはまず、弁護士によって主張された対抗する家賃法解釈のうち一方が他方よりも「明白」であった、ということは真実なのかどうかと問うことができる。これに対する答えは肯定の答えでなければならないように思われる。家賃およびモーゲッジ利息の増額（制限）法（1920年）第15条第1項の「賃借人が占有を保持しているかぎり」という文言に考察を限定するならば、その最も明白な意味は、その家の物理的占有を継続する意思をもってその家を現実に物理的に占有している人は、その要件をみたし、戻る意思なく家を去った者はみたさないということである。

ご承知のように、「みなし占有」という周知の概念がある。それによれば、Aは、BがAの不動産の賃借人または立入り権者であるとき、Bによって現実に占有されている不動産を「占有」しているとされる。しかし、家賃諸法の解釈に関する権威的諸判決は、**テンプル**事件の前、「占有」という語のその意味での用法を排除していた。「[1920年法]の根本的原理は、……住宅の居住者を保護することであって、住宅に居住せず転貸して賃料を稼ぐ者を

---

[7] 制定法の解釈というテーマに関する現在最良の著作は、Rupert Cross, *Statutory Interpretation* (London, 1976) である。私は「日常的な」意味という言い方よりも「明白な」意味という言い方のほうを好むが（「明白さ」は程度問題であるが、「日常性」はそうではないから）、その点を除けば、クロスとほとんど同意見である。Law Commissions, *The Interpretation of Statutes* (1969, Law Com. No. 21, Scottish Law Com. No. 11) も参照。

保護することではない」(**ハスキンズ対ルイス**事件における控訴院裁判官スクラットン卿の意見（[1931] 2 K.B. 1 at p. 14）より)。したがって、「賃借人が占有を保持しているかぎり」のより明白なほうの意味は、それ以前の解釈の流れを考慮に入れれば、その文言は、自分が賃借人である住宅を、そこに戻ってくる意思をもたずに去った者の場合を排除するということである。

　制定法解釈について「文字通り解釈すべしというルール」が存在する、あるいは存在しうるという考え方は、この可能性、つまり、制定法上の文言は通常、明白な意味をもっているということを、公理のように仮定するか、あるいは少なくとも前提している。このことが真実であるかぎり、裁判官は制定法の適用に、訴訟の両当事者が主張する意味のうち、より「明白な」ほうの意味の適用に有利な推定をもって当たるべきである、ということのよき理由が存在することに疑いはない。民主的な立憲国家では、新しい法を制定しなければならないのは選挙された議会である。立法部の全成員が法案の各条項の内容について最小限の考えしかもっていないということが真実であろうがなかろうが、選挙された議員の意思が支配することを確保する、失敗の可能性が最も少ない方法は、彼らが制定した言葉を額面どおり受け取り、できるだけその明白な意味に従って適用するというやり方であろう。政府が議会の仕事を効果的にコントロールしようとすれば、その時々の政府は、立法によって議会の承認を得たいと考える諸政策を正確な文言で表現する必要に迫られる。しかも、普通の市民は法律を額面どおり受け取ることができるだろう。

　他方、制定された文言の解釈の「明白さ」は、その立法を特徴づけるものと考えられる一つまたは複数の原理についての理解にかかっているだろう。というより、たぶんかかっているにちがいない。上述のスクラットン控訴院裁判官の意見からの引用は、この点を非常に的確に立証するものである。実際、彼が彼の意見のそれより前の部分で述べたように、家賃諸法に関して裁判所は1920年以来、それらの法が適用されることになるとき「何が起こらなければならないかに関する整合的な理論を形成しようと努めて」（[1931] 2 K.B. at p. 9）きた。明白なこととは、たぶん、各法のねらいと目的に関する何らかのそのような理論が与えられてはじめて明白なことなのである。（こ

の事例では司法部の形成した理論が議会によって結果的に追認された。それは、1968年家賃法第3条第1項（a）号の文言によって見事に示されている。この条項によって今では、制定法上の賃借権は、「かつて保護された賃借人であった者が当該住宅を自分の住居として物理的に占有しているならば、そしてそのかぎりで」、その者にあるとされている。さらに同法第3条第2項は実際上、「占有を保持」という以前の用語についての裁判所による解釈は、新しいより正確な用語との関係でも有効である旨を定めている。）

　以上述べたことがすべてそのとおりだとすれば、主張の成否が、より明白でない解釈を「より明白な」解釈に代えることができるかどうかにかかっている者は、何をしなければならないのか。**テンプル**事件でミッチェル夫人側弁護士が提出した議論は、判例集にその摘要が載っている（1956 S.C. 267 at p. 270）。それによれば、弁護士は、「家賃制限法は、その主要な目的、すなわち家族用住宅の保護を実現するように、広くかつ実際的な仕方で解釈されるべきである」と主張した。家族から適切な住宅供給が奪われないということは、それ自体望ましい。また、家族用住宅が民間の家主から保護されるべきだということは、諸々の家賃法のまさに原理、あるいは根底にある「理論」である。そうである以上、家賃法は、「広くかつ実際的な仕方で」解釈される必要がある。弁護士はこのように主張した。その際、イングランドの先例が、この点に関する説得力ある権威として引用された。

　すでにみたように、この議論はマッキントッシュ卿を説得したが、多数派には退けられた。その理由は、その議論は法の明示的文言のなかに遺棄された妻に対する黙示の例外を——制定された文言のなかにそのような例外を見出すことはできなかったのに——読み込むものと多数派が考えたからである。（1968年に実施された家賃諸法の統合は、トムソン卿の「遺棄された妻の住宅がスコットランドにおいて保護されるべきであるとするならば、議会のみがそれを行うことができる」（前掲判例集275頁）という遺憾ながらのニュアンスを伴う結論に対する対応をなんら含むものではない。夫婦居住住宅法（1967年）は、判例法の混乱した領域を明確化し、持ち家または借家に住む遺棄された配偶者に明示の保護を与えたが、この法は、スコットランドを明示的に適用除外としている。）

　制定法の文言のより明白でない意味を採用するよう裁判所を説得しようと

する法律家がみたさなければならない要請が、実際のところ二つある。第一に、自分が裁判所にその文言をそう読ませたいと思うその意味が、最も明白な意味ではないにしても、その文言の意味として国語の用法と整合的に成立しうることを裁判所に説得しなければならない。上述のトムソン卿の意見からの引用ですでにみたように、**テンプル**事件において、ミッチェル夫人側弁護士はまさにこの点で失敗した。そのような当事者側が、同情を引く主張や一般原理またはよい帰結主義的議論によって十分に基礎づけられた主張をもっているということだけでは十分ではない。その当事者側弁護士は、制定法の文言が自分が望む判決と整合する意味をもちうることを示すことができなければ、それ以上一歩も進めない。裁判官が、別の意味のほうが一見したところ「明白」であったにもかかわらず、弁護士の主張する意味も制定法の文言と整合的であることについて説得されたと明示的に述べることもまれではない。たとえば、**バーカー対ベル事件**（[1971] 2 All E.R. 867 at p. 869）において、フェントン・アトキンソン控訴院裁判官は、弁護士 A. M. アーヴィン氏に関して次のように述べている。

　　これらの書面を読んで第三者側弁護士からその議論を聴くまでは、どうして彼が買取選択権付賃貸借法（1964年）第29条第3項中の「であった」と「いかなる」という言葉の組合せから逃れることができるのか、私には理解できなかった。しかし、彼の議論を聴いた後で私は、彼は正しい、したがって、関連するいかなる買取選択権付賃貸借特約に関しても現実の認識がない者は善意の購入者とされるべきであると説得された。

　第二の要請は、それだけでは十分ではないが、疑いなく必要なものである。裁判所は、制定法の条文を明白でないほうの意味で適用することを、そうするよき理由をもっていないかぎり、しないし、またするべきでない。本書の議論全体でこれまで述べたことは要するに、そうする「よき」理由を構成する理由とは、帰結主義的理由か、法原理の理由か、（最も力強いが）組み合わさって働くこれら両種の理由かのいずれかであるということである。ある制定法上のルールを p' ならば q の意味で適用すると、受け容れられた原理と対立することになる、あるいは、同種の事件において正義、常識または便宜と対立することになると裁判官を説得することは、p'' ならば q とい

うもう一つの読み方を採用するよき理由を——それが本当にもともとの **p ならば q** の可能な読み方であり、当該成文法にまったく欠けている言葉や観念を密輸入するものではないといういうことについても裁判官が説得されるかぎりで——裁判官に与えることである。それらの帰結や原理の理由が強ければ強いほど、より明白な意味が採用されるべきであるとの推定を覆すことはますますよく正当化されると裁判官は考えるだろうし、制定された文言を「曲げる」気にも——その限界点まで至らないかぎり——ますますなるだろう。

裁判官の判決スタイルの違い——ルウェリン流に「グランド」スタイル対「フォーマル」スタイルと言おうが、別の言い方をしようが——について語る際、われわれが何について語っているかというと、それは、裁判官の判決の書き方からうかがわれるところでは、先の推定が覆されるのを許容する用意がその裁判官にどの程度あるかということである。あるいは少なくとも、そのことを含んでいる。

以上の論述は、制定法解釈という見出しのもとで普通論じられたり説明されたりする内容からやや離れすぎていると思われる向きもあるかもしれない。しかし、これまでの論述は実のところ、まさにそのテーマを、その最も標準的な説明についてすら、理解するための枠組を提供する。標準的説明の例を挙げれば、制定法解釈の「ルール」[8]——「文字通り読むべしというルール」、「黄金律」、および「弊害準則」（別名ヘイドン事件の法則）、ならびに、「同類解釈則」、「列挙されたものと同種と解釈すべし」等々のさまざまな解釈カノン——があるという考え方がある。このようなルールやカノンについてしばしば指摘されてきたことだが、厄介なのは、それらが競合する、いわば「ペアになって狩をする」[9] 傾向があるという点である。というのは、それらの解釈ルールのほとんどどれについても、それが指示する結論とは異なる結論を、それにふさわしい文脈では指示するような別の解釈ルールが見つ

---

8 Cross 前掲書（本章注7）第3章、Law Commissions（本章注7）第4章参照。
9 Llewellyn, 'Remarks on the Theory of Appellate Decision etc.' (1950) 3 *Vanderbilt L. R.* 395. ラパート・クロスが指摘するように、「ペアになって狩をする」ということは誇張されうる。前掲書（本章注7）169-70頁参照。

けられるからである。

　「解釈ルール」に限っていえば、本章でのこれまでの仕事は、制定法をそのより「明白な」意味で適用することに有利な推定が存在することと、その理由を示すことにあった。そして、少なくとも、次のようなかなり厳格に守られている義務の存在を示すことにあった。その義務とはすなわち、当該制定法上の規定の意味がこれこれこういうものだと言っても、一般に理解されている言語慣用に過度の暴力をふるうことにはならないような、そのような**ある**意味と両立するルール解釈のもとで正当化されうる判決しか出してはいけないという義務である。だが、こうした限界内で、帰結や原理の理由が、より明白でないほうの意味に依拠することを正当化しうるのである。そのような文脈で「黄金律」または「弊害準則」に言及することは、より明白なほうの意味から離れることの正当化を、標準的な正当化理由の言葉で──すなわち、「不合理」が生じるような仕方で（黄金律の場合）、あるいは、立法前に法のなかに存在した「弊害」ないし欠陥を是正しようという立法者の現実の目的をくじくような仕方で法律を解釈するのを避けるため、といったふうに──表現することにほかならない。とりわけ「不合理」という言葉から、われわれは、法においては帰結主義的推論や原理論法と不可分に絡みあっている種類の評価的判断の領域に入っていることがわかるはずである。

　厄介なのは、制定法の表現の「明白な」、「明らかな」、「文字通りの」、あるいは「普通の」意味という観念は、どの観念を選ぼうとも、それ自体争いのない観念ではないし、価値判断の要素がないわけでもない、という点である。このことは、完全に真であるわけではない。というのは、制定法上の表現がまったく一義的で、意味が明らかであることもあるからである。たとえば、殺人（死刑廃止）法（1965年）の第1条第1項は、次のように定めている。

　　何人も殺人の罪で死刑に処せられない。殺人罪で有罪判決を受けた者は、以下の第5項［これは「罪を犯したとき18歳以下であったと裁判所がみる」者に対して特別な定めをする］に該当する場合を除き、終身刑に処す。

　本条は、裁判官に、殺人の事実審理で有罪の評決があったという報告を受けたら、有罪判決を受けた者に終身刑を言い渡すことを明白かつ一義的に義

務づけ、裁判官が有効に死刑の宣告をすることをできなくする。このことについては、一点の曇りもなく明らかである。これらの文言の制定に賛成または反対の投票を注意深くした議員のだれ一人として、自分が何について投票しているのかと疑うことはできなかったし、この法律を読んだ者のだれ一人として、その意味や意図された効果が何であるかと疑うことはできなかった。殺人罪に対して死刑を廃止するという目的は多数派の賛同を得ており、選ばれた言葉は、その目的を達成するために明らかに適切な手段である。法律の文言と、議会や公衆の間での論争の状況との両方から、人は何が意図されたかを知ることができ、その意図をみたすにはどうすればよいか——有罪判決を受けた殺人者（ちなみに、世界のあらゆる人は有罪判決を受けた殺人者であるかそうでないかのいずれかである）に、絞首刑その他の死刑ではなく、終身刑を言い渡す——を言うことができる。

　このようなどこから見てもクリアであると言える場合は、疑いなく相対的にまれである。にもかかわらず、われわれが制定法の条文を理解することができるのは、われわれが、制定法の条文というものが立法的効果をもった発言形式であること、そして、法のルールを確立する機能をもつ手続、しかもそれに参加する人々によってそのような機能をもつと理解されている手続を通過した発言形式であることを十分理解しているからである。だからこそ、立法部が、制定された条項を妥当な法のルールとして施行するという意図をもっていると考えることが正当化されるのである。それゆえ、法のルールとしての条項の意味を理解するためには、言語の普通の話し手はそのようなルールの発言がどのように理解されることを意図しているだろうかと問うてみるのが適切である。（「普通の」という修飾語は、評価を含む。）その意味で、そして、そのような仕方で、われわれは「立法者の意図」という概念や制定された文言の「明白な」または「文字通りの」意味という概念を無理なく使うことができるのである。その上、われわれは、一つの法律全体を読むことによって、その法律によって促進することが（上に述べたような意味で）「意図された」政策および原理について見方を形成することができる。さらに、この見方は、個々の条項がもつことを意図された意味ないし効果について、われわれが合理的な推論を行う際の助けとなる。私は私の言葉で何を意味する

のか、私はこれらの言葉を使うことで何を達成することを意味するのか、私の言葉は何を意味するのか、これらの発言は、似たような相互作用を惹起する[10]。われわれは、1965年法の場合がそうであったように、これら三つの「意味する」が正確に収斂するとき、最も安全な場所にいることになる。

　公理として仮定されているのは、言葉は、ある特定の発言のなかでのその言葉の使用とは独立に意味をもっており、その意味は、「普通の」言語的用法に関する慣習的な意味論的（およびその他の）ルールに依存しているということである。たとえば「死刑に処す」は、先の法律のなかでその言葉が使われているということとは独立に意味をもっている。だからこそ、その法律のなかでその言葉を使うことが適切なものになるのである。しかし、それらの慣習自体が曖昧で両義的であることもある。そのかぎりで、特別な目的のために特別な規約が採用されてよいのである。それこそが、「解釈のカノン」が担う役割である。一般的な言葉が特殊な言葉の列挙の後に続くとき、前者は後者と同一の種類の事物のみをさすものとして解釈されるべきであるという命題（同類解釈則）は、そのような特別の規約である。この規約は、制定法を適用する裁判官と立法の起草にあたって議会に助言する起草者とによって共有されているから、明確化したり潜在的な曖昧さの幅を縮めたりするためにその規約を使用することが正当化される。この対話の両当事者は互いに、他方がその規約の知識をもっており、かつ、それに従って行為する用意があると合理的に想定することができるからである。

　以上の説明で示そうとしているのは、制定法の条文にクリアな意味を帰属させることがつねにできるということではなく（もちろん、そのようなことはない）、それができることもあるということ、そして、それがなぜかということである。そうだとしても、一見したところ明白な意味に従うことと、政策および原理のそれ以外の望ましい側面を満足させる普遍的ルールを個々の事件で確立しようとすることとの間の絶えざる緊張関係がなお存在する。だからこそ、「文字通りに読むべしというルール」が効力を失って、その他の解釈「ルール」に道を譲ることもあるのである[11]。すなわち、制定法の文言

10　Cf. G. C. MacCallum, 'Legislative Intent', 75 *Yale Law Journal* 754, reprinted in *Essays in Legal Philosophy* (ed. R. S. Summers, Oxford, 1968) p. 237, esp. at 241.

(b) 解釈と分類の問題：制定法解釈　　229

がより明白な意味以外の意味ももちうるという条件がみたされている場合、裁判官は――そうする程度に違いはあるが――、政策ないし原理の根拠に基づいて制定法の表現のより明白でない意味を適用することが適当だと考えることもある。

ところで、制定法の文言への「文字通りの」接近法を、「自由な」接近法に対立する「限定的」接近法と同義であるかのように扱ってしまうという危険がある。この点は混乱していると同時に、混乱を招くものである。時として「文字通りの」接近法は、**テンプル**事件で弁護士が「広くかつ実際的な」接近法と述べたものと対照的なものとして説明される。しかし、**アニスミニック**事件と**イースト・エロー**事件を比較してみると、前者の事件では、司法審査を排除する規定についての狭いかつ限定的な解釈は、**イースト・エロー**事件での同様の排除に関して「文字通りよむべしというルール」によって達成された、より広い解釈と対照されるものである。再び取り上げるが、**イーリング・ロンドン自治区議会**事件（[1972] A.C. 342）において貴族院の多数派は、「出身国」に基づく差別に関する文言をキルブランドン卿よりも狭く解釈した。彼は、「出身国」が国籍を含むものとして解釈されるべきだと考えた。この場合、だれが「文字通り」の解釈を採用し、だれが「自由な」解釈を採用し、だれが「限定的な」解釈を採用しているのか。

混乱の一因は、司法慣行自体にあると思われる。イギリスの裁判官たちは、(a) 議会の主権への謙譲の一手段として、制定法の条文に、私が「明白な」と言い、他の論者が「日常的な」と言う意味を与えることに重きをおいてきた。しかし、彼らはまた、(b) 制定法によるコモン・ローの侵食に対してコモン・ロー（とくにコモン・ロー上の自由権に関して）を支持するという政策を多くの事件で採用してきた。たとえば、かつては自分の意向に従って差別しようがしまいが自由であったところの法的自由を人種関係法が禁止するかぎりにおいて、またとくに、「出身国」という文言が人種関係法（1965年）中の人種的憎悪の教唆に関係する刑罰法規で使用されていたことから、貴族院の多数派は、前述のパターンどおり、「出身国」の可能な解釈

11　Cf. Cross 前掲書（本章注7）43頁。

のうちより狭い解釈を採用し、国籍に基づく差別は制定法による禁止の範囲外であると採決した。

　このような真正の多義性を含む事件では、裁判官自身が、法律を文字通り解釈することと、狭くまたは限定的に解釈することとの違いをわかりにくくする傾向がある。先に言及した混乱が生じるのは、このためである。しかし、この一般的接近法に対して存在する正当化が、市民個人の自由に関する一定の考え方を優遇するコモン・ロー原理の観点からなされる正当化である、ということも注意しておきたい。このことは、本書の一般テーゼに疑問を投げかけるどころか、まさにそれを確認するものである。解釈の問題が生じるとき、それは、帰結主義論法ないし原理論法へ訴えることによってはじめて解決される。そして、両論法は、当該法体系にとって基本的なものと考えられた諸価値への訴えを伴っている。これらはみな、異論の余地がありうる、また実際にある問題である。だからこそ、ハード・ケースは、簡単な答えを許さないのである。

　上に述べた説明が、私の特異な憶測に全面的に基づくものではないということを示す証拠を若干挙げておかねばならない。**イーリング**事件自体のなかに、制定法解釈への適切な接近法に関する裁判官による説明の恰好の実例がある。サイモン・オヴ・グレースデール卿は、次のように述べている。

　　裁判所には、立法部の意図の確認に至る主要な五つの道がある。
　1．是正の対象と想定される社会的または法律的欠陥を見つけるために……社会的背景を検討すること。
　2．上と同じ目的のために、その法の関連部分全体を概観すること。
　3．全般的な立法目的が述べられているであろう、解釈されるべき法律の長い題名に（序文があるときは序文にも）とくに注目すること。
　4．解釈されるべき実際の文言を、確立された諸々の解釈カノンに照らして吟味すること。
　5．問われている法律のそれ以外の諸規定（または、同じ事項に関する他の法律の諸規定）を、それらが、解釈対象となっている特定の文言にどのように関係するかという観点から検討すること。（[1972] A.C. at p.361）

　わかると思うが、このリストの（1）および（2）は、私がこれまで説明し

(b) 解釈と分類の問題：制定法解釈　231

てきたまさに政策と原理の問題を含む。これに対して、(3) ないし (5) は、それぞれの文脈である解釈をより「明白な」ものとして確立するという作業と結びつく。**イーリング**事件でサイモン卿は、これら五つの道すべてが同一の結論、すなわち、「出身国」が国籍を含まなとする結論に通じるという意見であった。

　サイモン卿の意見ももっともだが、私はキルブランドン卿の推論のほうが説得力があると思うと言わねばならない。以前の章で引用した彼の「帰結主義的」議論は、この文脈では「出身国」に国籍も含まれる、とする解釈を支える政策および原理のよき理由と私には思われるものを示している。(4) の「道」について触れれば、「確立された諸々の解釈カノン」は本件の場合、互いに打ち消しあった。キルブランドン卿は、次のように述べた。

　　この場合に免責に有利な推定が存在するという見解を、私は受け容れないであろう。人種関係法典は、もちろん、若干の刑事制裁を含んでおり、自由を制限している。しかし、他方でそれは、社会改良および苦難救済の方策と考えられている。自由に有利な推定からも、寛大な解釈に有利な推定からも、それほど大きな助けは得られないと考えるべきである。(前掲判例集369頁)

　本件がそうであったように、問題が微妙にバランスをとっており、どちらの答えも法律で使用された文言と整合的に与えられうるときは、そのいずれかを支持する裁定が下されざるをえない。その裁定は、正当化されるためには、この社会の人種関係を規制するその法律に関する整合的で原理にかなった「理論」（前述222頁で引用したスクラットン卿の言葉を想起されたい）の観点からみて、それがより受け容れやすいものであることを示さなければならない。この点に関して一義的な意図が議会にあったとすることは、まさにその問題に対する解答を先取りすることになるから、われわれの答えは、われわれがその問題にどのような諸価値を持ち込むかにかかっている。

　その答えは、本質的に争われる、あるいは争うことのできるものであり、また、そうであらざるをえない。私の答えはキルブランドン卿の答えと同じである。それが正しい答えとされる際に依拠されている理論を、私は彼と共有している。しかし、別の答えが正しいとされる際に依拠されている理論も存在する。しかも、二つの理論が対立している場合に、一方の理論が正しい

と言うための十分理由づけられた根拠をもつためには、第三のメタレベルの理論を必要とする。さらに、この理論は、第四の理論によって挑戦されるかもしれない。この過程はなお延々と続くだろう。無限後退に至る前にわれわれは、われわれ自身の選択をなさねばならないし、また、それとともに生きていかねばならない。だが、私はここで、次章で取り上げる論点を前もって言っている。

制定法の解釈に関するかぎりで、私は私の能力の及ぶかぎり、解釈問題がどのようにして生じうるか、そして、それが法体系の内部で──（妥当性テーゼによれば）そこには、妥当な法のルールの総体と不整合な裁定に基づいて判決が下されてはならないという要請がある──どのようにして解決されねばならないかを示した。制定法をそのより明白な意味に従って適用することに有利な推定が相応に正当なものとして存在するが、他の可能な意味が存在するかぎり、その推定が帰結ないし法原理からのよき議論によって排除されることもある。

(c) 判例法解釈の問題

だが、先例の解釈についてはどうなのだろう。先例からの、あるいは先例による推論プロセスは、制定法からの、あるいは制定法による推論プロセスとは非常に異なると言われたり想定されたりすることがよくある。しかし、実際のところ、その違いはせいぜい程度の違いであって、種類の違いではない。

最初に指摘するべきことだが、制定法の解釈については、**テンプル**事件に関してしばらく前にみたように、制定法を先例がすでに施した注釈に照らして解釈するというのが最も標準的なやり方である。1920年家賃法第15条は、純潔を保って1956年に高等民事裁判所に登場したわけではなく、司法部によって与えられた意味をすでに懐胎して到来した。その特定の問題状況において決定されねばならなかった問題とは、その法律を、その文言および、その意味の諸側面に関する過去の権威的裁定──とくに、「賃借人が占有を保持しているかぎり」は、賃借人が住宅を自分の家として現実に物理的に占有す

(c) 判例法解釈の問題　233

ることをさすのであって、たとえば転借人への転貸による「みなし占有」をさすのではないという裁定——と整合的に適用するにはどうすればよいかということであった。裁判所は、面前の事件の判決を作成し正当化するために、確立された法を理解しようとし、また、それと整合的に行為しようとする際、熟考の素材を提供するものが議会の言葉そのものであるか、それとも、それよりも散漫な裁判官の議論であるかに応じてまったく異なる問題に取り組んでいる、と考えることはできない。

　法における先例の使用と制定法の使用のさまざまな違いは程度の違いであって種類の違いではないという点は、本章の文脈では重要なポイントである。これまで私は、整合性の要請が制定法に関係するかぎりで、いわばその現金価値を説明しようと試みてきた。私が主張するように、その同じ要請が判例法にも当てはまるなら、それは似たような仕方で説明することができるにちがいない。確立され拘束力ある法のルールに反することなかれという掟は、判例に由来するルールにも当てはまるものとして理解されるべきである。

　しかし、判例法からどのようにしてルールが引き出されうるのか。この点についてはすでに第4章で触れたが、繰り返しておくのがよかろう。問題を提起する事件がなぜ問題を提起するかというと、それはまさに、当事者たちまたはその弁護士たちが、われわれが「関連性」、「解釈」、または「分類」の問題と呼んできた問題について異なる立場をとるからである。当事者たちは、自分に有利な決定を求めて裁判所に申立てを行うが、その決定は、法の特定の「解釈」または「読み方」に支えられている。そうした「解釈」または「読み方」はさらに、帰結主義論法や原理論法を持ち出すことによって支えられている。裁判所は、求められた救済を認容または却下することによって事件を決定しなければならない。裁判所は、その決定を正当化するために、争われている法律問題について裁定を与え、さらに、その裁定を正当化しなければならない。裁判所は、実際の決定を包摂するがゆえに、十分に事件の決着をつけるような一つの問題について裁定した後で、主張されたそれ以外の争点についても裁定する——必要はないが——かもしれない。あるいはまた、そのような争点について、これに関する意見陳述は決定には不必要

なものであるから、決定的なものと受け取られるべきでないという明示の但し書きを附して意見を示すかもしれない[12]。(次のものが、多少なりとも明示的な言い方である。すなわち、「以下の意見は、専門的にはレイシオではなく、オービタ・ディクタ〔傍論〕とみなされるべきである」。)

争われている法律上の論点について、「普遍化された」形式で裁定を明示的または黙示的に下すというこうした慣行が形式的正義の原理への尊重から要請されると同時に正当化される、ということを第4章でかなりの頁をさいて示した。必要なときに裁定を下し、それが関連する法原理から引き出されるか、関連する法原理と少なくとも両立することを示すことをしないことは、司法部によって批判に値するものとみなされるということ、そして、このことは、そうした慣行が裁判官の視点からみて規範的な力をもっているという理論的に正当な意見を補強するということについてもまた注意を促してきた。

イングランド法における司法的先例に関するイングランドの指導的権威であるラパート・クロス教授は、「法律家が『レイシオ・デシデンダイ』で意味するものについてのかなり正確な説明として、次のようなものを提出している[13]。すなわち、「判決のレイシオ・デシデンダイとは、結論に到達する際の、採用された推論経路に関連する必要な段階であると裁判官によって明示的または黙示的にみなされたあらゆる法のルールである」。

裁判官の語る意見に含まれるタイプの法的推論がもつ正当化機能と一般構造を完全に考慮に入れることによって、われわれはたぶん、クロスの定式を改善することができるだろう。

レイシオ・デシデンダイとは、裁判官によって明示的または黙示的に与えられる裁定であって、かつ、事件の当事者の議論によって争点とされた法律

---

12 無作為に選んだ一例として、**ギャリー対リー事件**での控訴院裁判官サーモン卿の以下の言葉（[1969] 1 All E.R. 1062 at pp. 1081-2）を挙げておく。「本件で私がとる見方によれば、エストッペル〔禁反言〕の問題は生じない。しかしながら、私はたぶん、弁護士からわれわれに提出されたその資格のある議論を尊重して、その問題に関する私の結論を手短に表明するべきであろう……。[しかし]証書作成否認の抗弁は、決して成立しない。それゆえ、原告がそれに訴えることを妨げられるかどうかについて検討する必要はない」。

13 Rupert Cross, *Precedent in English Law* (2nd edn., Oxford, 1968), p. 77.

(c) 判例法解釈の問題　235

上の論点——この論点に関する裁定が、その事件の判決の当該裁判官による正当化（または択一的な諸々の正当化のうちの一つ）のために必要であった——を解決するのに十分な裁定であるものである。（ここでも、次のような注意を繰り返しておかねばならない。すなわち、この見方によれば、すべての判決が——「リーディング・ケース」でさえ——**単一の**レイシオ・デシデンダイをもつわけでは決してない。）

　判例法からルールが引き出されうるというテーゼが、先行する裁判所の与えた一裁定はそれと関連する現在の諸事件のためのルールを供給するものとして理解することができる（そして、先例拘束法理の枠内では、裁判の審級制度に伴う例外はあるものの、そのようなものとして理解されなければならない、あるいは少なくとも、そのようなものとして一応理解されるべきである）ということによって解明された以上、法における整合性の要請への考慮が、そのテーゼといかに関係し、多少の限定はあるものの、そのテーゼをいかに確認するのか、ということの検討に向かってよい。この問題を扱うにあたり、以下、第一に、判例法上のルールの異論の余地が比較的少ない仕方での適用を、第二に、先例の区別、とくに、先例を限定的な仕方で「説明する」作業を伴う場合の先例の区別という論題を、第三に、判例法上のルールの拡張と展開——これはもちろん、第4章で論じた類推論法または原理論法へと次第に変わっていく——という論題を検討する。

(i)　先例の適用

　ダニエルズ事件（[1938] 4 All E.R. 258）においてわれわれは、レモネードの製造者である R. ホワイトと息子たち有限会社に対する訴訟に関するかぎり、そこで問題になったのが、製造者が消費者に対して負う注意義務に関する**ドナヒュー**事件裁定（[1932] A.C. 562, 1932 S.C. (H.L.) 31）の直截な仕方での適用であったことをすでにみた。その裁定が、アトキン卿が言うように、消費財の製造者すべてを包摂するのか、それとも、マクミラン卿が言うように、飲食類の製造者しか包摂しないのかについては疑問を提起することができたとしても、それは、レモネードにかかわる本件にとってはどうでもよい問題であった。少なくともレモネードのような製品の製造者は最終消費者に

対して相当の注意を払う義務を負う、というルールがルイス裁判官によって適用された。本件では、そのルールの適用は製造者に味方した。原告が、製造者は相当の注意を払わなかったから実際に彼の義務に違反したということを証明できなかったからである。

このような事件は、たとえば**マグローン対英国国有鉄道理事会**事件（1966 S.C.（H.L.）1）と直接的に比較することができる。後者の事件で争われた一つの争点は、前者の事件と同様、国鉄理事会が原告の安全に対して相当の注意を払ったか否かということであった。原告は、電化された線路上の送電線用鉄塔に登っている最中に感電死した者であった。後者の事件のルールが立法によって、すなわち占有者の責任（スコットランド）法（1960年）によって確立されたということは、それぞれの事件で行われる推論スタイルの相違を決してもたらさない。ルールの起源いかんにかかわらず、第一に、ある人に対して、他の人に相当の注意を払うことを要求するルールが存在し、第二に、裁判所がしなければならないことが、相当の注意が払われたかどうかを決定することであるという点で両事件は異ならない。**マグローン**事件と**ダニエルズ**事件において、それぞれの裁判官は、相当の注意が払われたと決定した。

もちろん、ルールを適用するために、与えられた種類の事件に対するそのルールの適切な解釈について裁定を作成することが必要になることもある。そのことは、家賃法や人種関係法との関連で少し前に論じたばかりである。それと同様に、判例法上のルールの適切な解釈について（したがって適用についても）問題が生じることもある。**英国運輸委員会対ゴーリー**事件（[1956] A.C. 185）で貴族院がどのような裁定を下したかをすでにみた。その裁定をゴダード卿は、次のような言葉で表現している。

> この意見において私は、人身被害と不当解雇の事件における賠償額のみを扱っている。本件においてわれわれすべてが関心をもっているのは、賠償額の算定にあたって税負担は計算に入れられるべきかどうか、それは総損害額の査定にあたって考慮されるべき要素であるかどうか、という点である。私見によれば、イエスである。したがって私は、この訴えを認めたいと思う……。（前掲判例集210頁）

これは、どこからどこまでも率直で明快な発言である。だがそれは、あり

(c) 判例法解釈の問題　*237*

うる疑問や問題をすべて前もって考慮するものでは決してない。**リンデール・ファッション製造有限会社対リッチ事件**（[1973] 1 All. E.R. 33）において起こったことを、単純化して取り上げよう。その会社は、リッチ氏を不当に解雇した。リッチ氏はやがて、代わりの仕事先を見つけて損失を軽減するのに成功した。解雇を間にはさむ課税年度の期間、彼は総額 x ポンドを稼いだ。その会社に雇用されたままであったとしたら、彼の総所得は $(x+y)$ であったであろう。したがって、総所得ベースでは、不当解雇は彼に y ポンドの費用を課したことになる。

累進所得税制度を所与とすれば、限界税率は、ある水準を超える所得にかかってくる。リッチ氏の x ポンドに対する実効税率は、すべての課税控除を計算に入れると非常に低いものであった。しかし、それに加えて実際に y ポンドの所得があったとすると、その相当部分——仮に z ポンドとしよう——が税金に消えてしまったであろう。会社の主張は、損害賠償として $(y-z)$ ポンドだけ支払えばよいというものであった。しかし、リッチ氏は、それは不公正であり、賠償額から控除されるべきなのは、所得の最上層部分に限界税率でかかる税金ではなく、全部で $(x+y)$ 稼ぐ者の全所得に平均税率でかかる税金だけであると主張した。$(y-z)$ ポンドなら支払うという会社の申し出に対して、リッチ氏は、$(y-z/n)$ ポンドで表せる、それよりも相当大きな金額を要求した。

控訴院は、会社の見解のほうがまさると裁定した。このようにして控訴院は、本件のようなタイプの事件との関係で、**英国運輸委員会対ゴーリー事件**のルールの解釈について裁定を与えたのである。予想されるところだが、控訴院はこの裁定を、**ゴーリー事件**の基本的な正当化原理を援用して正当化した。つまり、賠償が補償のためだけのものであるとするならば、そして、リッチ氏が支持する解釈が、課税後所得ベースで、会社に雇用されていたとしたらそうであった状態よりも彼をよい状態にするとすれば、このことは、彼の議論を却下するよき理由となる。2番目の仮定は事実であったから、裁判所は実際、リッチ氏の議論を却下した。

この事件は、法的に重要な論点に関する原則的に単純な最初の裁定が、一連のいわば衛星的な裁定を通じ、細部につき具体化され精緻化される独特のプ

ロセスを例証するものである[14]。人身被害または不当解雇に対する損害賠償訴訟における税支払い責任と逸失所得の相殺という問題に関する法を理解するためには、今日では**ゴーリー事件**における最初の基本的裁定を参照するだけでは十分ではなく、その法理を一連の普遍的文脈での適用を通じ精緻化した一連の先例をも参照しなければならない。もちろん、同じことは、議会の制定した法についても当てはまる。家賃法、人種関係法、動産売買法等に関する注釈書を一瞥するだけで、各条項が司法的解釈のプロセスを通じて細かく注釈され、具体化されてきたことがすぐにわかる。

フランスでは理論上、先例には拘束力がないが、そこでも、標準的な法令集は、関連する法の解釈上の論点について裁定した主要な判決を同様な仕方で、各条項に付された脚注のなかで列挙している。法令集だけを読んでも、フランス法の一般的な精神や原理についてある程度のことがわかる。しかし、フランス法が司法部によっていかに解釈されてきたかを明らかにする先例も勉強しなければ、法の細部にわたる実際上の意味について大変な誤解をすることもありえよう。この問題に関しては、確かなことだが、制定法と先例の違い、そして実際、法典体系と非法典体系の違いが誇張されるべきではない。

(ii) 先例の区別と説明

裁判官は、自分にはよいと思われる帰結主義的議論や原理の議論に基づいて、制定法規定(たとえば、**アニスミニック事件**([1969] 2 A.C. 197)で問題となった外国補償法(1950年)第4条第4項)の非常に狭く限定的な解釈を適用することがあるのと同様に、先例と面前の事件の争点とを「区別する」ため、同様の正当化理由に基づき先例を非常に限定的に解釈することがある。

もちろん、先例を区別するという営みが、もともとの裁定に、そのもともとの意味は完全に与えるが、それ以上の意味は与えないという仕方で行われることもある。**フィップス対ピアーズ事件**([1964] 2 All E.R. 35)において控訴院は、家の所有者は隣家の所有者に対して、天候から保護される地役権

---

[14] これと類似の説明が、Patonの *Text-book of Jurisprudence*, 4th edn., pp. 219-21において、グラフ上に点を打っていくという、これとは異なる比喩を用いてなされている。

(c) 判例法解釈の問題　*239*

というかたちで権利をもちうるし、本件では実際もっているという裁定を出すよう求められた際（前述205-6頁参照）、その求めを拒否するにあたり、本件の事情と支持地役権を確立する諸先例のカバーする事情との間に一線を画した。デニング卿が指摘したように、**ドルトン対アンガス事件**（(1881) 6 App. Cas. 740) はそのような先例の一つであった。しかし、隣家の物理的支えをとってしまうようなかたちで自分の家を取り壊してはならないという裁定は、人は悪天候による被害から隣家を守り続けるよう義務づけられていないという裁定と相容れないということは決してない。一方の事件は明らかに別種のものであるので、他方とは区別されうる。前に述べたように、前者を、後者をも包摂するように類推によって拡張することはできるだろう。しかし、政策または原理の十分な理由がない場合、拡張する必要はない。しかも、法は適切にも、「新しい消極的地役権の創設には非常に慎重で」（[1964] 2 All E.R. 37, 前述206頁で引用した記録長官デニング卿の意見より）あるということが正しいとすれば、拡張されるべきではない。

このような仕方での区別は、判例法の適用の裏面にほかならない。拘束力ある先例によって権威づけられた明確な言葉でルールが定式化されうるか、または定式化されてきたかぎりで、そのルールは、その要件がみたされているとき、その言葉どおりに適用されるべきである。要件がみたされない場合、そのルールは、他の十分よい理由があれば、法の拡張を正当化する類推として援用することができるにしても、直接適用することはできない。そのような理由がなければ、そのルールは、単に額面どおり受け取られ、区別されてよい。というのは、それと本件の間に類推的類似性があるにもかかわらず、本件での類推適用を否定する裁定は、先例の裁定に反しないからである。

もっと興味を引くのは、先例でなされた主張を意識的に言い直すこと、すなわち、先例の「説明」である。これは、先例を本件とは区別可能なものとして扱う道を開く。すでにみたように、**スティール対グラスゴー製鉄有限会社事件**（1944 S.C. 237) で高等民事裁判所は、「救助者」事件との類推を使って、過失によって危険にさらされた財産を救出した者がそれを危険にさらした人に対してもつ損害賠償への権利を承認することを正当化した。しかし、

裁判官たちには、そうする際乗り越えねばならない（これまで言及していない）障害があった。

マクドナルド対デヴィッド・マクブレーン有限会社（1915 S.C. 716）事件では、次のような状況において、救出者の権利が否認された。海運会社マクブレーンは、契約では、蠟のドラム缶２缶をフォート・ウィリアムにあるマクドナルド氏の倉庫まで運ぶことになっていたが、実際には、蠟２缶に加え、ナフサ１缶を配達した。マクドナルドは後者を蠟の缶と取り違え、満タンかどうか確認するためにそれをけってしまった。その結果、爆発が起こり、倉庫の建物に引火した。マクドナルド氏は、大火災から逃れたが、火を消そうとした際大けがをしていまった。シェリフ〔スコットランドにおける執行官〕裁判所からの上訴を受けて、高等民事裁判所上訴部第二部は、マクブレーンは契約に違反した不注意な誤配送から直接生じた倉庫への損害に対して賠償の責任を負うと判示した。しかし、原告の消火しようとする行為は、因果関係の連鎖を切断する「新たな介入行為」を構成するから、彼は自分の傷害を賠償される権利を有さないと判示した。

スティール事件において弁護士は、次のような議論を提出した。

> **マクドナルド対デヴィッド・マクブレーン**事件は、不合理な危険に自発的に身をさらした例であり、したがって、そのような不合理な行動がいっさいとられていない本件とは区別されうるものであった。スティールが彼の列車との関係で責任ある地位を担っていたということに留意することが重要であった……。（1944 S.C. at p. 243）

つまり、弁護士は、**マクドナルド**事件が裁定したのは、不合理に危険に身をさらすことによって救出者の権利は失われるということであって、救出者は過失によって財産を危険にさらした当事者に対して賠償を請求する権利を決してもたないということではないとすることで、**マクドナルド事件**が本件での原告に有利な裁定と整合するという説明を裁判所に提出した。

スティール事件の多数派の一人クーパー卿は、そのように説明することをはるかにこえて、「**マクドナルド対デヴィッド・マクブレーン有限会社**判決は私にはその固有の事実に基づく判決にすぎないように思われる」（前掲判例集247頁）ときっぱりと述べた。要するに彼は、その先例が救出者の権利

(c) 判例法解釈の問題　*241*

の問題につき熟慮された裁定を含むことを否定したのである。その先例は、法命題を述べているというよりも、装っているだけであり、弁護士が主張したとおり、原告の行動が不合理であるという事実に関する評価に基づいているものと推定されねばならない、とされたのである。他方、**スティール**事件で反対意見を述べたマッケー卿は、「救出者」の事件は区別可能である（そうであったことは確かである）と主張し、さらに、**マクドナルド**判決はその権威がもつ理由からだけでなく、その理由がもつ権威からも従われるべきであるがゆえに、「救出者」事件は区別されるべきであると主張した。彼は、「これ以外に正義にかなった結論を見出さない。それが**マクドナルド**事件の趣旨である」（前掲判例集261頁）と述べた。

　先例拘束法理のもとで拘束力あるレイシオであるものがもしあるとすれば、それは、法命題であって、先例を下した裁判所が表明した特定の言葉ではない、ということが重要なポイントである。この点で、先例に関連する解釈実践と制定法に関するそれとが実際区別される。トワイニングとマイアーズが述べているように[15]、制定法は、ルールを「固定した言語形式」で定めるが、先例はそうではない。ある制定法上の規定の解釈をめぐる注釈は、議会が言ったそのとおりの言葉と、それに合理的に帰属させることができる何らかの意味において、整合しなければならない。この制約は、先例のなかに見出すことのできる法的論点に関する裁定の司法的解釈については——その裁定が権威のあるものであっても——存在しない。だからこそ、先例の「説明」および「区別」における自由の余地は、制定法の限定的解釈の場合よりも大きいのである。先例の裁定を面前の事件と整合的に、かつ、後者の事件で訴えかけられた背後にある原理論法と合致する仕方で述べ直すことができるかぎり、裁判官たちは、面前の事件の争点に関する望ましい裁定と考えられるものの土台となる先例「説明」を受け容れ、用いるであろう。

　しかし、この推定はこじつけの説明には不利に働く。これは、制定法解釈において、当該法律の関連する文言の最も「明白な」意味に推定が有利に働いたのと同様である。決め手になるのは、拘束力ある反対の先例（または、

15　前掲第3章注7。

反対の制定法規定）によって一応は妨害される判決を下すことを支持する帰結主義的論拠および原理の論拠がもつと感得される力である。裁判官たちは、拘束力ある先例を限定的に説明し区別することが、そうする強い理由があれば許容されるものと考えている。しかし、論拠を提出する責任は、自分の主張をもち出すために区別を必要とする側に圧倒的にある。

　拘束力をもつのは先例のレイシオだけであって、オービタ・ディクタにすぎない背後の正当化理由ではない、と一般に言われている。このことは、技術的には十分に正しい。しかし、司法実務において法に関する司法的裁定に与えられる尊重は、裁定を支えるために挙げられた理由の強さと説得力にある程度かかっている、ということにも気づくべきである。**スティール**事件において、クーパー卿が、彼の意見では法的原理からの議論が本件原告に味方するのに、**マクドナルド**事件では本件の争点がかなりあっさりと、慎重な原理論法を伴わずに扱われているという理由から、**マクロナルド**事件をもっと軽く扱うべきだと考えたことは疑いない。**ホワイト・アンド・カーター（カウンシルズ）有限会社**対**マクグレゴー**事件（[1962] A.C. 413, 1962 S.C. (H.L.) 1）では、形勢がレイシオから背後の理由へと完全に逆転している。その事件でリード卿は、**ラングフォード**対**ダッチ**事件（1952 S.C. 15）という反対の先例の廃棄をとりわけ次のような根拠で正当化したのである。すなわち、その事件で枢密院議長クーパー卿は、広告代理店は撤回された宣伝契約の契約価格全額を請求する権利をもたないと判示したが、その際、この裁定を支える原理の理由を展開しなかったという根拠で正当化した。（それでも、リード卿は間違っており、クーパー卿が正しいというのが現在の法的コンセンサスであるように思われるが[16]、それは別の話である。）

　ここにも、制定法解釈との違いがある。というのは、制定法は、明示の原理論法の支えなしに、それ自身の権利において自立しているからである。にもかかわらず、限定的解釈の対象に最もなりそうな候補は、基礎となる原理を欠いていると裁判所にみえる制定法である。とりわけ、制定法がコモン・ロー上の原理を侵食するときはそうである（そのような文脈で何がよき原理か

---

[16] たとえば、D. M. Walker, *Principles of Scottish Private Law* (2nd edn., Oxford, 1975), i. 642n. 参照。

に関する司法部の見解につねに合意があるということではない)。われわれは前に、**テンプル対ミッチェル事件**（1956 S.C. 267）に関連して、スコットランドとイングランドの間での婚姻法の背景的原理の相違が、賃借人の保有の安全に関する家賃法の規定を遺棄された妻に有利に解釈することにとって致命的なものとして高等民事裁判所第二部によって扱われた次第をみた。さらに、**リッジ対ボードウィン事件**（[1964] A.C. 40）や**マロック対アバディーン・コーポレーション事件**（(1971) S.L.T. 245）のような事件は、裁判所が、公務員を解雇する制定法上の権能を、自然的正義の原理を遵守せよという要求を当然に含むものとしていかに解釈したがっているかを示している。

　少なくとも次のように言うことができる。すなわち、先例を限定的に説明し区別するプロセスとその根拠は、制定法を限定的に解釈するプロセスとその根拠と著しく似通っており、違いは、裁判官が原理の点で健全でない、または帰結の点で受け容れがたいと考える先例を効果的に書き換える際にふるってよい自由の程度にしかない、と。ある制定法のある解釈を採用すると生じるであろう、懸念される不都合な帰結が議会によって意図されたはずはないと裁判官が主張することがあるが、それは、時として礼儀作法の現れにすぎない——このことは、**アニスミニック事件**をいまさら参照するまでもなく、わかるであろう。

　明白であるはずの最後の論点に入っていこう。法において支配的な価値と原理は時代によって変わるという点である。**デリー対ピーク事件**（(1889) 14 App. Cas. 337）において、故意でも未必の故意でもなく過失によってなされたBの陳述をAが信頼したことから生じた損失に対して賠償を求める権利はAにはないと判示したとき、貴族院が、当事者は自分の保護を契約によって手に入れなければならないという当時支配的であった原理に従って職務を遂行していたことは疑いない。1960年代までに過失一般に関する法は、それと非常に異なる点へむかって発展した（あるいは、スコットランドではその点へ帰った）。

　したがって、**ヘドリー・バイン商会対ヘラー商会事件**（[1964] A.C. 465）において、**デリー事件**は、詐欺の不法行為に対する損害賠償訴訟にとって、詐欺の現実の意図または真実に関する故意の無配慮の証明が不可欠であると

裁定したものにすぎないという根拠で区別された。しかし、**ヘドリー・バイン**判決が、実は虚偽であったＢの陳述を信頼してＡが合理的に行為した場合において、ＢがＡのそのような信頼を予測する根拠をもってはいたが、陳述が正確であるために相当の注意を払わなかったときは、ＡはＢに対して損害賠償を求める権利を有すると裁定することを通じ、物理的被害と独立の経済的損失に対する賠償請求権を打ち立てて以来、それは論争の的となった。リード卿とボーシージェスト卿の反対意見にもかかわらず、枢密院は**相互生命**対**エヴァット**事件（[1971] A.C. 793）において、**ヘドリー・バイン**裁定を限定的に説明し区別した。振り子は、後続の諸事件において今日まで、**ヘドリー・バイン**裁定の方向に振れており、**エヴァット**裁定は従われていない[17]。

先例が区別されるかどうかは、それが何らかの仕方で区別可能かどうかという問題だけにかかっているのではなく、先例を区別するよき理由と裁判所に見えるものが存在するかどうかということにも——そして、こちらのほうが決め手となるのだが——かかっている。そのような理由は事柄の性質上、異論の余地のあるものであり、また、それらの理由が必然的に取り込む諸価値は、時代とともに変化する。

(iii) 判例法上のルールの拡張と展開

今述べた点は、解釈の過程で判例法がいかに拡張され展開されるかということの考察にとってかぎとなる。ある所与の先例が区別され**うる**からというだけで、それを区別しなければならない義務はだれにもない。**ドナヒュー**対**スティーヴンソン**事件の多数意見全体に基づけば、その事件は、飲食類の製造者は自分が製造した飲食類を消費した者に対して相当の注意を払う義務を負うという命題を確立したにすぎない、と主張することがある時点では**可能**であった。この命題が、**グラント**対**オーストラリア・ニット製造**事件（[1936] A.C. 85）で争点となった。これは、亜硫酸塩の染み込んだズボン下をはいた人が皮膚炎を起こしたという事件であった。だが、**ドナヒュー**裁定

---

17 たとえば、*Esso Petroleum Co. Ltd.* v. *Mardon* [1975] Q. B. 819, [1976] Q. B. 801 (C. A.) 参照。

は維持された。枢密院はさらに、**ドナヒュー裁定**のもとでのポイントは、被害を招く恐れのある欠陥が中間検査または消費者自身の行為によって発見または除去されることが**可能**であったかどうかではなく、そのような欠陥がそのような仕方で**実際**に発見または除去**されるだろう**ということが合理的に予見可能であったかどうかである、と判示した。ズボン下の購入者は、身につける前にそれを洗濯するこことが**できた**が、合理的に予見可能なのは、そのような商品の多くの買い手はそのようなことはしないだろうということである。前に言及したが、**ハーセルディン対ドー事件**（[1941] 2 K.B. 343）においても、**ドナヒュー裁定**は、エスカレーター等の修理にかかわる諸事件を包摂せず、実際、それらとは区別されうると考えることはできた。しかし、現実にはそのようには考えられず、控訴院は、そのような線を引く政策または原理のよき理由をみずからが見出さないことを示唆した。同様の事件はいくらでもある。

この問題に長々と立ち入ることは不要であろう。それは、確立された法からの類推的拡張の暗黙裏に認められた正統性――と正統化力――について第7章で行った説明を単に繰り返すことになるだろうから。先例を区別することがどう考えても不可能な事件で先例が拘束力をもつ場合と比べて、新しい事件は、先例をもっと支えるものとなることができる。裁判官または裁判所は本質的に、その決定を**十分**に正当化する法的裁定を与えることをめざすという点で、判例法には終わりがない、つまり再考の余地がある[18]。

「**少なくとも** p が成立するならば、その効果は q である」と言うのと、「**p の場合にかぎり** q である」と言うのとでは大きな違いがある。そして、前者のほうが後者よりも、新しい領域における判例法裁定に、はるかに特徴的な形式である。

バーウィック対ブリティッシュ・ジョイント・ストック・バンク事件（(1886) L.R. 2 Ex. 259）のレイシオが何であったかをめぐる論争[19]は、この

---

18 Cf. A. W. B. Simpson, 'The *Ratio Decidendi* of a Case etc.' in *Oxford Essays in Jurisprudence*, ed. A. G. Guest (Oxford), ch. 6.

19 Cross, *Precedent in English Law*, 2nd edn., pp. 72-4およびGoodhart（前掲第4章注7）参照。

点に注意を払わなかったために生じたのである。雇用期間を通じ銀行の支店長を務めていたある人が、原告を詐欺的に誘惑して無価値の保証契約を承諾させた。これによって、使用者である銀行は利益を得た。銀行はその使用人の詐欺に対して代位責任を負う、と判示された。明白なことだが、この判決は後に、詐欺を行った被用者にかかわる事件であって、被用者が雇用期間中になした詐欺が使用者に利益を与えなかった事件においては正統に区別されることができた。

しかし、**ロイド対グレース・スミス商会**事件（[1912] A.C. 716）において貴族院は、控訴院判決を覆して、使用者への利益という要素は、使用者が被用者によって雇用期間中に犯された詐欺に対する代位責任を負うために必要ではないと判示した。貴族院は、**バーウィック**事件でのウィルズ裁判官による使用者利益への言及は、その事件の特殊な事実へのさりげない言及にすぎないと**言った**。しかし、貴族院は、控訴院がそうであったように、そのような事例で責任を否定したければ、反対のことを言うこともできたのである。ここで実際に行われたことは、「少なくとも使用者が利益を得るかぎり」と表現できる、以前の用心深い限定をはずして、詐欺に対する代位責任の範囲をまったく適切にも拡張したということである。グッドハートが企てたと思われることだが[20]、先例の少なくともそれについては従われなければならないとされる最小内容と、先例がそこまでは拡張できるとされる限界点とをともに含むレイシオの理論を作ろうと試みることは、不可能な企てである。

もちろん、法における終わりのない展開として出発したものの流れを止めることはできる。つまり、「少なくとも……の場合には」を「……の場合にかぎり」に変えることはできる。**ライランズ対フレッチャー**事件（(1868) L. R. 3 H.L. 330）の先例は前に論じたように、**リード対ライアンズ**事件（[1947] A. C. 156）において、まさにそのようなかたちで流れを止められた。**ライランズ**事件の法理は、被告の地所の境界を越えた漏洩であろうがなかろうが、危険な物質が被告の支配から逃れた事例一般を包摂するように拡張することが**できた**。また、隣接地の所有者への被害だけでなく、原告に対する人身被

---

20 Goodhart, 前掲本章注19。

害をも包摂するように拡張することもできた。**リード**判決は、すでに論評した原理の根拠に基づいて、被告の地所から外への漏洩と、隣接地の所有者への損害とを厳格責任の、十分条件であるにとどまらず、必要条件とする「の場合にかぎり」の障壁を築いた。

すでにみたように、制定法は、原理を確立するものとして、また、その特殊な領域の外での発展を正当化する類推を構成するものとして、援用されえ、時には実際援用されるものであるが、そのことは、同様の機能を果たす判例法上の法理や原理の使用においては、われわれの法体系内で制定法を使用する場合に比べると、それほど目立たない特徴である。たとえばフランス法の伝統と区別される少なくともわれわれの伝統においては、判例法が制定法と最も大きく異なる点が少しでもあるとすれば、それは、「終わりがない」という性質であろう。しかし、このことは、制定法および判例法との関係での整合性の要求について本章でこれまで述べてきたことに影響を及ぼさない。「確立され拘束力ある法のルールに反することなかれ」は、両方で妥当する掟であり、裁判官の行動の自由に――われわれが、限定的解釈ならびに説明および区別の余地を認めるためのすべての適切な留保を付した後でさえ――真正で重要な限界を課す掟である。

終わりがないという性質はまた、判例法上のルールにはある意味で相対的な拘束力しかないという点で、別の側面ももっている。階層的な裁判所制度においては、下級裁判所が上級裁判所の下した先例に従うことを拒んでも、混乱と費用が生じるだけである。それゆえ、標準的には、後者の判決は前者を事実上拘束している。もちろん、その逆は言えない。また、どの審級においても、上訴裁判所は自身の過去の判決および同格の裁判所の判決を絶対的に拘束的なものとして扱わねばならない（実際にそう言えるのは、イングランドの控訴院と合議法廷についてだけである）ということは必ずしもない。それらの上級審判決は実体的レベルで推定的な拘束力をもっているだけであり、下級審の先例は説得的な力をもっているだけである。したがって、先例の裁定の遵守は、効力のある制定法に与えられる融通性のない義務的性質を欠いている。先例の廃棄や不遵守は、つねに可能である。先例の当該法体系内での法源としての地位を説明し、その本質的に終わりがない性質を理解するこ

とを可能にするのは、非常によき理由がないかぎり同様の事件における同様の判決から離れるべきでないという正義の理由と、法における確実性を支持する公共的便宜の論拠と対になって働く、先例を支える政策および原理の理由である。

このことは、整合性の要求よりも、一貫性の理想により大きく関連する。だが、これら二つをあわせて考えれば、「クリア・ケース」と「ハード・ケース」を分かつ明瞭な線がなぜ存在しないかがわかる。事件が法においてクリアであるのは、確立されたルールの要件に明白に該当する事実が証明されうる（と信じられている）からである。しかし、確立されたルールは、帰結主義論法と原理論法の圧力しだいで、さまざまな解釈を受ける。これはクリア・ケースだと前もって確言するためには、それが、ルールに「包摂される」ということと、帰結主義的論拠と原理の論拠によって最もよく正当化されるルール解釈にも包摂されるということとをともに確信していなければならない。それらの論拠を使用しても、正義や法の常識についての司法部の見方を傷つけることはないであろう。もはやわれわれは、本質的に争われうるものの領域に入っている。もちろん、単純明快な事件も存在する。それがどのような事件であるかをわれわれはみな知っている。しかし、明々白々にクリアな事件から一か八かのかけに至る帯上で、クリア・ケースが終わりハード・ケースが始まる点を突き止めたと自信をもって主張できる者は（ばかでないかぎり）いない。

第9章 法的推論と法理論

(a) 原理と法実証主義

　法的推論の理論は、法理論を必要とし、また、法理論によって必要とされている。第3章で検討したように、法的推論の説明——とりわけ本書で示された説明——はすべて、法の性質についていくつかのことを前提している。同じく、法の性質に関する諸理論は、それらが法的推論との関係でもつ含意によってテストされる。これは、ロナルド・ドゥオーキンが強く主張した点である[1]。

　実際ドゥオーキンは、法実証主義、少なくとも彼が H. L. A. ハートに由来するとみる法実証主義的理論には根本的な欠陥が存在するということは、それが法的推論に対してもつ含意を調べてみれば明白になる、と主張している。ドゥオーキンの議論の要点は、圧縮すれば、以下のように理解することができる。

　ハート的モデル[2]では、法体系は第一次的ルールと第二次的ルールという、相互に関連する2種類のルールから成り立っている。第一次的ルールは社会の人々の義務を規制し、第二次的ルールはルールの適用範囲を変更したり、ルールそのものを修正したり、また今まで適用されてきたのとは異なるルールを適用する権能を、私的もしくは公的な資格をもつ個人に付与する。ルールの全体を一つの体系に統一するのは、その体系に属するすべてのルールを同定するための基準を定め、したがって、それ以外のすべてのルールを

---

[1] ドゥオーキンの立場は有名な諸論稿において明らかにされているが、現在は『権利論』(*Taking Rights Seriously*, London, 1977) に再録されているので、その第1〜第4、第12、第13の各章をとくに参照されたい（以下 *TRS* として引用する）。
[2] 『法の概念』(*Concept of Law*, Oxford, 1961〔2nd edn., Oxford, 1994〕) で説明されている。

遵守し実施するという公務員の義務を定める、特殊な第二次的ルールの存在である。この「承認のルール」の存在は、その体系の少なくとも上級の公務員たちによって、少なくとも彼らにとっての共有された社会的標準として「内的視点から」共通に受容されていることから成立する。さらに、それが現に働いている法体系の承認のルールとして存在するためには、それによって同定される諸ルールが、当該社会の住民の間で実効的であることも必要とされる。

　ドゥオーキンによれば、こうしたテーゼは、裁判過程を必然的に誤り伝えているために擁護できない。まず第一に、そのテーゼは、司法過程の内部で原理が働く余地を一切残していない[3]。第二に、そのテーゼは、司法裁量の性質と範囲を誤って特徴づけている[4]。すなわち、ハートのテーゼによれば、ルールは確実性の核心部と曖昧さの半影部、そして開かれた構造を有している。したがって裁判官は、ルールが明確な指針を与えないような、確実な核心からはずれる事件においては、「強い意味」での裁量——つまり、裁判官は自分が最善だと思う決定を、自分がその選択にふさわしいと考えるどのような根拠に基づいてでも選択できる、つまり、準立法的な仕方でのみ選択できるという意味での裁量を、必然的に有することになる。ドゥオーキンが言うには、実際のところは、裁判官は関連する原理やその他の法的標準の適切な適用に関して、みずからの最善の判断を行使する（自分以外のだれの判断を行使できようか）点で、弱い形態の裁量しか有さないのである。第三に、これらの原理は純粋に法的なものではあるが、承認のルールを媒介とした「系譜」によっては同定することができない[5]。そして第四に、承認のルールの説明が依拠する社会的ルールの理論は、いずれにせよ支持できない[6]。

　以上がハート的法実証主義に対するドゥオーキンの破壊的議論である。次に建設的な側面についていえば、ドゥオーキンは、政治的原理一般の下位クラスとしての法的原理の基本的な特徴について、以下のように論じている。

3　*TRS*, pp. 22-8, 71-82, 90-100.
4　*TRS*, pp. 31-9, 68-71.
5　*TRS*, pp. 21, 36, 39-45, 64-8.
6　*TRS*, pp. 46-80.

すなわち、法的原理は個人としての市民の権利を同定するものであり、したがって、「集合的目標」を同定する政策とは区別される。クリア・ケースの場合もそうであるが、ハード・ケースにおいても、現に執行されているのはまさに市民の権利である。市民の権利のなかでとりわけ重要なのは、みずからが有する権利を擁護する判断をしてもらう権利である。もちろん、どちらの訴訟当事者がよりよい実体的権利をもち、したがって自分に有利な判断を求める権利を有するかについては、争いの余地がある。しかし、権利は「真剣に捉えられ」ねばならない。権利は、どうでもよいものとして扱われてはならない。それにもかかわらず法実証主義は、ハード・ケースの勝者とは、遡及的な法律を定立することでみずからに有利に行使された、「強い」裁量の単なる受益者にすぎないとして、権利をあまりにも軽く扱っている[7]。

　以上のようなドゥオーキンの見解について、いったい私はどのように言うことができるのだろうか。私が本書で採用したアプローチは、ハートのそれを単純に模倣したものではないが、それに大きく影響されているのは明らかであるにちがいない。そうだとすれば、本書は、「権利テーゼ」が有するヘラクレス的な力によって、すでに無視されてしまった、いやむしろ忘却の彼方に追いやられてしまった、法実証主義的な見解のたんなる焼き直しにすぎないものとなるのであろうか。

　驚かないでいただきたいのだが、それに関してはまだまだ言うべきことがある、と私は考えたい。それどころか、「権利テーゼ」は、多くの優れた洞察を含むにもかかわらず、法理論としては根本的に欠陥がある。そして、本書で展開された一般理論は、法実証主義者によっては解明できないとドゥオーキンがみなす法過程の諸側面を、現実にはよりよく説明しているのである。それではまず、破壊的な議論の四つの点を考察していこう。ただし、裁量に関する第二の論点は後に考察する。

　ドゥオーキンはパウンド[8]（彼はパウンド理論のおかげを被っていることに謝意を表している）やその他の多くの先人たちと同様に、原理論法が法的推論

7　TRS, pp. 81-6, 279-90.
8　R. Pound, *An Introduction to the Philosophy of Law* (rev. edn., London, 1954), p. 56; TRS、p. 38 参照。

において非常に重要な役割を果たしているということを主張する点で、明らかに正しい[9]。そして、法的推論における法原理の役割について、ほんのついでにしか触れていないのは、たしかにハートの『法の概念』の欠陥の一つである。本書の第7章もまた──多くの先駆者にならうものであるが──実際そこでは、このような原理論法と類推論法がイギリス法におけるハード・ケースの決定において、きわめて重要な役割を果たしていることが示されており、そのかぎりにおいては、無条件的にではないにしろドゥオーキンの主張を認めているのである。すぐ前の第8章でもまた、ルールの解釈が原理の考慮によって大きく影響されることが示されている。制定法を限定的に解釈するのか、あるいは拡張的に解釈するのかという決定、あるいはまた、判例法上のルールを説明し区別するのか、それとも判例法上のルールを拡張してそれに従うのかという判断は、観察のかぎりにおいて、少なくとも部分的には、原理論法に依拠しているのである。したがって、われわれは、さしあたって適用可能なルールだけではなく、原理についても考慮してみるまでは、当該事件がイージー・ケースなのかハード・ケースなのかを見きわめることができないのである。

しかしながら、最後の論点は、ドゥオーキンに対する賛成論であると同時に反対論でもある。彼が原理とルールの間に設ける区別の一つは、以下の見解に依拠している。すなわち、ルールには「全か無か」という性質があり[10]、それが有効なものであれば判決を決定するが、有効なものでなければ判決に全く寄与しない。それに対して、原理には重さの次元（先に疑問視した隠喩である）があり、相対立している原理のうちで、採用されなかった原理が無効になってしまうことはないのである。

ドゥオーキンの以上の見解が有する欠点の一つ、すなわち、類推論法におけるルールの使用ということを説明しなかった点については、第7章で十分に攻撃しておいた。第8章での検討から、われわれはいまや、ドゥオーキンとは逆の主張を加えることができるだろう。すなわち、解釈問題においては、ルールは実際に原理と競争し、競争に破れても無効とはされないのであ

9　『法の概念』（*Concept of Law*: at p. 121〔第2版124〕）第7章のはじめの文を参照。
10　*TRS*, pp. 24-6.

る。たとえば、(帰結主義論法と結びついた) 原理の理由が、**アニスミニック事件**((1969) 2 A.C. 197) において、1950年の外国補償法の第4条第4項を狭く解釈したとしても、それは、本条項が無効であることを含意しない。(重さという隠喩を用いるならば、控訴院は貴族院よりも、第4条第4項に大きな重さを認めた、と言えるかもしれない。) 貴族院が行ったのは、ルールの妥当性または無効性ではなく、当該の文脈におけるルールの適用範囲を確定することであった。これに反して、**テンプル対ミッチェル事件**(1956 S.C. 267) においては、多数派は、1920年の家賃法の第15条の明白な文言は、住居を保護する原理を無効にすると考え、当該文脈において、原理の妥当する適用範囲を確定したのである。それはちょうど、**リード対ライアンズ事件**([1947] A.C. 156) において、過失なくして責任なしの原理が、危険な物質の漏洩によって引き起こされた損害に対する厳格責任の原理と衝突し、後者の原理の妥当する適用範囲が確定されたときと同様である。

ルールと原理との「間の明確な概念上の区別にわれわれが到達せねばならないとしたら」(そしてその区別が本書のテーゼと「権利テーゼ」の両方にとって必須のものであるとしたら)、われわれは、権利テーゼとは異なったところにその区別を求めなくてはならないだろう。(原理が権利を同定するという考えも役に立たないだろう——多くのルールも権利を同定することは、私が最近詳細に論じたとおりである[11])。

私は第7章において、よりすぐれた見解を提示した。すなわち、原理とは、ルールまたはルールの集合を「合理化するもの」として把握される、相対的に一般的な規範である。この見解はもちろん、われわれがどのルールを合理化するべきかを知っていることを、前提としている。いや、われわれは現に知っているのである。われわれは、「承認の基準」ないしそれに類するものを有するがゆえに、法のルールを知っているのである。(別の箇所で行った議論を再度詳述するのを避けるために、私はむしろ、それ以外の法ルールの妥当性基準を定める「設立ルール」という観念[12]によって主張したかったのだ、と

---

11 N. MacCormick, 'Rights in Legislation', in *Law, Morality, and Society*, ed., P. M. S. Hacker and J. Raz (Oxford, 1977).
12 N. MacCormick, Law as Institutional Fact, 前掲第3章注6。

いうことを述べておきたい。しかし本書では、議論をわかりやすくするために、よりなじみのあるハートの定式を用いた。）どれが法のルールかを知ることができず、また実際に知っていなかったとするならば、法学の試験は、その受験者や採点者がきわめて憂鬱な気分でその試験について考える以上に、よりいっそう無意味であろう。

　上で述べたことは、先にドゥオーキンに帰した第三の論点を打ち負かすものである。「承認のルール」と法原理との間にはある関係が存在するが、それは間接的な関係でしかない。法ルールたるルールが**法**ルールであるのは、まさに、その系譜によってである。これに対して、法原理たる原理が**法**原理であるのは、その原理がルールと関連する機能、すなわち、ルールの合理化のために原理を用いる人々が、原理に認める機能のゆえである。

　このことは、結局のところ法は価値自由ではない、と法実証主義に反して示唆しているのだ、と言われるかもしれない。それはそのように示唆しているどころか、声を大にしてそう宣言しているのである——しかし、正気なときに、法は価値自由ではないと言うことには、何ら反法実証主義的なところはない[13]。法はそれ自身価値自由だと主張した者はだれもいなかったし、これからもいないだろう——正気でそう主張した法実証主義者が少なくとも数名はいたが。人間は、社会生活における秩序の価値を認めていなかったならば、法をまったくもたなかったであろう。さらに、各法体系は、単に社会秩序の枠組を具体化するだけではない。各法体系は、立法、行政、または司法の過程を統制する人々によって価値判断された、秩序の枠組を具体化するのである——あるいは少なくとも、そのような過程に参加するさまざまな集団によって支持される、相互に対立する諸価値からなるパッチワークである。

　法実証主義者であることの主要点は、そういった明白な真理を否定することではない。それはむしろ、以下の主張にある。すなわち、人は、法が存在することや、あるいはいかなる法が存在するかを知るために、法の価値を全面的にまたは部分的に、共有したり擁護したりする必要はまったくない。人は、ソビエト法やフランス法、スコットランド法が法であると信じたり、そ

---

[13] Cf. Ch. Perelman, *Logic juridique*（前掲第 1 章注14），s. 37.

れをありのままに記述、解釈、または説明したりするために、それがよき法であるとか客観的に優れた社会秩序の枠組の宝庫であるなどと信じる必要はないのである。

さらに、「法」が相反する利益や階級、宗教集団やその他の集団、あるいは性別などの間で、客観的で中立的で偏っていないと考える必要もない[14]。歴史的にも、すべての現存する法体系についても、そのように考えるとすれば、それはばかげた信念であろう。それどころか、たとえある一つの（私の目から見て）健全な法体系が、一つの階級や人種、性や宗教などを他のものより優遇しないとしても、その法体系が特定の利益を他の利益より優遇しないと考えるのは、ばかげているだろう。いかなる状況においても、詐欺によってみずからの目的を達成する人々の利益は、だまされた人々の利益より優遇されるべきではない。法はそのような利益の間では、中立的でないどころか、決して中立的であってはならないのである。

ところで、私は本題からそれつつあるので、本題に戻ろう。法はたしかに価値を具現しており、そしてその価値は、当該法体系の原理に関する言明のなかに特徴的に表明されている。しかし、法が価値を「具現する」というとき、われわれは比喩的に語っている。それは、はたして何を意味するのだろうか。価値が法に「具現され」るのは、人間が、自分たちの保有する法が確保することになっている状況——すなわち、特定の根拠に基づいて正しいとか善いと考えられている状況——を考慮して、その法を是認するという意味においてであり、またそのかぎりにおいてである。法におけるこのような価値の具現化は、明確に表明される必要はまったくない。それを明確に表明するのは実に困難であるし、多くの人々が、そのような表明に必要とされる注意をそれに向けていると考えるのは、誤りでさえあろう。原理の言明を法において定式化することは——不十分でためらいがちで、また改良の余地はあるが——価値を相対的により明確にする一つの方法である。しかしながら、以下の点に注意していただきたい。すなわち、法における原理の言明の定式化は、すでに明確に知られていることを明らかにするという問題では必ずし

14　Cf. Perelman, 前掲箇所；Z. Bankowski and G. Mungham, *Images of Law* (London, 1976), pp. 10-11.

もないだけでなく、つねにそうではない。むしろそれは、すでに存在する意味を発見する問題であるのと同じ程度に、法に意味を盛り込む問題なのである。その点は第7章で詳細に論じたところである。

まさにそのゆえに、原理自体が「承認のルール」によって規定されると論じるのは誤りであろう。すなわち、一定の主題に関する体系に「属する」諸ルールの合理化のなかで進められることが可能な、一連の規範的一般化以上の何かが、そこには存在するだろう。たとえば、**ドナヒュー対スティーヴンソン事件**（[1932] A.C. 562 ; 1931 S.C. (H.L.) 31）での、過失とのかかわりで適用されるべき法原理に関する、多数派と少数派の見解の相違を想起していただきたい。その相違にもかかわらず——連合王国で1970年代にいたるまでに、「隣人原理」に関して生じたのと同じく——多かれ少なかれ広く受容された支配的な原理に関する見解は、時がたつにつれて発展するのである。

ここには、本末転倒が含まれているように見えるかもしれない。たしかに、後に論じるように、われわれは原理を保持するからルールを有するのであって、その逆ではない。少なくとも議会の多数派が、賃借人に不利なかたちで、家主が第一次大戦後の住宅不足を食い物にするのは原理的に誤っていると確信したために、数次の家賃制限法が制定されたのである。また、1960年代に議会の多数派が、公的な活動領域における人種差別的な諸慣行を認めるのは原理的に誤っていると判断したために、数次の人種関係法が制定された。とすると、原理は妥当なルールとの関係によって法体系に属するという論法は、現実の表と裏を取り違えてはいないだろうか。

いや、そうではない。先に引用したモリス・オヴ・ボーシージェスト卿の意見を想起されたい。すなわち、「議会は、1965年および1968年の人種関係法の制定によって、根本的できわめて射程の広い重要性をもつ一つの新たな指導原理をイングランド法に導入した」（[1973] A.C. at p. 889）。人種的見地に基づく公的な差別は許されるべきではないという原理は、同意する人（私自身を含む）もいるし、また同意しない人もいる、一つの政治的原理である。なぜそれが保持するに値するよい原理であるか、そして、なぜそれが立法化されるべきなのかについて、その根拠を徹底的に主張することができる。しかし、前者の立場は、後者の立場を必然的に伴うものではない。とい

うのも、人種関係法案に関するイギリス議会議事録記載の論争を調べれば明らかになるように、人種差別に真に反対するけれども、そういった関係に法的規制を設けることは愚かで不愉快だ、と考えることが可能だからである。

したがって、ある一つの政治的原理が、大多数の人々——ドゥオーキンが、そういった差別問題に関して適切であると認める見解を有する[15]、思慮深く偏見のない大多数の人々——に、政治的原理として好印象を与えるとしても、その好印象を与えるという事実によって、ただちに法の原理となるわけではない。ドゥオーキン自身も、この点が正しいことを、「背景的権利」を確立する原理と「制度的権利」を確立する原理とを区別することによって認めている[16]。とすると、何がそのような原理を法的原理に転換できるのか。

その答えの一部は、モリス卿の答えである。すなわち、適切な法律の制定により、差別的な行為を禁止ないしは規制することで、原理にいわば具体的な法的形式と効力を付与する、一連のルールを作成することによって、原理を法に取り入れることができるのである。必要に応じて変更を加えるならば、同じことが家賃法についてもいえるであろう。すでにみたように、その法律に関してスクラットン控訴院裁判官は次のように示唆した。すなわち、裁判所は、基本的原理が、制定された法的ルールを適用する際に、どのようにして効力あるものとして導入されるかに関する「理論」を事後的に案出せねばならない、ということである。

しかしもちろん、これは答えのほんの一部でしかない。法は実際には、道徳や政治から錬金術的に確定されるのではない。われわれは、「法実証主義」がひょっとしたら連想させるかもしれないことを、必ずしも認めることなく、ドゥオーキンの強力な主張が正しいことを心から歓迎せねばならない。裁判所は、政治的な意見の進展から生じる影響を免れないし、また免れるべきでもない（かといって、党派政治的な論争の領域において、裁判所がなぜ、一方を支持することを慎重に避けるべきかについて、きわめてよい理由が存在しないわけではない）。

---

15 *TRS*, pp. 246-55.
16 *TRS*, pp. 93-4.

すでに示唆したように、法律問題についての考えられうる複数の裁定に関して、それらの含む帰結を評価する際に、裁判所は「常識」の含むところを一つの適切な基準として用いている。そして、これもすでに示唆したように、常識は部分的には、「裁判官がそれを実現しようとしていると自認している、そのような社会的価値についての共同体の大まかなコンセンサスのようなもの」をさしている（前述第6章161頁）。まさにそのような道を通って、道徳的および政治的権利の問題に関する社会通念は、「社会通念」（それが描き出す現実のやや不明瞭な性質を反映するために、意図的に選び出された不明瞭な言い回し）についての裁判官の捉え方という、ゆがんだレンズに疑いなく影響を受けながら、濾過されて法のなかに入ってくるのである。

このように、新しい原理は、立法上の「ビッグバン」というよりも、むしろゆっくりと漸進的に、司法上の判決形成を通じて法に取り入れられるのである。人種関係の例で話を続けよう。**スカラ舞踏場（ウルヴァーハンプトン）有限会社**対**ラトクリフ事件**（[1958] 3 All E. R. 220）において、控訴院は以下のように判示した。音楽家の労働組合は、肌の色に基づく差別を行う舞踏場をボイコットしたとしても、非合法的に活動したことにはならない。というのも、白人だけではなく黒人の組合員も所属する労働組合にとって、肌の色による差別に抵抗することには正統な利益があったからである、と。その問題が、肌の色による差別の誤りそのものではなく、組合員の実際の利益に基づいて議論されたのは、争点を、民事共同謀議に関する現行の法原理に関係づける必要があったためである。帰結主義論法によって、「常識的」な道徳的、政治的価値に訴える必要性に加えて、そのような必要性がさらになぜ存在するのかについては、すでに第5章から第7章において十分に説明したところである。（コモン・ローが「ビッグバン」によってではなく、このような仕方で発展する必要性は、レスターとビンドマンの最近の『**人種と法**』[17] では無視され、あるいは斥けられている。）

同様に、性差別という隣接分野においては、**ネーグル**対**フィールデン判決**（[1966] 2 Q.B., 633）は、経験豊かな調教師である原告を含む女性たちに、イ

---

[17] A. Lester and G. Bindman, *Race and the Law* (Harmondsworth, 1972), p. 53.

ギリス騎手クラブの調教師の免許を授与することを認めない当クラブの規則を、「公序」違反として取り消した。本件において控訴院は、不法な営業制限に関する一般法理と、類推の上では関連してはいるが直接的には決して適用できない、1919年の性別不適格（免職）法とから、支えを引き出した――さらにこの事件は、「制定法からの類推」の今一つの事例であり、制定法はそれ自身ではドゥオーキン流の「引力的な力」を有することができない、という見解に対する、さらなる命取りとなるものでもある。

　レスターとビンドマンはこのネーゲル事件を、「社会的価値の変化に対応した、裁判所によるコモン・ローの創造的発展のまれな事例」[18]と評している。しかしこの点では、彼らは完全に間違っている。というのも、以上の議論から明らかなように、コモン・ローは漸進的にしか発展できないからである。新しい価値が流布するのは、古い原理と類推がそれに足がかりを与えることができるときだけである。しかし、いったんその価値が流布すれば、それは時がたつにつれて、新しくてますます大胆な法原理の言明の焦点となりうる。そのプロセスは、E. H. リーヴィの『法的推論入門』[19]において見事に描かれている。本書も示しているように、コモン・ローが、裁判官によって理解されている社会的価値の変化に応じて発展することは、まれなことではない。だがこれは比較的ゆっくりとしか起こりえない。これに対して、人種差別法ないし性差別法のような法規を制定することによって、物事を一夜にして変えることができるのである。

　要するに、ある原理に法的な性質を与えるのは何かと問うとき、われわれは次のような観点から、その問いに答えねばならない。すなわち、すでに定立された法との関係で、したがって、承認基準を参照することによって同定される、すでに定立された法のルールとの関係で、現実にあるいは潜在的に原理が有している、説明と正当化とにかかわる機能という観点からである。この命題は、法の作成過程において法規を制定したり判決を司法的に宣言する根拠を人々に与えるものは、政治的・道徳的原理への人々の支持であるという、同じく真なる命題と完全に両立する。このように、優れた法理論は優

18　前掲書52頁。
19　E. H. Levi, *An Introduction to Legal Reasoning* (Chicago, 1948).

れた立法論ともちろん調和するが、一方を他方に還元してしまう根拠はまったく存在しない。

　以上の命題は、法的原理と道徳的・政治的原理との間での鋭い分裂を導き出すことを含意しているだろうか。答えはイエスでもあり、またノーでもある。その命題は、法的原理と法的ではない原理との間に実際に相違がある、と主張することを含意する。もっとも、1932年前後の「隣人原理」と同じく、法的な承認を求めて奮闘している、両者の間に横たわった未解明の領域が存在することを認めているのではあるが。それに対して、その命題は、法的原理である原理が、法的であることによって、道徳的・政治的原理であることをやめる、という主張を含意してはいない。その点については、ここでも、これまで見すごされてきた真理に関する強力な主張を、ドゥオーキンに負っている。

　しかし、われわれは再度、議論の趣旨に注意せねばならない。法的原理である原理は、それが政治体の善き統治に関与するという意味において、政治的でもある。だがそれは、党派的な論争の焦点である事柄の、特殊かつ狭い意味──「政治問題」の法理のような──においては、政治的ではない。それが「道徳的原理」であるのは、たとえば、以下のような記述的意味においてのみである。南アフリカのナショナリストたちは、自分たちの政治道徳の捉え方の一部として、アパルトヘイトの原理を支持する。私の視点からすれば、もしも私がそれを「道徳的原理」と呼ぶとしても、私はそれが彼らの道徳的原理であることを含意するにすぎない。私はその原理を、私自身が保持し、また行為する際に依拠するのが道徳に合致する（規範的な意味での）原理だとは思わない。現代の南アフリカのすべての法やルール、および原理に取り組み、それらを理解したいのであれば、私は自分の理解に従って、それらの原理が何であるかを、それらの道徳的承認にみずからはコミットすることなく説明できねばならない。私は、南アフリカの法は原理をいっさい有さないと言うべきだろうか。あるいは、南アフリカの法は原理を有するが、それは悪しき原理である、と言うべきなのであろうか。

　私には後者の方がはるかに優れた見解のように思われる。というのも、法体系の記述とその評価を明確に区別するという法実証主義の綱領は、法に関

(a) 原理と法実証主義　261

する明確な思考や議論の本質的な要請であるように、私には思えるからである。繰り返しになるが、その見解は、ある法体系に**進んでコミットする人々の目から見て**、その法体系が価値を志向しているということ、すなわち、彼らが善いかつ正義にかなうと考える仕方で社会を秩序づけることを志向しているということを正しく認識していなくても、法が完全に把握できるとか、その原理やルールが理解できるとか言っているのではない。この点については、法的標準の一つのタイプ、すなわち法的ルールに過度に集中しすぎた、法実証主義者たちに対するドゥオーキンの批判が、きわめて明白に的を射ていることを認めよう。

　しかし、法実証主義者は、闘いを放棄するのではなく、探究の範囲を拡張することによってその批判に答えねばならない。私は、ある特定の法体系に生命を吹き込むような正義や善の捉え方を把握できるほどに「その法体系に入り込」まなければ、ルールおよび原理の観点からその法体系を完全に把握することはできない。しかしながら、私が、そこで支配的な正義と善の捉え方を、人間の正義と善き生の表明ではなく、むしろそれらの堕落として拒絶する——それは、私自身の正義と善の捉え方を参照することによってなされる規範的判断を含む——からといって、私は認識の資格を剥奪されるわけではない。

　したがって、私がドゥオーキンと同じくらい力強く、法的なルールだけではなく、法的な原理やそれ以外の標準をも完全に説明するべきだと論じるとしても、以下のことが言えるであろう。すなわち、適切な法の理論や法的推論の理論をわれわれがもたねばならないとすれば、法体系のありのままの記述と、ありのままに記述された法の規範的な評価との真の区別を主張する学説として、控えめなかたちで特徴づけられた法実証主義をわれわれは放棄する必要はない。（問うことのできる最も的外れな問いは、それが法実証主義の本質か、というものである。法実証主義の本質なるものは存在しない。実証主義という術語は、特定の理論家（たち）によって提示された、法理論へのアプローチないしは綱領を特徴づけるのに役立つにすぎない。その術語には、いくつかの用法を含む幅がある。われわれができるのは、自分が擁護あるいは攻撃したいと思うアプローチを特徴づける用法を規約的に選ぶことだけである。）

原理の役割を認めるからといって、次のようなテーゼ、すなわち、ルールが法のルールとみなされるのは、法体系に属するからであり、また、ルールが法体系に属するのは、現に働いている特定の承認基準をみたすからだ、というテーゼを放棄するように強いられることはない。そのテーゼ（「妥当性テーゼ」）は、特定の道徳的ないしは政治的原理が有している、**法的な**性質を説明できなくするどころか、まさにそういった性質を——先に論じた法原理の「承認のルール」との間接的な関係によって——説明するために必要不可欠なのである。

　しかしながら、承認のルールの存在を記述・説明するハートの手法（それは、社会的ルールに関する彼の一般理論という位置を有する説明である）に対するドゥオーキンの明確な批判は、少なくとも強調点はかなり異なってはいるが、私も賛同する批判である。第3章と第6章において、私は、特定の承認基準を受容するため「下支え理由」に関する論点を考察し、その理由が憲法上重要なハード・ケースにおいて必然的に浮上する理由を、サートリアスにならって指摘した上で[20]、憲法上の原理と憲法上の価値の結合を要求した。

　すでに指摘したように（第6章150頁）、「承認のルールの『内的側面』にとって本質的でなければならないのは、それを下支えするものと認められる政治的諸価値を追求し、当該社会の憲法秩序に固有だと考えられる政治的諸原理を具体的に支持することへの何らかの意識的コミットメントである」。そのような態度は、有効に制定された法規、権威的な先例、さらには、承認基準によって特定される法源から導き出されるその他のあらゆるルールを適用するという責務を、真剣に受容することに、必然的にかかわっているように思われる。少なくとも、「内的側面」の「認知的な」構成要素だけでなく、「意志的な」構成要素をも十分に考慮に入れるためには、「内的側面」に関するハート自身の議論を越えて推測せねばならない。この点については、本書の補遺で論じることにしたい。

　しかし、承認のルールの「存在」は「社会的事実」の問題であるというハ

---

[20] R. Sartorius, 前掲第6章注2。

(a) 原理と法実証主義 　263

ートの示唆は、『法の概念』でその内的側面が論じられたときですら、承認のルールに関する**観察者**の視点についての示唆でしかない[21]。十分な重みを与えられるべき論点がここに存在する。すなわち、裁判官たちは、自分たちの一連の「下支え理由」がどんなに異っていようとも、少なくとも、法のルールとみなされるものが何であり、法の妥当性の**直接的な**条件が何であるかについて、相当程度に一致していなければならない。さもなければ、法体系はまったく存在せず、混沌のみが残されるからである。それ以外の政府の公務員たちは、近いところに収斂する、司法の場面において働いているこれらの法の妥当性基準にのっとって働く用意が少なくともなければならない。さらに、それぞれの裁判官が、承認基準──ここでは、各裁判官が自分自身のために決めた、純粋に個人的な問題と考えている基準──の適用に際して、偶然にその内容が一致したとしても、それでは十分ではないだろう。各々の裁判官の視点からみれば、妥当性基準として受容されているものは、純粋に個人的な標準ではなく、社会的な標準として、それぞれの裁判官によって認められねばならない。すなわち、彼自身や他の裁判官を含む**あらゆる市民**にとって、何がいったい妥当な法としてそれに依拠して行為するのが正しいかを定めるものとして認められねばならない。

　同様な責任ある立場におかれた他者も用いていると自分が理解している、標準に対する意識的な批判や熟慮を行わずに、上のような標準を作成したり採用したりすることができるのは、狂人だけであろう。だからこそ、裁判官の間では、このような標準の問題に関する高度な一致と服従を期待してよい、強い理由があるのである。したがって、観察者が、承認のルールをある特定の時点において「存在する」ものとして、相当程度正確に特定することが可能である、ということはたしかにまれではない。(さらに、そのような服従は、それが潜在的な「異端者」にかける圧力のゆえに、あるいは、シニカルに見るならば、法体系を作動させる人々が、その体系を合意された基礎に基づいて作動させ続けるためにもっている強い処世術的理由のゆえに、みずからを再生産する傾向がある。ただし、たとえそうだとしても、記録長官デニング卿に見出す

---

[21] Hart, *Concept of Law*, pp. 106-7〔第2版109-110〕.

ことのできるような決然とした異端者——彼をそう描写しても失礼にならないとすれば——が存在する余地はあるし、実際に存在するのである。)

さて、今述べた説明が、ハートの述べたことと矛盾しているのか、あるいは、そこから推して導かれる以上のことをしているのかははっきりしないが、とにかく、彼が承認のルールに与えた説明は不十分である。しかしながら、重要なことは、説明の系譜ではなく、その正しさである。本書の説明は、ドゥオーキンのそれと多くを共有し、あるいはその多くを採用しているが、無用なものと一緒に大事なものを捨ててしまってはいけない。問題が、「われわれは承認のルールなしでやっていけるのか」ということであれば、答えは「ノー」である。だからわれわれは、承認のルールを可能なかぎりうまく明確にせねばならないのである。

本書はこれまでのところ、承認のルールまたは基準、妥当性基準、妥当性テーゼ、およびその他の同種のものについて語る際、若干の、おそらくは多すぎる曖昧さを黙認し、むしろそうした曖昧さを利用してきた。しかし、それらの意味を余すところなく、しかも厳密に示すときがきた。以上のすべての言葉を、曖昧ならざるかたちで語ることはできるだろうか。

裁判官をたとえば仲裁人と区別するものは、その制度化された立場や義務である。裁判官に任命された人は、かなりよく定義された制度である「裁判所」の役職に従事し、任命の結果として受けもった紛争を——単に個々の事件を衡平(それがどんなことを意味していようが)に従って仲裁したり、調停したり、和解にもたらしたりするのではなく——法に従って解決する義務を負う。裁判官は、あらゆる人を公平に扱わねばならない。裁判官は、訴訟手続を運営したり、拘束力のある命令を発することによって、それに確定的な結論をもたらしたりするために必要な権能を付与されている。法が同定不能だとしたら、法に従って判断する義務は空虚であろう。

したがってわれわれは、裁判官は自分の義務を果たす際、自分の前に引用された諸規範のなかで、「法」と「非法」あるいは単に「法と言われるもの」とを区別するために、何らかの基準または諸基準を適用する、と仮定する。一つの架空の例は、次のようなものであろう。すなわち、

(1) 1900年に国民によって採択された憲法は最高法であり、修正は、それ自身の規定に従って行われる。本憲法に明示されたあらゆるルール（「規範」）は、法のルールである。

(2) この憲法は、立法会議に法律を制定する権能を付与する。法案は、各院内での3段階それぞれにおいて単純多数決の手続によって可決される。この手続によって制定された法律に明示されたあらゆるルール（「規範」）は、随時修正される憲法に明示されたルールに反しないかぎり、法のルールである。

(3) 立法会議によって制定された妥当な法のルールが、資格 q を有し、状況 c において手続 p によって行為する他の人または組織に、問題 s に関する妥当な法を制定する権能を付与するならば、問題 s に関して制定されたあらゆるルールは、憲法または廃止されずに妥当する法律に明示されたルールに反しないかぎり、法のルールである。

(4) 問題 s について、最高法院または控訴院が憲法上の権限の範囲内でみずからが決定した事件において、法律上の争点に関し裁定を下したなら、そのような裁定は、上の（1）、（2）または（3）のもとで制定された法のルールに反しないかぎり、妥当な法のルールである。ただし次の場合は除く。すなわち、(a) 最高法院が、最高法院または控訴院が以前に下した裁定を変更する場合。(b) 控訴院が、以前に下した自己の裁定を変更する場合。

われわれはさらに、以下のように仮定しよう。すなわち、裁判官はみずからが裁判官に任命される以前に、すべての裁判官は上のような仕方で同定可能なルールを妥当なルールとして適用するべきである、と考えていたこと。さらに、その裁判官は、おのおのの裁判官が、自分と自分の同僚はそのように活動するべきであり、また、通常は——時として逸脱し、批判を受けることもあるが——そのように実際活動していると考えている、と信じていたこと。また、以下のようにも仮定しよう。すなわち、その裁判官は、自分自身が任命されて以降も、これらの両方の信念を確固として保持し続けること、および、だれもが関連性のあるルールを法として受容するべきだという自分の規範的意見を秘密にせず、またこれが一般に抱かれた正しい信念であると自分が考えているという事実をも秘密にしない、ということである。その裁

判官は、上のような仕方で同定されるルールが、法として適用されるべきなのはなぜかと問われたとき、そう考える理由を原理によって説明することができる。他の裁判官、憲法の起草者、政治家やジャーナリスト、および、その国に流通している新聞の編集者へのさまざまな寄稿者たちも、同じように説明することができる。先に挙げた四つのルールを下から支える原理や価値に関しては、ルールそのものの内容に比べると、合意の程度はかなり低い。それでも、それについてもかなりの合意が存在する。「裁定」によって何が意味されるかを特定することは困難であるから、(4) は無意味だと考える者がごく少数おり、また、非公式のインタビューにおいて、二人の裁判官が、(4) のおかげで、先例で述べられた裁判官の意見の言明のなかから選んで、それを「法」と呼ぶことが可能になり、結果的に、自分が直観的に正しいと考える判決を下すのが容易になると考えていると認めたのではあるが。また、少なくとも一人の法学教授が、憲法は立法権を委任する権能を立法会議に付与していないので、(3) のルールへの広く支持された信念は誤りである、というテーゼを提示しているのではあるが。

　もしもわれわれが、以上の四つのルールを、想像上の国家の妥当な法のための「設立ルール」とよぶことに同意するならば、おそらく最大限の明確さが達成されることになるだろう。そうだとしても、よりなじみ深い「承認のルール」という術語は、どうすれば以上に述べた一連の仮定と適合するのだろうか。その答えは、四つのルールをまとめて一つにしたものが、その国家の承認のルールだ、というものである（ハートによれば[22]、一つの法体系に、一つの承認のルールである）。その承認のルールは、優先順位がしだいに下がる次の四つの承認基準を含んでいる。すなわち、(i) 憲法。(ii) (i) と不整合でない立法会議の法律。(iii) (i) および (ii) と不整合でない委任立法。(iv) 審級制の内部で上級審による取消権能に服して下される上訴裁判所の司法的先例であって、(i)、(ii) および (iii) と不整合でないもの。「承認基準」と「妥当性基準」は同意語である。

　「妥当性テーゼ」とは、われわれの想像上の国家は実は想像上のものでは

---

[22] 前掲書 97-100〔第2版100-3〕頁。

(a) 原理と法実証主義　267

まったくなく、(1)、(2)、(3) および (4) を適当なルールに置き換えれば、制度化された法体系を有するあらゆる国家の正確なモデルである、というテーゼである。したがって、「法的ルール」の概念は、このテーゼによって、ある国家内で機能している所与の法体系の、承認のルールまたは、妥当なルール（私がより好む用語法では、設立ルールまたは妥当に設立されたルール）として定義される。

　しかし、「法」や「法体系」の概念は、本書で繰り返し詳しく主張してきたように、一連の法的ルールすべてを参照しても、完全には究明できない。原理も「法」という類に属しており、法体系は、法と同様原理やその他のすべての法の要素から成り立っているのである。そして、本書で論じたすべての様式において、原理は、ルールと影響しあい、それを下から支え、それを取り込み、それを限定し、帰結主義論法によって試みられた新しい裁定の導入を正当化する、等々のことを行うのである。

　すべてのルールと同じく、承認のルールまたは設立ルールは、私の想像上の国家について先に言明したように、言葉によって相対的に明確に言明することができる。しかし、本書の読者ならだれも、表現の相対的な明確さが、適用における明確さも画一性も保証しないことを、信じて疑わないだろう。私が別の箇所で示唆したように、適用における明確さや画一性は、「通常は必要な、また推定上十分な」妥当性条件を規定するにすぎないものとしてみるのが、おそらくよいであろう[23]。

　法的である法原理が存在するのは、それが設立ルール（「承認のルール」）と間接的に関連する場合に限られる。しかし、設立ルールや妥当に設立されたその他のルールは、今度は、先の原理の観点から限定され、その原理を参照することによってのみ完全に理解できる。この二つの文を同時に主張することは、パラドックスであろうか。ここには一見したところ、論理的循環が存在するが、それは悪循環なのであろうか。

　私はそうは考えない。現に働いている法を見るとき、われわれが見出すのは、すでに解決されたものまたは解決されたと考えられているものと、新し

---

[23] *Law as Institutional Fact*（前掲第３章注６）, part3.

い問題を満足のゆく方法で解決し、古い問題を現在ではより満足ゆくと思われる方法で解決しようとする継続的な動的過程との間の、不断の弁証法である。法のすべての性質を理解するには、法を静的形態と動的形態の両方において説明するべきだ、というケルゼンの確信は[24]、この不断の弁証法を証明すると同時に、法を理解し説明しようとする素晴らしい企てを表している。あるいは、われわれはむしろロールズ[25]の発想を借りて、こう言うべきかもしれない。法を完全に理解するには、まず、法令集のすべてのルールと判例集のすべての先例とからなまの言明を取り上げねばならない。次に、ルールをルールとして成立させる動機となった原理や、そういった原理の価値を吟味しなければならない。さらに、その吟味を考慮して、そういった原理が言語で表現されたルールに関する最初のままの把握を修正せねばならない。最後に、「反省的均衡」の段階に達するまで、原理と価値を再び考慮せねばならない、と。しかし、われわれがそこに到達するまでに、法は先に進んでいるだろう——新しい立法、新しい先例、新しい教科書、新しい判例評釈というように。そこでわれわれは、再出発し、今回はまったくはじめからというわけではないが、反省的均衡をめざしてもう一度努力しなければならない。しかし、われわれがそこに到達するまでに……。（何にもまして、反省的均衡を応用したこのような説明は、真の法律学に固有の思考様式を実にうまく捉えていると思う。）

　法は、「キャタピラ式の」トラクターの通った足跡や、絶え間なく動き続ける循環ベルトと似ている。終わりはないが、隙間がないわけではないので、その隙間は、すでに存在するものからの拡張によって埋められる。われわれが記述する現象が循環的であるとすれば、その現象の循環的な説明は、誤っているのではなく、真理によって要求されているのである。

24　Hans Kelsen, *General Theory of Law and State* (tr. A. Wedberg, New York, 1961), pp. 100-13 参照。

25　J. Rawls, *A Theory of Justice* (Cambridge, Mass., and Oxford, 1971), pp. 319f., 456f.「反省的均衡」の観念に関するドゥオーキンの意見については *TRS*, pp. 159-68を参照。

(b) 裁量、権利、複数の正しい答え

　ドゥオーキンの「破壊的な」議論の主要な論点のうち三つを取り上げたので、残っているのは「裁量」の議論だけである。それは、権利テーゼを擁護する建設的な議論の諸問題とも密接に関連しているので、これもあわせて考察したい。これら二つの議論の連動する性質を示すために、ドゥオーキンの主題を手短に言い直せば以下のようなものである。裁判官は、ハード・ケースにおいて「強い」裁量をまったくもっていない。というのも、裁判官は、そういった事件においてさえも、幸運な市民には有利だが、その不幸な敵対者にとっては不利となるように、法的権利を遡及的に創造するのではなく、現存する法的権利を発見し実施するという義務を負っているからである。こうして、「弱い」裁量、すなわち、判決に関係するさまざまな法的標準に与えられるべき、適切な重さに関する「判断を伴う裁量」が必要になる。そうした判断には大いに争いがあるし、道理をわきまえた人々が、はたして何が正しい答えであるかについて見解を異にするのは避けられない。しかし、彼らが真に見解を異にするというまさにその事実が原理的には正しい答えが存在することを示している。正しい答えが何であり、だれがそれをもっているのかについて、われわれが実際には決して確信できないとしても。

　一つの類推によって、この最後の主張の意味が明らかになるかもしれない。私は、自分が使用するのと同じマイル計測の標準を使用する人とだけ、エディンバラとグラズゴーが何マイル離れているかについて、見解を異にすることができる。私はそれは44マイルだと言い、彼はそれは50マイルだと言う。われわれは見解を異にするように**見える**。しかし、それは50マイルだ、というための彼の基準が、彼が最後にエディンバラからグラズゴーに行ったときに、列車の中で50回くしゃみをしたことであるのに対して、私の基準はより通常の基準であることが、後でわかった。このような場合には、われわれは言葉の使い方について意見を交換することができるだけである。われわれは結局のところ、見解を異にしていたのではなく、そう見えただけである。このような問題に関する真の不一致は、計測プロセスを正確に実行する

のがいかに困難であろうとも、正しい結果に到達するために原理的に適用可能な、共通の標準を前提としているのである。

この例が示すように、不一致の真正さからの議論は強力である。この論拠は、遅くともトマス・リード[26]がそれをデヴィッド・ヒュームに対抗して使用して以来、そのようなものとして認められてきた。裁判官であろうとなかろうと、もしも二人の人物のうちで、一方は d がある事件の正しい判決であると言い、もう一方は c がその事件の正しい判決だと言うならば、彼らが真に見解を異にするのは明らかであるようにみえる。したがって、いかなる人物も、そのどちらが正しいかを確信することが、実際にはだれにもできないとしても、原理的には一つの正しい答えが存在するにちがいない。

この議論は、強力にみえるけれども、見解の不一致という観念に隠れている両義性のゆえに、間違っている。「見解の不一致」は、純理論的な問題に関する見解の対立と、実践的行為の企てに関する対立の両方を含んでいる。エディンバラからグラズゴーへのマイルで測った距離について、真に見解を異にする人々の例は、純理論的な見解の不一致の一例である。

実践的な見解の不一致の例として、以下の事例について考えてみよう。X夫妻は絵画を購入するために、共同名義の預金口座に25ポンド貯金している。二人は水彩画の展覧会に行き、A、B、C、Dという、二人とも一目で気に入った、予算内で買える絵が4枚あることを知る。X夫妻は、長い討論をへて互いに理解し合うようになった、かなり明確な美的標準をそれぞれもっており、そしてその標準は、部分的に重なっているが部分的には異なっている——たとえば、両者は抽象画よりも具象画を好むが、X氏は印象派の画家を好み、X婦人はラファエル前派の画家を好むという具合に。

最初、X氏の選好順序は、A、B、C、Dであり、X婦人のそれは、C、

---

[26] Thomas Reid（前掲第1章注5）, Essay V, Ch. 7 (1819 edn., vol. iii pp. 571-2). 'No Right Answer' (*Law, Morality, and Society*, Oxford, 1977, ed., P. M. S. Hacker and J. Raz, pp. 58-84) において、ドゥオーキンはもちろん、「争いの余地があることを根拠とする議論」を使用する法実証主義者たちを批判するが、やや違った仕方でである。しかし、彼自身の見解は実際のところ、人々がハード・ケースへの答えについて見解を異にするときに、彼らが本当に見解を異にするという事実は、それについて見解を異にしているところのもの——すなわち、その事件への正しい答え——が存在することを示す、という見方に依拠している。とくに pp. 78-9 参照。

(b) 裁量、権利、複数の正しい答え　271

D、B、Aであった。しかし、彼らはこれについて話し合い、X氏は、自分の標準からすれば、BがたしかにAよりよいことを理解するにいたる。両者は討論の末に、X婦人の標準によれば、正しい順位はC、D、B、Aであることで一致する。もはや純理論的な見解の不一致は存在しない。しかし、はたしてどれを買うべきかという、実践的な問題が残っている。すべてを考慮した結果、X婦人はCが最高の買い物だと考え、X氏はBが最高の買い物だと考える。どちらも相手が間違いを犯したとは考えないが、二人はどうするべきかについて見解を異にする。見解の不一致が彼らにとって問題となるのは、両者はともに将来、購入した絵と一緒に暮らして行かねばならないからである。そこには、真に実践的な見解の不一致が存在するが、一つの正しい答えは存在するのであろうか。

　法にはたしかに真の見解の不一致がいろいろと存在する。しかし、私見によれば、最も根本的な見解の不一致は、万事を考慮した上で何を行うのが最善であるのかをめぐる実践的な見解の不一致である。それは、その存在そのものが、当該の問題に唯一の正しい答えが存在することを認めさせるような、純理論的な見解の不一致ではない。しかも、法においては、X夫妻ならとった方法の一つが裁判官には許されていない。X夫妻は、絵を買わずに豪華な食事に行くことによって、自分たちの見解の不一致を解決するというより、むしろそれを避けるという決定を行うことができる。裁判官たちは、見解を異にするとしても、何としても判決を下さねばならない。この特質を示す一例を挙げれば、上訴裁判所には、常にというわけではないが一般的には、奇数の裁判官がおり、投票によって見解の不一致が解決できるようになっている。しかし、見解の不一致が解決可能だからといって、どちらに有利な判決が下されるかがだれにとっても問題とならないわけではない。X夫妻は、どちらかの絵画と一緒に暮らすか、あるいは絵画なしで暮らさねばならない。それと同じように、両当事者と裁判官たちは、裁判の結果とともに生きて行かねばならないのである。私が提示した絵画購入の類推が有する解明力は、美的標準と法的標準との間にとくに強い類似性が存在するということには依存していない、ということを強調しておきたい。そのアナロジーを使用したのは、単に、何をするべきかに関する見解の不一致と、何が事実

であるかに関する見解の不一致との違いの実相を明確にするためである。両当事者が本当に関心をもっている事柄について、真に実践的な見解の不一致が生じるのは、不合理さのためでもなければ、把握し損ねた真に正しい答えが存在するからでもない。むしろ、実践的な見解の不一致が生じるのは、「めいめいがわが道を行く」ことができず、いずれかの決定を一緒に下し、それとともに生きて行かねばならない人々が、いずれかの決定から逃れることができず、そうした選択をしなければならないから（あるいはそういった場合に）である。

　ハード・ケースでの法的決定をめぐる見解の不一致が、まさにそういった種類の実践的な見解の不一致を含むということに、異議を唱えることができるとは思えない。「いずれとも決しかねる」というのは、判決としては用いることができない。裁判所は、法について裁定し、一方または他方勝訴の判決を下さねばならない。そして、すべての当事者は、その結果とともに生きて行かねばならない。

　したがって、すべての起こりうる法的紛争に唯一無二の正しい答えが存在することを否定する人々を打ち負かす決定打となるかにみえた議論は、決定打にはならないことになる。法的問題の適切な解決に関して真の見解の不一致が存在する、という重要な真理は、「一つの正しい答え」の理論によるのとは別の方法で解明できるのである。

　だからといって、純理論的な見解の不一致**もまた**存在しないということにはならない。ドゥオーキン主義者であれば、これまでの見解を受け容れるとしても、実践的な見解の不一致は法的な不一致の**一部**にすぎないと主張することができるであろう。というのも、実践的な見解の不一致はしばしば、純理論的な見解の不一致の結果だからである、と（たとえば、経済学者Ａと経済学者Ｂはインフレーションの原因について見解を異にする。Ａはマネタリストであり、Ｂは反マネタリストである。彼らは、原理的に一つの真なる答えが存在する理論上の争点に関して、真に見解を異にする。彼らはまた、その直接的な帰結として、いかなる経済政策を政府が採用するべきかをめぐって、実践的な見解を激しく異にするだろう）。先の決定打的な議論を打ち負かすことができたとしても、われわれにはなお、次のようなドゥオーキンの主張に反駁するとい

(b) 裁量、権利、複数の正しい答え　273

う問題が残されている。すなわち、その主張は、ハード・ケースにおける見解の不一致は実践的なだけでなく純理論的でもある、という命題に換言することができる。

　この命題は、裁量の議論と密接に結びついている。裁判官が「強い」裁量を本当に有するのなら、ハード・ケースにおいて発生しうる唯一の見解の不一致は、実践的な見解の不一致であろう。これに対して、裁判官は「弱い」裁量しかもっていないと言うことは、ハード・ケースにおける見解の不一致がつねに、まず第一に、実践的な見解の不一致を結果的に伴う純理論的な見解の不一致であることを含意するはずである。

　私としては、もしも「強い」裁量が、本章の冒頭で私がそれを特徴づけたように特徴づけられているとするならば、すなわち、ハード・ケースにおいて裁判官たちが強い裁量を有すると言うことが、「裁判官は、自分が最善だと思う決定を、自分がその選択にふさわしいと考えるどのような根拠に基づいてでも選択できる、つまり、準立法的な仕方でのみ選択できる」と言うことであるとするならば、裁判官は「強い」裁量を有していないというドゥオーキンの見解に、間違いなく同意する。しかし、排中律を誤って使用してはならない。すなわち、裁判官に「強い」裁量はない、に対する唯一可能な選言が、裁判官はドゥオーキンの「弱い」意味[27]での裁量──その言葉が含意するすべての意味を考慮しても──しかもっていないと言うことである、と考えてはならない。

　要するに、本書で提示した理論は、法に従って正義を行うという裁判官の義務は非常に複雑だ、というものであった。裁判官の義務とは、正当化のためのよい議論によって正当化できる判決のみを下すという義務である。明確なルールが明確に適用できることがすべての当事者によって同意されているような、最も単純な状況においては、唯一の問題は事実の証明に関するものであり、いったんそれに関して結論が得られたならば、その判決は単純な演繹論法によって正当化される。しかし、ルールの明確さなるものは、本来的に争いのあるものであるから、解釈ないし分類の問題が生じるだろう。その

---

[27] *TRS*, pp. 31-32, 68-71 参照。

上、確立されたいずれのルールも当該争点をまったく支配しないような状況——すなわち「関連性の問題」——においては、さまざまな法的主張が提出されるだろう。そのような問題が生じた場合の判決の正当化は、妥当性テーゼによって定義される「ルール」を越えて、法の原理に目を向けなければならない。法の原理は、判決に対して確実に権威を付与する。すなわち、ある判決を裏づける関連する原理や類推がまったく存在しない場合には、その判決は法的な正当化理由を欠いている。他方、関連する原理ないし類推が存在するならば、それらによって裏づけられた判決は正当化可能な判決である——しかし、原理や類推の提示は、判決の完全な正当化にとって必要ではあるけれども、十分ではない。その事件を直接支配する裁定は、原理や類推への訴えに含まれている「一貫性」論法だけではなく、帰結主義論法によってもテストされねばならない。そして、支える原理や類推がないと判決を容認することができなくなる場合と同様にして、整合性のテストが適用されねばならない。すなわち、原理および政策の観点からなされた法的ルールの「適切な」解釈ないし説明を所与として、当該の裁定が確立された法的ルールと矛盾しないことが示されねばならない。

　以上のすべてのことは、とくに帰結主義論法の役割は、形式的正義の原理を支持することを前提とする。裁判官が実際に、形式的正義の原理を、その原理の未来指向的な含意と過去指向的な含意の両面で支持していることについては、多くの証拠が存在する。あるいは、私の規範的な主張からすると、裁判官はその原理を支持するべきなのである。さらに私は、帰結主義論法、一貫性論法、整合性論法という、相互に関連する諸要素が、判例集のいたるところに見られるということも主張した。それは、以下のことの強い証拠となる。すなわち、それらの諸要素はまさしく、裁判官が暗黙のうちに遵守し、受容している、正当化への要請であるということ。私の規範的な主張からすると、それらの諸要素は、採用するべきよい論法のカノンである。というのも、それらの諸要素は、「法の支配」という概念の十分に根拠づけられた解釈と私が考えるものを保障するからである。

　したがって、私の理論は、法過程についての真なる記述として提示され、同時に、私が記述した規範は、私が推奨する規範でもある。このいずれかの

(b) 裁量、権利、複数の正しい答え　275

側面で、私の理論は、司法裁量について何を言っているのであろうか。
　私の理論は、イギリス法体系の裁判官たちや、おそらくはすべての健全な法体系の裁判官たちが、みずからがふるう大きな権能の行使の範囲内に押し込められ、閉じこめられ、監禁されている、と言っている。それは、裁判官は先に述べた正当化の諸規範に反するような行為はできないし、また実際にもしない、とは言っていない。しばしばとさえ言えるかもしれないが、場合によっては、そのような行為をすることがあるのである。既存の証拠が示しているように、裁判官たちは、そういった正当化の諸規範に反する行為をする場合には、別の動機から下された判決にうまく工夫した適当なかたちの正当化の衣装をまとわせることによって、少なくともその足跡をおおい隠してしまうのである。しかし、そのような行為が露骨になされようが密かになされようが、私の理論はそういった行為を、(a) 裁判官が仕えていると称する法体系からの現存の要請に違反し、かつ、(b) 保持し遵守するのが望ましい要請に違反する誤った行為として、非難する理由を提供する。
　とすると、私の理論における裁量とは、まさに制限された裁量である。それは、以上のさまざまな要請の範囲内で、最もよく正当化される判決を下すための裁量である。そういった裁量は、しばしば濫用もしくは踰越されていようがいまいが、あるいはまた、濫用もしくは踰越できようができまいが、存在する唯一の裁量なのである。（裁判官の裁量に制限がないとすれば、だれが番人の番をするのか。）このように、私の理論における裁量は、そのような制限された裁量にすぎない。しかしそれは、ドゥオーキンが「弱い」裁量によって意味するものではない——その言葉に含まれるすべての意味を考慮する場合。以上に述べたさまざまな要請とそれらを支持する理論は、どのような論法によって判決を正当化するべきかをわれわれに教えてはくれるが、どのような判決が最終的に**完全**に正当化されるかを決めはしない。したがって、それらの要請をみたす範囲内で、原理的には解決可能な純理論的な不一致に属する多くの論点も生じるであろうが、純粋に実践的な不一致の領域が尽きることなく残るのである。
　以上の内容が意味することを、一つの例を用いて説明してみよう。**ドナヒュー対スティーヴンソン**事件（[1932] A.C. 562；1932 S.C. (H.L.) 31）におい

て、バックマスター卿は、すでにみたように、製造者は、彼らが調査も対応もとてもできないような多数の不当な主張に応じなければならなくなる、という事実に関する予測を行った。しかし、アトキン卿は、明言しなかったが、これと見解を異にしていた。1932年の時点では、両者のどちらが正しいかを決めるのは将来の事柄であった。両者は自分の見解を誠実に抱いていたし、どちらが正しいのかをだれも確信できなかった。しかし、その後の出来事は、アトキン卿の見解が正しいことを証明し、バックマスター卿の見解が正しくないことを証明した。そこでも、さまざまな文脈でのネグリジェンスの事件でさまざまなかたちで個別化される注意義務の「一般概念」に関する言明たる「隣人原理」を、アトキン卿は擁護し、バックマスター卿は激しく拒絶した。その原理が、過去の諸判例に関する合理的な一般的説明として——1932年の時点でさえ——主張できたか否かは、(寛大な見方をするならば) 客観的な答えを許す問いである。私としては、隣人原理は、法にすでに内在する原理の合理的な言明だと主張したアトキン卿と見解を同じくし、そうではないとしたバックマスター卿と見解を異にする。われわれは、このような仕方で過去の判例全部を精査し、純理論的な不一致に関するすべての論点を集めることができるだろう。そして、望むなら、それらの論点を正しく解決するためにヘラクレス[28]（ドゥオーキンが機械仕掛けの神として呼び出す半神半人）を呼びにやることもできるだろう。

　しかしそれでも、純粋に実践的な不一致に属する尽きることのない残余がなお残るだろう。そのような不一致は、帰結主義論法の隙間に閉じこめられたままだろう。帰結主義論法は、退屈するぐらいに繰り返し述べたように、**ドナヒュー**事件においては、著しく正当化可能な判決を、十分に正当化された判決へと転換する、正当化の決め手であったが、いかなるハード・ケースにおいても、同様であるにちがいない。

　帰結主義論法は、次の三つの作業を含んでいる。第一に、現在問題となっている判決に必要な普遍化された裁定を立案すること。第二に、その裁定がカバーする範囲の起こりうる事件において、その裁定がどのようなタイプの

28　これらの「ヘラクレス」の仕事は *TRS*, pp. 105-30 において描写されている。

(b) 裁量、権利、複数の正しい答え　　277

判決を要求するかを考慮して、その裁定の実践的な意味を検討すること。第三に、それらの判決のタイプを、その裁定の帰結として**評価する**ことである。この評価は、計測可能な価値の単一の尺度を用いるものではない（ベンサム主義の誤りは、実践的な選択は計測可能な価値のそのような単一の尺度によるテストに還元できる、という信念にある）。その評価は、多種多様な基準の複合によってなされ、それらの基準のなかには、少なくとも「正義」、「常識」、「公序」、および「法的便宜」が含まれねばならない。

　それでは、（たとえば）次のような問題、すなわち、製造者は、製造や梱包の過程で合理的な注意をしていれば防げたであろう損害を、消費者が製品を消費する際に引き起こした場合、その製品が消費者に与えた損害に責任を負うべきだ、という裁定が下されるべきか否かという問題に対して、理論的に正しい答えが存在する可能性はあるだろうか。アトキン卿、マクミラン卿およびサンカートン卿が抱く正義、常識および公序の捉え方に従えば、その答えは「イエス」であり、私も彼らに同意する。

　しかし、バックマスター卿とトムリン卿の見解から純理論的な誤りを一掃すれば、正義、常識および公序についての彼らの対立する捉え方もまた、支持できる見解を生み出すと言えないだろうか。消費財の安さという一般的な公益は存在するが、消費財に欠陥のある恐れもつねに存在する。商業社会に暮らす人々は、みずからの自由な契約によって、消費財に瑕疵が存在する場合の補償を、安さと安全をはかりにかけて、契約の一条項として取り決めることができる。製造者たちは、自分が直接にだれと取引しているのか、また、その取引の条項がどのようなものかを知っているならば、発生しうる契約上の責任を事前に完全に知った上で、保険をかけることができる。さらに彼らは、自由競争のもとでは、保険の費用を明白に考慮して、価格を最低にすることもできる。他方、消費者は、訴えを提起できないネグリジェンスまたは純然たる事故によって発生する損害の一般的なリスクに備え、保険に加入することができる。これらの仮定のもとでは、契約関係にない人々に対する責任を製造者に負わせることは、(a) 正義に反し、(b) 消費財の安さという公益に反し、かつ、(c) 常識に反する。

　このような見解をもつ者は、法的な注意義務についての満足できる一般的

言明としての「隣人原理」を否定する必要はないし、**ドナヒュー**事件のような事件では、(マクミラン卿が主張したように)契約関係の原理と、契約と無関係なネグリジェンスに対する責任の原理との間に真の争いが存在することを否定する必要もない。というのも、その人がしたのは、契約原理に支えられた裁定の採用と、ネグリジェンス原理に支えられた裁定の拒絶とをよしとする、強力な帰結主義論法を表明する、ということだからである。彼は、契約原理にこの文脈では優位性を認めるための理由——すなわち、より大きな「重さ」を、契約原理のなかに見出すというより、むしろ契約原理に**与える**ための理由——を提示したのである。

したがって、そのような事件での相対立する議論から真正の純理論的な誤りを一掃すれば、われわれが直面するのは、客観的な解決のために正しい答えを出してくれる理論的「ヘラクレス」を呼びにやることが原理的に不可能であるような不一致であることがわかる。われわれは、純粋に実践的な不一致点に到達したのである。この点においてわれわれは、われわれの間で解決ずみの事柄を越えて進み、われわれはどのように生きるべきか、われわれの社会はどのように組織されるべきかを決定しなければならない。そこでは、われわれの法的政治的伝統から引き出されうる二つの合理的推量の間から、どちらか一つが選択されなければならない。その場合、多種多様な当事者がその特殊な決定を押しつけられるだけでなく、その社会の裁判官と住民のすべてが、その裁定とそれが及ぼす社会生活および商業生活への多種多様な実践的影響とともに(少なくとも当分の間)生きて行かなければならないのである。

純粋に実践的な見解の不一致の点において、われわれは、理性によって理論的に考え出すことのできるものを越えてしまっている。われわれは、**諸理由のゆえに**そこに到達したのではあるが。われわれがそこに到達したのは、その判決とともに生きて行く人々にとって、製造者に責任ありとする裁定が妥当する社会状態のほうが、彼らの正義、公序、および常識の捉え方からして、もう一つの選択肢よりも好ましいように思われたからである。

その問題についての彼らの選択を、理論的に——立法によって覆すのとは区別されるものとして——誤ったものと言うための方法は存在するだろう

か。まず第一に、彼らは、彼ら自身の正義の捉え方を参照することによって、正されうるであろう。**ホワイト・アンド・カーター（カウンシルズ）有限会社**対**マクグレゴー事件**（[1962] A.C. 413, 1962 S.C. (H.L.) 1）の、多数意見の裁判官たちが、補償としての損害賠償という原理や、**英国運輸委員会**対**ゴーリー事件**（(1956) A.C. 185）で同様の役割を果たした損害を小さくするべしという同種の原理を無視したことをおそらく修正されえたように。そのような訂正は、所与の正義の捉え方の内部での訂正と言えよう。そのような場合もたしかにあるが、正義等についての対立する捉え方のうちどれを実施するべきかという選択を考えるときには関係しない。第二に、彼らは時の経過とともに、みずからを正すこともあろう。彼らは、裁定の諸帰結とともに生きて行くうちに、それらが受け容れがたいことに結局気づき、自分たちの正義等の捉え方を変更することもあろう。（**コンウェイ対リマー事件**（[1968] A.C. 910）で起きたことと比較されたい。）しかし、それは、自分自身の態度や真の長期的選好についての発見を伴っているだけであり、理論的な誤りの証明は伴っていない。

　残っている訂正の可能性は、あと一つだけである。見解を異にする裁判官たちの間での二つの理論が対立するような場合、両者を区別するアルキメデスの点として、第三の理論を構築することができる。しかし、それにも異議が申し立てられるかもしれない。その場合、第四の理論がその異議を解決するために構築されるだろう。しかしさらに、第四の理論にも異議が申し立てられるだろう——以下同様。「訂正」は正しさの基準を前提とする。だが、（ドゥオーキンと私のいずれもが支持するように）そのような基準は、何らかの理論の文脈において考案されねばならない。したがって、私は、ある理論全体を「訂正する」たびに、もう一つの理論を前提している。ドゥオーキンは、ヘラクレスが所与の法体系について最善の理論を構築できることを仮定している。しかし、ヘラクレスがそのような理論を構築できるのは、諸理論の無限終点においてのみである。ドゥオーキンは彼のヘラクレスを、汚物が無限に供給されるため、それが尽きることがない、アウグィアース王の牛舎のなかにおいたのである。

(c) 権利と複数の正しい答え

これまで述べたところから、私が権利を真剣に捉えていないと推測されるとしたら、それは遺憾なことである。それが、私の立ち向かうべき最後の課題である。

ドゥオーキンは、次のように主張する。判決は、権利についてのものである。にもかかわらず、法実証主義は、「ハード・ケースにおいて権利は、事後的に、どちらか一方の当事者に恣意的に配分される」と実質的に主張する点で、権利をどうでもよいものとして扱っている、と。われわれは、ある点までは彼に同意しなければならないが、全部同意してはならない。彼の理論は、すぐ前に述べた理由のゆえに支持できないからである。

法的権利をもっているということは、関連性のある法規範の存在を前提している。1946年のスコットランド相続法その他の法に属するルールのもとで、さまざまま人々がさまざまな状況において、無遺言の相続権を有している。原理に基づいて正当化がなされる権利たる「原理基底的権利」と対照させるために、そのような権利を「ルール基底的権利」と呼ぼう。ほとんどの道徳的権利と政治的権利は、原理基底的である。しかし、法的権利には、ルール基底的なものと、原理基底的なものとがある。隣人原理のもとでは、「近接した」関係にある他者に、自分の安全のために合理的な注意を払ってもらう権利を、だれもがもってる。直接の契約関係の原理（もちろんこれはスコットランド法では効力をもたない）のもとでは、契約の当事者である人々に対してしか契約上の責任を負わない権利を、だれもがもっている。自然的正義の原理のもとでは、公正な聴聞と公平な裁判官を求める権利を、だれもがもっている、等々。（ドゥオーキンは、法的な関心を原理基底的権利の重要性に効果的に引き寄せた点で大いに貢献したし、私個人としてはその教えに感謝している[29]。）

---

[29] 私は原理基底的権利を、'Rights in Legislation'（前掲本章注11）における法的権利に関する私の議論に含めるのを省略した。しかし、少なくとも私の論文 'Children's Rights', 1976 A.R.S.P. LXII 305-17では考察した。

本書が探究したすべての理由から、私は、訴訟はハード・ケースの場合でも権利にかかわっている、と結論せざるをえない。ハード・ケースにおいて正当化された判決が、原理の支持を必要とするがゆえに、そしてまた、両訴訟当事者がともに、それに訴えることのできる原理またはルールをもっているがゆえに（そうでなければ、その訴訟はハード・ケースではない）、判決は結局のところ、だれかがもっている原理基底的またはルール基底的な権利の確認なのである。

しかし、呪文を唱えるトリックのようなものにだまされて、このことがこれまでの議論をくつがえすと考えてはならない。というのは、（たとえば）**ドナヒュー対スティーヴンソン**事件においては、**両方の**当事者が権利をもっているからである。両者は競合する原理基底的権利をもっている。すなわち、ネグリジェンス原理のもとでは原告が自己に有利な判決への権利をもち、契約原理のもとでは被告が自己に有利な判決への権利をもっている。

要するに、われわれは、原理の論争についての真理を、権利の論争についての同じく真なる言明に、言い換えただけである。それは、原理基底的権利の間での争いであり、それぞれの権利は、競合する原理の一つに依拠している。したがって、このような用語法を採用する場合、実践的な不一致点は、だれの権利が優先されるべきか、あるいは、すべてを考慮した場合、どちらがよりよい権利であるか、をめぐるものである。

このような言い方は、逆説的にきこえるかもしれないし、原理基底的権利という言い方は避けたほうがよいと考えるようになる者もいよう。しかし、それは問題の回避であって、解決にはならないであろう。

ドゥオーキンや私のように、原理は法の真正な一部であると言い、法的原理は数多く存在し、それらは場合によっては対立し、それらの全体を功利の原理のような一つの大原理に還元することはできないと主張する人々は、法理論において自分たちが、道徳哲学におけるいわゆる「義務論」または「直観主義」学派に隣接する陣営を占めていることに気づくであろう。たとえば、デヴィッド・ロス卿（最も高名な20世紀イギリスのその学派の一員）は、道徳的な責務または義務を決定するさまざまな道徳的原理が存在し、それらの原理は、功利主義者の主張に反し、単一の原理には還元できない、と主張

した[30]。イージー・ケースにおいては、適用可能な原理を参照することによって、われわれは自分の義務を簡単に知る。しかし、諸原理が衝突することもある——われわれは、たとえば、嘘をついたり、約束を破ったりしなければならない状況に直面しうる。その場合、われわれは、自分の道徳的直観を、競合する原理基底的な諸義務の間で決定することに、すなわち、すべてを考慮した上で何を行うのが正しいかを決定することに、向けなければならない。

しかしながら、ロスは、すべてを考慮した上で行うのが正しい行為と、単独で考慮された単一の原理によって指令される行為との**両方**に、「義務」という術語を用いるのはよくないことに気づいた。そこで彼は、逆説または矛盾にみえることを避けるために、適切な用語法を造り出した。彼が言うには、原理は一応の義務を規定する。しかし、選択をしなければならない状況においては、われわれは、一応の義務のなかで、実際に何がするべき義務（「すべてを考慮した上での」われわれの義務）であるのかを知るために、われわれのすべての道徳的原理の意味や関係を考慮しなければならない[31]。

これとまったく同じ用語法が、非常にわかりやすいかたちで、一見した法的パラドックスを解消する。法の原理は一応の権利を規定する。それは、曖昧なルールについての対立する解釈が、一応の（ルール基底的）権利を規定するのと同様である。ハード・ケースは一応の諸権利の間の衝突を伴っており——それは、それがハードであると言うための一つの言い方である——、ハード・ケースの判決は、すべてを考慮した上で、だれの権利を（最善の）権利として優先するべきかの確定を伴っている。

その意味において、裁判はつねに、あらかじめ存在する権利を支持するということは真である。しかし、今では容易にわかるように、だからといって、そこに真の選択が存在しないとか、どの一応の権利をとるかをめぐる不一致が、結局は純粋に実践的な不一致以外の何ものかである、ということに

---

30 以下を参照。Sir David Ross, *Foundations of Ethics* (London, 1939), ch. IV, esp. pp. 79-86, ch. VIII, *The Right and the Good* (London, 1931), ch.2.

31 *Foundations of Ethics*, pp. 84-5; *The Right and the Good*, p. 19; 前者（歴史的には後）において、ロスは、「一応の義務」という特殊な表現形式への不満を認めているが、この観念を使用し続けている。同書84-5頁および第8章とくに190-1頁参照。

はならない。競合する一応の諸権利の間で、真の選択がなされなければならないのである。

　満足のゆく法的推論の理論は実際、満足のゆく法理論を必要とし、また、満足のゆく法理論によって必要とされている。本書で提示した法的推論の理論は、法的過程における原理やその他の標準の働きに十分な重みを与え、裁判官がハードな――あるいはその他のどのような――事件においても、制限された裁量以上のものを決してもっていないことを示すものである。しかし、本書の法的推論理論は、「法実証主義的」な理論と不整合でないどころか、その術語の一つの意味において、実証主義的な法理論なるものに依存し、かつ、それを正当化するものである。社会的ルールについてのハートの説明からの離れたり、それを越えて推量することが必要とされるにもかかわらず、制度化された法体系は、彼が「承認のルール」と呼んだもののまわりを回っているのである。

　このような考え方すべてが権利を真剣に捉えそこなっているという非難を、論駁するのはたやすい。われわれは、一応の義務とすべてを考慮した上での義務との区別に敏感でなければならないように、それと同じぐらい鋭く自覚的に、一応の権利とすべてを考慮した上での権利とを区別しなければならない。というのも、法におけるすべての見解の不一致が、純理論的な見解の不一致であると考えるのは、誤りだからである。起こりうるすべての純理論的な不一致が解消されたのちに、なおも残る、純粋に実践的な不一致も存在する。実践理性には限界がある。われわれがその限界を無視するとき、それはみずからの危険で、つまりみずからの責任でそうするのである。

第9章の補論

原理と政策

　第9章の本文で、法的権利には、ルール基底的なものと、原理基底的なものとがあると述べた。このことから、本書の理論は、ドゥオーキンの理論に従って、原理は、「集合的目標」やその類のものではなく、むしろ権利と必然的にかかわるものと仮定している、と思われるかもしれない。そこで、たとえばドゥオーキンの次のような言明[1]を考察してみよう。

　　原理論法は個人の権利を確立することを意図した論法であり、政策論法は集合的目標を確立することを意図した論法である。原理は権利を記述する命題であり、政策は目標を記述する命題である。

　しかし、本書の理論は実際には、そのような仮定を一切していない。
　いかなる種類の理論的著作においても、規約定義を作ること、すなわち、その理論の文脈で特定の術語がどのように利用され、理解されるべきかを規定することは、もちろん完全に正統である。しかし、普通に一般的に使用されている言葉に特別な意味を付与する規約は、書いている人本人はいざ知らず、読者を誤解させがちである。
　原理はつねに、権利を付与するものであり、また、そのようなものとしてのみみなされるべきだ、というドゥオーキンの規約は、そのような危険をはらんでいる。行為功利主義者によって提唱される「功利の原理」（選択状況においては、全体の――説によっては平均の――幸福を最大化する行為がつねに選択されるべきであるとする）は、ドゥオーキン的な理論においては、結局のところ「原理」と呼ぶことはできない。契約が、公益に反するようなやり方で取引を規制するならば、その契約は無効である、というコモン・ロー上の

1　*TRS*, p. 90.

「原理」も同じく、ドゥオーキンの用語では、結局のところ原理ではない。「努力の経済の原理」(所与の望まれた目的を実現しうる代替的な諸手段のうち、より単純なものをつねに選択するべきであるという)も、ドゥオーキンの用語では、結局のところ原理ではない。

同様に、しかし逆に、「政策」という用語を、次のようなスコットランドとイングランドの裁判所の確立した政策——すなわち、反対の法律規定がないかぎり、みずからの利益が公的な決定作成過程から直接に影響を受けるすべての人に、公正な聴聞の機会を保証するという政策——を記述するために使用するならば、ドゥオーキン的用語法が用法上不適切であることに、われわれは気づくのである。

それは私には、事態の意味を取り違えているようにみえる。「原理」と「政策」という用語のドゥオーキン的規約を採用することは、一つの点にこだわりすぎているように思われる。というのは、その用語法を徹底すると、法律家や哲学者、さらに素人の普通の用語法では完全に表現可能なすべての事柄が表現できなくなってしまうからである。

原理とは——私がかなり共通の用法であると信じているものに従って、私自身がその術語を通常使用するように——(第7章で述べたように)相対的に一般的な規範である。そして、その規範は、それを原理であると考える人の視点からは、従うのが望ましい一般的な規範とみなされている。したがってそれは、個々の判決または判決のためのルールとの関係で、説明力と正当化力をもっている。(私が飲酒を控えるべきだという原理を信じ、自分の肉体的な弱さをよく知っているならば、午後5時を過ぎるまでは酒に手を出さないというルールを採用するのが賢明だろう。)

したがって、原理は、その他の法的また道徳的な規範と同様に、その様相が多様であろう。以下は、それぞれの視点から、原理と申し分なくみなすことのできる諸規範の目録であるが、その様相はそれぞれのケースで異なっている。

(a) 財産の所有者は、特定の法的制限に服して、自分の所有物でもって自分のしたいことをする自由がある。
(この原理は、高度資本主義的な法に特徴的であり、ホーフェルドの言う「特権」ま

たは「自由」の領域を画している。)

(b) すべての人間は、法に従って有罪と証明されるまでは、無罪の推定を受ける権利を有する。

(この原理は、自由主義的刑法に特徴的であり、ある一つの「請求権」を主張する。したがって、警察、検察官および事実審裁判官等の義務を主張する根拠である。)

(c) 女王座裁判所は、明確な制定法上の規定によって明示的に排除されていないかぎり、すべての法律問題について管轄権を有する。

(イングランドのコモン・ローに特徴的なこの原理は、その確立が革命期の王位継承法によって確認されたものであるが、ホーフェルドらが「権能」と呼ぶものにかかわる。)

(d) 何人も、自己自身の同意よっても、奴隷の地位におとしめられてはならない。

(コモン・ローにとっても基本的なこの原理は、自己に関する「無能力」によって保護されている、ある一つの一般的な「免除権」を言明している。)

(e) すべての市民は、暴動や動乱に際し、警官その他の官憲に協力しなければならない。

(このイングランド法の原理は、義務を述べる様式の一種であるだけではない。それが述べる義務は、オースティン的な「絶対的義務」のよい例である。「権利と義務の法的相関」どこでもつねに存在するという理論の最も熱狂的な支持者でさえも、その義務と相関的な権利と言えるようなものを発見するのが困難であることに気づくだろう。しかし、次の (f) も参照されたい。)

(f) 人間は、肉欲を抑えることによって精神的な完成を追求する義務を負っている。

(この道徳的な禁欲主義の原理をこの目録に入れたのは、「義務」はつねに「権利」を含意するという偏った見解を擁護する人々を、最終的に論駁するためである。)

(g) (i) 道徳的な権威は一切存在しない。

(ii) 女王は、議会の同意なくして課税できない。

(この二つの原理は、ホーフェルド的な無能力とかかわっている。前者は、自律の擁護者に愛される道徳的原理であり、後者は、イギリス憲法の一原理の擁護者に愛される原理である。したがって、「無能力」というカテゴリーは、法と同じく道徳にとっても適切であり、どちらのタイプの原理にも可能な様相である。)

(h) 国家の安全は、私権に優先して保護されるべきである。

（この広く支持されている政治的原理は、ホーフェルド的な諸様相のどれにも属さない。この原理は、義務原理――国家の安全が危機に瀕する場合、市民の義務の一つは私権を諦めることであるといった義務――を正当化するために使用されるが、「義務原理」ではなく、むしろ「当為原理」である。しかし、注意していただきたい。「人民の福祉が最高法たるべし」というドゥオーキン主義の原則は、論理的には「原理」に数えることがまったく**できない**のである。）

　私に言わせれば、それぞれのケースで示唆された、よく理解されている特定の視点を所与とすれば、以上の (a)～(h) で列挙したすべての規範は、原理として主張できるのである。しかし、ドゥオーキンの定義では (e) から (h) はいずれも原理とはまったくみなせないこと、および、少なくとも (c) の原理としての地位は疑わしいことに、注意していただきたい。

　それと同時に私は、(e) から (h) が彼の原理ではないこと、すなわち、ドゥオーキンがそれらを、**彼の**実体的な道徳的／政治的／法的な哲学の原理として認めるのを望んでいないことを容認したい。それこそおそらく、彼が本当に言いたいことのすべてである。しかし、われわれは、哲学上の実体的不一致において立場を、定義によって抹消してしまうという危険性に留意するべきである。P が私の原理でないことは、それが原理ではまったくありえないことを意味しない。私が、P は固執するにはあまりにも悪い原理だと言うためのよい論拠をもっている場合でさえそうである。

　私の先の目録の最後の、国家の安全は私権に優先して保護されるべきだという原理は、おそらくその目録のすべてのなかで、ドゥオーキンが原理であることを最も強固かつ明確に拒絶するであろうものである。というのは、それは、**彼が**「政策」とよぶカテゴリーに属するからである。その原理は、明らかに非分配的な性質をもつ「集合的目標」に関係する。国家の安全は、市民のだれもがそれへの平等な権利をもっていると考えられているが、市民の間に平等（または不平等）な取り分を配分することが、原理的にすら不可能である。それは、ドゥオーキン的な「政策」の典型例である。

　再び私は、ドゥオーキンによる「政策」の規約定義の合理性に異議を唱えねばならない。その言葉のより普通の（たとえば『ショーター・オックスフォード英語辞典』によって認証されたような）理解では、「政策」は、「有利な

し便宜的であるとして採用された行為の方針」をさしており、政府機関によって採用された行為方針にとくに使われる。重要なのは「行為の方針」という観念であるが、おそらく、「相互に関係する諸行為の方針」と言ったほうがようだろう。もしも私が一個人として、自分の当座借り越しを削減するために、一定期間（数カ月ないし数年）自分と家庭の支出を減らすという政策を立てるならば——決定された行為方針が実際にその政策目標の達成にうまく適合していることも仮定すれば——、私のそれぞれの倹約行為は、その政策の範囲に収まる活動であり、その政策目標によって正当化されうる。政府の「所得政策」が、労働組合と使用者によって交渉される賃上げ率、会社の配当率等々に影響することを意図した長期的な行為方針を示しており、この領域における行為方針全体が、インフレ率を減らすという目標に向けられている、としよう。このケースでは、もちろん、そのような行為方針がインフレ率を減少させるのに有効**である**か否か、あるいは、有効**ありうる**か否かについては非常に争いがある。また別のレベルでは、自由な取引プロセスへのそのような介入が望ましいか否かについても、たとえそれがその目標にとって効果的であるとしても、あるいは、たとえその目標自体達成するのが望ましいことについても合意があるとしても、争いがありうる。

　政策上の争点をめぐる議論は、三つのレベルで行うことが可能である。第一に、手段の効果の議論——この文脈で x を行うことは、実際に y を実現するだろうか。第二に、手段の望ましさの議論—— x を行うことはその効果を度外視して、他の根拠から望ましくないのではないか。あるいは、y の手段として x を使用することは望ましくないのではないか。第三に、目標の望ましさの議論——何らかの手段によって y をもたらすことは望ましいのだろうか。

　しかし、ある事柄に関して一つの政策をもつ者は、ある状態を確保することをめざす相対的に明確な行為方針を、一定期間にわたって追求してきた。**彼は**、その状態の達成が望ましいと考えていると推定されなければならない。彼はまた、自分の行為方針が、その政策目標を達成するために効果的であり、それ自体において、あるいはその文脈において、望ましくないことはないと考えている、と推定されなければならない。その政策は、前提とされ

た目標（われわれはそれを「政策目標」と呼ぶことができるだろう）に向けて分節化された諸行為からなる複雑な方針である。しかし、ドゥオーキンも言うように、その目標自体は政策ではない。たとえば、政府の所得政策が「インフレ率の減少」だと言うことはできない。むしろ、政府が、インフレの抑制のために c という行為方針を追求することを決定したということこそが、その所得政策である。

　法についても同様である。「政策」は、法的言説においてはひどく不正確な言葉となっている。しかし、「政策」という言葉を正確に使用するのを望むなら、われわれはそれを、裁判所が、望ましいと考えられる状態を確保するものとして、あるいは、そういった状態を確保する傾向があるものとして採用した行為方針を示すものとして使用するほうがよいだろう。ある所与の判決のための「政策論法」とは、**この**方法で事件を決定することによって、望ましい状態が確保される傾向にある、ということを示す論法である。しかし、法においては、「形式的正義の制約」が働いて、そのような論法を制約する。政策論法は、**普遍的**または**類的**な裁定を、それが望ましいまたは望ましくない状態を生み出すというその効果の観点から評価することを通じてしか使用されてはならない。法における決定は、アド・ホックに、あるいは人に応じて正当化されえないのである。

　その上、法やその他の分野において、ある所与の政策目標が望ましいか否かという問題を提起するとき、われわれは原理の問いを提起しているのである。任意の目標 g について、それが確保される**べき**目標だと言うことは、原理または、明言されていないが前提されている原理に依存する判断を宣言することである。この理由のために、原理の領域と政策の領域とは、区別できないし、相互に対立してもいないが、第7章で論じたように、解きがたいほどに絡み合っているのである。何らかの一般的な政策目標の望ましさを明瞭に述べることは、原理を言明することである。原理を言明することは、あらゆる政策目標を作ることである。たとえば、イギリスの裁判所は、あらゆる種類の司法的ないし、準司法的な決定において公正さを確保するという持続的な政策をもっていると言い、かつ、自然的正義の原理は、スコットランドとイングランドの法の重要な原理であると言うことは、完全に意味をなす

のである（そして真理である）。

　したがって、私は、「原理」と「政策」という用語のドゥオーキンによる定義に断固反対する。最も根本的な原理は（「請求権」という意味での）権利を定める原理であるという、実体的な道徳的かつ政治的理論に同意したいと思うからこそ、おそらくそのような定義にいっそう強く反対するのだろう。私がなぜこの方向を示すのかについては、別の論文でその理由の一部を詳述しておいた[2]。私見によれば、どのような人間に対してもそれを否定したり、与えないでおくとすれば、あらゆる通常の状況において不正となるような、そのような個人にとっての基本善とは何であるのか、この問題からわれわれは取り組み始めるべきである。それを足がかりとして、われわれは人権の基本的諸原理を確立することができる。私の考えでは、それらの原理は、正義の理論の土台をなし、また、そのようにして認められた権利は、その他の原理や政策の主張に対して、不可譲のものとして扱われる。

　しかしだからといって、私は、原理を権利**だけ**に関係するものとして**定義**する必要はない。多くのそれほど根本的ではない原理は、権利には関係しないのである。前段落の後半で述べたことはまた、政策と原理の間に不自然な対立を設けるようなかたちで「政策」を定義するよう私に求めるものでもない。それはまた、私と対立する理論の保持者たちが**定義上誤っている**と言うように私に求めることもない。それは、価値ある議論を切り捨てるために使うべき方法ではない。

　2　次の二つの論文である。'Children's Rights' と 'Rights in Legislation'（前掲第9章注29）.

第10章　法、道徳、実践理性の限界

　本章は、広い範囲にわたるテーマと取り組むが、多くの紙幅を必要とはしない。というのは、本章は、第１章第１節で素描した立場の正しさを示すために、本書全体で展開した議論を再度述べるというよりは、むしろ、それを利用しようとするだけだからである。法的推論の理論と法の理論がお互いを必要とし、お互いによって必要とされるのと同じように、両者とも、実践理性とその諸限界に関する何らかの一般理論に基礎づけられていなければならない。このことは、すでに現段階においては明らかになっているはずである。

　法的な見解の不一致はすべて、その根底においては、純理論的な見解の不一致である、とドゥオーキンが主張していると考えるのが、ドゥオーキンのフェアな読み方であるとすれば（そして、「[あらゆる] ハード・ケースには、一つの正しい答えが存在する」という彼の主張は、そのような読み方を不可避のものとするはずである[1]）、彼の立場は、支持しがたいウルトラ合理主義の一形態として拒否されなければならない。理性だけでは、われわれが何をなすべきかを完全に決定することはできないのである。

　しかし、それとは対極の立場、すなわち、アルフ・ロスなどによって主張された、全面的な非合理主義へと流されないようにすることも肝要である。正義について語ることは、テーブルをどんどんたたくのと等価の感情の表現にほかならない[2]という考えは、この考え自身がその一つの反動として出てきたところの、ウルトラ合理主義に劣らないぐらいに常軌を逸したものである。

　本書は全体として、これら二つの極端な立場の中道を行くものである。最初に述べたように、「いかなる評価的推論様式も、さらなる理由によって証

1　*TRS*, p. 290.
2　Alf Ross, *On Law and Justice* (London、1958), p. 274.

明したり論証したり確証したりすることのできない、何らかの究極的な前提を必ず含む、あるいはそれに依拠し、またはそれを前提する」。しかし反面において、「評価的で規範的な領域でわれわれが究極的な原理を支持するということが、……推論によっては導出されないからといって、そのような原理への支持が、われわれの合理的性質の現れ以外のものであるということにはならない」のである。[3]

　実践的な事柄において理性がいかなる役割を果たしているのかということを、法的推論における三つの要素が示している。演繹的正当化の分析は、いかにしてわれわれが規範的な前提と証明された事実の前提とから、個々の判決にかかわる結論を演繹することができるかを示している。(また簡単にではあるが、われわれは、直接知覚によって獲得しうる現在の証拠をはるかに越えた結論に到達することを可能とする、事象の一貫したパターンの理性による探索が、事実の「証明」にかかわっているということも見た。)一貫性論法と整合性論法の分析は、演繹的正当化の分析よりもさらに啓発的である。整合性論法は、互いに矛盾する二つのルールが、一つの法体系のなかに存在することを許さないことを要請する。たとえば、「委員会の決定は、裁判所において疑問を呈されることはない」と「貴族院は委員会による『決定』について、無効の宣言をなす権限を有する」とは、一見すると、相互に否定し合い、また相互に不整合であるように思われる。したがって、解釈によって調和させられるか、もしくは、どちらか一方が排除されねばならない。

　一貫性論法は、単純な矛盾または不一致を避けようとするだけではなく、法体系の諸分野がそれぞれの時点で同時に意味をなすようにすることを通じ、法体系全体が意味をなすようなあり方を求める点で、整合性論法を越えて行く。もちろん、そのようなあり方は、現実に達成されている事態というよりは、理想的事態である。その理由の一部には、法体系が時間を通じて変化するということ、しかもそのまわりにはつねに、雑然とした古ぼけたがらくたのようなものが存在するということがある。しかし、われわれが一貫性から議論する場合、われわれは法体系を、相互に矛盾する一般的目的の追求

3　前述第1章5-7頁。

をわれわれに義務づけることのない合理的に構造化された全体にできるだけ近づけるようなあり方を求めて議論しているのである。しかし、明らかにこれでは若干曖昧である。第7章では、漠然と表わされたこのような考え方に中味を盛り込む説明を与えた。

　一貫性と整合性を考慮に入れることによって、われわれは、演繹を通じた理性の最小限の貢献をはるかに越えたところに導かれる。多くの頭のかたい非合理主義者は、規範的な諸前提を所与とすれば、もちろん、それらの前提から演繹をなすことが可能である、ということは認めるであろう。同時に彼らは、理性そのものは、出発点となるいかなる規範もわれわれに与えるものではない、と指摘するのを忘れないが[4]。彼らによれば、それらの規範的前提は、盲目の情緒によって生み出されたただの意志の産物である。一貫性論法と整合性論法に注目することによって、そのような非合理主義者の主張に対抗することができる。解釈のあらゆる組合せが列挙されたのちに、二つのルールが不整合であるか否かの判断を可能にするのは、理性以外のいったい何なのであろうか。また、新たな裁定とすでに存在する法の総体との一貫性の評価を可能にするのは、はたして理性以外の何なのであろうか。さらにまた、個々の科学的真理を偶然発見するのとは区別されるものとしての、ある科学理論全体を構築しようとするプロセスと、これほどまでに明白に類似するプロセスがほかにあるであろうか。

　ヒュームが理性に対して、あまりにも受身な見方を保持していたことは事実である。少なくともこの点については、リードとカントが正しい。理性はわれわれの経験する現象界に、秩序と構造をもたらす――ただし、われわれの理性的思考すなわち推論によって現象界にもたらされた秩序に対応するような秩序が、現実に存在するか否かは、事の性質からいって、知識の問題ではなく信仰の問題である。しかし同様に、われわれの活動の世界を秩序づけることも可能である。つまり、行為のルールや原理に従ってその世界を形成した上で、行為のルールや原理が相互に整合し、一貫した体系をなすことを確保することも可能である。われわれは、**ダニエルズ**事件（[1938] 4 All E.

---

[4] Cf. Alf Ross, *Towards a Realistic Jurisprudence* (Copenhagen, 1946), pp. 95–6.

R. 258)のような単純な事件の判決に含まれる長い演繹の連鎖を理性によって考えたのとまったく同じように、法における整合性と一貫性の問題についても、理性によって考えるのである。われわれが一国のなかで秩序づけられた一つの法体系をもっているかぎり、また、われわれのだれもが一個人として、秩序づけられた一つの道徳体系をもっているかぎりにおいて、われわれはそれを推論の能力、つまり、個物からなる世界に普遍からなる秩序を課す能力に負っているのである。

　非合理主義者には、この点が見えない。推論は、われわれが支持する規範から結論を演繹できるようにするだけでなく、推論の出発点たる規範そのものが整合的で一貫した秩序に属しているか否かをチェックすることができるようにもしてくれる。このことが、非合理主義者はわかっていない。理性は、われわれが同時にもちうる諸規範のセットを確定はしないが、その範囲を厳格に限定する——この表現が、われわれが国民として同時にもちうる諸規範のセットをさそうが、あるいはまた、各人が個人の道徳的立場(それは、他の個人の、同じく合理的な道徳的立場と異なることもある)として同時にもちうる諸規範のセットをさそうが。

　非合理主義者は、自分は、理論上のみならず実践上も非合理主義者であり、整合的で一貫した道徳や法体系、政治信条などをもつことにはなんら重きをおかない、と返答するかもしれない。それならそれでよい、としておこう。しかし、それでははたして、自然界すなわち科学の対象とする世界に関する諸信念の整合的で一貫したセットをもつことに重きをおくのかどうか、また、おくとすれば、それはなぜなのかを尋ねてみたい。彼はそれに重きをおくか、おかないかのいずれかである。

　もしおかないとすれば、われわれは、その非合理主義者の法理論や道徳理論を無視してよい。というのは、その理論が意味をなすかどうかは、まったくの偶然に依存する事柄だからである。もし重きをおくとすれば、なぜそうなのかと詰問することができる。いずれにせよ、彼の答えの落ちつくところは、自分は理性を尊重しているということか、あるいは、自分は思考を秩序づけようとする抗しがたい傾向のようなものをもっており、世界をそれが意味をなすようにして理解しようと努めている、というようなことであろう。

しかし、ここに至ってわれわれは、ヒュームがおそらく最初にそれを十分に把握した哲学者である、一つの真理に触れている。この真理を理論としての倫理学的ないし法学的な非合理主義が曲解したのである。私は合理的たろうと努めるべきだという私の信念は、推論によって正当化できる信念ではない。もちろん、20世紀スコットランドの「専門職」家庭で育った私と同種の社会的、家族的背景をもつ者がなぜ、そのような信念を保持しやすいのかを説明することはできる。またもちろん、あらゆる人間は、いかに不運や逆境によって妨げられたとしても、合理性を好む性向を不可欠の要素として含む生物学的本性をもっている、と推測することもできる[5]。しかし、これらはあくまで、説明であって正当化ではない。

私はなぜ、合理的たろうと努めるべきだと考えるのか、あるいはそもそも、すべての人間は合理的——すなわち、思考における不整合と非一貫性を避けること——たろうと努めるべきだと考えるのかと問われたならば、私にできることは実際、ソクラテスの次の言葉を繰り返すだけである。すなわち、無反省な生は生きるに値しない、と。私は実際のところ、理性に基づく議論の存在しないような人生の見通しへの嫌悪感を表明することができるだけである。

さらにまた、私は、私自身の決定であれ私と私の仲間に影響を与える他人の決定であれ、恣意的なその時かぎりの決定に身を任せる人生の見通しへの嫌悪感を表明することができるのみである。私はたしかに、そのような統治様式の押しつけを防止しようと努力するべきである。整合性と一貫性、すなわち、同様の事例は同様に、異なる事例は異なるように扱うことは、われわれの実践的な行為、推論、そして決定において、われわれにとって**可能なこと**なのである。それは、思考における整合性と一貫性、そして、類似の現象に対しては類似の説明を、異なった現象に対しては異なった説明を求めることが、自然界を理解、説明、記述しようとする試みにおいてわれわれにとっ

---

[5] Cf. Franz Neumann, *The Democratic and the Authoritarian State* (New York and London, The Free Press, 1957) pp. 3-4に次のようにある。「人間は……理性を付与された有機体である。しばしば、理性的に行為することができなかったり、それを妨げられたりはするが」。

て**可能なこと**であるのとまったく同様である。「われわれは合理性を追求するべきか。われわれは整合性と一貫性を求めて努力するべきか」——これらは、実践と理論の双方においてわれわれ自身が決断するほかない、結論の出せない問題である。

　行為と理論的思考とで、なぜ異なった答えを与えなければならないのか、私としては理解できない。理論的に合理的であることと違うものとしての、行為において合理的であるという観念は無意味である、と私に言う者がいたとすれば、本書はまさに、そのような主張の誤りを実証しているのだ、と私は答えたい。われわれは、合理的であるかないかという選択をもっている。それは、人生のあらゆる局面でつねに存在する選択であって、理論家もしくは科学者として、事物の本性の説明に従事している場合であれ、実践的な行為者として、法的、道徳的、および社会的な諸関係のセットのなかで、他の生き物と交わりつつ生の営みを行なっている場合であれ、異なるところはないのである。

　非合理主義者の誤りは、道徳的関係および法的関係を合理的な秩序にすることはできない、と仮定する点にある。ウルトラ合理主義者の誤りは、推論と反省によって、客観的に妥当な道徳的または法的秩序を確立する方法が存在する、と仮定する点にある。しかし、そのような理論的な秩序を確立し正当化しようとするいかなる試みも、正当化の無限の後退へ通じるだけである。それは、ドゥオーキンのヘラクレスが、まったく現実ばなれした仕方で、そのために呼び出されたところの、理論の無限後退への道のようなものではなく、まさにその道そのものである。

　というのも、理性を受身のものと捉える点でヒュームは間違っているものの、われわれの情緒的評価が態度や傾向性の領域に属すると主張する点では間違ってはいないからである。理性に関してすら、われわれが合理性に価値をおくとき、そこに**理性**が表明されているわけではない。われわれが合理性を高く評価するのであれば、われわれは一時点でも長期的にも、合理性に従って、自分や他人の行為に対する一般的な態度において、整合性と一貫性を確保しようと努めるべきである。しかし、われわれが情緒的な態度（おそらくは、理性と合理性への愛好をも含んでいるであろう）をもっているからこそ、

われわれは自分や他人に何が起こるかを**気にかけ**、また、人が合理的に行為することを気にかけるのである。「理性は情念の奴隷であり、また、奴隷であるべきである」と言うのは、あまりにも誇張しすぎである。しかし、誇張を抑えることは、哲学においてさえ、その役割をもっている。

したがって、理性は、規範体系の整合性や一貫性を確保する際の案内人ではあるが、われわれがその案内人に従う場合、あるいは従うかぎりにおいて、われわれにそうさせるのは、行為の合理性に対する情緒的なコミットメントにほかならない。さらにまた、もしわれわれが、他の人々とともにいかに生きるべきかということ、あるいはまた、他の人々が自分とともにいかに生きるべきかということを**気にかけ**ないとすれば、われわれはまったく行為にかかわる規範を求めないであろう。これらの「気にかける」という態度を規範——行為のルールや原理——のかたちに表すということは、行為の指針に対して「普遍的な」形式を付与するという点で、理性の行使を伴っている。しかし、われわれがそのような規範とともに生きていけるかどうかを**テストする**作業、すなわち帰結主義論法への従事もまた理性の行使に属するのである。そこで問題となるのは、第9章で述べたように、われわれはいかに生きるべきかということ、われわれが有する長期的な性向（ヒュームの言う「静かなる情念」）をいかにして満たすべきか、ということにほかならない。

以上に述べたことはまた、「正当化のプロセス」の研究がなぜ、現実の行為の説明にとっても関連性をもちうるのかを示している。裁判官たちがつねに、あるいはときには、彼らが下した判決を動機づけた主観的な理由をもっていて、それが判決で示された正当化理由とはまったく異なっている、ということは、もちろんありうる。しかし、裁判官は、（各自が見るところ）それが最もよく正当化された判決である**ゆえに**最もよく正当化された判決であるようなものをつねに下そうと努めることにコミットすることもありうる。本書は、それを実証した。その意味で、われわれは意識的に、ルールや原理その他の関連する標準に準拠して行為することが可能であるし、また、裁判官は現にそのようにしている。特定の裁判官、特定の法体系、特定の時、そして特定の状況のもとで、この可能性がどの程度現実化されるかは、きわめて興味深い社会学的問題である。本書は、その問題が真に重要な問題である

ことを実証した。その問題自体には答えていないのであるが。

したがって、法的推論の諸様式の検討によって、理性は、実践的な事柄の統御において不可欠の役割を果たしており——そして、法においては果たしているようにみえる——、しかし実践理性には限界がある、と言うことの意味が確認され、かつ明らかにされる。整合性論法と一貫性論法は前半に、帰結主義論法に含まれる評価的要素は後半に対応する。

つまり、われわれは、合理的に構造化されてはいるが、合理的に決定されていない法の体系と、そして実際、道徳の「体系」ないし「理論」（道徳についての理論とは異なるものとしての）とをもつことができる、ということである。そのような体系をもつことができるということによって、法において演繹的な議論が可能であるという、本書第2章で提示されたテーゼに対する、一つのありうる異議に答えることが可能となる。第2章で私は、演繹的推論の大前提として現れる、法規範についての「真なる」言明が存在しうる、と仮定する立場をとった。それは明らかな誤りだ、と言う者もいよう。「真なる」規範言明のようなものは存在しえないということは、人によっては、一つの信仰箇条である[6]。（そのような立場をとる多くの人々が、法学教授をしている。私は彼らが、法律試験で、法について偽なる言明をした受験生を減点するという、偽善的な行為を決してしないと思いたい。）

彼らが異議を唱えているのが、「絶対的に」真なる規範的言明が存在する、という含意に対してであるとすれば、それには十分な根拠がある。しかし、「承認のルール」を参照して直接または間接的に同定されるルールや原理の、整合的で一貫したセットが存在しうる、ということを前提すれば、法の諸命題に対して**相対的な**真理値を帰属させることには、何の問題もない。そのような命題は実際、所与の時点での、所与の法体系と相対的に、真または偽でありうる。したがってもちろん、そのような相対的に真であるものから演繹される結論自身も、相対的に真であるにすぎない。しかし、法において演繹的正当化が可能であることを支持するために必要とされるのは、以上のことだけである。たとえば、スコットランドの現行法の命題として、高速道路で

---

[6] たとえば、Alf Ross, *Directiveness and Norms* (London, 1968), p. 102 参照。

時速70マイルを超えて運転した人は有罪である、ということが真であり、かつ、私が昨日そのような構成要件に合致した仕方で運転したという事実が証明されるならば、私が有罪であったということもまた（スコットランド法のもとにおいて、そしてスコットランド法の目的に照らせば）真である。

　道徳的な命題に関しても同様である。功利主義道徳の視点からみれば、約束を守ることがつねに幸福を最大化するとすれば、約束はつねに守らねばならない、というのは真である。功利主義の諸前提が与えられれば、それは、導き出せる一つの真なる結論である。功利主義道徳を支持する人と相対的に、それやその他の多くの真なる言明がなされうる。しかし、功利主義自体を「真なる」道徳理論と呼ぶためには、功利主義と対立する道徳理論との間で裁決を下すためのメタ理論が必要となるであろう。それを「偽」と呼ぶ場合も同様である。ジョン・ロールズの仮説的な契約理論は[7]、正義論としての対立する諸理論の間でテストを行うための、まさにそのような道具であると自任している。われわれが被造物として道徳理論のどれかに従って生きて行こうとすれば、対立するさまざまな道徳理論をテストする必要がある。しかし、私としては、そのようなテストの実行に代わるものとして、ロールズの仮説的契約理論に心から信をおくことはできない。われわれが被造物として、どのような基本的態度をもっているかは決まってはいないのだから（一貫した道徳哲学に従って生きようと努力することが、われわれの基本的態度の変化と発展を可能にするような経験を伴わない、と言っているのではない。基本的態度は、最初は所与ではあるが、不変のものではない――そうでないとすれば、道徳的諸態度からなる一貫性のある反省的セットに到達することは不可能であろう。「理性」と「情念」の間には、弁証法的関係が存在するのである。)。

　最後に、次のような異議を取り上げよう。本章で実際にそう仮定したように、法的推論と道徳的推論の間にアナロジーがあると単純に仮定することは、最もはなはだしい「リーガリズム」[8]の形態である、という異議である。

7　前掲第9章注25。また、契約仮説の限界に関する私の主張のより詳しい根拠については、以下を参照。N. MacCormick, 'Justice According to Rawls' (1973) 89 L.Q.R. 393, and 'Justice—An Un-Original Positions' (1976) 3 *Dalhousie L.J.* 367.

8　Judith N. Shklar, *Legalism* (Cambridge, Mass., 1964) 参照。

それは、もう一つの法帝国主義の形態なのであろうか。

その逆が実は真実である。道徳的推論は法的推論の劣った形態である、ということはない。あえて言うなら、むしろ、法的推論のほうが、道徳的推論の特別なタイプ、高度に制度化され形式化されたタイプなのである。もちろん、制度化と形式化というまさにその特徴が、個人レベルでの熟慮や、友人、同僚、あるいはその他の人々の間での、討議や討論における法的推論と道徳的推論の間の重要な差異を生み出す。

しかし、その代わり、法的推論には公開性と公刊物がある。判例集のなかには、人々が、他の人々に影響を及ぼす困難な判決に対して、その正当化理由を公に述べた無数の事例からなるすばらしい資源がある。W. D. ラモントは、『道徳的判断の諸原理』[9]において、そのような判例集がいかに貴重な資源であるかを道徳哲学者に示したが、他の道徳哲学者が彼に倣うには長い時間がかかったのである。

ともかく私は、そうした差異が誇張されすぎていると言いたい。差異が誇張されてきたのは、道徳的自律、つまり、各人は自己自身の立法者、裁判官、陪審、かつ行政官であるということが、誤って強調されたからである。全面的な他律以外から出発する者はいない。われわれは（きわめて不運でないかぎり）子どもとして家族の一員となる。家族には道徳的な決まりが存在し、それは、家族を統治する権威者、つまり、両親、祖父母、伯父叔母、やがては小学校の教師によって定められる。

かりに自律というものが、無から道徳的な世界を発明するという経験を伴うとされるならば、そのようなものは存在しない。それは科学的オリジナリティというものを、以前にはまったく何も知られていなかったある科学分野全部を展開した人々にのみ帰するとすれば、そのようなものは存在しないのと同様である。

これに対して、自律ということが、標準としての道徳規範を「内的視点から」適用することに自分で十分に取り組む時点ではじめて、われわれは完全な道徳主体となるということ、そして、その段階に至ってはじめて、それは

---

[9]　W. D. Lamont, *The principles of Moral Judgment*, Oxford, 1946.

――われわれが服している道徳とは異なるものとしての――**われわれの道徳**となるということを意味する場合には、自律は実在し、実際それは、道徳的主体性の本質的要素である。

　しかし、そうだとすれば、自律の発達とは、人がすでにもっており、半道徳的な他律的な仕方で用いている「道徳的な決まり」に対して、責任を徐々に引き受けていくことを意味している。しかし、そうだとすれば、人が自律的な道徳主体として行う判断や決定は、すでに確立されている道徳的な立場をテストし、修正し、拡張するということを伴っている、と推定してよい。もちろん革命ということもありうる。宗教的あるいはイデオロギー的転向の場合がそうであるように。しかし、その場合でさえ、人は新しい道徳的立場全部を発明するのではない。いわばキットを買っているのである。その後、人は自律的な道徳主体として、この新しい道徳的立場をテストし、修正し、拡張していくのである。イエスやソクラテスのような偉大な道徳的改革者でさえ、当時受け入れられていた道徳の諸要素の一つひとつについて、その整合性と一貫性、受容可能性をテストし尽くした上で、それを拡張して、みずからの立場を主張したように思われる。彼らは、法を破壊するために来たのではなく、法の穴を埋めるために来たのである。

　それ以外の点でも、道徳的オリジナリティの余地は限られている。どのような信念をもっている人も、一つの、あるいはさまざまな共同体のなかで人間とともに暮らしている。自分の仲間は、自分に対して道徳的態度と道徳的期待――これらは、仲間たちの道徳原理と、おそらくは道徳的ルール、すなわち彼らの「道徳的な決まり」とを反映している――をもっており、またそのことを自分も知っている。そのような態度や期待を無視したり、無関心であったりするためには、例外的で、ほめられたものではない頑固さが必要であろう。精神病質者のみが真の実存主義者になることができる――そして、その逆もまた真である――のではなかろうか。

　先の章で述べたように、「たしかに、われわれの道徳生活には法的生活と同様に、必要な社会的背景があり、それが新たな状況あるいは困難な状況で新しい行為原理を組み立てテストする際の文脈として、ルールと原理の基礎を提供するということは真理である。自律は実在するが、それは他律を背景

としてはじめて実在する[10]」。

　法的推論と道徳的推論の間に、形式性のレベルで大きな相違があるからといって、それ以外の相違は存在しないと考えないよう用心したほうがよい。しかし、私はあえて言いたい。概して両者の間には真の類似性も存在し、実践的な道徳的議論においては、整合性論法と一貫性論法だけでなく、帰結主義論法も繰り返し使われている、と。実践理性には、その特殊な文脈での働き方の違いだけでなく、その統一も存在するにちがいない。法的推論の研究は、道徳的推論の理解の役に立たないということは決してない。

　しかし、そのいずれについても、われわれは実践理性の限界をよく承知しておかねばならない。ウルトラ合理主義と全面的な非合理主義の中間に、われわれが進むべき道がある。本書は、そのような道を進み、実践理性、法的推論、そして法をよりよく理解しようと試みた。

---

[10]　前述第5章133頁。

補遺
規範の「内的側面」について

　スウィフトの『ガリヴァー旅行記』を読んだことがある人は、ガリヴァーが難破してリリパット国の海岸に流れ着き、彼の親指の大きさほどもない小人の住人たちに捕えられた後のある時、リリパット国王がガリヴァーを身体検査することに決めたことを思い出すだろう。そのために国王は、クレフレン・フレロックとマーシ・フレロックという二人の係官を派遣して、ガリヴァーの身につけているすべてのものを調べさせて目録を作成させた。その報告書は、どこを読んでもおもしろいが、次のくだりがたぶん際立っておもしろい。

　右の小ポケットから大きな銀の鎖が垂れ下がっており、その先端には何か不思議な機械仕掛けのようなものがくっついていた。われわれは、鎖の先にあるものを引っ張り出すよう彼に命じた。それは、半分は銀、半分は透明な金属のようなものでできている球みたいなものであった。透明な側には、奇妙な文様がいくつか描いてあり、それに触ろうと思うと、その透明物質のところで指が止まった。彼は、その機械仕掛けをわれわれの耳元にもってきてくれた。それは、水車の音のような音を絶え間なく出していた。われわれは、それは未知の動物か、彼が崇拝する神かのいずれかではないかと推測する。しかし、われわれはいずれかといえば、後者の意見に傾く。なぜなら、彼がわれわれに確信させたところによれば（われわれが彼の言うところを正しく理解していればの話だが。というのも、彼の話は甚だ不完全だったから。）、彼は、それに相談せずに何かをするということはめったにないということであるから。彼はそれを、彼の神託とよび、人生のあらゆる行為の時を指示するものと言った。

　古くからあるなぞなぞに、「神は決して見ず、王様はめったに見ず、普通の人は毎日見ているものなあに」というものがある。その正統な答えは、「平等」であるが、とんちのきいた答えは「ジョーク」である。学者の悪い癖は、見ないという点によりも、「見るとはいったいどういうことか」と問

うのが習い性になっている点にある。ジョークですが。それはともかく、私は当面の目的のために、『ガリヴァー旅行記』からの上の引用文章にジョークを見るということがどういうことかをまず問わなければならない。

そこになぜジョークが成立するかというと、「不思議な機械仕掛けのようなもの」と述べられているものに関して、リリパット国の係官がその物に、目で見え、耳で聞こえるところに基づいてそれなりに正確な外面的記述を与えてくれているので、**われわれは**それが何かを知ることができるが、**彼らは**そのような記述をする際、それが何かを知らなかったからである。ある点までは、しかし、ある点まででしかないが——「というのも、彼の話は甚だ不完全だったから」——、彼らは、その人間山がその不思議な機械仕掛けのようなものをどうやって使うのかを知っていた。実際スウィフトは、彼らの限られた理解を利用して、「彼の崇拝する神」ではないかという推測を彼らに語らせることで西洋人にジョークを投げ返している。しかし、ジョークのこの部分は、今は無視することにしたい。

見た目は、人間の現実のすべてではない。すべての歯車の歯とスポーク、およびそれらの絡み合いについてどんなに詳細な物理的記述をしているとしても、さらにそれに加えて、「不思議な機械仕掛け」の持主のそれに関連するあらゆる行動と発言のどんなに詳細な記述をしたとしても、そのように記述する者が、その記述を受け取るわれわれが知っている——しかも、相対的に不正確な外面的記述からさえもわれわれにはわかる——決定的な事実、すなわち、その機械仕掛けが時計であること、および、ガリヴァーが時間を知るのにそれに「相談する」ことを理解していることにはならない。

われわれは、係官たちが知らないもののことを知っている。だからこそ、先のくだりは、われわれにとってジョークとなるのである。われわれがそれを知っているのはなぜかといえば、われわれは時計を見ると（あるいは時計のことを聞くと）、それが時計だとわかり、時計をどのように使うか、何のために使うかを知っているからである。非常に啓発的な言い方だと思うのでH. L. A. ハートの言葉を使えば、われわれは、それらの不思議な機械仕掛けを「内的視点から」みている。つまり、規範的な決め事〔convention——普通は慣習または規約と訳される〕の複雑なセットを理解し、そのセットに準拠

して行動する者の視点からみているのである。われわれは、そうした規範的決め事のセットに照らして、それらの人工物を、時間の経過を計り、互いの活動を非常に正確に合わせたり調整したりするために使用することができる。

これに対して、リリパットの人々は部外者である。彼らは、時計を使うことをわれわれにとって意味あるものにする、決め事的規範を知らない。したがって、彼らは（少なくとも当面は）、ガリヴァーの時計と彼によるその使用とを観察可能な、あるいはむしろ、感覚可能な現象のレベルでしか認識することができない。彼らは、時計をそのような観点からしか記述することができない。それに加えてせいぜい、その物体がガリヴァーにとってもつ意味について、漠然と推測することしかできない。彼らの視点はわれわれの視点と対照的に、「外的視点」である。「外的」というのは、その決め事的規範のセットに対して外的、という意味である。

「内的」視点と「外的」視点とのこのような対照は、スウィフトのガリヴァーからとった先の例によって、とくに生き生きと際立つものになる。スウィフトは、それを時計と知らずに時計を目にすることがどのようなことなのかをわれわれに悟らせてくれる。そして、そのような立場にある者の立場と、われわれ自身の現実の立場とを比べることができるようにしてくれる。しかし、この対照こそが、目下の関心にとって重要な対照なのである。そのような区別に注目し、法の理解にとってそれがいかに重要であるかを説明したことが、私見によれば、法哲学へのハートの貢献の主要な要素である。本論文の目的は、ハートによる区別をさらに検討し、法哲学上のハート説の改良をめざす建設的批判の途上でいくつかの提案をすることである。

ハート説の文脈と内容をふり返っておこう。『法の概念』[1]においてハートは、彼の法理論の中心にある「ルール」の観念に関する説明を、その観念と、純粋に行動的な意味で彼が解釈する「習慣」の概念とを対比することに

---

1 H. L. A. Hart, *The Concept of Law* (Oxford, 1961) [2nd edn. (Oxford, 1994)]. 私がここで主要な関心をもち、本段落および続く二段落で長い引用を行う文章は、本書54-6〔第2版55-7〕頁にみられる。そこで最初に展開されたテーマは、本書を通じしばしばくり返されるが、とくに、86-8〔88-91〕、96〔98-9〕、99-100〔103〕、101〔104〕、105〔108〕、112-14〔115-17〕、197〔201-2〕頁参照。

よって展開している。ハートの言葉で言えば、ある習慣が存在するための必要かつ十分な条件は、一人の主体の、または複数の主体からなる一集団の、ある特定の行動パターンが一定期間規則的に繰り返されることである。(これが、「習慣」という観念の説明としてもっともらしいかどうか、あるいは、「服従の習慣」という観念を使用して主権ないし法を説明した点を批判されるオースティンの説明としてフェアであるかどうかは目下の関心ではない。)

「社会的ルール」の説明は、「社会的ルール」と行動的に解釈された「習慣」概念との「三つの顕著な違い」を解説することによって展開されている。第一に、ある集団が何かをすることについてルールをもっているところでは、通常のパターンからの逸脱は、批判にさらされる過失または過ちとされる。これに対して、単なる習慣の場合には、通常のパターンからの逸脱は、「何らかのかたちの批判の対象には必ずしもならない」。第二に、そのような批判は、だれかが通常のパターンから逸脱することがそれだけで、その過ちまたは過失を批判するための「よき理由」となるという意味で、正当または正統なものとされる。第三に、われわれの現在の関心である「ルールの内的側面」に関する論点が存在する。習慣が成立するためには、その習慣的行動についてだれかが考えていたり、その行動が集団内で一般的であることについて意識していたりする必要はない。「まして、それを教えようと努めたり、維持しようと意図したりする必要はない」。しかし、これと対照的に、ある社会的ルールが存在するためには、集団内の少なくとも何人かが、その行動を集団全体が従うべき一般的標準とみなしていなければならない。社会的ルールは、「社会的習慣と共通の外的側面に加えて、内的側面をもっている。外的側面は、規則的な画一的行動から構成され、観察者が記録できるものである」。この説明に続いてハートが挙げる例は、チェスのゲームから引かれている。チェスをする人々がクイーンをいつも同じような仕方で動かすということは観察できる事実であろう。しかし、そこにはそれ以上のことが含まれている、とハートは言う。彼らは、「その行動に対する批判的な反省的態度をもっている。彼らはそれを、チェスのゲームをするすべての人にとっての標準とみなしている」。その態度は、彼らが動かし間違いを批判して、標準的パターンを守るよう要求し、そのような要求と批判が正当だと認める

際に現れる。

　ルールの内的側面は、外から観察可能な物理的行動と対比される単なる「感じ」の問題だとしばしば誤解される……。［しかし、］そのような感じは、「拘束力ある」ルールの存在にとって必要なものでも十分なものでもない。人々が一定のルールを受け容れているが、強制されているという感じは経験しないと言うことになんら矛盾はない。必要なのは、共通の標準としての一定の行動パターンに対する批判的な反省的態度が存在すること、ならびに、この態度が、批判（自己批判を含む）と、遵守要求と、そのような批判および要求が正当だという承認と——これらすべては、「しないといけない」、「ねばならない」、「べきである」、ならびに「正しい」、「不正である」といった規範的用語にその特徴的な表現を見出す——を通じて現れるということである。

　ルールの理解は、上の文章でハートが注意を促している「内的側面」へ注意と分析が与えられてはじめて可能になる、と言う点でハートが正しいということにたしかに疑いの余地はない（そこまたは別の箇所での彼の説明がすべての点で完全に納得できるものであるかどうかは別にして）。実際、そのような見解は、今日では陳腐な理論と言ってよいほどのものになっている。ハート自身は、特殊的に法に関連する彼の理論を提出するにあたって、なかでもウィンチ[2]、ウィトゲンシュタイン[3] およびウェーバー[4]（この三人のすべて、とくに最初の者からハートは大きな影響を受けた）が過去に与えた説明に従いつつ、それを発展させた[5]。本論文の最初に挙げた例——ガリヴァーと時計——のような例がもつ力は、活動を感覚に外的に現われるにすぎないものとして見ることと、活動を理解して見ること、つまり、行為主体自身が用いているカテゴリーに従って理解して見ることとの違いを際立たせる点にある。

2　Peter Winch, *The Idea of Social Science and its Relation to Philosophy* (London, 1958), esp. ch. 2, *passim* 参照。
3　Ludwig Wittgenstein, *Philosophical Investigations,* ed. G. E. M. Anscombe and R. Rhees, 2nd edn. (Oxford, 1958), e.g. at 1. 197-241 参照。
4　たとえば、M. Rheinstein (ed.), *Max Weber on Law in Economy and Society* (Cambridge, Mass., 1954), pp. 11-12、および Winch（前掲注2）45-51頁のウェーバーからの引用文章参照。
5　『法の概念』（前掲注1）242〔第2版289〕頁における54〔55〕頁への注参照。そこでは、ウィンチ（前掲注2）を引用して、ウィンチの主要な議論がウィトゲンシュタインおよびウェーバーに由来するテーマの綿密な検討にかかわる箇所の参照を促している。

たとえば、紙の上に丸をつけることと選挙で投票することとはどう違うのか。また、この違いをわれわれはどう説明するだろうか[6]。

　時計の使用がある種の共通の社会的決め事——これを「ルール」と呼ぶことに実際、無理はない——の存在によってはじめて理解できるということは明白であると私は確信する。たとえば、正午（これは、地上から見た太陽の位置等によって決められる）から次の正午まで長針が24回転し、短針が2回転するような針の動きをしない時計は欠陥があるとされるのはなぜだろうか。長針と短針がともに12という数字をさしているとき、「今は11時」と言うことはなぜ間違いなのだろうか。時計の文字盤の周囲を60の等間隔の点で区切り、その五つごとに1から12の基数を順に割り振るのはなぜ正しいのだろうか。

　これらの問いに対する唯一可能な答えは、われわれは時の経過を計るための決め事をもっており、それによってわれわれは、「正午」から次の「正午」までの時の経過を24の等しい「時間」——さらに各時間は60の等しい「分」に分割され、さらに各分は……等々——に分割されたものとして観念する、という説明である。時計は、これらの計測単位によって時の経過を計るために人々が作った人工物である。これらの人工物を時間計測のための決め事に従って使用することによって、さらに、異なる「一日中の時間」に対して異なる名前をあてることが可能となる。これによってさらに、たとえば列車の運行や工場の操業といった多くの人々の活動が相互に複雑に絡み合う場面でも、われわれの活動をかなり正確に合わせたり調整したりすることが可能になる。しかし、それは所詮決め事である。採用された計測単位が、それとまったく異なるものであることもありえた（実際、共和政期のローマで用いられた時間計測の単位はまったく異なるものであった）。また、時計という人工物のデザインが、まったく異なるものであることもありえた。それは実際ある程度、長期にわたるテクノロジーと流行の変化に影響される——ちなみに、私

　6　この例について論じるものとして、たとえば、M. Lessnoff, *The Structure of Social Science* (London, 1974), p. 30 参照。レスノフの著書のとくに第2章は、この段落で触れたのと同様のテーマに関する検討を含んでいる。Cf. also B. Wilson (ed.), *Rationality* (Oxford, 1973).

補遺　規範の「内的側面」について　309

は先日、デジタル時計を製作した人のインタビュー番組をみた。
　「習慣」と「社会的ルール」の区別に関するハートの主張の一つを取り上げれば、時を告げることにかかわる現在の行動パターンが、われわれの社会と時代のたいていの親が子供に「教えようと努め」、「維持しようと意図する」行動パターンであることにたしかに疑いの余地はない。時間を言うことは西洋人にとって重要な技能である――リリパット人は、ガリヴァーの時計が「彼の崇拝する神」ではないかと考えたかぎりで、たぶん彼らが思っていた以上に正解に近づいていた。それはまた、学習されなければならない技能であり、その技能の学習には、時計の文字盤上の針の配置に対応して正しい時間を言うことと間違った時間を言うことを区別する能力、グリニッジ標準時といった何らかの標準時間に従って時計の針を合わせる仕方、および、時計のねじを正しく巻くやり方等々の習得が伴う。具体的なそれぞれの場面で、これが正しいやり方で、あれが間違ったやり方だと言うことによって、その技能をわれわれが教えることができるという事実、いや、そのような仕方でしかその技能を教えることができないという事実こそが、ハートがルールに支配された行動に対する彼の見方の中心においた、そのような行動の特徴へ注意を促すのである。ハートが注目したルールに支配された行動の特徴とは、批判的態度の顕現、つまり、実際の行為を想定された標準的行為に照らして評価することであり、それは、「正しい」とか「間違い」といった言葉の使用によって現れる。
　こうした正しい行為および間違った行為の学習は、独特な意味で、(決め事的な)技能の学習である。そして、これは、興味深い諸々の結果をもたらす事実である。時計の両針が12をさしているとき「10時」と言うことは、誤りであり、時間を間違って言うことであり、言っていることは間違っている。しかし、それは「不正な行為」でも、悪い行為をしているのでも、悪いわけでもない。技能の逸脱または誤りにふさわしい批判と、義務の違反にふさわしい批判とには違いがある。この違いの説明は興味深い。時間を言うといった決め事的技能は、全体を離れて単独で意味をなすことはない、相互に関連する諸規範からなる複雑なセットの習得によって成立する。それらの規範を知っており、理解しているということは、その技能をもっているという

ことであるが、それは、その技能を使用する理由があるときにはつねに、その技能を使用することができるという意味において、その技能をもっているということである。さらに、行為主体に「時間を言う」理由があり、かつ、行為主体が「時間を言う」ことに決めたときにのみ、それらの規範は関連性のあるものとして適用されるべきものとなる。その技能の諸規範が関連性をもつ行動は、行為主体が（何らかの理由から）その技能発揮の一事例として意図した行動だけである。だれかが「11時」と言った場合、その人はその発言を、時間を言うつもりで述べたか、（たとえば）「オオカミさん今何時」という子供のゲームでの発言として述べたか、そのいずれかである。それがこのいずれ（あるいはほかの何か）であるかという問いにとって決定的なのは、その人の意図である。ある発言が時間の言明として正しいとか正しくないとか言うことができるのは、その発言が、時間の言明であることを意図して、またはそのように理解されることを意図して述べられた言明であるときに限られる。もし、その発言が子供のゲームおける手の一つ、またはその他のものであれば、時間を言うための規範ではなく、何かほかの批判基準が関連性をもつものになるだろう。したがって、技能または慣行の規範を適用可能なものにするのはそれに関する行為主体自身の意図であるからこそ、その違反に対して使用可能な特殊な批判様式は「不正な行為」という観点からの批判ではなく、むしろ、「誤り」、「間違い」、「正しくない」といった観点からする批判である、ということがわかる。誤解するとは、その人の意図を無視して、その人自身の意志によって適用可能かどうかが決まる規範を誤って適用することである。別の論文で私がした区別を使って言えば、ここに登場する規範は、「実体的」というより「手続的」なものである[7]。もちろん、だからといって、そのような規範の存在がその人の意思にかかっていることにはならないし、そのようなことはこれまで述べてもいない。社会的慣行は存在す

---

[7] この区別を洗練し正当化しようとする私の試みについては、D. N. MacCormick, 'Legal Obligation and Imperative Fallacy', in *Oxford Essays in Jurisprudence Second Series*, ed. A. W. B. Simpson (Oxford, 1973), esp. at pp. 116-29 参照。この同じ論文には、「内的意図」の観念に関する論述（pp. 104f.）が含まれている。「時間を言う」ことに関連して意図について述べた上述の私の主張を十分に正当化するためには、「内的意図」に言及することが必要になろう。

る。そして、人がそれにかかわることを選択する理由がその人にあるときはつねに、それを使用することができる。

そのかぎりで、この技能の諸規範は、利用するかしないかが個人の選択に委ねられている手続について定める法規範と同類のものである。たとえば、不動産権譲渡は、難解で複雑な技能であり、その学習には多大の努力が必要である。甲地の所有権をAからBへ移転させるためにどのような措置がとられなければならないかを法は定めている。しかし、自分の財産を譲渡するかしないかを決めることは個人に委ねられており、譲渡することに決めた場合、要求されたパターンに従うかどうかもその個人（またはその弁護士）しだいである。（慣行とみなされた）不動産権譲渡にかかわる諸規範、または（同様にみなされた）時間を言うことにかかわる諸規範が、それぞれの具体的場面でそれらを援用するかどうかをその人の選択に委ねているということは、そのいずれかの諸規範のセットを援用することが別の理由から義務的になることがありえない、ということを決して意味しない。たとえば、Aが甲地をBに7月1日に譲渡するよう契約によって自分を拘束したとすれば、これに関連性をもつ効果ルールに従って、Aは、その期日に甲地の有効な譲渡を実行するよう自分を義務づけたことになる。また同様に、交代制で操業している工場での仕事を引き受けた労働者は、少なくとも割り当てられた労働時間を正しく守るのに必要なかぎりで時間を言う義務を引き受けたことになる。実際、われわれすべてにとって時間を守ることは、会議への出席、面会、観劇等々、われわれの仕事や社会的責務の全段階があらゆる時点で時計に依存している、つまり、適切にセットされ維持された時計をわれわれが正しく使用することに依存しているがゆえに、非常に重要な技能である。

われわれが行為を、不正な行為であるとか義務違反であるとか言って批判する際、批判されている行為主体が、その違反が問題にされているところの規範を参照して行為したかどうかにわれわれは全然関心がない。行為主体の行為の「主観的意味」がその規範の履行または違反であったかどうかは、その行為がその規範の履行または違反であるかどうかという問いや、それが規範の履行または違反として肯定的または否定的に評価されうるかどうかという問いとは無関係である。（これは、行為主体の意図が無関係であるということ

ではない。殺人や脅迫に関する刑罰法規は、被告人が被害者を傷害または殺害する意図を有していたかどうかという問いにたしかに関心をもっている。脅迫を禁止するルールまたは殺人を禁止するルールを適用するためにまったく必要でないのは、当該行為が、「脅迫」または「殺人」の一事例として認識されるという意図をもって行われたということである。この点は、行為が不動産権譲渡または時間を言う行為となるために必要なことと著しい対照をなしている。）したがって、技能の規範と義務の規範との間には、少なくともこの特徴的な相違がある。前者は、規範自体を参照して行われる、または行われたと推定される行為にのみ関係するが、後者の適用可能性は、行為主体のそれを援用しようとする主観的意図にかかっていない。これらは、「内的視点」の視座からのみすることが可能な区別である。

以上によって、本論文の読者のだれもが自明視していると推定される活動、すなわち、時計を使用し、時計によって時間を言うという活動が、表面的には単純で自明な性質のものであるにもかかわらず、本当は、実に複雑な決め事的諸規範のセット（これがどれくらい複雑かというと、われわれがなんの困難も不安も感じることなく暗黙裡に用いている諸規範の全体に明確なまたは一貫した説明を与えようとすると、それが不可能だとは思わないが、それに少なくとも非常な困難さを覚えるほどに複雑である）を参照してはじめて理解されうる活動であるということを示した。それらの規範は次の両方の意味で、本質的に社会的な規範である。第一に、われわれのすべてが、それらの規範を自分で発明するというよりもむしろ、他の人々から学習するという意味で。第二に、それらの規範の急所が、われわれすべてが多かれ少なかれ互いに同じように理解することのできる、時間を言うという慣行を構成する共有された規範という点にあるという意味で。時間を言うという活動を有意味にするのはそれらの規範であるという点は、人がそれらの規範を理解していない場合、その活動をどのように理解するかを示すことによって実証することができる。まさにそれこそ、スウィフトの文学的技能のおかげで、与えることが容易になった実証にほかならない。われわれは、外的視点というものが実際にありうることを目の当たりにして、内的視点とその重要性を自覚することができたのである。

この自覚に何が含まれているかをさらに探究することが肝要である。そこには、われわれの意識的な思考および思考プロセスの内容も自覚せよという訴えが含まれており、また、含まれているにちがいない。時計の使用の行動主義的説明は、いかに精緻になされようとも、リリパット国の係官による記述のレベルにとどまる。つまり、知覚可能な現象に限定され、時間の経過を計る道具として時計を意識的に使用するために不可欠な諸カテゴリーに言及することはない。私は、興味深い行動主義的説明——たとえば、時間を言うことを子供がどのようにして教えられ学ぶかに関する——がありえないとは言っていない。しかし、そのような教育の産物、すなわち学習された技能は、そのような観点から説明することはできない。
　これを一般化して言えば、ルールおよび規範ならびに行為標準のいかなる説明も、「内的視点」からなされなければならない、ということである。つまり、そうした説明は、どのような行為標準が問題になっているにせよ、その行為標準を使用し、それに準拠して活動する者の意識を考慮に入れなければならない。それは非科学的アプローチだという異論を述べる人に対しては、人間を人間のように扱ってなぜ悪いのかという金言をくり返すしかない。それをなお疑う人には、リリパットの係官たちがガリヴァーの右の小ポケットに発見した不思議な機械仕掛けのようなものの本当の性質と用法を、彼らに対してどのようにして説明するのかについてよく考えていただきたい。
　ハートが「内的視点」とするものについての、こうした全面的に心理主義的な見方をハート自身がどこまで受け容れるかについては、私は定見をもちあわせていない。ハートが内的視点にとって必要な要素として、「共通の標準としての一定の行動パターンに対する批判的な反省的態度」を挙げたことを思い出していただきたい。それについて彼は、すぐに続けて次のように述べている。「この態度は、批判と、……遵守要求と、そのような批判および要求が正当だという承認と——これらすべては、『しないといけない』、『ねばならない』『べきである』、ならびに『正しい』、『不正である』といった規範的用語にその特徴的な表現を見出す——を通じて現れる。」[8] と。
　要求および批判のそのような表明が、彼の考える批判的な反省的態度の構

成要素とされているのか、それとも、そのような態度が存在することの証拠にすぎないものとされているのかは判然としない。「特徴的な表現」という言葉の使用は経験主義的な含みを伴っており、それによって疑念がさらに増すかもしれない。実のところ、批判が規範的用語で、特徴的に表現されるというよりも、**適切**に表現されるのである。また、このより露骨な言い方は、われわれがしたいと思う批判や要求等をわれわれが表明する仕方を決めるのは決め事的な言語規範であることを示唆している。しかし、批判的な反省的態度が規範的用語によって**適切**に表明されると言うことは、それが別のやり方でも表明されうること、そして実際（最も重要な点だが）、その態度が存在するかどうかが、その態度が表明されるやり方から論理的に独立であることを率直に認めることになる。その上、規範の性質の説明にあたって、規範的言語の適切な用法に関する説明を提出することはあまりうまいものとは思えないだろう。というのは、重要な点を一つだけ言えば、問題となっているのは、その種の適切さに関しわれわれが標準をもつことができるのはどうしてかを理解することであるからである。

　その一方で、内的視点にとって必要な態度が現れる仕方に関するこれらの問題の皮をはぎとれば、残るのは、「共通の標準としての一定の行動パターンに対する批判的な反省的態度」というむき出しの観念だけである。この観念には解明力があるが、不完全なものにすぎない。なぜなら、その観念はほとんど循環的であるように思われるからである。結局のところ、「標準」とは何なのか。われわれはそれを、「ルール」とほとんど同じ仕方で、いや、まったく同じ仕方で説明しなければならないのではないか。「標準」が表明される特徴的な表現に注目するさらなる説明への道は、すでに述べた理由から遮断されているので、改良された説明へ前進するにはどうすればよいかという問題が残る。

　自分もしくは他人の現実の行為に対してわれわれが批判的な態度をとる、または批判的な評価をするということに不可欠に伴うものは何かを考えてみよう。そこには、われわれの面前にあるそれぞれの状況において、現実の行

8　前掲書（前掲注1）56〔第2版57〕頁。

為態様を他の可能な行為態様に照らして評価するという要素があるにちがいない。その際われわれは、何らかの「行動パターン」を念頭においているにちがいない。現実の行動を評価するためにそのような想定された「行動パターン」をわれわれが使用するということこそ、そのパターンをわれわれにとっての標準として**構成する**ものにほかならない。ただし、そう言えるのは、「評価する」という言葉にある意味が与えられた場合に限られる。われわれがここで「評価」という言葉を使うとき、それは、現実の事態と想定された事態との相当に中立的な比較——たとえば、その結果、両者の乖離がどの程度かが記録されるような——を単に行うこと以上のことを意味している。想定されるパターンは、よくないとされる行為と比べて好ましい、またはよしとされる行為のパターンでなければならない。「他人を故意に攻撃しないこと」や「時計の長針と短針がともに12をさしているときだけ『12時』と言うこと」は、どうして行為の標準となるのだろうか。それは、それらが現実の行為をわれわれが頭のなかで評価するためのパターンでありうるから、というだけではなく、それらが行為**のための**パターンとして、現実に欲せられ、望まれ、好ましいとされ、是認されている行為パターンであり、しかも、こうした評価はまさにその時のわれわれの社会のなかでの評価であるからある。ここで関係する評価とは、好ましい行為のパターンと想定されている何らかのパターンに従っているとか従っていないという評価である。

人が自分または他人の行為を**誠実**に批判するためには、問題となっている状況において、実際に行われた行為の仕方よりもある程度好ましいとその人が思う何らかの代替的な行為の仕方がなければならない。共通の社会的標準は、一定の行動様式を他のものよりよしとする、共有された選好に基づいているにちがいない。行為の標準を構成するのは、現実の行為を想定された行為パターンに従わせようとする意志、これしかありえない。現実の行為を何らかの想定されたパターンに照らして「批判的に評価」するという観念を有意味なものにするためには、「想定されたパターン」がだれかによって意志されていると考える必要がある。そのような意志、選好または是認は、恣意的だと考える必要はない。たとえば、人々が互いに暴行することを控えることや、時間を計り、時間を言う一定の慣行に従うことをよしとすることにつ

いては、非常によい理由があるであろう。そのような選好理由が、上位の規範であることもあろう。神学的倫理をのぞき、すべての選好理由が上位規範だということはありえないが。

　ここで提出した見解に対して、少なくとも一つの明白な異論がある。ある所与の標準に準拠して行う行為の判断、何らかの規範に準拠して行う事態の評価、これらのすべてが必然的に、判断ないし評価を下す人の意志または選好の表明である、ということはたしかに真実ではない。同様に、また逆から言えば、意志または選好の表明のすべてが、社会的（またはその他の種類の）規範であるということも、そのような規範を前提しているということもない。そうだとしたら、意志または選好と行為標準との必然的な結びつきを肯定することがどうしてできるのだろうか。実際、法「命令説」のすべての種類にみられるように、規範と意志の単純な相関を想定することは、繰り返し現れる誤謬の原因ではないのか[9]。

　指摘された点は正しいが、ここで私が提出した見方に対する反論としては決定的なものではない。どのような社会集団についても、ある行動に関する社会規範は、想定されたパターンに従うことを全員が意志しない場合でも存在しうる。このことは明らかである。成員のなかには、無関心な者もいるであろうし、そのパターンに従うことをかなりいやがったり、そのパターンが維持されることを敵視したりする者さえいるかもしれない。どのような規模の集団についても、その集団の全成員間にまったく同様の態度がみられることはきわめてまれだと考えられるだろう。暴行や殺人のようなイージー・ケースも、たぶんあるけれども。

　しかし、それだけではない。人は社会規範に無関心だったり、敵視している場合でさえ、社会規範を理解することができ、またそれに従って行動することができる。2年前、スコットランドの一部の法律家は、離婚法の根本的改正を熱望したが、彼らは、にもかかわらず、現行法を理解し、それに従って行為することができた。しかし、規範を理解し、それに準拠して判断することはできるが、その規範に無関心または敵対的なままでいる者の立場は、

9　Cf. MacCormick（前掲注7）とくに pp. 100-116.

理由はなんであれ、当の行動パターンをその集団全員にとっての標準として意志する者の立場に寄生する立場である。社会的ルールに関するこの距離をおいた見方が理解可能なものとなるのは、その見方をとる者が、その行為パターンを維持することが大事だと考える人が何人かいると想定している（これが事実として誤った想定である場合もありうるが）場合だけである。行為または事態に対する共通の批判パターンが存在しうるということは、あるパターンがそれぞれの状況における全員にとっての共通のパターンとして意志されているとわれわれが想定している、ということにかかっているのである。われわれはその想定を、そのことに関する自分の意志と独立になすことができるが、自分が属する社会集団——あるいは、人類学者や旅行者である場合には、研究対象である社会集団、または、波風を立てないようにして自分がそのなかを通り過ぎている社会集団——の他の成員の意志に関して自分が信じていることから独立になすことはできない。

　社会的行為の標準として望ましいとも好ましいとも思っていない行為パターンに人はなぜ従うべきなのか。その答えは明らかである。他の人々がそれを標準として意志するということは、彼らがそれから逸脱する行為にマイナスの評価を下すということを伴う。避けることができるのに仲間からの不評を買おうと一生懸命がんばる人などほとんどいない。それだけではない。われわれに期待されていることの一部に、われわれの社会の共有されたルールと想定されるものに建前上の忠誠を尽くすということがあるかもしれない。その結果、個人的には仕方がないなあと密かに同情していても、そのようなルールから逸脱する行為に対して批判を表明し、これによって不評を避けようとする、ということもあるかもしれない。ことわざにもあるように、偽善は世の中を丸く収めるのである。偽善はたしかに、秩序だった社会のセメントに必須の成分であるように思われる。

　すでにみたように、ハートは、「内的側面」の説明において、それが行為にまつわる「感じ」の問題だとする見解を拒否しようとしている。とくに、彼は次のように主張している。制限や強制の「感じ」——「拘束された感じ」——はルールの存在にとって本質的なものではない。「ルールが社会集団によって一般的に受け容れられ、社会的批判および遵守圧力によって一般

的に支えられているところでは」、何人かの個人はそのような感じを実際に経験するとしても、と。このハートの主張は真である。しかし、だからといって、「内的側面」や「内的視点」に含まれる重要な情緒的要素を無視してよい——ハートはたぶんそう考えたが——ということにはならない。ルールの内的側面には、認知的要素と区別されるものとしての、意志的要素という重要な、実際本質的な要素が含まれるのである。この要素を理解することは、ルールを理解するために不可欠である。ハートが社会集団におけるルールの「受容」について語る際、これまで論じてきたような意志的要素とまさに同じものを念頭においていたように思われる。だが、彼の説明を全体としてみた場合、その弱点の一つは、彼の本の中にたびたび登場し、彼の理論にとって中心的な、たがいに絡み合ってはいるが、相互に異なる概念——すなわち、「内的側面」、「内的視点」、「内的言明」および「ルールの受容」——の間の関係について、どこかで場所をとって細かく説明するということをしてくれていないという点である[10]。

　疑いないと思われることは、「内的視点」の意志的要素がその視点にとって中心的なものと認められなければならないということである。想定された行為パターンに従おうとする人々の意志、それぞれの状況で別の行為よりもその行為を好ましいとする人々の選好、こうした意志と選好の事実こそが、彼らにとって、社会内での現実の行為を批判し反省的に評価する際の主要な土台なのである。「人々は他人を害するのを避けるために相当な注意を払う」や「人々は時計の文字盤の周囲を60分割する」といった想定された行為パターンは、規範の内容になりうるし、行為の批判的評価のパターンとして頭に思い描くこともできる。しかし、何人かの人々によって社会集団にとっての共通のパターンとして実際に意志されている、そのような行為パターンだけが現実の社会規範と考えられるのである。

　だが、社会集団にある規範が存在するために、そのすべての成員がそれへ

10　これらの表現の使用については、『法の概念』（前掲注1）で参照を指示した箇所を参照されたい。Razは、*Concept of a Legal System* (Oxford, 1970), p. 148 n. 3において、これらの互いに異なる語句の間にみられる一見したところの混乱に注意を喚起している。だが私見によれば、大事なものまで無用なものといっしょに捨ててしまっている。

補遺　規範の「内的側面」について　319

の意志的なコミットメントをもっている必要はない。何人かは、そのようなコミットメントをもっていなければならない。しかし、他の人々は、信念からではなく、いわば健全な偽善から「お付き合いする」だけでよい。「非行者」の立場も、コミットした人の立場とは異なる。つまり、共通のパターンを、うまくいくかぎり自分だけ適用除外にして、受容し選好する者の立場である。資本家（そのほとんどは泥棒と言われる）である泥棒は、この好例である。もう一つ、「反抗者」の立場がある。つまり、社会の支配的集団によって意志されている社会規範を知っており理解してはいるが、積極的に拒絶する者の立場である。

　「お付き合い」、「非行者」および「反抗者」の立場（さらに、そのさまざまな変種や中間的タイプも含めてよい）はすべて、意志的にコミットした立場と並置または対置されるものと考えてはじめて理解できるものとなる。後者は前者によって前提されているが、前者は後者によって前提されてはいない。もちろん、複雑な社会集団の生活においては、「コミットした」集団に属するのがだれかを自信をもって特定することも、存在するかもしれない反対傾向のすべてを完全に理解することも難しいか不可能であろう。しかし、ある集団の社会的な規範とルールを理解するということには、何人かの人々があるパターンを下から支え支持したいと意志している——このように下から支えられ支持されているからこそ、そのパターンはその集団の、またその集団のための規範となる——と仮定することを伴う。このような理解は、コミットした態度を共有することを必ずしも伴わない。支持し下支えする意志が、社会的なルール、規範、および標準を理解することには伴う。また、それらを使用し、適用する場合にはいっそう強い理由で伴う。だが、そのような意志の仮定ないし前提は、もちろん、規範を参照して下される判断において言明されることはない。また、判断は、そのような意志を**必然的に**表明するものでもない。所与の社会規範の観点から判断を理解し、使用し、下すということは、理解し、判断を下す等々のことを行う当人の主観的意志の表明として説明されねばならない行為と考えられてはならない。帯の一方の端では、批判的な反省的態度は、生き生きとした批判的態度は弱く、それよりも反省的態度のほうがはるかに強い。だが、そのような態度の背後には、だれかが

感じる純粋な選好のようなものがあり、それがあるからこそ、批判的な反省ということが意味をもつのである。

　所与の規範の理解を前提し、かつ、そのような理解が前提するすべてのものをも前提してなされる言明には実に多くの種類のものがある。時間を言う意図で「11時」と言うことさえ、所与の決め事の理解を前提した言明の作成であり、その決め事が、現に働いている規範のセットとして存在するということは、それらをそのようなものとして保持しようとする広範な意志の存在にかかっている。しかしながら、その言明自体は、そのような意志を表明しない。法の言明または法における言明についても同様である。たとえば、「説明による動産の売主として、あなたは説明どおりの動産を引き渡さなければならない」、「これらの不動産の占有者として、あなたは合法的な訪問者に相当の注意を払わなければならない」等々。このような言明は、法規範のセットの理解を前提しており、その法規範の存在は、社会の一部の成員の意志的コミットメントに着目してはじめて説明可能なものとなる。言明それ自体は、話し手のコミットメントを表明してはいないけれども。

　そのような言明は、ハートが「内的言明」[11]と呼ぶもののカテゴリーに属する。その根拠は、それらの言明は、それらが真理条件というかたちで前提している規範体系に対して「内的」にのみなされうるからである。そして、ハートは、彼の叙述の少なくともいくつかの箇所で、そのような言明をなすことは「内的視点」の現れであると仮定している。しかし、言明が「内的」であるかどうかを決定するのは、話し手の**理解**であって、**意志**ではないという点に注意されたい。そうである以上、実際、ある社会の完全な部外者でさえ、「内的」言明、つまり、その社会の社会規範にとって「内的な」言明、をすることができるかぎりで、その社会の規範を理解することができると言ってよいだろう。それこそまさに、社会人類学者がやろうとしていることだと私は考える。

---

[11] 前掲書（前掲注1）99-100〔第2版103〕頁。同書 vii 頁の次の文章も参照。「法も、その他のいかなる社会構造の形態も、二つの異なる種類の言明の間の決定的に重要な区別を正当に評価せずに理解することはできない。私はそれらを、「内的」言明と「外的」言明と呼んでいる。社会的ルールが従われているときはつねに、この両種の言明をなすことができる」。

補遺　規範の「内的側面」について　*321*

　このことに気づけば、ハートのしている内的／外的の区別に含まれる重大な両義性をも悟ることになる。それは、理解の水準の区別なのか、それとも、意志的コミットメントの程度の区別なのか。あえて申し上げるが、ここには二つの非常に重要な区別がある。しかし、ハートは、少なくともある程度、両者を混同しているというのが真相であるように思われる。われわれはこの補遺を、リリパット国の係官の報告書の「外面性」を考察することから始めた。その報告書は、ガリヴァーの行為をその表面的な行動の現われ以外の点では理解することができなかったことを露呈しているという意味で「外的」であった。同様に、ある種の科学的視点からする人間の研究は、人々が行為主体として行動の指針とみなしている規範を無視するということを伴うかもしれない。そのような研究をすることは、人間行動を外的視点からのみ研究することになろう。

　理解のこのレベルをこえて進もうとする者、そして、当の行為者にとって重要な諸カテゴリーの観点から行為をみようとする者はだれでも、行為について、さきほどの科学的研究とは根本的に異なる見方をとっている。それは、少なくともいくつかの目的のためには「内的」と記述してよいような見方である。しかし、これは、理解の水準のみに関する「内面性」である。というのは、この場合、観察者にとっては、対象とする集団の規範を理解することだけが大事なのであり、したがって、彼らはそれらの規範に関しては完全に距離をおき、コミットしないままでいることだろう。

　しかしもちろん、その種の距離をおいた理解は、お付き合いする人の似たようなコミットしない態度と同様、意志的コミットメントの立場に寄生し、またそれを前提している。その立場こそ、既述のように、われわれが規範の存在にとって本質的と考え、内的視点の中心をなすとするものである。この理由のゆえに、意志の傾向の違いに着目して、もう一つの区別をすることが大事になる。

　要約しよう。人間活動を見る際には、「内的」視点と「外的」視点との間にハートが設けた本物の区別がある。しかし、ハートが特徴づけた「内的」視点には、本質的に区別可能な二つの要素が含まれている。両者は区別するべきである。第一に「認知的に内的な」視点がある。この視点からは、行為

は、行為者が行為を導く標準として使用する標準に照らして理解され評価される。規範および規範的なものの理解にとってはそれで十分である。しかし、それは「意志的に内的な」視点——を前提しているがゆえに——に寄生している。それは、ある行為パターンを自分もしくは他の人々またはその両方にとっての行為標準として遵守することへの意志的なコミットメントを、自分にはよいと思われる諸理由から、ある程度もっている行為者の視点である。彼の態度は、「認知的に内的な」態度を含んでいるが、後者は前者を含んでいない。

　理解の水準の相違とコミットメントの程度の相違とを区別する必要性について、ハートが『法の概念』のなかで述べていたとは思わない。そのかぎりで、彼の説明の曖昧さを私は見つけたのである。しかし、彼の説明に欠陥があるとしても、それは他の人々に改善の課題を与えてくれたにすぎない。それこそ、私が本論文でやろうとしたことである。

訳者あとがき

　本書は、Neil MacCormick, *Legal Reasoning and Legal Theory*, Oxford University Press, 1994（初版は1978年出版。はしがきと補足文献表を除き変更はない）の全訳である。書名を直訳すれば、『法的推論と法理論』であるが、法哲学（法理学もほぼ同義）の専門家よりも一般読者にとって内容がイメージしやすいように、邦訳名は『判決理由の法理論』とした。法的推論の理論と、法とは何かを問う法の一般理論とを切り離して論じることはできないという含みがある原題であり、「と」を訳出しなかった点はやや心残りではあるが。しかし、一読すればわかるように、「判決理由の法理論」であることは間違いない。

　内容については、何よりも本文を読んでいただきたいと思うが、一般読者のため、若干触れておこう。

　スコットランド法とイングランド法を主要な素材として、法律家、とくに貴族院（日本の最高裁判所に当たるもので、イギリス議会の貴族院に属する）をはじめとする法律問題を扱う上級裁判所の裁判官が、どのような理由づけの仕方によって判決を正当化するのかを分析すると同時に、そのような正当化ないし議論の方法がよいものとして正当化できるかどうかを問う。これが中心テーマである。

　その際、法律家の法的思考の要として取り出されるのが、ルールという観念であり、それが、形式的正義ないし普遍化可能性の要請に従い、同様の事例は同様に扱うべしという理念を実現するための不可欠の道具とされる。他方で、法体系はルールのセットからなり、これが全体として筋の通ったものでなくてはならないという要請もあり、これが、同一の法体系に属するルール相互が矛盾しないことを示す整合性論法と、原理または類推に依拠しながら、当該法体系の価値的一貫性を示す一貫性論法として現れる。さらに、形式的正義、整合性、一貫性という合理性の要請をそれなりにみたす複数の決定の間から選択しなければならないという状況が裁判で生じるとき、価値判

断ないし評価が必要となる。その際、裁判官はしばしば、その裁定、すなわち判決に含まれるルールを採用すると、形式的正義からみて、将来生じうる事件についてどのような判決を下さねばならなくなるかを考慮して判断を下す。これが帰結主義論法とマコーミックが呼ぶものであり、言われてみれば、法律家ならだれでも首肯するものと思われるが、はっきりと名前を与えて分析した意義は大きい。

このような諸論法の実際の裁判における複雑な様相を適切な判例を引用しつつ見事に説明した点は、本書の卓越するところであり、私の知るかぎり世界随一である。本書の素材はイギリス法だとはいえ、日本の最高裁判例を同様の手法で分析することも、法哲学の知識に加え、日本法の全分野の知識が相当にあれば、十分に可能であろう。日本の法律家にとっても、参考になるところ、きわめて大きいと信じる。

本書はしがきでも触れられているとおり、マコーミック自身は、本書の立場をその後、いくつかの点で修正したと述べている。最も大きな修正点は、当初は、決定を理性によって完全に根拠づけることはできず、評価の領域では情緒的な要素が残るとしていたのを、評価の領域でも、ハーバーマス、アレクシーの線にそって、合理的討議に基づく正当化が可能だということを認めた点にある。ヒュームの線からリードを経て、カントに相当近づいたと言うこともできよう。しかし、それでも異論の余地があるという点をマコーミックは終始強調しているから、情緒的要素を完全に排除したかどうかは判断のむずかしいところである。倫理学の用語でいえば、非認知主義（道徳的あるいは規範的判断については真偽を語ることができないという立場）から認知主義（同じく、語ることができるという立場）への転向と言えなくもないが、マコーミックは、法における真理とは、当該法体系の内部での真理であることを強調していたのであるから、最初から（相対主義と両立する）ある種の認知主義の立場をとっていたとみることもできる。

全体の翻訳方針としては、マコーミックが初版へのはしがきで述べている意図に従い、法律家以外の読者にもわかるような言葉で訳すことに努めた。とはいえ、判例引用などは、一般読者にはややむずかしく、専門家にはやや

不正確であるかもしれない。英米法の専門用語については、編集代表田中英夫『英米法辞典』（東京大学出版会、1991年）、スコットランド法については、ステアー・ソサエティ編（戒能通厚・平松紘・角田猛之編訳）『スコットランド法史』（名古屋大学出版会、1990年）に原則として依拠した。法哲学・法理学、あるいは哲学、倫理学の専門用語も相当出てくるが、これについては、読み進むにつれて、自然と理解できると思う。

　マコーミックは、イングランド法とスコットランド法をあわせたものをブリティッシュ法と呼んでいるが、その用語は普通使われないので、これをイギリス法と訳し、イングランド法と区別した。そのほか、頻出する若干の訳語について触れれば、「判決」と訳したものの原語は decision であり、広く「決定」を意味し、そう訳した場合も多いが、上訴審の裁判官の意見について、その語が使われるときは、原則として「判決」と訳した。日本の法学および法律で、裁判所が出す判決、決定、命令を含めて「裁判」という場合の「裁判」にほぼ相当する。また、本書のキーワードである argument は、日本語に完全に対応する語はないが、「議論」、「論拠」、「論法」と適宜訳し分けた。

　かっこの使い分け等についても触れておこう。[　]内の言葉は、マコーミック自身による補足であり、〔　〕内は、訳者による補いまたは訳注に相当する。（　）は、原則として、原文どおりであるが、訳者による場合もある。

　強調のための原文イタリック表記は、太字で表したが、ラテン語等外国語については原則として太字にしなかった。裁判例における原告・被告名は、イタリックにするのが英米法の慣行であり、強調の意味はないが、見やすさを考慮して、太字にした。また、英米法の専門書では、事件名は、英語表記のままにするのが通例であるが、あえてカタカナを使って音訳した。

　原文における、明らかな誤植や表記上の誤り等は、訳者の判断で適宜訂正して翻訳した。

　共訳者は、まずは分担して原稿をもちより、最終的な全体の調整は亀本が行った。

著者の簡単な紹介をしておこう。

ニール・マコーミック（1941—2009）は、スコットランドのグラスゴーに生まれた。グラスゴー大学で哲学と文学を学んだ後、オックスフォード大学で法学を学び、法理学教授 H. L. A. ハートのもとで法理学を研究した。（はしがきにもあるように）ダンディーにあるセント・アンドルーズ大学クイーンズ・カレッジなどで法学を教えた後、1972年、31歳の若さで、エディンバラ大学の公法ならびに自然法および国際法——後半は法哲学の由緒ある別名である——の欽定講座（Regius Chair of Public Law and the Law of Nature and Nations）の教授に就任にし、2007年1月に引退するまで、そこで教鞭をとった。2001年には、法学への貢献に対し、ナイトの称号を授与された。イギリス以外に、イタリアやドイツ、スウェーデンなどの法哲学者との研究交流も深く、また、法哲学・社会哲学国際学会の理事も長く勤め、最後は理事長として、世界の法哲学の発展に貢献した。私も一度だけ話したことがあるが、優しく親切で暖かい人柄で、万人に慕われた。惜しまれつつ、2009年4月5日ガンのため亡くなった。

本書以外の主要著書は、以下のとおりである。

H. L. A. Hart, Edward Arnoid (Publishers) Ltd, 1981 (2nd ed., 2008). 角田猛之編訳『ハート法理学の全体像』（晃洋書房、1996年）。

Legal Right and Social Democracy, Oxford University Press, 1984.

An Institutional Theory of Law, with Ota Weinberger, Kluwer Academic Publishers, 1986.

Questioning Sovereignty, Oxford University Press, 1999.

Rhetoric and the Rule of Law, Oxford University Press, 2005.

Institutions of Law, Oxford University Press, 2007.

Practical Reason in Law and Morality, Oxford University Press, 2009.

『H. L. A. ハート』は、20世紀イギリス、いや世界を代表する法哲学者ハートの法哲学に関する最良の研究書であり、承認のルールと内的視点に関しては、本書でもすでに相当立ち入って論じられている。

『法的権利と社会民主主義』は、本書でも所収論文の一部が参照されているが、思想史や正義論を含む若い頃の論文集である。

『制度的法理論』は、本書でもその一端が示された、設立ルール、効果ルール、終結ルールという概念を使用して法体系全体を説明するという野心的な試みであり、ケルゼンやハートによる法体系の法実証主義的説明を独創的なかたちで継承するという意図があり、彼と関心を一部共有する、オーストリアの法哲学者オタ・ワインベルガーとの共著である（が、各章はそれぞれ単独で書かれている）。

以上は、比較的若い頃の著書であるが、マコーミックは晩年、過去に発表した数多くの論文を基礎に、みずからの仕事の総決算に向かった。その成果が、最後に挙げた4冊である。

彼の「私の法哲学」('May Philosophy of Law', in Luc J. Wintgens (ed.), The Law in Philosophical Perspectives, Kluwer Academic Publishers, 1999, pp. 121-142) によると、そこで扱われるテーマは、「制度的法理論」、「法秩序と道徳秩序」、「法の支配とポスト主権国家」、「実践理性と法的議論」の四つである。『主権を問う』は第三のテーマに、『レトリックと法の支配』は第四のテーマに、『法の制度』は第一のテーマに、そして『法および道徳における実践理性』は第二のテーマにそれぞれほぼ対応する。

『主権を問う』に現れているように、彼が晩年に精力的に取り組んだ課題は、EU法秩序が成立し、加盟国の裁判所とEC裁判所が同一の事項について違った判断を示し、それぞれがそれぞれの法に基づき自己の優位を主張するという事態に法哲学はいかに対処するべきか、というものであり、彼自身は、多元的な法秩序の見方を提唱した。その背後には、父君が初期のスコットランド独立運動で活躍し、自身もスコットランド国民党員（副代表を務めていた。また1999年〜2004年にはヨーロッパ議会の議員を務めた。）であるマコーミックが、イギリス法のなかでのスコットランド法、EU法のなかでのイギリス法とスコットランド法、こういった事態を奇貨として、自己の理想とする法体系の重合をいかに実現するかという関心がある（だからといって、彼の法理論が政治的立場のゆえに歪んでいるところは一切ない）。

マコーミックは、法学および法実務の十分な知識を基礎に、道徳と政治のなかに法を位置づけて、しかし、あくまで法を中心に考察するという態度の点で、法哲学の伝統を受け継ぐ最も正統的な法哲学者であり、政治哲学と区別できない様相を呈している昨今の学界の流行とは若干趣を異にする。しかも、本書は、その後の彼の思索の出発点であると同時に、重要な点はほとんどすべて、すでにそこで述べられている。若い頃の著作ではあるが、最高傑作だと思う。

本書にとって参考となる邦語文献を若干挙げておこう。
ニール・マコーミック（村山眞維訳）「制度、アレンジメント、および実際的情報」法学協会雑誌105巻4号（1988年）389-407頁。
同（亀本洋訳）「市民の法的推論とその法理学にとっての重要性」矢崎光圀・野口寛・佐藤節子編『転換期世界と法』（国際書院、1989年）155-168頁。
長谷川晃「N. MacCormick, Legal Reasoning and Legal Theory」国家学会雑誌94巻1・2号（1981年）152-154頁。
同「N. マコーミック――法実証主義と実践哲学との架橋」長尾龍一編著『現代の法哲学者たち』（日本評論社、1987年）112-122頁。
大塚滋「『制度主義的法実証主義』評注」東海法学1号（1987年）229-277頁。
小谷野勝巳「法と道徳の関係についての一考察――N. マコーミックの法・道徳分離理論に関する覚書（上）（下）」政治・経済・法律研究（拓殖大学政治経済研究所）4巻1号（2001年）98-73頁、4巻3号（2002年）140-114頁。
亀本洋『法的思考』（有斐閣、2006年）1-124、175-209頁。

最後になったが、成文堂社長の阿部耕一氏には、出版をお引き受けいただくとともに、数々のご支援を賜り、心よりお礼申し上げます。また、編集部の土子さんには、最終的な索引完成作業も含め、何から何までお世話になり、感謝の言葉もない。土子さんの助けがなければ、本書は決して日の目を見なかった。京都大学の大学院生近藤圭介君にも、索引作成や全体の訳文をチェックしていただくなど、大変お世話になった。お礼を申し上げたい。マコーミック先生に対しては、とくに亀本の作業の遅れにより、10年以上前に引き受けた本書の出版がご存命中にかなわなかったことについては、痛恨の

極みであり、本当に申し訳なく思う。謹んで哀悼の意を表したい。

2009年7月

亀 本 洋

索　引

あ行

アースキン　Erskine, J　　65, 66
アクィナス　Aquinas　　67
アリストテレス　Aristotle　　2, 27
ロス　Ross, Alf　　291, 293
意志　Will　　4, 293, 315-22
一貫性　Coherence
　真理の基準としての――　97-9
　――論法　43-4, 113-5, 128-37, 164-211, 293-4, 298
ウィットゲンシュタイン　Wittgenstein, L.　27, 307
ウィンチ　Winch, P.　　307
ウェーバー　Weber, Max　　307
ウォーカー　Walker, D.M.　　45, 77, 127
エクイティ　Equity → 衡平をみよ
演繹　Deduction → 「論理」、「正当化」をみよ
オースティン，ジョン　Austin, John　60, 65-6, 138, 306
オースティン，J.L.　Austin, J.L.　28, 39
オービタ・ディクタ〔傍論〕　Obiter dicta　170, 234, 242

か行

カードーゾ　Cardozo, B.N.　　44
解釈　Interpretation
　「自由な」接近法　229
　制定法――　113, 154-5, 159-60, 213, 221-32, 241-2
　明白な意味　221-2, 225-9
　――問題　74, 83-6, 101, 104, 212-48
　――ルール　222, 225-6, 229
　法典化された体系における――　74, 238
解釈カノン　Cannons of construction　225-6, 228, 231
外的視点　External point of view　149-50, 262-4, 303-5
科学的方法　Scientific method　7, 94, 95, 109-10, 293
架空言及のカテゴリー　Categories of illusory reference　157
仮説のテスト　testing of Hypotheses　18, 109-10
価値　Value　5-6, 21, 68, 113-4, 164-5, 195, 203-4, 255-6, 266, 296
価値自由　Value-freedom　254-5
姦通　Adultery　100-1, 159
カント　Kant, I　7, 132, 293
関連性問題　problem of Relevancy　76-8, 86-8
帰結主義論法　Consequentialist Argument　112-3, 115-28, 138-63, 186-8, 202-4, 213, 215, 224, 226, 231, 233, 238, 276-7, 297-8
帰結の受容可能性　Acceptability of consequences　111-3, 118, 188
基準　Criteria
　議論の――　13-5, 83, 131

承認── →「ルール」もみよ
59, 61, 148-50, 167, 249-50, 259, 262, 266
　真理の── 28-30, 36, 97-9
　評価── 112, 118-20, 122-4, 148-50, 159-63, 277"
機能主義 Functionalism 15, 19-20
規範 →「規範の内的側面」をみよ
規範的期待 normative Expectation 13, 19, 301
規範的評価 normative Appraisal 306-7, 313-20
規範の内的側面 Internal aspect of norms 69-70, 143, 149-50, 250, 261, 262, 300-1, 303-22
　意志的要素と認知的要素 315-22
義務 Duty →「義務」Obligation もみよ
　公的── 51
　裁判官の── 36-7, 59-62, 71, 131, 197, 203, 264-6, 273-4
　注意── 130
　弁護士の── 128, 131
　法律上の──違反 209
義務 Obligation 36, 61, 131, 208, 262, 311-2
決め事的な技能 conventional Skill 309-11
グッドハート Goodhart, A.L. 91, 125, 245-6
グロティウス Grotius 65
経済的状況 Economic circumstances 5-6, 66, 187-8
経済的損失 Economic loss 151-2
ケイムズ卿 Kames, Henry Home, Lord 120
ケルゼン Kelsen, H. 58, 60, 68, 69, 70, 268
権威 Authority 28, 32, 60, 143
見解の不一致 Disagreement, 純理論的／実践的 speclative/practical 269-73
検察官 Prosecutors 51-2
憲法 Constitutions 139-42, 264-66
権利 Rights 51, 193, 251, 280-3, 290
原理 Principles 4-7, 43-4, 64-5, 84, 118-9, 129-30, 132, 160-1, 284-5
公序 Public Policy 112, 145, 161-2, 187-8, 277
衡平 Equity 61, 66, 104-6, 120, 137
公平さ Impartiality 20, 255
功利主義 Utilitarianism 112-3, 123-5, 142, 284, 299
合理性 Rationality 1-8, 53-4, 64, 82-3, 108, 134, 195, 291-302
合理性 Reasonableness 67, 104
ゴットリーブ Gottlieb, G. 38, 50
コモン・ロー Common law 9-15, 210, 229-30

さ行

サートリアス Sartorius, R. 143, 262
裁定 Ruling 73-4, 78, 84-5, 89-91, 101, 103-4, 108, 111-2, 126-7, 213-4, 233-5, 237-8, 266
裁判官 Judge
　──の権限 65, 66, 138-45, 188, 199, 203-4, 272-9
　──の採用 12
　──の地位 59-63
　──の立法権能 204, 211

索　引

裁量　Discretion　250, 269-79
恣意性　Arbitrariness　82-3, 108, 295
事実　Facts　2-5, 32, 35-41, 273
　一次的――　100
　間接――　29
　重要――　91, 125-8
　二次的――　100-4
　――についての決定　93-104, 217
事実懐疑主義　Fact skepticism　40
事実主張の特定性　specificity of Averments　54-7
自然法　Natural law　1-2, 59, 64-8
下支え理由　underpinning Reasons　70-1, 148-50, 262-3
実践理性　Practical Reason　1-8, 292-302
事物の本性　Nature of things　1-2, 296
社会　Society
　――形態　5
　産業――　51
　――の価値　203
　――の秩序　5, 114
習慣　Habits　305-6, 309
証拠　Evidence　18, 88, 95-6, 98-9, 109
常識　112, 119-20, 160-2, 180, 203-4, 212, 224, 277
承認　→　「基準」、「ルール」をみよ
情念　Passions　4-8, 297
証明　Proof
　――責任　49, 53
　――のプロセス　28-30, 52, 93-9
　――の問題　93-9, 273
ステア　Stair, James, 1st Viscount　2, 64-5, 153-4, 166
自律　Autonomy　132-3, 300-1

真理　Truth　25-6, 27-30, 36, 96-9, 121-2, 298-9
遂行的発語　Performative Utterances　28, 39
推定　Presumptions　51, 160, 173, 179, 231, 241-2
スキナー　Skinner, A.　5
スタイル　Style　13, 215-6, 225
ストーン　Stone, J.　125, 156
スミス　Smith, Adam　4-5
正義　Justice　70, 112, 224, 261
　――からの議論　145, 155, 161-2, 180, 193, 212, 277
　形式的――　79-88, 106
　自然的――　54, 194, 210, 243, 285
　実質（体）的な――　19, 79-82
　裁判官の――の捉え方　112, 122, 248
　――についての諸理論　277-9
　法に従った――　36, 65, 80, 114-5, 273-4
　未来指向的――　81-2, 84-9
整合性の要請　requirement of Consistency　43-4, 113-5, 195, 212-48, 292, 298
政策　Policy　43, 173, 174, 194, 201, 205, 212
　公共――　→　「公序」をみよ
　――の説明　287-90
政治　Politics　66, 70, 250, 256-7, 262
政治問題　Political question　142-3
制定法解釈　Statutory interpretation　→　「解釈」をみよ
正当化　Justification
　演繹的――　21-41, 46-57, 64, 72-8, 107, 199, 214
　科学的――　109-10

原理によるルールの―― 164-5, 168-70, 180
事実の推測の―― 94-9
第二段階の―― 108-15, 168
二段階――手続 124-5
――のプロセス 16-8, 21, 57, 68, 79, 83-8, 297
正統性 Legitimacy 59-63
説得 Persuasion 15-16
選択 Choice 37-8, 85
占有 Possession 218-20, 221-3
先例 Precedent → 「レイシオ・デシデンダイ」、「オービタ・ディクタ」もみよ
――拘束法理 66, 89-92, 144-8, 232-48
――と制定法の類似性 232-3, 236-8, 241-2, 243, 247
――の「区別」 113, 130, 201, 213-4, 238-44
――の遵守／適用 235-8
――の「説明」 91-2, 113, 129-30, 213, 239-44
――の不遵守 144, 147-8, 247
一般性の相対的レベル relative levels of Generality 84, 125-7
ソクラテス Socrates 295, 301

た行

対応 Correspondence
　真理の―― 97-8
妥当性 Validity
　――テーゼ 68, 71, 77, 114, 149, 167, 211, 264, 266-7
　法的―― 59, 63, 67, 71, 77, 167-8, 213, 263-7
　論理的―― 24-32, 36, 77
直観主義 Intuitionism 118, 281

手続 Procedure 49-50, 53, 54, 77-8
当為／存在 Ought/is 4, 20
ドゥオーキン Dworkin, R.M. 120, 165-6, 168, 174, 249-302
道徳 Morality 3-4, 132-3, 257-61, 294, 298-302
動物に関する責任 liability for Animals 153-4, 183-4
トワイニング Twining, W. 50, 63, 120

な行

人間の性質 human Nature 6, 29

は行

ハート Hart, H.L.A. 59-60, 66, 69, 70, 72, 143, 214, 249-52, 262-4, 304-22
ハード・ケース Hard Cases 212-21, 248
陪審 Jury 38-41
パウンド Pound, R. 251
破毀院 Cour de Cassation 10, 102
パターソン Paterson, A.A. 14, 132, 216
発見のプロセス process of Discovery 16-8
反省的均衡 reflective Equilibrium 268
判例集 Law reports 9-10, 14-5, 300
非合理主義 Irrationalism 291-6
ヒューム Hume, David 2-9, 20, 83, 270, 293-5
評決 Verdict 38-40
ファーガソン Ferguson, Adam 4

フィクション　Fiction　53
普遍性　Universality，普遍化可能性 universalizability　7, 84, 88, 90-3, 104-6, 107, 132-3, 234
不法行為法　law of Tort/Delict　180-1, 208
フラー　Fuller, L.L.　67
ブラックストン　Blackstone, Sir W.　65-6
プラトン　Plato　2
フランク　Frank, Jerome　18, 40
分類問題　problem of Classification　102-4, 159, 214, 215, 220-1
ヘア　Hare, R.M.　84, 132
ヘラクレス　Hercules　276, 278, 279, 296
ペレルマン　Perelman, Ch.　15-6, 81, 112, 254, 255
便宜からの論法　argument from Convenience → 「便益（便宜）からの論法」もみよ　1, 3, 64, 112, 122-3, 193
便益（便宜）からの論法　argument from Expediency　112, 122-3, 145, 155, 224
ベンサム　Bentham, Jeremy　60, 65-6, 112, 123, 277
法実証主義　legal Positivism　59, 65-7, 68-71, 251, 254, 260-1, 283
法社会学　Sociology of law　13, 132, 216, 297
法体系　Legal system
　アメリカ合衆国　9, 45, 127, 139-40
　イングランド　9-13, 44-5, 51
　スコットランド　9-13, 44-5, 51, 152-4, 254-5
　ソビエト　254-5
　フランス　9-11, 74, 102, 127, 247, 254-5
　南アフリカ　260
　ローマ　179
　ローマ法系　9-13, 45-6
　――の理論　→　「自然法」、「法実証主義」もみよ　58-71, 149-50, 249-90
法的制度　legal Institution　61-3, 264-7
法的制度としての裁判所　Courts as legal institutions　9, 59, 60-3, 264-6
法的保証理由　legal Warrant　76, 78, 114-5, 136, 178-9, 203, 213
法典　Code, 法典化　codification → 「解釈」もみよ　74
法の原理　Principles of Law
　具体例（契約）　185-8
　具体例（厳格責任）　181-4
　具体例（公法）　213
　具体例（自然的正義）　194
　具体例（人種差別）　166-7, 256, 258
　具体例（損害賠償）　188-92, 237-8, 279
　具体例（家族法）　243
　合理化としての――　164-5, 167, 168-9, 180-1, 203, 253, 256, 259
　コモン・ローの――　230
　政治的原理と――　250-1, 256-7, 259-61, 280
　――と権利　280-3, 284-5, 290
　――と承認のルール　143, 250, 254-7, 262-8
　――と政策　180-1, 250-1, 284-90
　――と制定法　222-3, 224-5, 229-30, 237-8
　――と道徳的原理　256-7, 259-61, 280, 285-7, 301-2
　――とルール（の区別）　252-3, 267

——の「重さ」 168, 174
——の確立 166-7, 169-70, 250
——の時代による変化 167, 173-4, 243-4, 256-9, 292
——の諸様相 285-7
——の説明 164-9, 202-3, 259-60
——の対立 137, 181-8
——だけでは決め手にならない 174, 193-5
「隣人原理」 134, 169-73, 194, 277
類推論法における—— → 「類推」もみよ 177-8, 202-3
法の実効性 Efficacy of law 60
法の開かれた構造 Open texture of law 72, 227-9, 250
法命令説 Command theory of law 65-6, 316
ホームズ Holmes, O.W. 44
ホールズベリ卿 Halsbury, Lord 44
法律要件 operative Facts 29, 50-1, 52, 55, 56-7, 59, 73, 101
ポパー Popper, K.R. 18, 109
ホワイトヘッド Whitehead, A.N. 27

ま行

マイアーズ Miers, D. 50, 63, 120
マルクス Marx, Karl 5
ミラー Millar, John 4
民主主義 Democracy 70, 290
無罪放免の論理 logic of Acquittal 46-57
メダワー Medawar, Sir P.B. 18, 109

ら行

ライアンズ Lyons, D. 112-3, 124
ラズ Raz J. 59, 67, 253, 270, 318
ラモント Lamont, W.D. 300

リーヴィ Levi, E.H. 259
リーガリズム Legalism 299-300
リード 4-5, 6, 82, 270, 293
リード卿 Reid, Lord 112, 147, 160-2
理性 Reason 1-8, 278, 291-302
立法 Legislation 63-4, 204-5, 227-8, 256-9
立法部（者）Legislatures 63-4, 65, 188, 204-5, 222
類推論法 argument by Analogy 129, 157, 168, 173
制定法からの——と判例法からの—— 203-4, 208-11
——だけでは決め手にならない 202-4, 205, 252-3
——の具体例 196-201
——の諸要素 201
——の説明 174-7
——の漸進性 173-4, 245, 259
——の近さ 173, 207-9, 252-3
——の認知的側面 201
——の評価的側面 201
ルウェリン Llwellyn, K.N. 81, 216, 225
ルール Rule
強行的—— 168, 170, 177, 194, 196, 199
効果—— 62
社会的—— 262-4, 306-9
終結—— 62
承認の—— 59, 61, 143, 148-50, 167, 249-50, 254, 262-7
設立—— 62, 267
第一次的—— 249
第二次的—— 249
——と原理 253

索引　337

――の「全か無か」という性質　168-9, 252
――の標準的形式　48, 50
法的（法の）――　33, 254, 262
法の――　59
ルール懐疑主義　Rule scepticism　214
ルールの受容　Acceptance of rules　→「内的側面」もみよ　60, 70
レイシオ・デシデンダイ　Ratio decidendi　66, 89-93, 125-7, 170, 231, 234-5
レスノフ　Lessnoff, M.　18, 109, 308
レトリック　Rhetoric　16
ロールズ　Rawls, J.　79, 268, 299
論理　Logic
　演繹――　→「正当化，演繹的」も参照）　21-42, 46-57, 58, 99, 214, 298-9
　形式――　24-32
　形式的正義の――　87-8
　肯定式　27
　――の日常的な慣用　42-6, 195
　命題――　26-31

わ行

ワッサーストローム　Wasserstrom, R.A.　17, 124-5

【以下、脚注に登場する人名】

Attwooll, E　5
Bankowski, Z.　52, 255
Barrow, G.W.S.　60
Bindman, G.　258
Cooper, Lord　45
Cross, R　89, 221, 225, 234, 245
Derham, D.P　94, 214
Devlin, Patrick (Lord)　39
Dias, R.W.M.　89
Esser, J.　112
Garner, J.F.　103
Guest, A.G.　219, 245
Hacker, P.M.S.　253, 270
Harris, D.R.　219
Haward, L.R.C.　94
Hodgson, D.H.　17, 124
Kahn-Freund, O.　102, 127
Kamenka, E.　5
Kenny, A.　27
Lawson, F.H.　74
Lester, A.　258
Levy, C.　102, 127
McCallum, G.C.　228
MacCormick, (D.) N.　61, 62, 135, 166, 253, 267, 290, 310
Megarry, R.E.　207
Mitchell, D.　27, 31
Mungham, G.　52, 255
Neumann, Franz　295
Paton, G.W.　94, 214
Rescher, N.　98
Ross, Sir W. David　282
Shklar, J.N.　299
Simpson, A.W.B.　61, 245
Smith, S.A. de　144
Stein, P.　179
Summers, R.S.　127, 143, 228
Tapper, C.H.　194
Touffait, A.　11, 74
Toulmin, S.　76
Tunc, A.　11, 74
White, J.J.　127
Wilson, B.　308

[訳者紹介、担当章]

亀本　洋（かめもとひろし）　京都大学教授
　　　　　　　　　　　　　　第6章～第8章、補遺
角田　猛之（つのだたけし）　関西大学教授
　　　　　　　　　　　　　　はしがき、第1章、第10章
井上　匡子（いのうえまさこ）　神奈川大学教授
　　　　　　　　　　　　　　第2章
石前　禎幸（いしまえよしゆき）　明治大学准教授
　　　　　　　　　　　　　　第3章～第5章
濱　真一郎（はましんいちろう）　同志社大学教授
　　　　　　　　　　　　　　第9章

判決理由の法理論

2009年8月20日　初版第1刷発行

原著者　ニール・マコーミック

　　　　　亀　本　　　洋
　　　　　角　田　猛　之
共訳者　井　上　匡　子
　　　　　石　前　禎　幸
　　　　　濱　真　一　郎

発行者　阿　部　耕　一

〒162-0041　東京都新宿区早稲田鶴巻町514番地
発行所　　　株式会社　成文堂
電話03(3203)9201(代)　Fax03(3203)9206
http://www.seibundoh.co.jp

製版・印刷　シナノ印刷　　　　製本　弘伸製本
©2009　亀本、角田、井上、石前、濱　Printed in Japan
☆落丁・乱丁本はおとりかえいたします☆
ISBN 978-4-7923-0468-3 C3032　　　　検印省略

定価（本体3800円＋税）